D1721659

Gisbert Kranz

Acht Despoten

Herodes
Nero
Richard III.
Iwan der Schreckliche
Robespierre
Stalin
Ceauşescu
Hitler

Das Buch wurde 1990-1991 geschrieben.
Es erschien 1992 unter dem Titel „Warum wurden sie Despoten"
im Casimir Katz Verlag, Gernsbach.
Die vorliegende Ausgabe bringt den unveränderten Text.
Wir danken dem Casimir Katz Verlag für die Überlassung des Schriftsatzes.

Die Deutsche Bibliothek – CIP-Einheitsaufnahme

Kranz, Gisbert:
Acht Despoten / Gisbert Kranz. – St. Ottilien : EOS-Verl., 2000
(Werke in Einzelausgaben, Bd. 5)
ISBN 3-8306-7039-7

© EOS Verlag Erzabtei St. Ottilien – 2000..

6

Einleitung

Von Herodes und Nero hörte ich schon als Kind: Der eine schickte Soldaten nach Bethlehem, die allen Müttern ihre Babies aus den Armen rissen, um sie mit dem Schwert zu töten (ich sah das Blutbad dargestellt in der vielfigurigen Szene einer Kirchenkrippe). Der andere ließ Christen von Löwen zerfleischen oder als lebende Pechfackeln brennen. Daß es so etwas gab, wußte man mit sieben Jahren.

Nicht ahnte ich, daß drei weit abscheulichere Tyrannen lebten, deren Massenmorde noch in der Zukunft lagen: Stalin, der gerade begonnen hatte, seine unumschränkte Macht auszubauen; Hitler, der schon als Propagandist unterwegs war; Ceaușescu, der noch wie ich zur Schule ging. Und von kleineren angehenden Diktatoren blies schon eine ganze Schar die Schalmei. Hitlers Herrschaft sollte ich von Anfang bis zum Schluß, zwölf Jahre lang, erleben und erleiden; in Stalins Reich hielt ich mich vier Monate auf, in Ceaușescus Staat vier Wochen. In den Territorien einiger anderer Schinder ihres Volks schaute ich mich ebenfalls um.

Nun, da die letzten Despoten Europas gestürzt sind, fragt man sich (den Erinnerungsgeschmack von Blut, Brand und unsäglicher Verlogenheit noch auf der Zunge), wie ein Mensch dazu kommt, so Fürchterliches zu tun, und wie es möglich wurde, daß jeweils ein einziger Mensch so lange so viele Millionen terrorisierte, so viele in den Tod schickte.

Es ist zu erwarten, daß die Antwort auf diese Frage bei jedem Despoten anders ausfallen wird. Selbst wenn wir uns bei der Menge großer und kleiner Tyrannen in den letzten zwei Jahrtausenden europäischer Geschichte auf jene Figuren beschränken, welche die Phantasie der Dichter, die Neugier der Historiker und das Denken der Philosophen am meisten beschäftigt haben, also auf Herodes, Nero, Richard III., Iwan den Schrecklichen, Robespierre, Stalin und Hitler, stellen wir fest, daß sie nach Temperament, Herkunft, Religion, Weltanschauung und Epoche sehr verschieden sind. Ebenso verschieden sind die Antriebe und die Methoden ihres menschenfeindlichen Handelns. Das wird in den acht Kapiteln dieses Buches im einzelnen zu zeigen sein. So viel sei jetzt schon gesagt: Jeder dieser Gewaltherrscher ist in der Eigenart seiner Person und seiner Machtausübung unvergleichlich. Die technische und organisatorische Perfektion der Tötungsfabriken von Hitler, Himmler, Heydrich und Höß ermöglichten einen solchen Völkermord, wie ihn die Menschheit bis dahin nicht gesehen hatte.

Drei Gemeinsamkeiten haben Herodes, Nero, Richard, Iwan, Robespierre, Stalin, Ceauşescu und Hitler gleichwohl, und diese Gemeinsamkeiten hängen zusammen. Die erste ist diese: Jeder von ihnen hat Geschichtsschreiber gelesen, welche frühere Herrschergestalten rühmten, weil sie ihre und andere Völker unterjochten; jeder von ihnen lernte als Heranwachsender, daß unsterblichen Ruhm gewinne, wer sein Herrschaftsgebiet durch siegreiche Schlachten ausdehnt und es drakonisch regiert; jeder von ihnen nahm sich solche "Helden" zum Vorbild: Herodes die Despoten des Orients und die Tyrannen der hellenistischen Welt, Nero frühere Cäsaren, Richard III. frühere Könige von England, Iwan IV. griechische, römische, mongolische und moskowitische Potentaten, Robespierre die Römer Sulla und Brutus. Stalin bewunderte Dschingis Khan und Iwan den Schrecklichen, Hitler den Kaiser Napoleon und Stalin. Jeder von ihnen sah sich durch solche Vorbilder dazu angespornt, seinen Ehrgeiz bis zur Hybris zu steigern, und dachte: Was jene durften und konnten, darf und kann ich das nicht auch, und noch besser? Stehe ich nicht über allen?

Ich fürchte, Hitler, Stalin und seine Nachfolger sind nicht die letzten Tyrannen der Menschheitsgeschichte. Solange Geschichtsschreiber jenen das Prädikat der Größe verleihen, die mit Raubkriegen ein Imperium gründen und mit Lüge und Gewalt ihre Untertanen unterdrücken, werden Tyrannen Nachahmer finden. Erst wenn die Geschichtsschreiber sich angewöhnen, die "Großen der Geschichte" mit den Augen der von ihnen eroberten, terrorisierten und ermordeten Menschen zu sehen, wird niemand mehr wünschen, einem Tyrannen nachzueifern.

Die zweite Gemeinsamkeit der acht Tyrannen ist die Folge der ersten: Sie hatten Angst. Ihre Angst wuchs mit ihrer Macht. Und das aus gutem Grund. Denn Gewalt fordert Gegengewalt heraus; Diktatur provoziert Widerstand; Despoten reizen Attentäter. Um Rebellion zu verhindern, organisierten die Tyrannen ein ausgedehntes Netz von Spitzeln. Und um jede Opposition auszuschalten, gaben sie Gefängniswächtern und Henkern reichlich zu tun.

Das führt zur dritten Gemeinsamkeit: Die Tyrannen hätten ihre Herrschaft niemals aufrichten und längere Zeit behalten können ohne den Dienst willfähriger Knechte. Stets bedienten sich schurkische Gewaltherrscher gehorsamer Schurken. Kein Massenmörder war ohne Komplizen. Jeden Tyrannen umgaben "Spezialisten", Typen wie Sejanus, Tigellinus, Fouché, Jagoda, Berija, Himmler, Goebbels und Mielke. Und diesen wiederum gehorchten bedenkenlos Scharen von kleinen Schurken. Zehn Millionen Menschen total zu beherrschen, das gelang nie ohne eine Million von Helfern und Helfershelfern - jeder von ihnen ein Tyrann *en miniature*.

(Ein weiterer Gedanke, der sich hier anschließt, soll im Nachwort bedacht werden, ebenso eine vierte Gemeinsamkeit der Tyrannen.)

Habe ich nicht die Objektivität der Geschichtswissenschaft verletzt, indem ich so mir nichts dir nichts für welthistorische Gestalten das Wort "Schurken" gebrauchte? Das ist die Weise der Sage, des Märchens und der Legende, oft auch der Dichtung, alle Personen moralisch in ein Schwarz-Weiß-Schema einzuordnen. Da ist einer entweder ganz böse oder ganz gut. Aber war Shakespeares Richard III. wirklich ein solch abgefeimter Bösewicht? Wie die anderen Tyrannen dieses Buches hat auch Richard III. seine Verteidiger gefunden, Historiker, die ihn zu rehabilitieren versuchten. Freilich kann auch ein Schurke gelegentlich etwas Gutes tun.

Historiker wollen *sine ira et studio*[1] zeigen, "wie es eigentlich gewesen ist". Sie versuchen, "wertfrei" und "vorurteilslos" an die Dinge heranzugehen. Aber ist es gewissen Entscheidungen und Taten gegenüber nicht völlig angemessen, Zorn zu empfinden? Man muß nicht Gadamer gelesen haben, der "das Vorurteil gegen Vorurteile" kritisierte,[2] um zu erkennen, daß diese Vorurteilslosigkeit eine Selbsttäuschung und nicht einmal etwas Wünschenswertes ist. Wer bei der Darstellung historischer Konflikte Partei ergreift, erfaßt vielleicht nur die Hälfte der Wahrheit; wer aber neutral bleibt, erfaßt womöglich überhaupt nichts, nicht einmal den Grund der Auseinandersetzung.

Der Historiker darf und soll die tatsächlich geschehenen Vorgänge, nachdem er sie (was schon nicht ohne Perspektive und Wertung geht) geklärt und dargestellt hat, auch beurteilen. Das Kriterium der Beurteilung politischen Handelns kann nicht allein der Erfolg sein. Das Unternehmen eines Staatsmanns mag Erfolg haben, es kann doch verwerflich sein. Was aber bestimmt die Verwerflichkeit?

Hier kommen ethische Kriterien ins Spiel. Die großen Historiker haben sich nicht gescheut, ethische Urteile auszusprechen. Dabei stützten sie sich auf Philosophie.

Freilich gibt es verschiedene Philosophien. Was das Verhältnis von Politik und Ethik angeht, so scheidet die eine Philosophie beide streng von einander und behauptet, nie-

10

mals unterliege politisches Handeln ethischen Normen. Die andere Philosophie sieht jedes politische Handeln als eine ganz und gar ethische Angelegenheit an.

Daß Macht, wie Jacob Burckhardt sagte, an sich böse ist, meine ich nicht; wohl meine ich mit Lord Acton, daß Macht die fatale Neigung hat, ihren Inhaber zu korrumpieren, absolute Macht, ihn absolut zu korrumpieren.

Ob einer sich aber korrumpieren läßt, hängt letztlich von seiner freien Entscheidung ab. Eine falsche, ethisch verwerfliche Entscheidung pflegt nicht selten eine Serie weiterer böser Entscheidungen im Gefolge zu haben. "Das eben ist der Fluch der bösen Tat, / daß sie fortzeugend immer Böses muß gebären."[3] Muß sie? Immer?

Die acht Personen, die hier dargestellt werden, bieten Beispiele dafür, wie ein Mensch der Versuchung der Macht erliegt und auf eine abschüssige Bahn gerät - mit katastrophalen Folgen für viele Menschen und für ganze Völker. Daß man der Versuchung der Macht auch widerstehen kann, zeigen jene Personen, die politische Macht ausübten, ohne darüber zu Verbrechern zu werden, ja die sogar darüber heilig wurden.[4] Aus derselben Familie gingen Cesare Borgia, einer der verrufensten Fürsten der Renaissance, und der heilige Franz von Borgia hervor.

Ich habe die Ergebnisse historischer Forschung dankbar genutzt, aber über die Fakten in anderen Kategorien nachgedacht, als das in der Geschichtsforschung üblich ist: nicht so sehr in politischen, wirtschaftlichen, soziologischen Kategorien, sondern vor allem in Kategorien der Ethik und der philosophischen Anthropologie. Mein Interesse richtet sich weniger auf epochale Zusammenhänge, als auf einzelne Menschen. Deren Entwicklung, nicht die Entwicklung von Staaten oder Völkern, will ich darstellen. Meine eingangs genannte Frage bestimmt die Auswahl der Fakten; die Fakten werfen Fragen auf; die Antworten auf diese Fragen führen zu weiteren Fragen. So ist dieses Buch nicht nur ein historisches, sondern auch ein philosophisches Buch. Tyrannen, diese "Bösewichter außerhalb aller Gesetze ..., diese furchtbaren Meteore", sind nun einmal, wie ein großer russischer Geschichtsschreiber meinte, "eine Aufgabe für den Verstand".[5]

Herodes

(73 - 4 v. Chr.)

Herodes? Von der Schulbibel her erinnert man sich: König Herodes war ein Monstrum. Befahl er nicht den bethlehemitischen Kindermord? Ließ er nicht während eines Festessens Johannes den Täufer köpfen, damit seine Tochter Salome das Haupt auf einer Schüssel servieren konnte? Verspottete er nicht den gefangenen Jesus? War er nicht in Cäsarea am Prozeß gegen den Apostel Paulus beteiligt? Ließ er nicht den Apostel Jakobus hinrichten, und am Ende "fraßen ihn die Würmer"?

Richtig. Nur handelt es sich um vier verschiedene Personen: Der "Kindermörder" ist der historisch Bedeutendste; die anderen drei sind sein Sohn, sein Enkel und sein Urenkel.[1] Grausam waren sie alle. Es muß wohl in der Familie gelegen haben.

In der jüdischen wie in der christlichen Literatur lebt Herodes I. fort als ein Amokläufer auf dem Thron. Flavius Josephus urteilt über ihn: "Er war ein Mann, der gegen alle ohne Unterschied grausam wütete, im Zorn kein Maß kannte und das Recht mit Füßen trat." Ein paar Zeilen weiter aber meint er, daß Herodes "ein höchst unglücklicher und bedauernswerter Mensch"[2] war. Im Talmud und in der jüdischen apokryphen Literatur ist Herodes ein blutrünstiger Tyrann, der selbst die Besten im Volk nicht verschont und vor keiner Greueltat zurückschreckt, um die Macht festzuhalten. Das apokryphe Bartholomäusevangelium sieht Herodes mit Kain und Judas Ischariot in der Hölle. In den geistlichen Schauspielen des Mittelalters erscheint Herodes als Despot und Heuchler, im Drama von Hans Sachs als "Wüterich", im Schauspiel Calderóns als "das größte Scheusal der Welt".[3]

Solchen Superlativen gegenüber, zumal wenn sie von Dichtern stammen, sind wir mißtrauisch. Wir vermuten, die ganze Wahrheit über den historischen König Herodes I. sei das nicht. Selbst wenn wir lesen, daß schon gleich nach Herodes' Tod die Juden sich beim Kaiser in Rom beschwerten über "den grausamsten Tyrannen, der je geherrscht",[4] erkennen wir dies als die Meinungsäußerung einer Partei. Wie war Herodes wirklich?

Erfahrungen eines Araberjungen

Der schwarzhaarige Herodes hatte keinen Tropfen jüdischen Bluts in seinen Adern, sondern war von beiden Eltern her Araber. Sein Vater war der Idumäer Antipater, ein reicher Zivilbeamter, seine Mutter die Nabatäerin Kufra, später Kypros genannt, Tochter eines Araberscheichs. Er war das zweitälteste unter fünf Geschwistern, das einzige Kind, dem Antipater einen griechischen Namen gab; Herodes bedeutet "Heldensproß". Religiös wuchs Herodes im Judentum auf, zu dem sich sein Großvater Antipater der Ältere bekehrt hatte, kulturell aber im Hellenismus, der durch seine Stadtkultur und durch die griechische Umgangssprache damals die ganze westliche und vorderasiatische Welt prägte. Von der Spannung zwischen den jüdischen Nationalisten, namentlich den Pharisäern, und den Hellenisten, die nach Rom blickten, wurde das ganze Leben des Herodes bestimmt.

Bei Ausbruch des Bürgerkriegs wurde der sechsjährige Herodes von Antipater in das Heimatland seiner Mutter geschickt, nach Petra in Nabatäa. In der Obhut des Königs Harith wurde er so erzogen, daß er sich als Araber fühlte. Außer den Beduinen begegnete er Händlern aus allen Ländern: Griechen, Persern, Indern, Afrikanern, Römern. Er

14

lernte verschiedene Sprachen und verschiedene Sitten, und sein Geist wurde bereitet für die Toleranz, der jeder Fanatismus zuwider ist. Nur eine feste Maxime prägte er sich ein, die er sein Leben lang, obwohl ihm das den Groll der Juden eintrug, eisern befolgte: Treue zur römischen Weltmacht.

Für die Befolgung dieses Grundsatzes gab ihm sein Vater das lebendige Beispiel. Antipater hielt zu Rom, wer auch immer dort gerade die Macht in Händen hatte; zuerst also zu Pompejus, der im Jahre 63 Jerusalem eroberte und seine Mauern schleifte.

Diese romfreundliche Politik durchzusetzen, war Antipater in der Lage, denn unter Hyrkan II., dem Hohenpriester und Ethnarch der Juden, einem schwachen Staatsoberhaupt, hielt er als Majordomus, sozusagen als höchster Verwaltungschef, alle Zügel in der Hand. Herodes war, als sein Vater zur Höhe der Macht gelangte, elf Jahre alt. Wenn in seiner Gegenwart von Politik die Rede war, spitzte der intelligente Junge die Ohren.

Mit sechzehn, inzwischen ein kräftiger Bursche von einnehmendem Wesen, wenn auch ungestüm, reizbar und nervös, gewann Herodes die Freundschaft des 26jährigen römischen Offiziers Markus Antonius, der im Jahre 57 sich erstmals in der Levante aufhielt und den Feldzug gegen die Festung Alexandrium mitmachte. Dieser Antonius sollte zwanzig Jahre später als Triumvir der Beherrscher des Ostens werden.

Als im Jahre 55 beim Feldzug gegen Ägypten Markus Antonius Befehlshaber der Reiterei war, verdankte er Antipater, daß seine Truppe während ihres Wüstenmarsches mit Proviant und Wasser versorgt wurde. Und als auf Antipaters Rat die jüdische Garnison an der ägyptischen Grenze sich der Partei des Pompejus anschloß, trug das ebenfalls dazu bei, daß die Zuneigung des Antonius zu Herodes wuchs.

Nachdem Pompejus am Ufer des Nils ermordet worden war, kam Julius Cäsar nach Ägypten, verliebte sich in die zwanzigjährige Kleopatra, die Tochter und Erbin des Königs

Ptolemäus Auletes, und war entschlossen, sie gegen einen anderen Bewerber auf den Thron zu bringen. Im Kriege 48-47 unterstützte Antipater den jetzt mächtigen Cäsar, der übrigens den Juden freundlich gesonnen war, verschaffte ihm zusätzliche Truppen, führte das Heer durch die Wüste, gewann Pelusium und konnte Cäsar Ägypten zu Füßen legen. Dieser rühmte ihn und belohnte ihn, indem er ihm das erbliche Römische Bürgerrecht verlieh, ihn von der Steuerpflicht befreite und zum Prokurator von Judäa ernannte. Außerdem erlaubte er ihm, die Mauern Jerusalems, die seit der Eroberung durch Pompejus zerstört gelegen hatten, wieder aufzubauen. Der jetzt 26jährige Herodes wurde Statthalter von Galiläa und trat sogleich mit einem Eklat auf, der bereits sein ganzes Wesen offenbarte.

Ehe die Begebenheit erzählt wird, sei dieses Wesen, wie es sich in seiner Jugend entwickelte, bedacht. Was daran Erbgut, was anerzogen oder durch Umwelteinflüsse bestimmt war, läßt sich schwerlich unterscheiden. Eins ist gewiß: Der Anschauungsunterricht, den Herodes in seiner Kindheit und Jugend genoß, gewöhnte ihn an Verhaltensweisen, die er später mit größter Selbstverständlichkeit praktizierte. Wenn der Heranwachsende seinen Vater Antipater an die Höfe und ins Lager begleitete, beobachtete er vieles. In der Welt, in der er sich zurechtzufinden suchte, waren List, Verrat, Aufruhr, Gewalt, Verschwörung, Lüge, Ehebruch, Krieg und Mord gang und gäbe. Ihm wurde klar, daß hier nur der nach oben kam, der wachsam und kaltblütig war und im gegebenen Augenblick skrupellos zupackte.

Aber Skrupel konnten bei entgegengesetzten Neigungen, bei sich widersprechenden Pflichten nicht ausbleiben. Wir werden später die Konflikte seiner Seele ahnen, wenn wir das Drama seines Verhältnisses zur heißgeliebten Frau, die er dennoch töten läßt, zu bedenken haben. Hier wirkt Herodes als eine tragische Gestalt, was Dramatiker wie Tristan L'Hermite oder Lodovice Dolce erfaßt haben.[5]

16

"Herodes' Charakter offenbart eine seltsame und erschrekkende Mischung, eine seelische Wirrnis, die sich verstärkte, je älter er wurde. Sie hat ihre Wurzeln in den Erlebnissen seiner Kindheit, als der überkommene Familiensinn der Araber - einer ihrer markantesten Charakterzüge - in Widerstreit geriet mit jenem Trieb nach der Macht und der Bewahrung des eigenen Lebens, der die Welt Roms in seiner Jugend und noch viele Jahre später einzig und allein beherrschte."[6]

Machiavellistische Fürsten gab es nicht nur in der Renaissance, sondern bereits unter den Potentaten der Antike. König Herodes unterschied sich in dieser Hinsicht nicht von seinen Kollegen: Seine politische Praxis war zweifellos machiavellistisch. Aber, das ist das Eigenartige an ihm, er übte sie, wie wir noch sehen werden, nicht ohne Gewissensbisse.

Der blutige Weg zum Throne Davids

Ein entschlossener Mann, der jeden Widerstand gegen seinen Willen eisern unterdrückt - das ist der Eindruck, den Herodes bei seinem ersten Auftritt als Gouverneur in Galiläa erweckt. Ein Terrorist namens Ezekias, der gegen die römische Vorherrschaft rebellierte, machte mit einer Bande von Heckenschützen das palästinisch-syrische Grenzgebiet unsicher. Herodes umzingelte diese Widerstandskämpfer, nahm sie fest und ließ sie ohne Federlesens hinrichten.

Sextus Cäsar, der die Interessen Roms in Syrien vertrat, bezeigte ihm dafür Dank. Aber die Witwen der ohne Prozeß Exekutierten erschienen immer wieder im Tempel und forderten Gerechtigkeit. Herodes habe das Gesetz verletzt, indem er den zuständigen Hohen Rat, den Sanhedrin, überging. Die peinliche Gerichtsbarkeit war einzig dieser obersten gesetzgebenden und richterlichen Körperschaft des Staates vorbehalten.[7]

Herodes wurde also wegen Amtsanmaßung vor den Sanhedrin geladen. Er ließ sich von seinem väterlichen Freunde Sextus Cäsar ein Schreiben geben, das den Hohenpriester Hyrkan II. anwies, ihn freizusprechen. Dann erschien er vor dem Hohen Rat, nicht demütig in schwarzer Kleidung, wie es die Sitte verlangte, sondern stolz im Purpur mit den Zeichen seiner Amtswürde und umgeben von seiner Leibgarde. Die Mitglieder des Gerichtshofs, der im Tempelbezirk tagte, zitterten und wagten nichts zu sagen. Nur der ehrwürdige Schemaja erhob sich und setzte dem Gericht auseinander, daß es solche Eigenmächtigkeit verurteilen müsse, andernfalls werde Herodes eines Tages gegen den Sanhedrin und den Hohenpriester vorgehen; er beantragte die Todesstrafe.

Als Hyrkan merkte, daß der Gerichtshof entschlossen war, Herodes zum Tode zu verurteilen, vertagte er den Fall. Heimlich gab er Herodes den Rat, zu fliehen. Herodes machte sich auf und davon nach Damaskus zum Statthalter Sextus Cäsar und erhielt von ihm für Geld die Ernennung zum Strategen von Koilesyrien und Samaria. Mit diesem Posten in der römischen Verwaltung war Herodes' Macht gesteigert.

An der Spitze einer Heeresabteilung zog Herodes nach Jerusalem, um seine Feinde zu bestrafen. Als er mit seinen Truppen vor der Stadt lag, kamen ihm Vater und Bruder entgegen und baten ihn händeringend, wieder abzuziehen. Es gelang ihnen nur mit großer Mühe, daß Herodes sich damit begnügte, seinen Gegnern durch die bloße Zurschaustellung seiner Macht einen nicht gelinden Schrecken einzujagen. Er hatte ihnen die Zähne gezeigt, und sie merkten, wozu er imstande war.

Aus der Begebenheit lernte Herodes, daß er auf keinen Teil der Juden bauen konnte. Wie sein Vater mußte er sich an die Römer halten. Als Sextus Cäsar ermordet worden war, unterstützten Antipater und Herodes im römischen Bürgerkriege Julius Cäsar. Als auch dieser an den Iden des März 44 erdolcht worden war, gewann Herodes die Gunst des Cäsar-Mörders Cassius. Durch dessen Soldaten ließ er den Mörder seines Vaters niedermachen. Ein nationalistischer Anhänger des Hasmonäerhauses hatte den Mundschenk bestochen, der Antipater bei einem Gelage im Hause des Hyrkan vergiftete.

Als schon im nächsten Jahr Cassius nach der Schlacht von Philippi Selbstmord verübte, stand Herodes wieder in Gefahr. Markus Antonius kam nach Asien zurück, und eine Abordnung jüdischer Notabeln beschwerte sich bei ihm: Hyrkan führe die Regierung nur scheinbar; die wirkliche Macht liege bei Herodes und seinem Bruder Phasaël; es sei besser, diese beiden abzusetzen. Antonius wollte von Klagen gegen seinen alten Freund nichts hören, zumal dieser ihm reiche Geschenke brachte. Er ernannte Herodes und Phasaël zu Tetrarchen, also zu gefürsteten Statthaltern, mit militärischen und steuerlichen Vollmachten in ihrem jeweiligen Landesteil. Hyrkan blieb Hoherpriester und Ethnarch. Die Gegner des Herodes wurden von Antonius' Legionären umgebracht.

Während Antonius sich in Ägypten mit Kleopatra amüsierte, fielen die Parther in Palästina ein. Antigonus, der hasmonäische Prätendent auf den judäischen Thron, der die Nationalisten hinter sich hatte, erkaufte sich die Hilfe der schlimmsten Feinde Roms. Er hoffte, bei dieser Gelegenheit Hyrkan, Herodes und Phasaël zu verdrängen. Herodes konnte er nicht überwältigen, wohl die beiden anderen. Dem Hyrkan ließ er die Ohren abschneiden, denn Verstümmelung machte für das Amt des Hohenpriesters unfähig. Phasaël, an Händen und Füßen gefesselt, sprang mit dem Kopf voran auf die Felsen unter seinem Gefängnis. Herodes aber flüchtete mit seinen Verwandten nach Masada, einer Festung unweit des Toten Meeres. Unterwegs wurde er in ein Gefecht verwickelt, das er aber siegreich bestand.

Er wollte weiter nach Rom. Nur Rom konnte ihm helfen, die Parther und Antigonus zu besiegen und den Thron Judäas zu gewinnen. Da alle anderen Wege nach Rom durch die Parther abgeschnitten waren, nahm er den Weg über Ägypten. Dort versuchte Kleopatra ihn zu halten (ihr Antonius war gerade in Italien). Die Schiffahrt war im Winter schwierig, trotzdem ließ der zielstrebige Herodes sich weder durch Gefahren noch durch Kleopatras verlockendes Angebot einer Befehlshaberstelle daran hindern, möglichst schnell Rom zu erreichen. Es gelang ihm, ein Schiff zu finden, das nach Rhodos fuhr. Unterwegs schlug ein Sturm es zum Wrack, aber Herodes kam an. Seine rhodischen Freunde gaben ihm eine prunkvolle Triere, an deren Bord er in Brindisi anlangte. Von dort reiste er stracks nach Rom und suchte seinen Freund Antonius auf. Oktavian sah Herodes bei dieser Gelegenheit zum ersten Mal.

Auf beide Triumvirn machte Herodes Eindruck. Sein Wunsch, ihm die Königswürde zu übertragen, konnte ihnen nur willkommen sein. Er allein vermochte, und zwar in diesem Range, die Parther und ihren Schützling Antigonus aus dem Felde zu schlagen. So beriefen sie denn eine Sondersitzung des Senats ein, auf der die Sache vorgetragen wurde: Das Interesse Roms erfordere es, Herodes, der wie sein Vater Antipater ein entschiedener Freund des römischen Volkes sei, zum König über Judäa einzusetzen. Der Senat faßte einen entsprechenden Beschluß. Zugleich wurden die Grenzen des Herodes-Reiches erweitert: Samaria, dessen Verwaltung Herodes schon seit langem übertragen war, wurde Judäa angegliedert.

Zunächst war das alles nur Papier. Herodes hatte nun den Königstitel, aber noch nicht sein Reich; das mußte er auf eigene Faust militärisch erobern. Erst in der letzten Phase des Krieges, der zweieinhalb Jahre dauern sollte, erhielt er Unterstützung durch römische Truppen. Durch seine persönliche Tapferkeit und durch sein strategisches und taktisches Geschick setzte Herodes die jüdischen Nationalisten und seinen Rivalen Antigonus schachmatt. Die Parther wurden von den Römern vertrieben.

Nach fünfmonatiger Belagerung eroberte Herodes mit Sosius Jerusalem. Römische und herodianische Truppen veranstalteten ein Gemetzel unter der Bevölkerung. Nachdem Herodes seiner Feinde Herr geworden war, bemühte er sich, seine ausländischen Bundesgenossen zu zügeln, die sich drängten, den Tempel und seine Heiligtümer zu sehen. "Der König hielt einige durch Ermahnen, andere durch Drohen, wieder andere durch Waffengewalt zurück, denn er war der Meinung, daß der Sieg schlimmer als die Niederlage wäre, wenn man etwas von dem sähe, was zu sehen nicht erlaubt sei. Er machte auch den Plünderungen in der Stadt ein Ende. Er fragte Sosius, ob die Römer die Stadt von Werten und Menschen entleeren und ihn als König über eine Einöde zurücklassen wollten. Als Gegenwert für den Mord an so vielen Einwohnern erachte er selbst die Weltherrschaft für zu gering. Als Sosius erwiderte, es sei billig, den Soldaten als Entgelt für die Belagerung das Plündern zu gestatten, erklärte Herodes, er werde selbst aus seinem Vermögen jedem einzelnen die Entlohnung zukommen lassen. So kaufte er den verschont gebliebenen Teil der Vaterstadt los und erfüllte sein Versprechen: Üppig beschenkte er jeden Soldaten, entsprechend die Offiziere, und wahrhaft königlich den Sosius selbst."[8]

Das Haupt des Antigonus fiel unter dem Henkerbeil, und der Sanhedrin, der Herodes vor Jahren zum Tode verurteilen wollte, wurde rabiat "gesäubert". Von seinen 71 Mitgliedern ließ Herodes 45 hinrichten, lauter Anhänger von Antigonus; ihr Vermögen wurde eingezogen. Nur den alten Schemaja, der seinerzeit als einziger den Mut hatte, offen gegen Herodes zu sprechen, verschonte der Sieger. Mit der Ernennung von 45 neuen Mitgliedern hatte Herodes die höchste gesetzgebende und richterliche Körperschaft Judäas in der Hand.

Gegen den Willen des Volkes, nur auf die Römer gestützt, hatte Herodes den Königsthron erobert, der den Pharisäern als Thron Davids galt. Dabei war Herodes seiner Herkunft nach nicht königlichen Bluts, ja nicht einmal Jude. Die Mehrzahl seiner Untertanen verabscheuten ihn schon lange. Nun haßten sie ihn noch mehr, da sie ihm die Schuld an der abermaligen Verwüstung Jerusalems zuschoben. Herodes wußte es, und er bemühte sich ernstlich, sein Volk auch innerlich zu gewinnen. 36 Jahre alt, stand er jetzt genau in der Mitte seines Lebens. Für das Jahrzehnt von 37 bis 28 war es seine Aufgabe, seine Herrschaft nach innen und nach außen zu sichern.

Frauen, Kriege und Verwandtenmorde

Noch während der Belagerung Jerusalems nahm Herodes kurzen Urlaub, um in Samaria Mariamne, die Enkelin Hyrkans II., zu heiraten. Er hatte schon fünf Jahre vorher sich mit ihr verlobt und ihretwegen seine erste Frau Doris, obwohl er von ihr einen Sohn hatte, verstoßen.

Man hat sich oft gefragt, was Herodes dazu bewog, eine Ehe einzugehen, die sich im Laufe der Jahre als ein schreckliches Verhängnis erwies. Stand nicht von Anfang an ein Unstern über ihr? Er, der die Politik der Hasmonäer radikal ablehnte, er, der die Dynastie der Hasmonäer entmachtete, er, der alle Mitglieder des Hauses der Hasmonäer unschädlich zu machen entschlossen war, vermählte sich mit einer Hasmonäerin. Die Hasmonäer ihrerseits waren von dieser Hochzeit alles andere als entzückt; sie sahen in der Verbindung eine Mesalliance. Beide Familien verachteten sich, und mit den Jahren wuchs die Verachtung zu tödlichem Haß. Die Heirat von Herodes und Mariamne barg in sich alle Pulverfässer für eine Katastrophe. Warum hat der sonst so umsichtige Herodes sich ausgerechnet an diese Frau gebunden?

Eins steht fest: Mariamne war eine ausnehmend schöne Frau, und Herodes, stets für weibliche Reize höchst empfänglich, war unsterblich in sie verliebt. Er liebte sie so sehr, daß er sich von ihr Dinge bieten ließ, die er von keinem anderen Menschen ertragen hätte.

Wahrscheinlich hat Herodes darüber hinaus sich der Hoffnung hingegeben, er könne durch die Verbindung mit der

22

alten Dynastie für seine Herrschaft etwas von jener Legitimität gewinnen, die seinem Königtum von politischen Gegnern stets bestritten wurde. Er würde nicht mehr als Fremder, sondern als Glied der alten Königsfamilie gelten. Auch glaubte er, durch die Heirat mit Mariamne den Stammesfehden ein Ende machen zu können: In ihr waren ja beide Linien der Hasmonäer vereinigt.

Kaum war die Ehe zwischen Herodes und Mariamne geschlossen, als schon der erste Streit sie erschütterte. Es ging um das Hohenpriesteramt, das seit Generationen von der Hasmonäerfamilie als ihr Erbgut betrachtet wurde, das Hyrkan aber wegen seiner Verstümmelung nicht mehr innehaben konnte; Herodes selbst blieb es verschlossen, da er nicht aus einer Priesterfamilie stammte. Auf keinen Fall wollte Herodes, daß wieder ein Hasmonäer es erhielt. Deshalb übertrug er dieses Amt dem Ananel, einem alten Freund von ihm, einem Priester aus Babylonien. Dabei stieß er auf heftigen Widerspruch, vor allem von seiten seiner Frau Mariamne und seiner Schwiegermutter Alexandra, die ihn schon lange bekniten, dem jungen Aristobul, Mariamnes Bruder, die Hohepriesterwürde zu geben. Um des Familienfriedens willen setzte Herodes den Ananel wieder ab und ernannte an seiner Stelle Aristobul.

War nun der Familienzwist aus der Welt geschafft? Scheinbar war eine Aussöhnung erfolgt. Aber Alexandra, die stolze, machtbewußte Hasmonäerin, hatte Herodes nie gemocht, weder als König von Judäa noch als Schwiegersohn. Sie sah in ihm einen Emporkömmling und Eindringling. Sie stand in brieflicher Verbindung mit Kleopatra, der Königin von Ägypten, die ohnehin nicht gut auf Herodes zu sprechen war. Mit deren Beziehung zum römischen Imperator Antonius versuchte sie, ihren Sohn Aristobul auf den Thron Judäas zu bringen.

Dem Herodes waren diese Ränke bekannt, und so hegte er auch nach seiner Aussöhnung mit Alexandra gegen die Schwiegermutter Argwohn. "Er hielt sich wegen ihrer früheren Feindseligkeit auch jetzt noch für berechtigt, einen von ihr bei Gelegenheit angezettelten Aufruhr zu befürchten. Daher befal er ihr, sich innerhalb der Königsburg zu halten, und gestattete ihr nicht, etwas nach ihrem Belieben zu tun. Ja, er ließ sie so scharf überwachen, daß sie ... nichts unternehmen konnte, wovon er nicht Kenntnis erlangt hätte."[9]

Diese Behandlung steigerte begreiflicherweise Alexandras Verbitterung. Sie schrieb aufs neue an Kleopatra, klagte über ihre unerquickliche Lage und bat sie, ihr behilflich zu sein. Kleopatra riet ihr, heimlich mit Aristobul zu ihr nach Ägypten zu fliehen. Der einzige Weg, die Geheimpolizisten des Herodes zu überlisten, schien Alexandra der zu sein, sich in Särgen liegend aus dem Palast hinaustragen zu lassen, sich dann bei Nacht sofort ans Meer zu begeben und mit einem bereitliegenden Schiff nach Ägypten zu fahren. Die Vorbereitungen dazu kamen einer Hofschranze zu Ohren, die in Verdacht stand, einst bei der Vergiftung Antipaters mitgewirkt zu haben, und nun die Chance nutzte, sich durch eine Anzeige wieder in Gunst zu setzen. Herodes schritt nicht sofort ein, sondern wartete ab, bis er Schwiegermutter und Schwager auf frischer Tat ertappen und sie aus den Särgen herausholen konnte. Er tat so, als verziehe er ihnen großmütig; doch nahm er sich vor, nach den damals üblichen Spielregeln Aristobul aus dem Wege zu räumen. Natürlich nicht sofort nach diesem Fluchtversuch - das hätte ihn verdächtig gemacht, sondern eine Weile später. "Die orientalische Staatsraison des Verwandtenmordes hat auch er sich damals ohne jedes Bedenken zu eigen gemacht."[10]

Als der bildschöne siebzehnjährige Aristobul sich am Laubhüttenfeste zum ersten Mal im glitzernden Ornat zeigte und durch die Tempelhöfe schritt, um das Opfer darzubringen, brach das Volk entzückt in Hochrufe und Segenswünsche für den jungen Hohenpriester aus. "Herodes sah darin nicht nur eine Sympathiebezeugung, die das Volk ihm vorenthielt, sondern in erster Linie einen Ausdruck für die politische Anhänglichkeit des Volkes an das Hasmonäerhaus."[11]

24

Das Erlebnis veranlaßte Herodes, sein geplantes Verbrechen nun auszuführen.

Nach dem Fest lud Alexandra den Hof in ihren Palast zu Jericho zum Mahle. In den Gartenanlagen spielte Herodes eine Weile mit Aristobul, bis dieser von der Hitze ermattet war, und lockte ihn dann zu den Fischteichen, die angenehme Kühlung gewährten. Einige Höflinge schwammen bereits im Bassin, und die beiden sahen ihnen eine Weile zu. Als es dämmerte, redete Herodes dem Aristobul zu, doch mitzumachen. Aristobul sprang ins Wasser; die Diener, die darauf gewartet hatten, begrüßten ihn lachend und fingen an, mit ihm zu spielen. Wie zum Scherz tauchten sie ihn unter, hielten ihn aber so lange unter Wasser, bis er tot war.[12]

Es half Herodes nichts, daß er sich trauernd stellte und bei dem prunkvollen Begräbnis laut weinte. Jedermann sah klar, daß Aristobul auf seinen Befehl ermordet worden war. Mariamne stieß gegen ihren Gemahl Beleidigungen aus. Alexandra beklagte sich brieflich bei Kleopatra über die niederträchtige Hinterlist des Herodes. Kleopatra aber machte sich die Angelegenheit zu eigen und gab Antonius keine Ruhe, bis er Herodes nach Laodicäa vorlud, damit er ihm über den Tod des jungen Hohenpriesters Rede und Antwort stehe. Herodes kam mit Geschenken und machte sich seinen alten Freund wieder gewogen. Antonius war an politische Morde gewöhnt; er selbst hatte seinen eigenen Neffen beseitigt, und da Herodes nun Aristobul als den Mann darstellte, um den sich die Todfeinde Roms geschart hatten, ließ der Imperator die Sache auf sich beruhen.

Vor seiner Abreise nach Laodicäa hatte Herodes dem Mann seiner Schwester Salome, Joseph, seine Frau Mariamne anvertraut und ihm den Auftrag gegeben, falls Antonius ihn umbringe, sie zu töten. Man kann sich denken, wie entsetzt Mariamne war, als Joseph ihr diesen Geheimbefehl verriet. Joseph suchte sie zu beruhigen mit der Bemerkung, der Befehl sei ein Zeichen, wie sehr Herodes sie liebe: Er könne es nicht ertragen, auch nur im Tode von ihr getrennt zu sein. Als Mariamne ihrem Mann nach seiner Rückkehr diesen Auftrag vorwarf, tobte der König und schrie, Joseph hätte das nicht ausgeplaudert, wenn er sie nicht verführt hätte. Salome goß Öl in die Flammen und verstärkte den Verdacht gegen ihren Ehemann. Herodes aber befahl "im Wahnsinn maßloser Eifersucht", ohne jedes Verhör, Joseph zu töten.[13]

Salome, Schwester des Herodes und Großtante jener Salome, die das Haupt Johannes des Täufers auf einer Schüssel begehrte, war eine satanische Intrigantin. Sie und Mariamne haßten sich gegenseitig abgrundtief und überschütteten sich mit Schmähungen. Stets darauf aus, ihren Haß, ihre Streitsucht und ihre Mordlust zu befriedigen, hetzte Salome gegen Mariamne und verleumdete sie.

Mariamne ihrerseits, stolz auf ihre hochadelige Herkunft, behandelte von Anfang an den Idumäer Herodes und seine Verwandten mit Geringschätzung. Seit er ihren Bruder Aristobul ermordet hatte, haßte sie ihn, und mit diesem ständig wachsenden Haß Mariamnes gegen ihn mußte Herodes sieben Jahre lang leben.

*

Im Jahre 37 heiratete Antonius die Königin Kleopatra. Von dem ihr Hörigen erbat und erhielt sie Cypern und das Fürstentum Chalcis im Libanon wegen der für den Schiffbau wichtigen Wälder, ferner Damaskus, Hippos, Gadara und die Küstenstädte, namentlich Askalon. Durch diese Änderung der Besitzverhältnisse war das von Herodes beherrschte Gebiet fast isoliert: Kleopatra besaß nun Landschaften im Westen, Norden und Osten. Als sie auch Judäa forderte, sagte Antonius endlich einmal nein. Sie schmollte, bis er ihr wenigstens Jericho gab, das durch seinen Handel mit Balsam und Palmen eine Goldgrube war. Als Kleopatra eine Reise durch ihre neuen Besitzungen machte und auch Judäa einen Staatsbesuch abstattete, nahm Herodes von ihr Jericho in Pacht.

Während ihres längeren Aufenthalts in Jericho unterhielt Kleopatra regen Verkehr mit Herodes. Flavius Josephus berichtet darüber: "Von Natur zu unkeuschen Vergnügungen geneigt, versuchte sie den König in verbotenen Umgang zu verstricken, sei es, daß sie wirklich in ihn verliebt war, sei es, daß sie, was wahrscheinlicher ist, im Sinne hatte, aus dem Ehebruch, zu dem sie ihn verleiten wollte, nur neuen Anlaß zu Nachstellungen herzunehmen. Kurz, sie stellte sich an, als ob sie in Liebe zu ihm vergehen müsse. Herodes aber ... wies ihre Lockungen von sich. Er überlegte mit seinen Freunden, ob er sie nicht umbringen lassen solle, da er jetzt Gelegenheit dazu habe. Dadurch werde er alle, denen sie bisher lästig gefallen sei und künftig noch lästig fallen könnte, von mancher Unannehmlichkeit befreien, und auch dem Antonius werde das von Nutzen sein, da sie auch diesem gegenüber sich nicht als treu bewähre... Doch seine Freunde hielten ihn von diesem Vorhaben zurück... Denn sicher werde Antonius eine solche Tat nicht ungestraft hingehen lassen."[14] Herodes blieb also zu Kleopatra höflich-distanziert, besänftigte sie mit Geschenken, begleitete sie nach Ägypten und zahlte später pünktlich seinen Pachtzins.

Daß der nachgiebige Antonius durch seine "Schenkungen" an Kleopatra Ägypten zu einer Großmacht des Ostens erhob, brachte das römische Volk gegen ihn auf. Der Senat sprach ihm die Konsulwürde ab, und der Königin von Ägypten wurde der Krieg erklärt. In der Seeschlacht von Actium wurden die Truppen des Antonius völlig vernichtet.

Unterdessen kämpfte Herodes mit seinen Truppen in Arabien. Kleopatra hatte nämlich in der Hoffnung, aus dem militärischen Konflikt so oder so Gewinn schlagen zu können, Judäa und Arabien gegeneinandergehetzt. Aus diesem Krieg ging Herodes als glänzender Sieger hervor. Gleichwohl befand er sich nun in schwieriger Lage. Wie würde

Oktavian, der bald Kaiser Augustus hieß, sich ihm gegenüber verhalten? Würde er ihm, dem Freund des geschlagenen Antonius, nicht seine Herrschaft nehmen?

Schon glaubten die inneren Feinde des Herodes Oberwasser zu haben. Alexandra und ihre Clique nahmen ihr Ränkespiel wieder auf. Herodes sicherte sich, indem er den letzten noch lebenden Hasmonäerfürst, der als sein Nebenbuhler in Betracht kam, beseitigen ließ. Wahrscheinlich war der alte Hyrkan unschuldig; auf Herodes' Befehl wurde er erdrosselt.

Ehe Herodes den ungewissen Gang nach Rhodos antrat, um sich bei dem neuen Alleinherrscher des Römischen Reiches zu melden, traf er Vorsorge. Seine Mutter, seine Schwester Salome und seine Kinder schickte er nach Masada unter die Obhut seines Bruders Pheroras, dem er befahl, er solle, falls Augustus ihn absetze, die Regierung Judäas in seine Hände nehmen. Mariamne und Alexandra ließ Herodes in Alexandrium gefangensetzen. Zu ihrem Wächter ernannte er Soëmus, dem er auftrug, falls ihm etwas zustoße, die beiden Frauen zu töten und "alles aufzubieten, um die Herrschaft seinen Kindern und seinem Bruder zu sichern".[15]

Dann reiste Herodes schleunigst nach Rhodos zum Kaiser. Sobald er in der Stadt eintraf, legte er sein Königsdiadem ab, behielt aber seinen übrigen Schmuck an. Dem Kaiser kam er nicht mit Entschuldigungen und demütigen Bitten um Vergebung, vielmehr erklärte er offen, er sei mit Antonius eng befreundet gewesen und habe nach Kräften dazu beigetragen, ihm den Besitz der höchsten Gewalt zu sichern. Leider habe er, da in einen Krieg mit den Arabern verwickelt, dem Antonius keine Truppen schicken können, aber Geld und Korn habe er ihm geschickt, wie es sich für einen Freund gehöre. Er bedaure, seine Freundespflicht nicht noch besser erfüllt zu haben. Jedenfalls sei er bereit, dem höchsten Machthaber, auch wenn es nun ein anderer sei, weiterhin in unerschütterlicher Freundschaft zu dienen.

Augustus war von dem Freimut des zehn Jahre älteren Arabers so eingenommen, daß er ihn bat, das Diadem wieder anzulegen, denn er solle König bleiben, und sein Reich solle bald vergrößert werden.

Zu diesem Zeitpunkt waren Antonius und Kleopatra noch am Leben. Augustus mußte, um diese Rechnung abzuschließen, nach Ägypten ziehen. Doch statt von Rhodos unmittelbar nach Alexandria zu segeln, machte er dem Königreich Judäa einen Besuch und reiste längs der Küste. Herodes begleitete ihn mit prächtigem Gefolge, ritt neben dem Kaiser, wenn dieser das Heer musterte, verwöhnte ihn mit Dienstleistungen und Geschenken und bemühte sich, auf Augustus und dessen Stab den besten Eindruck zu machen. Erst an der Grenze verabschiedete er sich vom Kaiser, gewiß nicht ohne dem Weiterreitenden besorgt nachzublicken. Wird er, wie Cäsar und Antonius, den Liebeskünsten Kleopatras erliegen?

Bald kam die Nachricht, daß Antonius mit eigener Hand seinem Leben ein Ende gemacht und daß Kleopatra, nach einem vergeblichen Versuch, den neuen Weltherrscher zu umgarnen, ebenfalls Selbstmord verübt hatte.

Herodes war nun nicht nur als König bestätigt, er war auch der beste Freund des Kaisers Augustus und seines Ministers Agrippa. Er bekam die Landesteile, die er an Kleopatra hatte abtreten müssen, wieder zurück und obendrein noch drei weitere Territorien und vier Küstenstädte.

*

Glückstrahlend kehrte Herodes heim und erzählte seiner heißgeliebten Mariamne von seinen Erfolgen. Sie aber empfand darüber mehr Schmerz als Freude und behandelte Herodes sehr von oben herab. Flavius Josephus erzählt die Tragödie, die nun ihren Lauf nahm und bei der man nicht weiß, ob man mehr Herodes oder mehr Mariamne bemitleiden soll:

"Vor allem ärgerte Herodes die Wahrnehmung, daß seine Gattin einen unerwarteten und unverhohlenen Abscheu gegen ihn hegte. Bei seiner heftigen Zuneigung zu ihr konnte er das nicht ertragen, und er schwankte zwischen Haß und Liebe. Bald geriet er über sie in Zorn, bald versöhnte er sich wieder mit ihr. Oft nahm er sich vor, sie wegen ihres Stolzes zu strafen, doch immer wieder gab er seiner Liebe nach, da er zu schwach war, sich von ihr zu trennen. Ja, er fürchtete, wenn er gegen sie einschreite, sich selbst zu bestrafen, denn er konnte sich nichts Schrecklicheres denken, als sie durch den Tod zu verlieren. Da aber seine Mutter und seine Schwester Salome seine Gesinnung gegen Mariamne erkannt hatten, glaubten sie eine günstige Gelegenheit erhascht zu haben, um ihren Haß gegen Mariamne zu befriedigen. Sie suchten in ihren Gesprächen mit Herodes ihn durch schändliche Verleumdungen gegen seine Gattin aufzuhetzen. Derartige Reden hörte Herodes mit stillem Grimm an, doch wollte er noch immer nicht daran glauben und etwas gegen Mariamne unternehmen. Gleichwohl entfremdete sich sein Gemüt ihr täglich mehr und mehr, und da sie aus ihrer Gesinnung kein Hehl machte, er aber seine Liebe unablässig in Haß verwandelte, steigerte sich auf beiden Seiten die Erbitterung... Er war, und das mit Recht, in Mariamne so verliebt, daß er hierin keinem nachgab... Sie dagegen ... ließ oft ohne Rücksicht darauf, daß sie ihm untertan war, ihre schlechte Laune an ihm aus, was er aber, als merke er es nicht, geduldig ertrug. Schließlich verspottete sie offen des Königs Mutter und Schwester und schmähte sie wegen ihrer niedrigen Herkunft, so daß sich zwischen den Frauen eine unversöhnliche Feindschaft entspann, die dann noch heftigere Schimpfereien zur Folge hatte..."

"Als der König sich eines Tages um die Mittagszeit zur Ruhe begab, rief er aus großer Liebe Mariamne zu sich. Mariamne trat auch in das Gemach, weigerte sich aber, bei ihm zu ruhen, und erwiderte sein Begehren mit Schmähungen und Vorwürfen, indem sie ihm ihres Vaters und ihres

30

Bruders Tod zur Last legte. Hierüber geriet Herodes in Zorn und war eben im Begriff, Gewalt anzuwenden, als seine Schwester Salome den Lärm hörte und nach dem Mundschenk des Königs schickte, den sie schon früher instruiert hatte ... und den sie jetzt zum König hineinschickte, um seinen Spruch aufzusagen. Der Mundschenk tat nun bei Herodes sehr wichtig und geheimnisvoll und teilte ihm mit, Mariamne habe ihm Geschenke gegeben und ihn bereden wollen, dem König einen Liebestrank zu reichen. Als Herodes darüber in Erregung geriet, sagte der Mundschenk, der Liebestrank, den Mariamne ihm gegeben habe, sei eigentlich ein Gifttrank... Über diese Mitteilung wurde Herodes, der sowieso schon übelgelaunt war, noch mehr erbittert. Deshalb ließ er den Lieblingseunuchen Mariamnes, ohne dessen Wissen nicht das Geringste von Mariamne ausgeführt wurde, wegen des Gifttranks auf der Folter befragen. Der Eunuch konnte diese Frage nicht beantworten; er bekannte, daß Mariamnes Haß sich auf das gründe, was Soëmus ihr verraten habe (Herodes' Befehl, im Falle seiner Absetzung Mariamne zu töten). Noch während er so sprach, erhob der König ein gewaltiges Geschrei: Soëmus hätte nie seinen Auftrag verraten, wenn er mit Mariamne nicht in unerlaubtem Verkehr gestanden hätte. Sofort ließ er Soëmus festnehmen und hinrichten."

"Über seine Gattin aber hielt er unter Zuziehung seiner vertrautesten Freunde Gericht und erhob mit großem Eifer eine Anklage gegen sie wegen des Gifttrankes... Herodes redete dabei heftiger und ergrimmter, als es sich für eine Gerichtsverhandlung ziemte, und als die Anwesenden ihn in solcher Erregung sahen, verurteilten sie Mariamne zum Tode. Dennoch hielten der König und einige der Anwesenden dafür, das Urteil nicht zu schnell zu vollstrecken, sondern Mariamne zunächst an irgend einem Ort des Königreichs in Gewahrsam zu halten. Salome dagegen gab sich die größte Mühe, die sofortige Hinrichtung zu erwirken, und beredete endlich den König dazu, indem sie ihm vorhielt, es könnten

Unruhen unter dem Volke ausbrechen, wenn man Mariamne lebendig gefangenhalte. Demnach wurde Mariamne zum Tode geführt."

"Da nun Alexandra merkte, wie die Sache stand, und es ihr klar wurde, daß sie befürchten müsse, gleichfalls von Herodes mit dem Tode bestraft zu werden, ließ sie von ihrem früheren Übermut ab und änderte ohne alle Rücksicht auf Anstand ihr Benehmen völlig. Um zu beweisen, daß sie von dem, was ihrer Tochter vorgeworfen wurde, nichts gewußt habe, lief sie auf die Straße und erhob öffentlich gegen ihre Tochter ein Geschrei, schalt sie, daß sie sich so schlecht und undankbar gegen ihren Mann benommen habe, und nannte die Strafe, die sie dafür erleiden sollte, durchaus verdient... Als sie sich nun so ungebührlich verstellte und ihrer Tochter sogar in die Haare fiel, warfen ihr viele mit Recht schändliche Heuchelei vor... Mariamne verriet ihren Unwillen über Alexandras Benehmen nur durch einen stolz verachtenden Blick. Dann ging sie unverzagt und ohne auch nur die Farbe zu wechseln in den Tod."[16]

Flavius Josephus urteilt, Mariamne sei eine treue und hochherzige Ehefrau gewesen; sie habe nur den einen Fehler gehabt, daß sie sich in ihren Worten nicht mäßigte und streitsüchtig war. Gegen den König habe sie sich nicht besonders gefällig gezeigt. "Während sie von ihm wegen seiner großen Verliebtheit nachsichtig behandelt wurde und von seiner Seite keinerlei Härte und Schroffheit zu erwarten hatte, war ihr Mundwerk loser, als es sich schickte. Da sie auch über das Leid, welches über ihre Verwandten kam, äußerst aufgebracht war, scheute sie sich nicht, ihm darüber ihre Meinung ins Gesicht zu schleudern... Sie vertraute darauf, er würde ihr nichts Übles tun."[17]

Die von Herodes selbst veranlaßte Hinrichtung seiner von ihm fast wahnsinnig geliebten Frau schnitt tief in sein eigenes Fleisch. Seinen ungeheuren Schmerz über diesen Verlust versuchte er vergeblich in wilden Orgien zu betäuben. Er wurde körperlich und seelisch krank, zeitweise geistesgestört.

32

"Infolge seiner Leiden war er so verbittert, daß er Leute, die ihm zufällig in die Quere kamen, aus geringfügigen Ursachen umbringen ließ", darunter seine vier besten Freunde und auch seine Schwiegermutter Alexandra.

Tyrannenglück

Die Geister seiner Freunde und vor allem seiner Mariamne, deren Tod Herodes befahl, haben ihm - wie ein Dichter es dargestellt hat[18] - bis an sein Lebensende keine Ruhe gegeben. Trotzdem war die Zeit von 28 bis 14 die relativ glücklichste Zeit seines Lebens. Er stand im Zenit seiner Macht. Seine Gesundheit blieb bis in sein siebtes Jahrzehnt so robust, daß er noch als rüstiger 63jähriger auf Jagd ging oder mit seinen Truppen ins Feld rückte. Und er genoß das Leben.

Er war ein bewunderter Sportsmann, ein guter Reiter, ein sicherer Speerwerfer und Bogenschütze, ein unüberwindlicher Krieger und Heerführer mit Fortune. Als sinnlicher Kraftmensch war er ganz dem Irdischen zugetan, verschwendete Riesensummen für prunkvolle Bauwerke, die seinen Ruhm der Nachwelt künden sollten, und feierte rauschende Feste an seinem Hofe. Er hatte zehn Ehefrauen, davon mehrere gleichzeitig, was die damaligen Gesetze gestatteten; außerdem verkehrte er, wie das für einen hellenistischen Potentaten üblich war, mit Beischläferinnen, Lustknaben und Eunuchen. Wegen seiner Lieblingseunuchen gab es sogar ein blutig endendes Eifersuchtsdrama.

Herodes regierte praktisch als Alleinherrscher. Zwar stand theoretisch, gemäß der jüdischen Tradition, das Amt des Hohenpriesters höher als das Amt des Königs. Nach theokratischer Überlieferung berechtigte die geistliche Würde den Hierarchen, auch als Herrscher in weltlichen Angelegenheiten zu fungieren. Herodes aber duldete neben seinem Königtum kein Hohespriestertum als selbständigen Machtfaktor.

Deshalb schaffte er die Erblichkeit und die Lebenslänglichkeit des Hohenpriesteramtes ab, ernannte nach eigenem Ermessen die ihm genehmen Personen und entließ sie wieder nach Gutdünken.

Alle Institutionen, die beanspruchen konnten, an der Regierung teilzunehmen, wurden von Herodes verdrängt. Von einer Beteiligung des Sanhedrin an den Staatsgeschäften ist in der Zeit des Herodes nichts bekannt.[19] Im Gegensatz zu den Hasmonäern, deren Befugnisse institutionell in Schranken gehalten wurden, machte Herodes das Königstum zum einzigen Träger und zur einzigen Quelle der Regierungsgewalt.

Herodes war oberster Befehlshaber des Heeres; er war Herr über die gesamte Verwaltung, so daß jeder Beamte völlig von seiner Gnade und seinem Willen abhing; er hatte über alle Gebiete der Wirtschaft absolute Gewalt, war der größte Grundbesitzer im Lande und verfügte über unermeßliche Schätze an barem Geld. Er konnte nach Gutdünken Steuern auferlegen oder erlassen. Als oberster Gerichtsherr entschied er über Leben und Tod, selbst unter Nichtachtung der Thora. Diese schier unbegrenzte Herrschergewalt machte ihn bei allen Schichten des Volkes ungemein verhaßt. Man sah ihn als Fremdherrscher und Unterjocher.

Wie anders waren die Gefühle, die das Volk, bei aller Gegnerschaft, den Hasmonäern entgegenbrachte! Das Königtum dieses Geschlechts beruhte auf der angestammten jüdischen Institution, die den König zugleich Hoherpriester sein ließ und ihm als Kontrollinstanz den Sanhedrin beigab. Im Gegensatz zu den hellenistischen Königreichen war der Staat der Hasmonäer ein verfassungstreuer Volksstaat, in dem das Volk seine in 25jährigem revolutionären Kampf errungenen Freiheitsrechte bewahrte.[20] "Anders als im Staat der Hasmonäer war das Volk im Staate des Herodes nur Objekt und nicht Teilhaber der Herrschaft."[21]

Die Ausschaltung des Volkes von allem Einfluß auf die Dinge des Staats beruhte auf dem hellenistischen Verständ-

nis, das Herodes vom Wesen der Königsherrschaft hatte:
Wer sich den Thron mit Mut und Glück erkämpfte wie er,
der hatte sein Reich redlich verdient, es war sein Besitz, mit
dem er machen durfte, was er wollte. Die Ausschaltung des
Volkes beruhte aber auch auf dem römischen Staatsrecht.
Denn da der Senat im Jahre 40 den König Antigonus, als
den Bundesgenossen der romfeindlichen Parther, geächtet
hatte, war das Bündnis zwischen Judäa und Rom erloschen;
Herodes bekam ein Land, das von Rom abgefallen war und
dessen Bewohner zur Stellung von *dediticii* herabgesunken
waren: Fortan hatten sie nur noch zu arbeiten, Steuern zu
zahlen und den Mund zu halten.[22]

*

Viele Juden, die noch des heroischen Freiheitskampfs der
Makkabäer gedachten, fügten sich der Macht des Herodes
nur zähneknirschend oder leisteten ihr womöglich erbitterten
Widerstand. Die Weigerung des jüdischen Volkes, sein Königtum anzuerkennen, beantwortete Herodes mit einer
Schreckensherrschaft von furchtbarer Härte. In seinen Augen
rechtfertigte die Notwendigkeit, den Widerstand zu brechen,
jede Art von Terror.

Trotzdem gelang es Herodes nie, die heimliche Opposition
im Lande völlig zu unterdrücken. Wenn er nicht ständig auf
der Hut war, konnte jederzeit Rebellion ausbrechen. Um vor
Überraschung sicher zu sein, organisierte er eine Geheimpolizei, die jede Bewegung und Äußerung der Bürger bespit-
zelte. Dieser ungeheure Kontrollapparat verbreitete eine
düstere Atmosphäre.

"Herodes verbot den Bürgern alle Zusammenkünfte, öffentliche wie geheime, und stellte überall Spitzel an. Wurde
jemand bei einer Übertretung ertappt, so bestrafte er ihn
streng, und es wurden viele offen oder heimlich in die Fe-

stung Hyrkania abgeführt und dort hingerichtet."[23] Hyrkania war eine der Zwingburgen, die Herodes im Lande zur inneren Sicherheit errichtete. Die zahlreichen Hinrichtungen von politischen Gegnern sind ein Charakteristikum seiner Herrschaft.

Seine Gewalttaten verübte Herodes nicht aus purer Mordlust oder im Blutrausch, sondern aus politischen Gründen, aus Staatsräson. Sie waren Mittel zum Zweck, nie Selbstzweck. "Die Haupteigenschaft des Herodes als Herrscher war Überlegung und Besonnenheit in all seinem Tun."[24] "Die Gesetze, die Herodes in Judäa erließ, waren keine Willkürakte eines launischen Tyrannen, sondern Entschließungen eines Herrschers, der einer doppelten Verantwortung Rechnung zu tragen hatte: der gegen das Land, das ihm anvertraut worden war, und der gegen den Kaiser und das Römische Reich."[25]

Genau diese Rücksichtnahme auf Rom war ja einer der beiden Hauptpunkte der Politik des Herodes, an denen sich der Widerstand der jüdischen Nationalisten entzündete. Zwar durfte Herodes alle Insignien der Königswürde führen, Diadem, Zepter, Purpur und Krone, aber er war nur ein Schutzkönig von Roms Gnaden. Gewiß konnte sich Herodes der persönlichen Freundschaft der römischen Herrscher Antonius, Augustus und Agrippa erfreuen; aber mit wieviel Aufwand zu Lasten der Steuerzahler war das verbunden! Römische Steuern wurden im Reich des Herodes nicht erhoben, aber die Münzhoheit war beschränkt. Judäas Militär-, Gerichts-, Finanz- und Amtshoheit war unter Herodes unumschränkt, aber eine selbständige Außenpolitik war ihm verwehrt, und es besaß weder volle Souveränität noch volle Autonomie. Obwohl kein formeller Vertrag geschlossen wurde, galt Herodes als "Freund und Bundesgenosse" Roms und hatte entsprechende Verpflichtungen.[26] Judäa war dem Imperium eingegliedert. "Herodes konnte nicht den geringsten Schritt unternehmen, ohne mit dem Willen des Römerreiches zu rechnen."[27]

36

Diese Lage erforderte nach des Herodes Überzeugung ein diplomatisches Verhalten, das von manchen Kritikern damals und heute als widerliche Servilität bemäkelt wird. Einige Forscher aber beurteilen es entschieden günstig: "Herodes war Realpolitiker. Darum setzte er die jüdisch-partikularistisch orientierte hasmonäische Politik, durch die sich die Juden den Zorn ihrer Nachbarn zugezogen hatten und schließlich eine Beute der Römer geworden waren, nicht fort. Angesichts der mächtigen römischen Oberherrschaft kam es ihm vielmehr darauf an, sich geschickt mit Rom ins Benehmen zu setzen, um eine Überlebenschance für ein jüdisches Reich zu gewinnen... Mit dem steigenden Ansehen der Juden im Imperium Romanum wurde es ihm möglich, für sein Volk Vorteile bei den römischen Herren herauszuschlagen und die Römer von direkten Eingriffen abzuhalten. Eine solche prorömische Politik des Herodes kam darum seinen jüdischen Untertanen zugute, fand jedoch bei ihnen keine Gegenliebe... Trotzdem dürfte Herodes die damaligen Machtverhältnisse richtig eingeschätzt und daraus die notwendigen Konsequenzen für ein einigermaßen unabhängiges und erfolgversprechendes Handeln mit großer Klugheit und außerordentlicher Gewandtheit gezogen haben.[28]

"Es wäre falsch, Herodes als einen Kollaborateur à la Quisling hinzustellen, gegen den zu kämpfen jedes nationale Gefühl gebietet... Es wäre unvernünftig, wollte man Herodes verdammen, weil er Vernunft und Sicherheit vor nationale Ehre und Freiheit gestellt hatte. Denn in Wahrheit gab es diese Alternative nicht. Die wirkliche Alternative hieß ... nationaler Untergang und Verlust der Heimat. Die Juden begingen den Wahnsinn, daß sie nach dem Tod von Herodes zweimal versuchten, diesen Weg zu beschreiten. Nicht Herodes' Kollaborationspolitik führte zum Untergang, sondern dieser im Namen der nationalen Freiheit auf Abgrenzung bedachte Isolationismus."[29]

"Durch sein politisches Geschick war es Herodes gelungen, die Römer in einer gewissen Entfernung zu halten; sein Volk war vom Kriegsdienst befreit und hatte an Rom keinen Tribut zu zahlen, und es gab in seinem Herrschaftsbereich weder römische Verwaltungsbeamte noch Steuereinnehmer."[30] Als zehn Jahre nach Herodes' Tod Judäa römische Provinz wurde, da wurde das alles anders, und da merkte man, wovor Herodes, solange er regierte, das Land bewahrt hatte.

*

Die unbedingte Ergebenheit des Herodes gegen Rom hatte neben der politischen aber auch ihre religiöse Seite, denn Herodes pflegte den Kult des vergotteten Kaisers, indem er zu Ehren des Cäsar Augustus Tempel errichtete, Spiele veranstaltete und Städte umbenannte: Aus Samaria wurde Sebaste, aus Stratonsturm Cäsarea. Mit seiner devoten Stellung zum Kaiserkult erregte er das Ärgernis der frommen Juden. Während die jüdische Religion sich betont gegen die verachtete Heidenwelt abkapselte und von religiöser und sittlicher Strenge geprägt war, liebte der weitherzige und weltoffene Herodes die hellenistische Kultur, pflegte die Beziehungen zum Ausland und lud Gäste aus der Ferne zu den Festspielen ein, die er in Cäsarea und Jerusalem hielt.

Zu Ehren des Augustus und seines Sieges bei Actium richtete Herodes ein Fest nach Art der Olympischen Spiele ein. Alle fünf Jahre sollten sich am 2. September, dem Jahrestag der Schlacht, Sportler und Künstler aus vielen Ländern zu Wettkämpfen in Jerusalem treffen. Hierfür errichtete Herodes großartige Prachtbauten: ein Hippodrom innerhalb der Stadt für Wagenrennen und Pferderennen, ein Theater außerhalb der Stadtmauern für musikalische Darbietungen, schließlich ein Amphitheater in der Ebene, das mit goldenen und silbernen Trophäen wie Schilden, Brustpanzern, Schwertern und Lanzen ausgestattet war. Hier fanden Ringkämpfe nackter Athleten statt, oder es kämpften Löwen und andere

Bestien gegeneinander oder gegen verurteilte Verbrecher. Für die vielen Ausländer, die wegen der ausgesetzten Siegespreise oder wegen der glänzenden Schau herbeiströmten, war das Ganze ein bewundertes Ereignis, für die religiös denkenden Juden aber aus verschiedenen Gründen ein Ärgernis: Den nackten Körper zur Schau zu stellen, galt ihnen als gottlos, zum Ergötzen Menschen wilden Tieren vorzuwerfen als abscheulich, und die überkommenen Bräuche durch fremde Sitten zu vertauschen als verwerflich. Viele der musikalischen Darbietungen erschienen den Frommen unanständig.

"Nichts aber verletzte sie mehr als die Trophäen. Sie hielten diese für in Rüstungen eingehüllte Bilder, und da ihre Gesetze die Verehrung von Bildern verboten, waren sie über diesen Anblick höchst unwillig. Herodes konnte es nicht verborgen bleiben, daß die Juden hierüber in beträchtliche Aufregung gerieten, und da er es nicht für klug hielt, mit Gewalt dagegen vorzugehen, gab er sich alle Mühe, sie mit Worten zu besänftigen und von ihren religiösen Bedenken zu befreien. Doch richtete er hiermit nichts aus. Sie schrien aus Ärger über das, was sie ihm als Frevel anrechneten, einstimmig: Wenn sie auch alles andere noch ertragen könnten, so dürften sie doch die Bildsäulen von Menschen (womit sie die Trophäen meinten) in der Stadt nicht dulden, weil das nach dem Gesetz ihrer Väter untersagt sei... Da rief Herodes die Vornehmsten ins Theater, zeigte ihnen die Trophäen und fragte sie, für was sie diese hielten. Das seien Skulpturen, die Menschen darstellen, riefen sie. Da ließ er die Trophäen ihre Schmucks entkleiden und zeigte ihnen die bloßen Holzpfähle. Da erhob sich ein allgemeines Gelächter, das um so anhaltender wurde, als ihnen schon vorher der ganze Bilderkram lächerlich vorgekommen war."[31]

Es gab aber viele, die sich mit dieser Auflösung der alten Vätersitte nicht abfinden mochten. Zehn Männer verschworen sich, den König beim Betreten des Theaters zu ermorden. Ein Geheimpolizist bekam Wind von der Sache, und die Verschwörer wurden verhaftet. Sie sagten offen, wozu sie unter ihren Mänteln Dolche trugen, und wurden prompt hingerichtet. Ihr Denunziant aber wurde wenig später von einigen Bürgern ergriffen, in Stücke gerissen und zum Fraß den Hunden vorgeworfen. Aber auch hier wurden die Beteiligten entdeckt: Jeder wurde samt seiner Familie exekutiert.

Um sich international beliebt zu machen und seinen Nachruhm zu sichern, aber auch aus menschenfreundlicher, kosmopolitischer Gesinnung beschenkte Herodes in großzügigster Weise verschiedene Städte der hellenistischen Welt. Sie ehrten ihn dafür als ihren Wohltäter. Für Tripolis, Damaskus und Ptolemais baute er Gymnasien, für Byblos eine Stadtmauer, für Berytos Säulenhallen, Tempel und Märkte, für Tyrus, Sidon und Damaskus Theater, für Laodicäa am Meer eine Wasserleitung, für Askalon Bäder, Brunnen und Kolonnaden. Der Insel Rhodos spendete er mehrmals Mittel zum Bau einer Flotte. Als der pythische Tempel verbrannte, errichtete er auf seine Kosten einen schöneren. Athen, Sparta und Pergamon waren voll von Weihegeschenken des Herodes. Die verschlammte Hauptstraße im syrischen Antiochien ließ er in einer Länge von zwanzig Stadien mit poliertem Marmor pflastern und mit einer Säulenhalle von gleicher Länge schmücken. Den finanziell in Not geratenen Olympischen Spielen erwies sich Herodes als freigebiger Mäzen, wofür ihm die Bewohner von Elis dankten, indem sie ihm den Titel des Agonotheten auf Lebenszeit verliehen. Die jüdische Bevölkerung Judäas sah in alledem nur sinnlose Verschwendung auf ihre Kosten.

Daß ihr König im jüdischen Land heidnisch-hellenistische Städte errichtete, bedeutete in den Augen der religiös gesinnten Juden, daß ein nichtjüdischer Keil in den Bereich des auserwählten "heiligen" Volkes getrieben wurde, der die "Unreinheit der Heidenvölker" hereinbrachte.

Die extremen Pharisäer erklärten Herodes' Herrschaft für illegitim, da nach der Prophezeiung die Herrschaft über Israel von Gott dem Messias aus dem Hause Davids vorbehalten sei. Herodes aber, ein Nichtjude, habe den Davidsthron mit Gewalt an sich gerissen; sein Regiment widerspreche Gottes Willen und sei zum Untergang verdammt. Es werde verschwinden, sobald der Messias sein Reich errichte.

Diese für Herodes gefährlichen Behauptungen zu entkräften, machten sich auf seinen Befehl Propagandisten ans Werk, namentlich sein griechischer Hofhistoriograph Nikolaus von Damaskus. Sie verbreiteten einen gefälschten Stammbaum, mit dem nachgewiesen werden sollte, daß Herodes nicht nur Jude, sondern sogar Nachkomme Davids sei. Herodes fand, ihm selbst müsse der übermenschliche Rang des Messias zuerkannt werden, und sein Reich sei bereits das messianische Reich.[32]

Die Pharisäer konnten und wollten diesen messianischen Gedanken des Herodes nicht nachvollziehen, denn er hatte mit dem des jüdischen Volkes nichts zu schaffen. Hinter ihm "verbarg sich ein Gedanke, der in dem Soter-Glauben der hellenistisch-römischen Ökumene wurzelte und darauf hinauslief, daß das jüdische Volk den 'Erlöser'-Charakter des Kaisers und des Römischen Reiches anzuerkennen habe."[33] Diese Idee verdrehte und verfälschte den jüdischen Messianismus völlig. "Was Herodes dem jüdischen Volke zumutete, war nicht mehr und nicht weniger, als daß es seine ursprüngliche messianische Hoffnung gegen einen kaiserlich-augusteischen und römisch-imperialen 'Messianismus' eintausche, der Rom und seinen Herrscher zu Mittlern der Erlösung Israels mache."[34]

Seinen Eifer für die jüdische Religion wollte Herodes vor allem durch den Bau des Tempels beweisen. Im 18. Jahre seiner Regierung kündigte er in einer Rede vor dem Volke an, er wolle einen neuen Tempel errichten, doppelt so groß und weit herrlicher als der alte Tempel. Viele vernahmen dieses gigantische Bauvorhaben mit Skepsis und fürchteten, Herodes könnte, wenn der alte Tempel abgebrochen sei, nicht die Mittel haben, den neuen Bau auszuführen. Herodes beruhigte sie mit dem Versprechen, "er werde den Tempel nicht eher niederreißen lassen, als bis er alles zu seiner Vollendung Erforderliche bereitliegen habe. Hierin hielt er Wort. Denn erst als er tausend Wagen zum Anfahren der Steine beschafft, zehntausend erfahrene Werkmeister ausgewählt, tausend Priestern Gewänder gekauft und sie in der Steinmetzkunst oder im Zimmerhandwerk unterrichten lassen und überhaupt alles sorgfältigst vorbereitet hatte, nahm er das Werk in Angriff."[35]

Am Ende von Herodes' Bautätigkeit war die Gesamtfläche des Heiligen Bezirks doppelt so groß wie vorher und überbot sogar die Fläche der Athener Akropolis. Tatsächlich war der herodianische Tempel der größte Temenos der ganzen antiken Welt. Aber schon nach zwei Menschenaltern wurde er zerstört.

Unstreitig erwarb sich Herodes bedeutende Verdienste um sein Volk. Er hatte den Juden einen Staat errungen in einer Ausdehnung, wie sie ihn seit Davids Tagen nicht besessen hatten. Er förderte die Landwirtschaft und siedelte landlose Bauern auf brachliegenden Böden an. Er entwickelte einen blühenden Binnen-, Außen- und Transithandel, schuf eine Flotte und gründete erstmals in Judäa einen Hafen internationalen Ranges, Cäsarea. Er schuf Sicherheit gegen äußere Feinde, Ruhe und Ordnung im Innern. Während seiner Regierung genoß das Land dreißig Jahre Frieden. Die Geldwirtschaft war vorzüglich geordnet, der Staatssäckel fast immer wohlgefüllt, die wirtschaftliche Lage stabil. Als Geschäftsmann, Organisator, Bankier und Unternehmer hatte Herodes enormen Erfolg. In dem Jahr der großen Dürre rettete er das Volk vor dem Hungertod; "seine Maßnahmen zur Bewältigung der Hungersnot sind bis heute im Vorderen Orient unübertroffen".[36] Er tat alles, was in seinen Kräften stand, für die jüdische Diaspora im Ausland - immerhin drei Millionen Menschen - und hob das Ansehen der Juden in der hellenistischen Welt.

Städte wurden wiederaufgebaut, andere neu gegründet. Nicht nur wegen seines grandiosen Tempels war Herodes "der passionierteste Bauherr des klassischen Altertums".[37]

Die Größe und Pracht seiner Bauten, von denen viele erst in den letzten Jahren durch Archäologen ausgegraben wurden, setzen uns heute noch in Staunen. Die Zitadelle von Jerusalem, der Nordpalast in Jericho, die Burg Kypros, das Herodeion, der Augustus-Tempel zu Sebaste, die Architekturen in Cäsarea, die Festung Masada und das Buleuterion in Askalon bezeugen eine Kulturleistung, die um so beeindruckender ist, als sie nicht durch Staatsverschuldung erbracht wurde. Herodes konnte es sich sogar leisten, in einem Jahr seinen Bürgern ein Drittel der Steuern zu erlassen.

Trotz alledem ist es Herodes nie gelungen, die Liebe seines Volkes zu gewinnen. Er blieb der verhaßte Tyrann. Und er ist mit seiner politischen Aufgabe, "Rom *und* den Juden Genüge zu tun",[38] letztlich gescheitert. Er versuchte etwas, das nicht gelingen konnte. Sein "Königtum hatte einen Januskopf: das eine Gesicht blickte auf Rom und die hellenistische Welt hin, das andere auf das jüdische Volk und seine einzigartige Kultur. Die Absicht war, ... die Scheidung zwischen beiden Welten zu überbrücken und dem jüdischen Volke im Raume des römischen Imperiums Platz und Aufgabe anzuweisen."[39] Aber für jüdischen Nationalismus war in der Pax Romana kein Platz. Herodes konnte Rom Genüge tun, aber nicht dem gläubigen Judentum. An dessen unerbittlicher Kompromißlosigkeit scheiterten nicht nur die völkerverbindenden Bestrebungen des Herodes, sondern, wie lange nach seinem Tod der Ausgang des Jüdischen Krieges zeigte, auch Judäa.

Niedergang mit Angst und Schrecken

Am liebsten hätte Herodes den Mord an seiner Frau Mariamne in tiefste Vergessenheit versenkt. Aber die herangewachsenen Kinder Mariamnes sorgten dafür, daß nichts vergessen wurde. Die Nemesis holte Herodes ein. Die Serie von Verwandtenmorden, die er am Anfang seiner Regierung verbrochen hatte, wurde die entferntere Ursache der Serie von Verwandtenmorden, mit denen Herodes die letzten Jahre seiner Herrschaft besudelte. Mit Recht bemerkte ein Historiker: "Es hätte Herodes, seiner Familie und seinem Ruf besser gedient, wenn er zehn Jahre früher gestorben wäre. Denn das letzte Jahrzehnt seines Lebens ... war von Fehlschlägen, Krankheit und Verbrechen verdunkelt."[40]

Herodes hatte von acht seiner Ehefrauen fünfzehn Kinder. Sein Erstgeborener war Antipater. Doris, die von niederer Herkunft war, hatte ihn zur Welt gebracht als Herodes noch nicht auf dem Thron saß. Er galt infolgedessen nicht als Königssohn und wurde als Neunjähriger mit seiner Mutter vom Hof entfernt. Die Söhne Mariamnes dagegen, die von königlichem Geschlecht waren, wuchsen im Palast auf, wurden in Rom erzogen und waren dem Kaiser wohlbekannt. Begreiflich, daß der verstoßene Antipater auf seine jüngeren Halbbrüder Alexander und Aristobul, gelinde gesagt, nicht gut zu sprechen war.

Da Herodes eine Dynastie begründen wollte, vermählte er Alexander mit der Tochter des Königs Archelaus von Kappadozien und Aristobul mit Berenice, der Tochter seiner Schwester Salome. Diese Salome, die schon Herodes' Argwohn gegen Mariamne erregt hatte, nahm jetzt Herodes auch gegen die Söhne Mariamnes ein: Sie wollten, so flüsterte sie ihm ins Ohr, den Mörder ihrer Mutter bestrafen und ihn vergiften. Die beiden offenherzigen Prinzen hatten Freunden gegenüber sich unmutig über ihren Vater geäußert; aber daß sie einen Mordanschlag auf ihn geplant hätten, scheint völlig aus der Luft gegriffen zu sein. Herodes' Angst jedoch, einmal geweckt, kam nicht mehr zur Ruhe. Um den aufmüpfigen Mariamne-Söhnen, die ihm gefährlich zu werden drohten, einen Dämpfer zu versetzen, rief er Antipater an den Hof zurück, verhielt sich ihm gegenüber so, daß er als der Kronprinz angesehen werden mußte, und bestimmte ihn im Jahre 13 v.C. testamentarisch zu seinem Erben. Grund genug für daran interessierte Intriganten, die Mariamne-Söhne gegen Herodes und gegen Antipater aufzubringen.

Antipater seinerseits, verschlagen und hinterhältig, nährte mit Schreckensmeldungen über heimtückische Mordanschläge, welche Mariamnes Söhne gegen den Mörder ihrer Mutter angeblich im Schilde führten, erfolgreich Herodes' Argwohn. Er brachte es so weit, daß Herodes mit seinen Söhnen Alexander und Aristobul nach Aquileja reiste und sie vor dem Kaiser verklagte. Die beiden beteuerten unter Tränen ihre Unschuld, und da ihnen nichts Konkretes nachgewiesen werden konnte, hielt es Augustus für richtig, die Prozeßparteien miteinander zu versöhnen. Herodes wurde weich, und weinend fielen sich Vater und Söhne um den Hals.

Trotzdem gingen die Kabalen im Hause des Herodes weiter. Doris, die wieder am Hofe war, Salome und vor allem Antipater, unterstützt von Verwandten, Höflingen und Dienern, spannen unentwegt ihre Ränke. Herodes glaubte denen, die kein Vertrauen verdienten, und mißtraute denen, die ihm treu waren. Verdächtige ließ er foltern; aber wer konnte gewiß sein, daß die erpreßten Aussagen, Geständnisse und Bezichtigungen der Wahrheit entsprachen? Wenn wir die ausführlichen Erzählungen von Flavius Josephus über dieses Knäuel von wirklichen und angeblichen Komplotten, Bestechungen, gefälschten Briefen, Verstellungen und Giftmorden lesen, geraten auch wir angewidert in einen Schwindel, in dem wir nicht mehr zwischen Tatsachen und verleumderischen Fantasien zu unterscheiden vermögen. Und wir fragen uns, ob die Informanten, auf die sich Flavius Josephus stützt, ihrerseits überhaupt in der Lage oder gewillt waren, die Fakten richtig zu sehen, zu werten und mitzuteilen.

Zum Beispiel soll, nach Flavius Josephus, dem König eingeflüstert worden sein, Alexander habe ihm drei Eunuchen, zu denen Herodes homosexuelle Beziehungen pflegte, mit der Behauptung ausgespannt, Herodes sei ein alter Knakker, der seine Gebrechlichkeit tarne, indem er seine Haare schwarz färbe. Es könne mit ihm nicht mehr lange dauern.

Falls sie ihm, Alexander, dem die Krone sicher sei, jetzt zu Willen seien, wolle er ihnen bei seiner Thronbesteigung hohe Posten geben. Diese Beschuldigung war natürlich im höchsten Grade geeignet, Herodes in Rage zu bringen.

Ich will den Leser nicht mit weiteren degoutanten Details belästigen, sondern begnüge mich, die Atmosphäre in Herodes' Palast mit den Worten des Flavius Josephus wiederzugeben. Die Höflinge, die sich nicht mehr sicher fühlten, intrigierten gegeneinander. "Jede Gelegenheit wurde benutzt, um dem Gegner Fallen zu stellen, bis der eine sich in demselben Netze fing, das er dem anderen gelegt hatte."[41] "Wer verdächtig war, den ließ Herodes unverzüglich töten. Der Palast war voll der schlimmsten Greueltaten. Jeder erdichtete im Sinne seiner Feindschaft und seines Hasses die entsprechenden Verleumdungen, und viele mißbrauchten die Mordgier des Königs gegen ihre Gegner. Die Lüge fand sofort Glauben, und die Strafen waren noch schneller als die Verleumdungen. So wurde einer, der eben noch Ankläger war, zum Angeklagten, und man führte ihn mit dem von ihm Beschuldigten ab. Genauere Untersuchungen ließ nämlich die Lebensangst des Königs nicht zu ihrem Ende kommen. Seine Verbitterung verstieg sich so weit, daß er nicht einmal einen Unverdächtigen freundlich ansah und auch seinen Freunden äußerst schroff begegnete."[42] Mehrmals änderte er sein Testament.

Dem konzentrischen Angriff von Lügen war der durch sein lebenslanges Mißtrauen zermürbte Herodes nicht mehr gewachsen. Er vermochte nicht mehr, Wahrheit von Lüge, Wirklichkeit von Wahngebilden zu unterscheiden. Die Greuelgeschichten, die Antipater seinem Vater auftischte, waren auf Herodes' Angst vor Verrat und Überfall genau zugeschnitten. Schließlich lebte Herodes in der fixen Idee, sein Sohn Alexander werde jeden Augenblick sich auf ihn stürzen und ihn erdolchen. In diesem Zustand von Halluzinationen und Verfolgungswahn gab Herodes den Befehl, seine Söhne Alexander und Aristobul zu erdrosseln.

Flavius Josephus stellt die Frage, die gewiß auch uns sich bereits aufgedrängt hat: "Man muß sich darüber wundern, daß bei Herodes so verschiedene Eigenschaften in einem und demselben Charakter vereinigt waren. Bedenkt man seine Freigebigkeit und Wohltätigkeit allen gegenüber, so kann selbst jemand, der nicht besonders gut auf ihn zu sprechen ist, nicht leugnen, daß er von Natur überaus gutherzig war. Betrachtet man aber die Gewalttätigkeit und Ungerechtigkeit, womit er seine Untergebenen und seine nächsten Verwandten behandelte, und bedenkt man die Härte und Unbeugsamkeit seines Gemüts, so muß man allerdings gestehen, daß er ein allem menschlichen Empfinden abgeneigtes Ungeheuer war. Daher sind die meisten der Ansicht, er habe mit sich selbst in Widerspruch und Zwiespalt gelebt. Ich dagegen glaube, daß die beiden so grundverschiedenen Richtungen seines Charakters auf eine und dieselbe Ursache zurückzuführen sind": auf Ehrgeiz.[43]

Diese Erklärung dürfte nur zum Teil richtig sein. Gewiß war, vor allem in den frühen Jahrzehnten, Machtwille die vorherrschende Leidenschaft des Herodes. Doch uns scheint, als sei, je älter er wurde, seine Angst größer geworden, bis er, dessen tyrannische Allüren seine ganze Umwelt in Angst versetzten, selber ein Opfer der eigenen Angst wurde.

*

Nachdem Herodes seine Söhne Alexander und Aristobul hatte erdrosseln lassen, zeigte er sich unerwarteterweise voll Mitleid gegenüber den Kindern der Ermordeten und voll Reue über seinen Befehl. Weinend verlobte er die Waisen, seine Enkel, vor dem ganzen Hof, um ihre Zukunft zu sichern und um, wenn er schon ein unglücklicher Vater war, ein um so achtsamerer Großvater zu sein.

Antipater war über diese Entwicklung alles andere als erfreut. Geriet seine Stellung im Staat nicht erneut in Gefahr? Er unternahm weitere Ruchlosigkeiten, und es gelang ihm wiederum, seinen Vater zu übertölpeln.

Als aber schließlich Herodes doch die Schurkereien Antipaters durchschaute und entsprechende Maßnahmen vorbereitete, merkte Antipater, daß er verraten wurde, und versuchte, sich durch unverschämtes Auftreten zu retten. Er betrat den Königspalast und näherte sich seinem Vater, um ihn zu umarmen. Herodes aber wies ihn heftig und laut zurück, in Gegenwart des Statthalters von Syrien, Quintilius Varus (derselbe, der fünfzehn Jahre später im Teutoburger Wald seine Legionen verlor), der am nächsten Tag zusammen mit Herodes dem Gericht über Antipater präsidierte. Die Anklage lautete auf Hochverrat, Anstiftung zum Brudermord und Vorbereitung zum Vatermord.

Da Antipater Erbprinz war, wurde dem Kaiser über die Gerichtsverhandlung ein schriftlicher Bericht gesandt. Einstweilen lag Antipater gefesselt im Gefängnis. Am weiteren Vorgehen gegen ihn wurde der fast siebzigjährige Herodes durch eine schwere Erkrankung gehindert. Herodes hatte sich fest vorgenommen, Antipater nicht nebenbei und im Verborgenen, sondern nach seiner Genesung öffentlich hinrichten zu lassen.

Als sich in Jerusalem die Nachricht verbreitete, daß der König dahinsieche, sagten zwei beim Volk beliebte Gesetzeslehrer, jetzt sei die günstige Gelegenheit gekommen, Gott sein Recht zu verschaffen und den goldenen Adler, den Herodes über dem großen Tor des Tempels hatte anbringen lassen, herunterzuschlagen. Es sei wider das göttliche Gesetz, daß am Tempel ein Tierbild angebracht sei; es jetzt zu entfernen, sei zwar lebensgefährlich, doch wer für das Gesetz der Väter sterbe, dessen Seele werde ewig selig. Daraufhin schritten entschlossene Theologiestudenten zur Tat.

"Zur Mittagszeit, als sich viele Menschen im Heiligtum aufhielten, ließen sie sich an starken Seilen vom Dach herab und schlugen den goldenen Adler mit Äxten herunter. Das wurde sofort dem königlichen Befehlshaber gemeldet; dieser eilte mit einer beträchtlichen Truppe hinaus, verhaftete etwa vierzig junge Leute und brachte sie zum König hinab. Zunächst fragte sie dieser, ob sie es gewagt hätten, den goldenen Adler herunterzuschlagen; sie gaben es offen zu. Als Nächstes: 'Auf wessen Befehl?' Sie antworteten: 'Des väterlichen Gesetzes.' Schließlich wollte er wissen, weshalb sie so freudig seien, da sie doch den Tod vor Augen hätten. Sie gaben zur Antwort: 'Wir werden nach unserem Ende viel größere Freuden kosten.' Daraufhin konnte sich der König durch seinen übermäßigen Zorn noch einmal von seiner Krankheit aufraffen und zur Volksversammlung gehen. Er hielt dort eine ausführliche Anklagerede gegen die Männer; sie hätten als Tempelräuber unter dem Vorwand der Gesetzeserfüllung noch schlimmere Dinge geplant... Er ließ die Studenten, die sich vom Dach heruntergelassen hatten, zusammen mit ihren Professoren lebendig verbrennen. Die übrigen Verhafteten übergab er seinen Leibwächtern zur Hinrichtung."[44]

In diese letzten wirren Monate im Leben des Herodes fällt das Ereignis, mit dem der Tyrann am berüchtigtsten geworden ist. Orientalische Magier, die in der Astrologie bewandert waren, kamen nach Jerusalem und fragten, wo der neugeborene König der Juden sei, dessen Stern sie gesehen hätten; sie wollten ihm huldigen. "Herodes erschrak, und ganz Jerusalem mit ihm." Der König, der stets um die Sicherheit seines Throns bangte, gab schließlich den Befehl, in Bethlehem und Umgebung alle Kinder unter zwei Jahren zu töten, um zu verhindern, daß aus der "Stadt Davids", aus der nach alter Prophezeiung der Messiaskönig kommen sollte, seiner Dynastie durch einen Rivalen Gefahr entstehe.[45] Herodes selbst nahm ja in Anspruch, ein Sproß Davids und der verheißene Messias zu sein.

Viele Gelehrte betrachten diese Erzählung als Sage. Nichtsdestoweniger sieht Abraham Schalit "in dem Befehl

als solchem kein Ding der Unmöglichkeit... Das Entscheidende an ihm ist, daß er von Herodes mit der Absicht ausgegeben wurde, den neugeborenen Feind seines Königtums zu
töten. Der Glaube an die unmittelbar bevorstehende Ankunft
oder Geburt des messianischen Königs lag damals in der
Luft. Der argwöhnische Despot spürte überall Verrat und
Feindschaft, und ein vages zu ihm gedrungenes Gerücht
kann seinem kranken Geist sehr wohl den Gedanken eingegeben haben, die neugeborenen Kinder zu töten... Wenn es
die Herrschaft galt, kannte auch der sterbende Herodes keinen Scherz."[46]

Schwer krank, an allen Körperteilen von unerträglichen
Schmerzen gepeinigt, lag Herodes in Jericho, als Briefe aus
Rom kamen: Der Kaiser billige das Todesurteil über Antipater, sei aber, wenn dies der Wunsch des Vaters sei, auch mit
Verbannung einverstanden. Als Herodes gemeldet wurde, der
gefangene Antipater habe versucht, seinen Wächter zu bestechen, damit der ihm die Flucht ermögliche, gab es für ihn
kein Zögern mehr. Er befahl, seinen Sohn sofort zu töten.
Dann änderte er abermals sein Testament und starb.

*

Ein Biograph des Herodes kam zu folgendem Urteil über
seine Persönlichkeit, dessen ersten Teil zu unterschreiben ich
zögere, dessen zweitem Teil aber ich sofort zustimme: "Im
Grunde war Herodes doch ein verruchter Mensch... Etwas
von diesem Herodes steckt in einem jeden von uns."[47]

50

Nero

(37 - 68)

Ein netter Junge, verwöhnt und verzogen

Vom ersten Jahrhundert an bis heute hatte Nero eine schlechte Presse.[1] An dieser Tatsache haben auch Versuche, ihn zu rehabilitieren, z. B. *Nero, ein Scheusal genannt, dargestellt als guter Mensch und vortrefflicher Regent,*[2] nichts zu ändern vermocht. Dabei war dieser Mensch, vor allem als Kind und als Jugendlicher, unbestreitbar durchaus nicht ohne angenehme Züge. Dem tiefer dringenden Blick freilich ist der nette Jüngling ein "monstre naissant".[3]

Ein aufschlußreiches Bild der Entwicklung seines Charakters bieten die vielen realistischen Porträts in Marmor und Metall, deren Zeugnis die schriftlichen Nachrichten ergänzen. Diese Skulpturen und Münzen zeigen, wie sich Neros körperliche Erscheinung von seinem sechsten bis zu seinem dreißigsten Lebensjahr veränderte. Das Kind war wohlgebildet und blickte ernst. Auch der Jüngling sah gut aus. Unter rotblondem Haar,[4] das er dandyhaft in stufenweise geordneten Locken frisiert trug, hatte er ein schönes Gesicht. Die blaugrauen Augen waren sehr kurzsichtig, weshalb er sie etwas zukniff.[5] Seine Haut war, "wie bei allen Rothaarigen, mit Sommersprossen übersät und neigte zur ausgiebigen Transpiration".[6] Wohl wegen dieses Schwitzens trug er kein Kleidungsstück zweimal. Je älter er wurde, um so feister wurde sein Nacken, und um so stärker trat sein Bauch vor.

Die zuerst so muskulöse Figur wurde mehr und mehr von Fett überwuchert. Seine Stimme klang dumpf.[7]

Nero war als Kind charmant und als Enkel des in der Armee höchst beliebten Germanicus von den Soldaten verhätschelt. So gewöhnte er sich schnell daran, öffentliche Huldigungen als selbstverständlich zu betrachten. Als bei den Säkularspielen des Jahres 47 im Zirkus die adeligen Knaben zu Pferd das Troja-Spiel begannen,[8] unter ihnen Britannicus, der Sohn des zuschauenden Kaisers Claudius, und Domitius, der spätere Nero, "wurde dem Domitius vom Volke stürmischer gehuldigt".[9]

Ungewöhnlich waren die Neigungen des elfjährigen Jungen: Er war geschickt mit den Händen, liebte es zu schnitzen, malen, singen, reiten und fahren. Schön und gut; aber nicht das, was im alten Rom für angehende Politiker im Bildungsgang vorgesehen war. Daß Nero sich für Musik, Theater, Kunst, Sport und Technik begeisterte, galt als unfein. So etwas war nichts für Söhne aus gutem Hause. Zum regulären Lehrplan gehörten nicht diese Dinge, sondern Rhetorik, um die sich Nero viel zu wenig kümmerte. Daß er für die erste Rede, die er als junger Kaiser zu halten hatte, sich eines Ghostwriters bedienen mußte, wurde übel vermerkt. Die Zuhörer stellten enttäuscht fest, daß Nero der erste Machthaber gewesen sei, der die Rednergabe eines anderen benötigt habe; alle seine Vorgänger seien begabte, meist glänzende Redner gewesen. Tacitus bemerkt in diesem Zusammenhang, Nero habe sich in seinen Knabenjahren "mit abwegigen Dingen" beschäftigt: "Er meißelte, malte, betätigte sich als Sänger oder Wagenlenker."[10]

Ein Biograph schreibt vom Knaben Nero: "Er war eindeutig kein lasterhafter oder verdrossener Junge... Noch schien kein Grund vorhanden zu sein, der einen an seiner Tüchtigkeit oder an seiner Ehre hätte verzweifeln lassen."[11] Andere dagegen finden, daß Nero früh verzogen und verdorben war. Seine Umgebung bewirkte, daß sich sein verhängnisvolles Erbe allmählich bemerkbar machte.

*

Nicht nur Neros rötliches Haupt- und Barthaar war Familien-
erbe der Domitier. Jedenfalls beginnt Sueton seine Biographie mit der Feststellung, "daß Nero, trotz seiner Entartung
von den Tugenden seiner Ahnen, doch von ihren besonderen,
gleichsam überlieferten und angeborenen Lastern ein treues
Abbild war".[12]

Der Geschichtsschreiber läßt dann die Ahnen Neros an
unseren Augen vorüberziehen, beginnend mit dem Urerur-
großvater Gnäus Domitius, von dem gesagt wurde, "es sei
kein Wunder, daß er einen ehernen Bart habe, da seine Stirn
von Eisen und sein Herz von Blei sei. Der Ururgroßvater
"war ein Mann von unbeständigem Charakter, aber von
trotziger Sinnesart, der in einer verzweifelten Lage vor dem
Tode, den er aus Furcht gesucht hatte, derart erschrak, daß er
das genommene Gift voll Reue über seinen Entschluß durch
ein Brechmittel wieder von sich gab und seinem Arzt die
Freiheit schenkte, weil dieser ihm in kluger Voraussicht eine
unzureichende Dosis gemischt hatte". Der Urgroßvater wurde
aus Sehnsucht nach seiner Geliebten zum Überläufer. Der
Großvater Domitius war ein trefflicher Wagenlenker, aber
anmaßend, verschwenderisch und hart; er veranstaltete Tier-
hetzen und Gladiatorenkämpfe mit solcher Grausamkeit, daß
Kaiser Augustus sich gezwungen sah, ihn durch Edikt in
seine Schranken zu verweisen. Neros Vater war "in jeder
Beziehung ein verabscheuenswerter Mensch. Einen Freigelassenen ließ er umbringen, weil er sich geweigert hatte, so
viel zu trinken, wie ihm befohlen worden war; einen Knaben
überfuhr er absichtlich, in einem Dorf an der Appischen
Straße; einem römischen Ritter schlug er mitten auf dem
Forum in Rom ein Auge aus. Er war ein niederträchtiger
Betrüger und wurde wegen mehrfachen Ehebruchs und wegen Blutschande mit seiner Schwester angeklagt.[13]

Noch schlimmer war Neros Mutter, die Kölnerin Agrippina. Sie war in die Verschwörung gegen Kaiser Caligula verwickelt, wurde entdeckt und auf eine Insel im Tyrrhenischen Meer verbannt. Nero war damals zwei Jahre alt. Im folgenden Jahre starb sein Vater. Der Elternlose wurde von seiner Tante Lepida erzogen, was für ihn alles andere als günstig war. Dem ermordeten Caligula folgte Claudius auf dem Thron, der Agrippina aus der Verbannung zurückrief. Sie heiratete abermals, wurde bald wieder Witwe und erbte die Reichtümer ihres zweiten Mannes. Neros Erziehung überließ sie zwei Schurken, den Freigelassenen Beryllus und Anicetus. Es gelang ihr, den Kaiser Claudius zu umgarnen, der seine Gattin Messalina verstieß und Agrippina heiratete. So wurde er ein böses Weib los, erhielt aber ein noch böseres. Machtgierig, scheute Agrippina selbst vor Verbrechen nicht zurück, um ihrem Sohn Nero den Thron zu sichern. An sich war Britannicus, der Sohn des Claudius von der Messalina, der Erbe des Throns. Aber Agrippina sorgte dafür, daß man Britannicus nach und nach in den Hintergrund schob, ihr Nero dagegen von Claudius adoptiert wurde und die Gunst der Prätorianer gewann.

Mit dreizehn Jahren, früher als üblich, durfte Nero bereits die *toga virilis* anlegen, war damit mündig und konnte ins öffentliche Leben treten. Der Senat verfügte, daß er in seinem 20. Lebensjahr Konsul werden solle und bis dahin prokonsularische Macht außerhalb Roms genießen dürfe. Außerdem wurde Nero *Princeps Iuventutis*, das Haupt der jungen Adeligen, und überzähliges Mitglied der vier Priesterkollegien. Das waren mehr Ehren, als je ein junges Mitglied des Kaiserhauses erhalten hatte. Durch Münzbilder wurde das propagiert. Geschenke an jeden Soldaten und jeden Bürger trugen zur Beliebtheit des Prinzen bei.

Um zu verhindern, daß ihr Gatte Claudius dem Britannicus den Thron vererbe, "reichte Agrippina, wie die Sage geht, um ihrem eigenen Sohn zur Herrschaft zu verhelfen, dem Claudius das todbringende Gift. Sogleich nach seinem Ableben sandte sie alsdann Burrus, den Oberbefehlshaber des Heeres, nebst den angesehensten Tribunen und Freigelassenen zu Nero, um ihn in die Prätorianerkaserne geleiten und dort zum Cäsar ausrufen zu lassen".[14]

Ihren Plan, durch Nero das Reich zu beherrschen, sah Agrippina aber durch Lepida gefährdet. "Beide Frauen waren sittenlos, verrufen und gewalttätig. Sie wetteiferten miteinander ebenso in ihren Lastern wie in der Ausnützung der Vorteile, die ihnen jeweils ihre hohe Stellung bot. Der heftigste Streit aber ging darum, ob bei Nero mehr die Tante oder mehr die Mutter gelte. Lepida suchte das jugendliche Gemüt Neros durch Zärtlichkeiten und Geschenke an sich zu fesseln, während Agrippina mit brutalen Drohungen auftrat. Sie konnte ihrem Sohn zwar die Herrschaft in die Hand geben, aber ihn nicht als Herrscher ertragen."[15] "Gegen seine Tante Lepida, die angeklagt war, trat er öffentlich als Belastungszeuge auf, um seiner Mutter, die die Angeklagte mit ihrem Haß verfolgte, einen Gefallen zu erweisen."[16]

Senecas Erziehungsversuche

Von den Freigelassenen, die dem Knaben Nero als Lehrer zugewiesen wurden, konnte er nichts Gutes lernen; seine Mutter und seine Tante gaben ihm nur ein schlechtes Beispiel. Unter diesen Umständen muß man es einen Glücksfall nennen, daß der zwölfjährige Nero in Seneca einen hervorragenden Mann zum Lehrer erhielt.

Zwar hatte Agrippina angeordnet, der fünfzigjährige Stoiker solle keinen Philosophieunterricht erteilen, denn das sei für einen künftigen Kaiser ein unpassendes Lehrfach; er solle sich darauf beschränken, Nero Manieren, Literatur und Poesie beizubringen. Aber auch so war es, sollte man meinen, Seneca möglich, den verweichlichten und wilden Jungen, der es wahrlich nötig hatte, an die Kandare genommen zu werden, zu sittlicher Zucht zu erziehen. Denn Seneca hatte be-

reits eine Laufbahn vom Rechtsanwalt und höheren Finanz-
beamten bis zum Senator zurückgelegt und war als moral-
philosophischer Schriftsteller geschätzt. In den meisten seiner
Schriften überredete er zu sittlicher Vervollkommnung,
Menschlichkeit und Toleranz, und in seinen Tragödien warnte er vor Tyrannei und den zerstörerischen Kräften im
machtgierigen Menschen.

"Wer die Jugend ermahnt", so schrieb er einmal, "wer der
Tugend Eingang in die Herzen verschafft, wer jene, die sich
kopfüber auf Geld und Genuß stürzen, ergreift und zurück-
zieht und sie, wenn er sonst nichts vermag, wenigstens aufhält, der führt im Privaten die Sache des Staates."[17] Wieviel
mehr gilt das von einem Prinzenerzieher! Konnte es nicht zu
großen Hoffnungen berechtigen, daß Seneca nach Neros
Thronbesteigung sein Berater blieb?

Leider ist, aufs Ganze gesehen, Senecas Erziehung Neros
gescheitert. Warum? Lag es an Nero? Oder lag es an Senecas Lehre? Oder an Senecas Person? Um es gleich zu sagen:
Alle drei waren unzulänglich, und so konnten sie nicht zur
Übereinstimmung gelangen.

Als Kaiser Claudius bei seiner Leichenfeier offiziell ver-
göttlicht worden war (ausgerechnet die Witwe Agrippina, die
ihn vergiftet hatte, wurde zur Priesterin seines Kults bestimmt), schrieb Seneca seine Satire von der Verkürbissung
des Claudius. Mit dieser *Apocolocyntosis divi Claudii* drückte er gleichzeitig Kritik an der Regierung des toten Herrschers aus und seine Vorstellungen von einer besseren Regierung unter dem siebzehnjährigen Kaiser. Man darf diese
witzige Schrift als einen Versuch Senecas verstehen, voll
Hoffnung auf die Gesinnung Neros Einfluß zu nehmen.[18]

Das gilt erst recht von Senecas *De clementia*. Diese Schrift
Über die Milde, im zweiten Jahr der Regierung Neros ver-
faßt und dem Kaiser zuerst als Rede vorgetragen, ist ein
Fürstenspiegel, der darlegt, was von Nero in einer neuen
Stellung erwartet wird. Er macht klar, daß gegen einen grau-
samen Tyrannen das Volk sich eines Tages unweigerlich

56

auflehnen werde und daß der einzige Schutz gegen Komplotte und Attentate die Milde sei, die wahre fürstliche Tugend. Wenn der Philosoph Milde empfiehlt, fügt er doch hinzu, daß es für den Herrscher notwendig sei, zu unterscheiden zwischen denen, die Verzeihung verdienen, weil sie noch zu retten sind, und denen, die man verloren geben muß.

Nun stelle man sich vor, wie der Anfang von Senecas Ansprache auf den achtzehnjährigen Kaiser gewirkt haben muß. Nero könne, so heißt es da, jetzt freudig sich sagen: "Ich von allen Menschen habe gefallen und bin erwählt, auf Erden ein Gott zu sein? Ich den Völkern ein Richter über Leben und Tod; Los und Stellung eines jeden liegen in meiner Hand; was jedem Sterblichen das Schicksal geben lassen will, verkündet es durch meinen Mund; aus meinem Spruch erhalten Anlaß zur Freude Völker und Städte; ... diese vielen Tausende Schwerter, die mein Friede ruhig hält, können auf meinen Wink gezogen werden; welche Völker völlig ausgerottet, welche verschleppt werden sollen, welchen Völkern die Freiheit zu geben, welchen sie zu nehmen ist, welche Könige zu Sklaven gemacht werden müssen und wessen Haupt mit der Königskrone zu schmücken ist, welche Städte in Trümmer sinken, welche neu entstehen - es liegt in meiner Entscheidung."

Das ließ sich der Machthaber nicht zweimal sagen. Mochte Seneca im folgenden davor warnen, diese Machtfülle durch Zorn, Leichtsinn, Ehrgeiz und Strenge zu mißbrauchen; mochte er behaupten, Nero begehre für sich "einen Charakter frei von Schuld"; mochte er als Tatsache hinstellen, was doch nur sein Wunsch war, nämlich daß dem Wesen Neros "von Natur dieser gute Charakter innewohnte" - die Vorstellung gottgleicher Macht, die der Philosoph dem jungen Kaiser beibrachte, sank tiefer in seinen Geist als alles übrige. Senecas Schilderung der Zufriedenheit des Volkes mit Neros ersten Regierungshandlungen mochten dem Adressaten schmeicheln.[19] Aber zu Kopf stieg ihm des Philosophen

Behauptung, Nero sei dazu bestimmt, eine Offenbarungsform des Augustus und des Apollo zu werden.[20] Senecas Dichtung läßt den Gott Apollo von Nero sagen, er sei "mir ähnlich an Blick und an Schönheit, / Weder an Sang, noch an Stimme mir nachstehend".[21] Auch andere Poeten haben damals - nicht unberechtigt - Neros körperliche Schönheit gepriesen und in ihr die Verheißung eines glücklichen Zeitalters gesehen.[22] Aber was Seneca eher als Verpflichtung, was die Dichter als Erwartung meinten, wurde von Nero als sein Recht aufgefaßt.

Allen Ernstes suchte Nero die Rolle des Sonnengottes zu spielen. Eine Kolossalstatue Apollos mit dem Gesicht Neros wurde errichtet, und Münzen stellten Nero als zitherspielenden Apollo dar. Vor allem nach 62 kam sich Nero als Gott Apollo vor, der Gunst spendete oder zürnt. In seiner Hybris ließ er für sich weder ethische noch konstitutionelle Schranken gelten; er glaubte sich jenseits von Gut und Böse, von Recht und Unrecht. Das ermöglichte seine plötzlichen Mordbefehle, seine willkürliche Kabinettsjustiz.

Geduldige Nachsicht gegenüber menschlicher Schwäche war für Senecas Haltung bezeichnend, wie seine moralisierenden Briefe an Lucilius zeigen. Auch bei Neros sexuellen Eskapaden ließ Seneca Fünf gerade sein, "um so den Princeps in seinem noch nicht gefestigten Alter, falls er den Weg der Tugend verschmähen würde, durch Zugeständnisse bei sinnlichen Genüssen leichter zu zügeln".[23] Diese verfehlte Pädagogik trug nur dazu bei, Neros Hemmungslosigkeit zu steigern.

Gewiß verfolgten Seneca und Burrus, wenn sie Nero nicht bremsten, "die Absicht, daß er ohne größere Schädigung des allgemeinen Staatswohls seiner Begierden überdrüssig werde und sich dann von selbst ändere, gerade wie wenn sie nichts davon wüßten, daß ein jugendlicher und eigenwilliger Geist, in ungehemmter Freiheit und völliger Selbständigkeit erzogen, statt sich an den Begierden zu ersättigen, gerade dadurch noch zusätzlich verdorben wird. Jedenfalls während

Nero sich zuerst ... bei Zechereien und Liebesgeschichten ziemlich maßvoll zeigte, kam er später, als ihn niemand rügte und die Staatsgeschäfte deshalb nicht schlechter erledigt wurden, zu der Überzeugung, daß ein solches Betragen ganz in Ordnung sei und er sogar noch weiter gehen dürfe. Infolgedessen begann er sich all den erwähnten Dingen immer offener und hemmungsloser hinzugeben ... und folgte jenen, die ihn auf die abschüssige Bahn brachten... Schließlich verlor Nero jegliche Scham, ... tat sich keinerlei Zwang mehr an."[24]

Unzulänglich war Senecas Lehre auch insofern, als seine Ethik eines festen theologischen Fundaments ermangelte. Seine religiösen Vorstellungen blieben verschwommen und unverbindlich, und so kann man sich nicht wundern, daß sein Zögling Nero alle Religionen verachtete. Nur eine syrische Göttin hielt er eine Zeitlang heilig, bis er auch diese nicht mehr mochte und gegen ihr Bild urinierte. Abergläubisch war Nero bis dort hinaus. Einem weiblichen Talisman, den ihm ein namenloser Plebejer geschenkt hatte und der gegen Verschwörungen schützen sollte, brachte er täglich dreimal Opfer. Seine ungeheure Angst vor Attentätern und Komplotten trieb ihn dazu, die Hilfe von Zauberern, Wahrsagern und Nekromanten in Anspruch zu nehmen.

Nero wird nicht entgangen sein, daß Senecas Leben zu seiner Lehre nicht recht paßte. Zu clever achtete der Prediger der Bedürfnislosigkeit, der zugleich Großgrundbesitzer und an Bankgeschäften beteiligter Multimillionär war, auf die Vermehrung seines Vermögens. "Seine philosophischen Maximen hat ja der Erzieher selbst in der Hofluft rasch genug vergessen."[25] Mag sein, daß sie deshalb auf Nero nicht besonders überzeugend wirkten und der Kaiser keine Hemmungen hatte, sie zu mißachten.

Obwohl die christliche Kultur im Mittelalter Seneca schätzte und es sogar einen fiktiven Briefwechsel zwischen Seneca und dem Apostel Paulus gab, ist der stoische Philosoph weit vom Christentum entfernt und außerstande, einem

Menschen festen Halt zu geben, schon gar nicht einem Menschen wie Nero. Wenn der Lehrer Neros ein gläubiger Christ gewesen wäre (was ja nicht ausgeschlossen war, denn es gab bereits Christen am Hofe Neros[26]) und obendrein der beste Erzieher, den man sich nur denken kann, ein Heiliger und ein Weiser - hätte das etwas geändert? Man kann das nicht apodiktisch ausschließen; aber wenn man an des Aquinaten *gratia supponit naturam* denkt und in Nero "eine ästhetische Natur ohne Moral" sieht, einen Menschen, der "lebenslänglich ein ängstlicher Jüngling mit theatralischen Vorstellungen von der Kaiserwürde" war,[27] hat man doch erhebliche Zweifel. Ganz abgesehen davon, daß zu dem Zeitpunkt, als Seneca die Erziehung Neros übernahm, der Junge längst verdorben war.

Guter Anfang der Regierung

Ganz ohne Erfolg blieb Senecas Erziehung Neros nicht. In seinen Schriften hat der Philosoph die blutigen Gladiatorenkämpfe, die seit mehr als hundert Jahren in Rom üblich waren, verurteilt. Er besaß "in diesem Punkt in Nero einen gelehrigen Schüler".[28] Schon im Jahre 57 erließ Nero ein Edikt, das den Provinzbeamten die Veranstaltung von Gladiatorenkämpfen verbot. Er liebte Theater und Sport im Zirkus, nicht aber die Gladiatorenkämpfe. Die Volksmasse wollte Blut sehen, sie erwartete, daß der Kaiser sich nach ihrem Gebrüll richtete und seinen Daumen nach unten oder nach oben kehrte. Nero aber "ließ keinen Gladiator umbringen, auch keinen von den Verbrechern, die zu diesen Kämpfen verurteilt waren".[29] Blutrünstig war er nicht.[30] "Der junge Kaiser ist leidenschaftlich, stolz, verdorben, impulsiv, aber er ist weit entfernt von dem eingefleischten Monstrum an Grausamkeit, das der angestaunte Nero der volkstümlichen Phantasie ist. Ein solches Geschöpf ist unhistorisch."[31]

60

Nero folgte anfangs auch Senecas Worten, es sei rühmlich, Majestätsbeleidungen ungestraft zu lassen. Für die berüchtigten Denunzianten, die unter Neros Vorgängern hübsche Sümmchen verdienten, kamen jetzt schlechte Tage. Wenn jemand versuchte, aus wirklichen oder angeblichen kaiserfeindlichen Äußerungen Gewinn zu schlagen, erreichte er nicht die Verurteilung anderer, sondern wurde selbst angeklagt und verurteilt.[32]

Von Seneca ließ Nero auch die erste Rede schreiben, die er als junger Herrscher vor dem Senat hielt. Darin umriß er die Linien seiner künftigen Regierung. Unter Anspielung auf die entgegengesetzte Praxis seines Vorgängers beteuerte er, nicht zu beabsichtigen, jeden Prozeß vor seinen eigenen Richterstuhl zu ziehen. Die Vorrechte von Senat und Konsuln wolle er nicht antasten. Die Justiz liege in ihrer Hand, er selbst wolle sich um die Armee kümmern. Die Beamten seines privaten Haushalts sollten sich nicht in die Angelegenheiten der Behörden einmischen. Klar stellte Nero fest, daß es zwei nebengeordnete Machtträger im Staate gebe, und erwies sich damit als ein Nachfolger des Augustus nicht nur im Hinblick auf die Abstammung, sondern auch im Hinblick auf Klugheit der Politik.

Dieses Bekenntnis zur konstitutionellen Dyarchie beruhigte die alten Familien, aus denen bislang die Senatoren und hohen Amtsträger zu kommen pflegten, und erweckte Hoffnung auf eine neue Ära ohne Tyrannei. Der Senat zollte der Antrittsrede Beifall.

Auch die weiteren Schritte Neros, der sich bereitwillig von Seneca gängeln ließ und sich leutselig, freigebig und milde gab, erwarben ihm allgemeine Sympathie. Verschiedene Ehrenbezeugungen des Senats lehnte er bescheiden ab. Als er ein Todesurteil unterzeichnen mußte, seufzte er bekümmert: "Ich wollte, ich könnte nicht schreiben."[33] Sein Erfolg in der Orientpolitik brachte ihm eine Ehrung durch den Senat ein; sein persönliches Verdienst bestand nur darin, daß er auf seine Ratgeber gehört hatte.

Bis zum Jahre 62 hielt Nero die Versprechen seiner Regierungserklärung. Es bestand Harmonie zwischen ihm und dem Senat, zwischen ihm und seinen Ratgebern. Kraft seiner Tribunengewalt konnte der Kaiser im Senat das Vetorecht ausüben; er machte aber nur selten Gebrauch davon, und da auch nur, um harte Strafen abzuwenden.

Die fünf ersten Jahre von Neros Regierung gelten nicht zu Unrecht als glücklich. Der Kaiser machte ehrliche und tüchtige Leute zu Ministern, hohen Beamten und Generälen, sicherte die auf Import angewiesene Ernährung Roms durch kluge Maßnahmen, reformierte das Münzsystem, erhöhte das Prestige des Senats und ließ ihn an der Gesetzgebung aktiveren Anteil nehmen, als das unter seinem Vorgänger möglich war. Neros Rechtsprechung war eines Nachfolgers des Augustus nicht unwürdig. Für Italien, die italienischen Kolonien und die Provinzen wurden Ordnung, Friede und Wohlstand gesichert. Beamte, die wegen schlechter Verwaltung angeklagt und verurteilt wurden, erhielten schwere Strafen. Obwohl neben Nero noch andere Abkömmlinge des Augustus in Rom lebten, die als Rivalen und Thronprätendenten gegen ihn hätten konspirieren können, verhielt sich Nero ohne Aufgeregtheit. In den ersten Jahren seines Prinzipats beunruhigte ihn die Gefahr von Attentaten kaum.

Auch die Außenpolitik unter Nero war erfolgreich: Gefahren wurden diplomatisch überwunden, Rebellion unterdrückt, Grenzen gesichert und der Friede gewährleistet. Ein Biograph meinte: "Wir können das ganze Lob, das ganze Verdienst dem Kaiser nicht verwehren, dem die Generäle und die Legionen gehorchten, der die Politik entschied und die Richtlinien gab und die Armeen vom Euphrat bis zur Irischen See beherrschte."[34]

Dieses überschwengliche Urteil wird dem Sachverhalt kaum gerecht. Denn die genannten Leistungen sind im Grunde das Verdienst nicht Neros, sondern seiner beiden Ratgeber Seneca und Burrus. Der Philosoph und der sittenstrenge Chef der Prätorianergarde arbeiteten Hand in Hand; sie waren die maßgebenden Minister, und solange Nero ihrem Rate folgte, ging es dem römischen Reiche gut. Freilich mußte Seneca Entscheidungen mitverantworten, die er nicht billigen und nicht verhindern konnte. Aber es "gab sicher manches, was er - und vielleicht nur er - verhindern konnte; jedenfalls änderte Neros Regime seinen Charakter erst, als Seneca sich zurückgezogen hatte".[35]

Neros staatsmännische Begabung war gering. Er plante, persönlich in die Finanzverwaltung einzugreifen und sämtliche Zölle und indirekten Steuern für das ganze Reichsgebiet durch einen Federstrich abzuschaffen. "Aber mochte diese radikale Lösung, die mit einem Schlag den nie verstummenden Klagen über die Habsucht der Steuerpächter ein Ende gemacht und eine Art von Freihandelssystem geschaffen hätte, noch so populär sein, sie war unvereinbar mit dem Stand der Finanzwirtschaft... So ist der Einfall ebenso bezeichnend für das Popularitätshaschen des unreifen Herrschers wie für seine Geschäftsunkenntnis: Die Tragweite einer solchen Reform, die Notwendigkeit, auf andere Weise den entstandenen Ausfall zu decken, scheint er in seiner Impulsivität gar nicht geahnt zu haben. Ein Glück, daß Nero für gewöhnlich auf jede Initiative verzichtete und die Regierung erfahrenen Männern seiner Umgebung überließ. Gerade dieser Ausnahmefall zeigt, welche Verwirrung eine persönliche Teilnahme des Kaisers selbst da zu stiften drohte, wo ihm eine im Grunde wohlmeinende Absicht zugebilligt werden darf."[36] Der Senat lehnte den utopischen Plan Neros ab.

Mehr als um Staatsangelegenheiten kümmerte sich Nero um seine künstlerischen Steckenpferde und um Frauen. Burrus und Seneca ließen ihn in dieser Hinsicht gewähren - so hatten sie im Politischen freie Hand. Das hätte für das Reich übel ausgehen können, wenn es sich bei diesen Ministern nicht um pflichtbewußte, ehrenwerte Männer gehandelt hätte.

Seneca und Burrus regierten, wie Dio Cassius schreibt, "möglichst gut und gerecht, so daß sie von allen Seiten gleichermaßen Lob einheimsten. Denn Nero war keineswegs ein Freund der Arbeit und freute sich, sein Leben in Untätigkeit verbringen zu dürfen. Deshalb hatte er sich zuvor der Mutter gebeugt und war nun zufrieden, sich Vergnügen hinzugeben, während die Regierung ebenso gut wie bisher lief.[37]

Meuchelmorde und Sexorgien

Neros Mutter Agrippina hatte keine Verbrechen gescheut, ihren Sohn an die Macht zu bringen. Nachdem ihr das gelungen war, wollte sie mit ihrem Sohn zusammen regieren. Sie war die erste Gattin eines Kaisers, die selbst den Titel Augusta trug. Ihr Bild erschien Seite an Seite mit dem des Kaisers auf den ersten Münzen der neuen Regierung, und oft zeigte sie sich mit Nero in derselben Sänfte. Stolz, eigenwillig und machtgierig, war Agrippina nicht gewillt, sich ihrem Sohn unterzuordnen. Schließlich verdankte er seinen Thron ihr.

"Anfangs erledigte Agrippina für ihn alle Reichsgeschäfte..., empfing Gesandtschaften und schickte Briefe an verschiedene Gemeinden, Gouverneure und Könige."[38] Sie veranlaßte, daß Senatssitzungen im Kaiserpalast stattfanden, damit sie hinter einem Vorhang die Verhandlungen belauschen konnte.

Nun war Nero keineswegs undankbar. Die erste Parole, die er seiner Palastgarde gab, lautete: "Die beste Mutter." Er überhäufte Agrippina mit Ehren. Aber er war ebenso stolz und eigenwillig wie sie. Seneca bestärkte Nero im Bewußtsein seiner fast absoluten Macht und half ihm, den Einfluß seiner Mutter zu beschränken. Als der Kaiser im Begriff war, Gesandte von Armenien zu empfangen, wollte Agrippina sich neben ihn auf den Thron setzen, was Nero auf einen Wink Senecas hin zu verhindern wußte.

In dieser Zeit trieb sich Nero gern, als Sklave verkleidet, nachts an der Spitze einer Bande in Kaschemmen und Gassen herum, verprügelte Passanten, plünderte sie aus und warf sie in Kloaken. Er brach in Läden und Privathäuser ein, raubte und vergewaltigte. Anfangs tat er das im Verborgenen, später in aller Offenheit. Im Freien, im Zirkus Maximus oder auf dem Marsfelde feierte er mit Freudenmädchen und Tänzerinnen Orgien.

Seiner Gattin, der edlen Octavia, war Nero längst untreu geworden. Er hatte sie nicht aus Liebe, sondern auf Wunsch seiner Mutter geheiratet. Sie war ihm zuwider, und mehrmals versuchte er sie zu erdrosseln. Leidenschaftlich verliebte er sich in die freigelassene Sklavin Claudia Acte aus Asien. Burrus und Seneca fanden nichts dabei. Agrippina aber war wütend über dieses Verhältnis, da es dazu beitrug, den Sohn ihr zu entfremden. "Je häßlicher ihre Vorwürfe waren, um so heftiger entfachte sie seine Leidenschaft, bis er, von der Macht seiner Liebe überwältigt, sich von dem Gehorsam gegenüber seiner Mutter lossagte... Jetzt wandte Agrippina andere Mittel an. Sie machte sich mit Liebkosungen an den Jüngling heran, bot ihm an, doch viel lieber in ihr Schlafgemach und an ihren Busen zu kommen... Sie gab sogar zu, ihre Strenge sei nicht am Platz gewesen."[39]

Als sie auch mit dieser Methode ihr Ziel nicht erreichte und Nero erste Schritte unternahm, den politischen Einfluß seiner Mutter zu beschränken, ließ sich Agrippina hemmungslos zu schrecklichen Drohungen hinreißen und erklärte, jetzt sei Britannicus herangewachsen, der wahre Erbe des Throns, den Nero zu Unrecht innehabe. Sie schüttelte die Faust und rief, sie habe nichts dagegen, daß ihre Intrigen und ihre Giftmischerei ans Licht kämen, wenn nur Nero gestürzt und Britannicus zum Kaiser ausgerufen würde.[40]

Nero war bestürzt. Britannicus hatte ihn erst vor kurzem bei den Saturnalien, einer Art von Karneval, geärgert, indem er öffentlich ein Lied sang mit Anspielungen darauf, daß er vom väterlichen Thron verdrängt worden sei. Bei den Zuhörern hatte das Mitleid erregt. Nun hatte Agrippina Nero ein Beispiel gegeben, wie man sich einer Person, die einem im

Wege steht, entledigt. Er befahl, Gift zu beschaffen, um den Stiefbruder zu beseitigen.

Tacitus erzählt: "Es herrschte die Sitte, daß die fürstlichen Kinder mit den übrigen Altersgenossen unter den Augen ihrer Angehörigen an einer besonderen, sparsamer besetzten Tafel speisten. Auch Britannicus speiste hier, und ein dazu ausgewählter Diener kostete seine Speisen und Getränke vor. Um von dem Brauche nicht abzugehen und damit der Tod von beiden nicht verrate, daß es sich um ein Verbrechen handle, ersann man folgende List. Ein noch unschädliches und sehr heißes, bereits vorgekostetes Getränk wurde Britannicus gereicht. Wie er es als zu heiß zurückwies, wurde in kaltem Wasser das Gift hinzugegossen. Dies durchdrang alle seine Glieder, so daß Stimme und Atem gleichzeitig versagten. Unter den Herumsitzenden entstand eine Panik. Ohne zu ahnen, was eigentlich vorging, liefen sie auseinander. Wer aber tiefer blickte, blieb wie gebannt stehen, den Blick auf Nero gerichtet. Dieser blieb, ohne sich zu rühren, liegen und sagte, das sei nichts Ungewöhnliches, es handle sich um einen epileptischen Anfall, worunter Britannicus seit frühester Kindheit zu leiden habe. Er werde allmählich wieder gehen können und zur Besinnung kommen... So nahm nach kurzem Schweigen das Gastmahl seinen fröhlichen Fortgang."[41]

Britannicus litt tatsächlich an Epilepsie,[42] deshalb glauben einige Historiker, daß er nicht vergiftet wurde, sondern einen Schlaganfall erlitt, der bei einem Epileptiker zum sofortigen Tod führen kann.[43] Andere zweifeln nicht daran, daß Nero seinen Halbbruder hat vergiften lassen.[44]

Agrippina wurde von Nero bestraft, indem er ihr die Ehrengarde wegnahm, ihre Leibwache auflöste, sie aus der Wohnung im Kaiserpalast verstieß und ihr ein Haus in der Stadt gab.

Bald trat eine neue Frau in Neros Leben: Poppäa Sabina. Adeliger Herkunft, reich, witzig und außerordentlich schön, hatte sie alle Vorzüge, die eine Frau nur haben kann, ausgenommen Aufrichtigkeit. Von ihrem ersten Mann, dem sie einen Sohn geboren hatte, trennte sie sich, als Otho, ein Busenfreund Neros, ihre Liebe gewonnen hatte. Sie heiratete Otho, der leidenschaftlich in sie verliebt, immer wieder ihre Reize Nero gegenüber rühmte, bis Nero ihm die Frau ausspannte. Poppäa spielte mit der Eifersucht der beiden Rivalen und genoß die Situation. Schließlich wurde Otho ins ferne Portugal versetzt, während Poppäa in Rom blieb und mit allen Mitteln versuchte, Neros Frau und Kaiserin zu werden. Ihr war klar, daß dies, solange Agrippina lebte, nicht möglich sei.

Poppäa stachelte Nero gegen Agrippina auf, bis er sich entschloß, seine Mutter zu ermorden. Nicht mit Gift oder Dolch; das würde auffallen, warnten Neros Ratgeber. Der Flottenpräfekt Anicetus, der ehemalige Erzieher Neros, schlug vor, eine Jacht zu bauen, die nach Belieben in Stücke bricht, und Agrippina auf dieses Schiff zu locken. Nach der Katastrophe könne Nero dann öffentlich den Verlust betrauern, den die Wut des Meeres ihm zugefügt habe.

Nero ging auf den Plan ein. Er lud seine Mutter in seine Villa nach Bajä ein, zu einem großen Fest. Dort erwies er ihr so viele Ehren und Liebkosungen, daß Agrippina glauben konnte, sie habe ihren früheren Einfluß zurückgewonnen. Unter vielen Küssen begleitete Nero nach dem Fest seine Mutter zu dem kaiserlichen Schiff, das für ihre Rückfahrt am Landesteg bereit lag. Die Nacht war sternklar, die See völlig ruhig, als die Galeere abfuhr, zu ruhig, um das Scheitern eines Schiffs plausibel zu machen.

Voll Angst wartete Nero auf Nachrichten. Entsetzt hörte er, daß bei dem programmierten Schiffsunglück Agrippinas Begleiter umgekommen seien, sie selbst aber sich schwimmend gerettet habe und jetzt sich zu Hause von dem Schrekken erhole. Nero befürchtete, sie würde jetzt ihre Sklaven bewaffnen und die Garde, den Senat und das Volk alarmieren. Schlotternd und ratlos ließ er Seneca und Burrus wekken, die in den Mordplan nicht eingeweiht waren, nun aber, nachdem er fehlgeschlagen, dem Muttermörder aus der Klemme helfen sollten.

Wieder einmal zeigte der Moralphilosoph, daß er im Praktischen keineswegs pingelig war. Seneca blickte Burrus an und fragte, ob er seiner Garde zu befehlen wage, die Kaisermutter zu erschlagen. Burrus schüttelte den Kopf; die Garde hinge zu sehr an Germanicus, um seiner Tochter etwas anzutun. Anicetus habe diese dumme Geschichte eingefädelt; solle der sie auch zu Ende führen.

Als ein Bote Agrippinas freudig meldete, seine Herrin sei gesund und unverletzt einem Unglück entronnen, ließ Nero neben ihm einen Dolch zu Boden fallen, rief die Wache und ließ ihn als einen von Agrippina gedungenen Meuchelmörder verhaften. Dem Anicetus gab er den Befehl, Agrippina zu töten, es aber so einzurichten, daß es wie ein Selbstmord aussehe.

So geschah es. Aber Nero hatte für den Rest der Nacht keine Ruhe mehr. Daß Offiziere und Freunde ihn am anderen Morgen zur Errettung vor dem Mordanschlag Agrippinas beglückwünschten, daß in den Tempeln der Nachbarstädte den Göttern Dankopfer dargebracht wurden, konnte seine Schwermut nicht verjagen. Er eilte nach Neapel, wo Seneca ihm helfen mußte, dem Senat einen verlogenen Brief zu schreiben: Agrippina habe ein Attentat auf ihn versucht und nach der Entdeckung sich selbst gerichtet; sie habe ihr Leben lang eine Menge Schandtaten zu Lasten des Senats und des Volkes begangen; "ihr Tod sei ein glückliches Ereignis für das Reich".[45]

Fortan peinigten Nero Gewissensbisse. Oft bekannte er, seine Mutter sei ihm Rache androhend erschienen, und Furien verfolgten ihn mit ihren Geißeln und Fackeln.

*

Nero, der "keine Schandtat übrigließ, die seine Verderbtheit noch hätte steigern können", heiratete im Jahre 64 in einer richtigen Hochzeitsfeier den Lustknaben Sporus, den er hatte entmannen lassen. Mit rotem Brautschleier, Mitgift und Hochzeitsfackeln wurde Sporus in den Palast geführt, das Beilager vor aller Augen festlich begangen. Ein Witzbold bemerkte, es wäre ein Glück für die Menschheit gewesen, wenn Neros Vater eine solche Gemahlin gehabt hätte. In der Kleidung einer Kaiserin begleitete Sporus den Kaiser überall.[46]

"Seinen eigenen Leib gab Nero in dem Maße preis, daß er ... eine Art Spiel ausdachte, in welchem er in das Fell eines wilden Tieres genäht aus dem Käfig herausgelassen wurde und in diesem Aufzug sich auf die Schamteile der an den Pfahl gebundenen Männer und Frauen losstürzte und, nachdem er sich ausgetobt hatte, sich endlich von einem Freigelassenen Doryphorus erlegen ließ. Diesen nahm er seinerseits zum Manne, wie er den Sporus zur Frau genommen hatte, wobei er auch die Töne und Aufschreie der Gewalt leidender Jungfrauen nachahmte. Von manchen Leuten (schreibt Sueton) habe ich erfahren, daß er völlig der Überzeugung gewesen sei, kein Mensch sei keusch und unbefleckten Leibes; die meisten verstellten sich nur und wüßten ihre Laster schlau zu verheimlichen."[47]

Sportsmann und Künstler

Bei den Massen Roms war Nero beliebt, weil er ihnen in reichem Maße Brot und Spiele bot. Er subventionierte Lebensmittel und vergrößerte erheblich die Getreidezufuhr durch den neuen Hafen, den er in Ostia eröffnete. Und er sorgte dafür, daß in den Arenen der Stadt immer etwas los war: Fechterspiele, Wagenrennen und Theater. Seit hundert Jahren stellten die Cäsaren *panem et circenses* bereit, um das Volk, das von allen Regierungsgeschäften ausgeschlossen war, zufriedenzustellen. Insofern setzte Nero ein Herkommen fort. Absolut neu aber war die aktive Beteiligung des Kaisers, der höchstpersönlich öffentlich als Künstler und Rennfahrer auftrat.

Im alten Rom war die Ausübung der Musik, des Gesangs und der Schauspielkunst Sache von Sklaven, nichts für Freie. Daß Nero sich auf der Bühne und im Zirkus produzierte, hatte etwas Anrüchiges und wurde von der Plebs mit johlendem Vergnügen, von den Vornehmen mit Kopfschütteln oder sarkastischen Bemerkungen quittiert.

Schon als Kind war Nero ein Pferdenarr. Obwohl seine Erzieher und Lehrer ihm verboten, während der Studienzeit mit seinen Kameraden darüber zu sprechen, redete er dauernd von den Wettrennen im Zirkus. "Als er einmal seinen Mitschülern klagte, daß ein Rennfahrer von der grünen Partei geschleift worden sei, und der Lehrer ihn deshalb ausschalt, log er sich damit heraus, er spreche von Hektor. In der ersten Zeit seiner Regierung spielte er täglich mit elfenbeinernen Quadrigen auf seinem Spieltische und kam zu allen, selbst den unbedeutendsten Rennen aus seinen Landhäusern nach Rom, ... so daß jeder sicher war, daß er an einem solchen Tage in der Stadt sein werde... Bald bekam er Lust, selbst den Fahrer zu machen und sogar sich öfters als solchen öffentlich sehen zu lassen. Nachdem er in seinen Gärten vor Sklaven und gemeinem Volk seine ersten Übungen vorgenommen hatte, legte er im Zirkus Maximus vor den Augen der gesamten Bevölkerung seine Probe ab."[48]

Neros zwei Liebhabereien, auf Rennwagen mit vier Pferden zu fahren und als Sänger aufzutreten, nennt Tacitus "häßlich": auch Seneca und Burrus hätten das nicht gern gesehen, aber um zu verhindern, daß Nero beides treibe, hätten sie es für richtig gehalten, ihm wenigstens das eine zu genehmigen. Im Gebiet des heutigen Vatikan wurde für ihn eine Rennbahn angelegt.[49]

Siegespreise bekam Nero auf jeden Fall, ob verdient oder unverdient. Er war ja der Kaiser. Als er zu Olympia mit

70

einem Zehngespann als Rennfahrer auftrat, wurde er aus dem Wagen geschleudert. Man hob ihn zwar wieder hinein, aber er konnte das Rennen nicht durchhalten und gab vor dem Ziel auf. Gekrönt wurde er trotzdem.[50]

*

Auf den Applaus, der Sänger und Schauspieler belohnt, war Nero nicht weniger versessen. "Sofort nach seinem Regierungsantritt zog er den Zitherspieler und Sänger Terpnus, den damals ausgezeichnetsten Virtuosen seiner Kunst, an den Hof. Täglich ließ er sich von ihm nach dem Mahl bis tief in die Nacht hinein vorsingen, und bald begann er selbst das Studium und die Übungen seiner Kunst. Hierbei versäumte er nichts, was Virtuosen zur Erhaltung und Kräftigung ihrer Stimme zu tun pflegten. So trug er, wenn er auf dem Rücken lag, eine Tafel von Blei auf der Brust, gebrauchte Klistiere und Brechmittel und verzichtete auf Obst und andere Speisen, die der Stimme schädlich sind."[51] Dafür aß er desto mehr Lauch mit Öl, um seine Stimme zu kräftigen, und an gewissen Tagen war dies sogar seine einzige Nahrung.[52] Obwohl seine Stimme schwach und dumpf war, wollte er unbedingt öffentliche Vorstellungen geben.

Anfangs hat Nero nur in seinem Palast oder in einem Park bei den Juvenalischen Spielen zur Kithara gesungen. Aber diese Auftritte befriedigten ihn bald nicht mehr; die Veranstaltungen waren seiner Meinung nach zu schwach besucht, der Rahmen für seine Stimme zu eng. Ihn verlangte nach dem Beifall größerer Massen. Seine erste Großvorstellung gab er in Neapel, wo das dortige Stadtvolk ins Theater getrieben, die Bewohner der nächstgelegenen Kolonien und Landstädte durch Reklame herbeigelockt und ganze Abteilungen der Prätorianergarde zur Vorstellung abkommandiert wurden.[53]

In Neapel "sang Nero häufiger und während mehrerer Tage, gönnte sich auch, um seine Stimme wiederherzustellen, eine Ruhepause, konnte sie aber nicht aushalten, sondern begab sich von den Bädern wieder ins Theater, speiste mitten in der Orchestra bei zahlreich versammeltem Volk und rief ihm auf Griechisch zu, er wolle nur ein Schlückchen trinken und dann etwas Volltönenderes vor ihren Ohren erschallen lassen. Bezaubert von den harmonischen Beifallsrufen der Alexandriner, die mit dem letzten Transport nach Neapel gekommen waren, ließ er noch mehrere Trupps von Alexandria herbeirufen. Auch suchte er junge Leute aus dem Ritterstande und über fünftausend der handfestesten Burschen aus dem Volke aus, die, in Banden eingeteilt, die verschiedenen Arten der Beifallsbezeugungen - den *bombus* (das Bienensummen), den *imbrex* (das Klatschen mit den hohlen Händen) und die *testa* (das Klatschen mit den flachen Händen) - einstudieren mußten und ihm, wenn er sang, ihre Dienste zu leisten hatten... Jeder ihrer Anführer bekam dafür 40.000 Sesterzen Lohn."[54]

Die öffentliche Bühne, auf der Nero als Schauspieler auftrat, führte obszöne Stücke auf. Bei den Juvenalien mußten sich selbst alte Herren, die schon Konsuln gewesen, und alte Damen wie die achtzigjährige Catella an den theatralischen Vorstellungen beteiligen, wenn es nicht anders ging, maskiert.[55]

Sosehr das dem Pöbel gefiel, so bitter waren die Vorwürfe, die man aus der oberen Gesellschaft hörte: "Kaiser und Senat haben der Unmoral Vorschub geleistet. Sie zwingen die römische Oberschicht, auf die Stufe der Schauspieler oder Sänger herabzusinken. Es bleibt den jungen Leuten nur noch übrig, sich auszuziehen und mit Schlagringen aufeinander loszugehen, statt ins Heer einzutreten."[56]

Nero "nahm keinen Anstand, auch bei Schauspielen, die andere veranstalteten, unter den Bühnenkünstlern mit seinen Leistungen aufzutreten, als ihm ein Prätor dafür eine Million Sesterzen bot. Auch in Tragödien spielte er in Kostüm und

Maske, wobei die Masken der Heroen und Götter seine Züge, die der Heroinen und Göttinnen die Züge seiner jeweiligen Mätressen tragen mußten. Unter anderem spielte er 'Kanake in Kindsnöten', 'Orest den Muttermörder', 'den geblendeten Ödipus' und den 'Rasenden Herkules'."[57]

Servile Schmeichelei der Untertanen und Künstlereitelkeit des Kaisers steigerten sich gegenseitig, wenn auch Nero seinen Ehrgeiz mit Bescheidentun und Sich-Zieren tarnte. Da er großen Wert darauf legte, auch in Rom zu singen, ließ er die von ihm gestifteten Neronischen Festspiele bei ihrer Wiederkehr eigens seinetwegen vorverlegen. Um das häßliche Auftreten des Imperators als Schauspieler zu verhindern, verlieh ihm der Senat im voraus die Preise für Poesie und Rhetorik. "Nero aber erklärte, er benötige keineswegs die Begünstigung und das Machtwort des Senats. Er stehe mit den anderen Bewerbern gleich auf gleich und werde nur durch die gewissenhafte Entscheidung der Kampfrichter sich den verdienten Preis erwerben."[58]

"Als nun bei dieser Gelegenheit alle Welt ihn bat, seine 'himmlische Stimme' hören zu lassen, gab er zuerst zur Antwort, er werde denen, die es wünschten, in seinen Gärten ihr Verlangen erfüllen",[59] und las dort ein Gedicht vor. Als ihn das Publikum bestürmte, alle seine Künste zum besten zu geben, und "auch die gerade diensttuende Abteilung seiner Leibwache die Bitten des Volkes unterstützte, war er sogleich gern bereit, ihnen sein Auftreten im Theater zuzusagen. Unverzüglich befahl er, seinen Namen dem Verzeichnis der Zithersänger, die sich zum Auftreten gemeldet hatten, beizufügen. Wie alle übrigen zog er sein Los aus der Urne und betrat, als die Reihe an ihn kam, die Bühne, begleitet von den Befehlshabern seiner Leibgarde, die ihm die Zither trugen, den Kriegstribunen und seinen besten Freunden. Sobald er seinen Stand eingenommen und das Vorspiel beendet hatte, ließ er durch Cluvius Rufus, einen Mann, der das Konsulat bekleidet hatte, verkünden, er werde die 'Niobe' singen."[60]

Herzzerreißend beweinte Nero die Kinder seines Schoßes und war nicht mehr zu bremsen. "Zuletzt beugte er das Knie, huldigte mit einer Handbewegung dem Publikum und wartete mit geheucheltem Bangen auf den Spruch der Richter. Und der Stadtpöbel, gewohnt, auch die Schauspieler bei ihren Gesten zu unterstützen, erfüllte den Theaterraum mit seinem taktmäßigen Beifallsklatschen."[61]

Wehe dem, der nicht mitklatschte! Denn in den Gängen standen Soldaten, die darüber wachen mußten, daß in keinem Augenblick der Beifall erlahmte und Stille eintrat. Provinzler, die, im Hinblick auf die römischen Gepflogenheiten ahnungslos, einmal die Hände ruhen ließen, oder Leute, denen die Kräfte nach langem Klatschen versagten, wurden verprügelt. "Andere harrten Tag und Nacht auf ihren Plätzen aus, bis sie todkrank wurden, denn falls sie dem Schauspiel fernblieben, hatten sie noch Schlimmeres zu befürchten. Viele Aufpasser, offene und noch mehr geheime, erforschten die Namen und Mienen der Besucher, ihre Freude oder Traurigkeit. Über Angehörige niederen Standes wurde sofort die Todesstrafe verhängt, bei hochgestellten Personen ließ man für den Augenblick den Haß nicht merken, um ihn dann später sich auswirken zu lassen."[62]

"Sooft er sang, durfte niemand, auch nicht aus triftigen Gründen, das Theater verlassen. So erzählt man, Frauen seien während der Schauspiele niedergekommen. Viele Männer, die es satt hatten, ihn noch länger zu hören und zu bewundern, seien heimlich von der Mauer gesprungen, da die Tore verschlossen waren."[63]

Vespasian, der spätere Kaiser, "begleitete Nero auf seiner achäischen Reise und zog sich die allerhöchste Ungnade zu, weil er sich oft, wenn jener sang, davonstahl oder auch einschlief. Er wurde nicht nur aus dem Gefolge verwiesen, sondern durfte auch nicht einmal mehr, um seine Aufwartung zu machen, bei Hofe erscheinen. Er zog sich deshalb in eine abgelegene Kleinstadt zurück, wo er sich längere Zeit versteckt hielt, in ständiger Angst vor dem Äußersten."[64]

74

"Wie groß Neros Eifersucht auf seine Gegner, seine Furcht vor den Kampfrichtern gewesen, ist kaum zu glauben. Seine Gegner behandelte er, als wären sie ganz seinesgleichen; er war höflich und aufmerksam gegen sie und suchte ihre Gunst zu gewinnen. Hintenherum aber redete er schlecht von ihnen, schimpfte wohl auch auf sie, wenn sie ihm begegneten oder suchte die ihm Überlegenen zu bestechen. Die Kampfrichter pflegte er, bevor er begann, ehrerbietigst anzureden: Er habe alles Erforderliche getan; der Erfolg sei freilich in der Hand des Zufalls; sie als Männer von Geschmack und Bildung hätten die Pflicht, alles Zufällige unberücksichtigt zu lassen. Wenn sie ihm dann Mut zusprachen, trat er beruhigt ab. Aber selbst dann war er nicht ohne Sorge, denn wenn der eine oder andere von ihnen schwieg oder sich zurückhielt, legte er das als Härte und Böswilligkeit aus und nannte es verdächtig... Als er einmal bei der Aufführung eines tragischen Stückes seinen Königsstab fallen gelassen und ihn schnell wiederaufgehoben hatte, geriet er in die größte Angst, daß man ihn dieses Fehlers wegen vom Wettkampf ausschließen möchte. Er beruhigte sich erst, als sein Partner ihm versicherte, man habe den Vorfall im Beifallssturm der Menge gar nicht bemerkt."[65]

Als Sieger rief er sich gewöhnlich selbst aus. Zu diesem Zweck nahm er überall auch am Wettkampf der Herolde teil, um zum Siegerherold für das Festspiel erwählt zu werden. Das Andenken aller früheren Sieger in den heiligen Spielen wollte er vernichten; deshalb befahl er, ihre Statuen samt und sonders umzustürzen und mit Haken in die Latrinen zu schleifen.[66]

"Vorherrschend war zu allen Zeiten bei ihm das leidenschaftliche Gieren nach dem Beifall des Publikums. Auf jeden, dem die Menge applaudierte, war er eifersüchtig. Allgemein glaubte man, er werde sich, nachdem er als Sänger und Schauspieler die Siegeskrone gewonnen hatte, bei der nächsten Olympiade sogar so weit herablassen, als Athlet aufzutreten. Man sah ihn nämlich täglich beim Training im

Ringen. Auch hatte er bei allen Sportwettkämpfen, die er in Griechenland besuchte, sich stets wie die Schiedsrichter dicht neben den Kämpfern auf die Erde gehockt und die kämpfenden Paare, die etwa zu weit aus der Linie gekommen waren, eigenhändig wieder an den richtigen Platz geschoben. Da man bereits von ihm sagte, er komme im Gesang Apollo, im Wagenlenken dem Sonnengott gleich, nahm er sich vor, nun auch noch die Taten des Herkules nachzuahmen. Er soll bereits einen Löwen haben abrichten lassen, den er mit einer Keule erlegen oder durch Umschlingung mit den Armen in der Arena des Amphitheaters nackt vor den Augen des Volks erwürgen wollte. Sicher ist, daß er gegen Ende seines Lebens öffentlich das Gelübde getan hatte, wenn er an der Macht bleibe, wolle er bei den Spielen zur Feier seines Sieges über die Aufständischen auch als Wasserorgel-, Flöten- und Dudelsackspieler auftreten und am letzten Tage als Ballettänzer Vergils Turnus tanzen."[67]

Daß Nero tanzen lernen wollte, berichtet auch Dio Cassius. Der Kaiser nahm Unterricht bei dem professionellen Kunsttänzer Paris. Als er nach den ersten Stunden von Paris gesagt bekam, ihm fehle zum Tanzen die Fähigkeit, ließ er den Tanzlehrer hinrichten.[68]

Auch in der Poesie suchte Nero Lorbeeren zu ernten. Über die Qualität seiner Verse äußert sich Tacitus abfällig; er bemängelt "schon die äußere Form seiner Gedichte, die ohne Schwung und Kraft und auch nicht aus einem Gusse sind".[69] Sueton bezeugt: "Er dichtete mit Lust und Leichtigkeit und gab nicht etwa, wie manche glauben, fremde Gedichte für seine eigenen aus. Mir sind Schreibtafeln und Hefte von ihm unter die Finger gekommen mit einigen allbekannten, von seiner eigenen Hand geschriebenen Versen. Man konnte es ihnen auf den ersten Blick ansehen, daß sie weder anderswoher entlehnt noch nach dem Diktat eines anderen geschrieben waren, denn viel war darin ausgelöscht oder durchgestrichen oder übergeschrieben."[70]

76

Neros Künstler-Fimmel wurde überall weidlich ausgelacht. Griechische und lateinische Spottepigramme auf sein Singen las man an den Mauern. Satiren verhöhnten die Ambitionen des kaiserlichen Dilettanten. Feinere Geister fanden Neros Gleichgültigkeit gegen jede Sitte anstößig. Der strengen römischen Kleidung zog er die wallenden Gewänder des Lyraspielers vor. Es machte ihm nichts aus, sich öffentlich sozusagen in Nachthemd und Pantoffeln zu zeigen.

"Wir brauchten seine Bemühungen nicht zu verachten", meint Gibbon, "hätte er nicht die angenehme Entspannung einer Mußestunde in das ernste Bestreben seines ganzen Lebens verkehrt."[71] Das schlimmste an diesem Herrscher war, daß er falsche Prioritäten setzte. Er konnte stundenlang auf der Bühne singen; aber außerhalb seiner künstlerischen Tätigkeit war er sorgfältigst darauf bedacht, seine Stimme zu schonen, und schließlich hielt er nicht einmal mehr Ansprachen an seine Soldaten; er schrieb sie auf und ließ sie von einem anderen vorlesen.[72]

Als Sterndeuter Nero prophezeiten, er werde einst abgesetzt werden, bemerkte er, die Kunst finde überall ihr Brot. Er fühlte sich fortan um so mehr berechtigt, sich in der Kunst des Kitharagesangs zu üben, weil er als Privatmann, wenn alle Stricke rissen, mit ihr seinen Unterhalt zu verdienen imstande sei.[73]

Daß ihm seine künstlerische Liebhaberei wichtiger war als alle Staatsgeschäfte, sieht man auch an folgendem: "Auf Beschluß der griechischen Städte, in welchen musische Wettstreite stattzufinden pflegten, waren alle Siegeskränze für Kitharöden ihm übersandt worden. Diese nahm er so dankbar an, daß er die mit der Überbringung Beauftragten vor den anderen Gesandten zur Audienz ließ."[74]

"Für die ganze Entwicklung des Kaisers war sein künstlerischer Dilettantismus, sein Virtuosentum, über dem er die Herrscherwürde völlig vergaß, von den unheilvollsten Folgen. Gerade die Verletzung der römischen Anschauungen, die er durch sein persönliches Auftreten beging, hat ihn

schließlich den Thron gekostet. An dem Bruch mit der natio-
nalrömischen Sitte ist er zugrunde gegangen... Ihm fehlte
jedes Pflichtgefühl, das ihn veranlaßt hätte, den Künstler
über dem Regenten zu vergessen."[75]

Der Brand Roms und die Christenverfolgung

Das Jahr 62 wurde der Wendepunkt von Neros Herrschaft.
Es begann mit der Erneuerung der Lex Majestatis, des Gesetzes über Hochverrat. Und in diesem Jahre verlor Nero
seine beiden tüchtigsten Minister Burrus und Seneca. Burrus
starb an einem Abszeß im Hals; daß Nero ihn vergiftete, ist
Legende. Seneca, der außerordentlich reich geworden war,
bot Nero den größeren Teil seiner Besitztümer an und erbat
von ihm dafür die Erlaubnis, sich vom Hofe zurückziehen zu
dürfen, damit er den Rest seines Lebens in beschaulicher
Ruhe verbringen könne. Nero wollte nichts davon wissen.
Mit herzlichen Äußerungen seiner Neigung und seiner Dankbarkeit bat er den Philosophen, ihm weiter mit seinem Rat
zu dienen. Seneca brauche vor seinen Neidern keine Angst
zu haben; Nero wolle lieber selber umkommen, als zuzulassen, daß Seneca ein Haar gekrümmt werde. Seneca blieb
also in Rom, kümmerte sich aber nicht mehr um die Politik.

Nachfolger des Burrus wurde Tigellinus, ein Bluthund und
Erzschurke, der Nero nicht nur zu wüsten Ausschweifungen,
sondern auch zu Verbrechen anstachelte. Gleich im Jahre 62
beging Nero mehrere Morde. Er ließ Sulla bei einem Mahl
erschlagen, und auch die Kaiserin Octavia kam jetzt an die
Reihe.

Neros Frau war, trotz allem, was er ihr antat, ihm stets treu
geblieben und erfreute sich in Rom weiter Beliebtheit. Wenn
Nero davon sprach, er gedenke sich von ihr scheiden zu
lassen, sagte der redliche Burrus ihm offen, dann müsse
Nero ihre Mitgift zurückgeben; die Mitgift aber war das
Römische Reich. Solange Burrus lebte, blieb sie Kaiserin.

78

Jetzt aber waren Tigellinus und Poppäa Neros Ratgeber. Die Scheidung kam zustande, Poppäa wurde Kaiserin, und Octavia wurde verbannt und wenige Tage später auf Neros Befehl, erst 22 Jahre alt, ermordet.

Aber auch Poppäa lebte, obwohl Nero sie leidenschaftlich liebte, nicht mehr lange. Als er einmal sehr spät von einem Wagenrennen heimkehrte, machte sie, krank und schwanger, ihm Vorwürfe. Da tötete er sie durch einen Fußtritt.[76]

*

Am 19. Juli 64 brach nachts in der Stadt ein Feuer aus, das neun Tage tobte und einen großen Teil Roms in Asche legte. Von den vierzehn Regionen der Stadt blieben nur vier unversehrt.

Man beobachtete Banden, welche Löschtrupps behinderten und das Feuer schürten, als wären sie verrückt. Sie seien beauftragt, schrien sie. Beauftragt von wem? Schon lief das Gerücht um, Nero selbst habe den Brand legen lassen. Von einem Turm auf dem Esquilin habe er, im Bühnengewand, auf das lodernde Flammenmeer geschaut und, sich auf der Kithara begleitend, sein Epos vom Fall Trojas gesungen.

Neuere Forscher sind überzeugt, daß Rom nicht von Nero angezündet wurde.[77] Das Gerücht aber war da und wurde Nero mehr als unangenehm. Als die Empörung der Römer wuchs, von denen viele in dem Feuer umgekommen, viele obdachlos geworden waren, und das Gerücht, der Brand sei auf Befehl des Kaisers gelegt worden, nicht verstummen wollte, schob Nero die Schuld auf die Christen. Diese unheimliche Sekte war ohnehin beim Volk verhaßt, und man traute ihr allerlei Kriminelles zu. Man fand, es geschehe diesen Halunken recht, wenn sie den Tod erlitten, den das römische Strafrecht für Brandstifter aus den unteren Klassen vorsah: Zerreißung durch Tiere und öffentliche Verbrennung.[78]

Nero zog die Hinrichtung der Christen als ein Volksvergnügen auf. "Mit den Todgeweihten trieb man noch seinen Spott: Man hüllte sie in Tierfelle und ließ sie von Hunden zerfleischen, oder sie wurden, ans Kreuz geschlagen und für den Flammentod bestimmt, nach Tagesschluß als Beleuchtung für die Nacht verbrannt. Für dieses Schauspiel hatte Nero seinen Park zur Verfügung gestellt. Zugleich veranstaltete er ein Zirkusspiel, wobei er im Aufzug eines Wagenlenkers sich unter den Pöbel mischte."[79]

Selbst für den römischen Mob, der ja allerlei gewohnt und reichlich abgestumpft war, erschien die Grausamkeit, mit der Nero die Christen bestrafte, zu furchtbar. Die Römer empfanden, trotz ihrer Abneigung gegen die Christen, Mitleid mit den Opfern und hatten das Gefühl, hier werde nicht Justiz zum Wohl des Volkes geübt, sondern hier tobe sich der Sadismus eines einzelnen aus.

*

Die Einäscherung Roms gab Nero erwünschte Gelegenheit, seiner Bauwut zu frönen. Die verschlang ungeheure Summen. Als er seinen neuen Palast, "das Goldene Haus", dessen Luxus alles Gewohnte übertraf, nach der Vollendung einweihte, sagte er, jetzt fange er endlich an, wie ein Mensch zu wohnen.[80]

"Reichtum und Geld, meinte er, seien zu nichts anderem zu gebrauchen als zur Verschwendung. Wer über seine Ausgaben Buch führe, sei ein Filz und Knauser; die aber, die ihr Vermögen durchbringen und vertun, seien prachtvolle und wahrhaft großartige Menschen."[81] Manchen schenkte Nero viele Millionen und war dabei nicht wählerisch. Es machte keinen Unterschied, ob der Beschenkte König Tiridates, der

Philosoph Seneca, der Wucherer Panerotos, der Zitherspieler Menekrates oder der Fechter Spiculus war.

Bei dieser Wirtschaft ging dem Kaiser schließlich das Geld aus. Der Sold der Soldaten und die Pensionen der Veteranen konnten zeitweilig nicht gezahlt werden. Um seine Kassen wieder zu füllen, verordnete Nero, daß von dem hinterlassenen Vermögen der Freigelassenen fünf Sechstel für ihn eingezogen werden sollten, ferner, daß der testamentarische Nachlaß aller Personen, die in ihren letztwilligen Verfügungen den Kaiser nicht oder zu wenig bedacht hatten, ganz dem Fiskus verfallen sollte. Bereits gegebene Belohnungen forderte er zurück. Neue Anlässe für drakonische Geldstrafen wurden erdacht, vielen Tempeln ihre Schätze genommen, die goldenen und silbernen Bildnisse der Penaten eingeschmolzen. Keinem übertrug Nero eine Stelle, ohne hinzuzufügen: "Du weißt, was ich brauche."[82] Die Provinzen, vor allem Palästina, wurden auf eine bislang unerhörte Weise ausgebeutet. Die Folgen dieser Politik sollten für Nero verhängnisvoll werden.

Verschwörer und Henker

Den jungen Kaiser hatte Seneca gewarnt vor grausamer Tyrannei, die mit vielen Morden die Macht ausübt: "Der Wille zu wüten muß vor dem Anlaß dazu aufhören; sonst ... vermehrt die Grausamkeit eines Königs die Zahl der Feinde durch den Versuch ihrer Beseitigung; Eltern nämlich und Kinder derer, die getötet worden sind, Verwandte und Freunde nehmen den Platz jedes einzelnen ein... Was wird das Ende sein der Hinrichtungen, des Blutvergießens? Ich (der Kaiser) bin ein jungen Adligen ausgesetzter Kopf, gegen den sie die Dolche schleifen."[83]

In seinen Tragödien hat Seneca wohl an Nero gedacht, wenn er die Torheit der Tyrannen schildert, deren Verbrechen die Menschheit ins Unglück stürzen, und breiten Raum "den Gefahren und Versuchungen einräumt, denen die Großen dieser Welt ausgesetzt sind".[84]

Senecas Rat nutzte nichts. So kam es schließlich dahin, daß sich 41 Menschen verschworen, den Tyrannen zu ermorden. Sie gehörten verschiedenen Kreisen und Interessengruppen an; selbst Prätorianer waren darunter. Gemeinsam war allen die Entrüstung über Neros Verbrechen und die Entschlossenheit, seine Herrschaft zu beenden.

Die Pisonische Verschwörung wurde im Jahre 65 entdeckt. Nero verhörte und verurteilte die Beteiligten persönlich. Einer der Angeklagten, ein Soldat der Prätorianergarde, wurde von Nero gefragt, warum er sich dazu hinreißen ließ, seinen Fahneneid zu vergessen. Er schrie dem verdutzten Kaiser ins Gesicht: "Ich haßte dich ... Vatermörder, Mörder deiner Mutter und deiner Frau, Jockey, Schauspieler, Brandstifter - dafür hasse ich dich!" Zur Exekution wurde er auf ein Feld geführt, wo man eine Grube für ihn aushob. Der Delinquent tadelte sie als zu flach und zu eng und sagte den umherstehenden Soldaten: "Nicht einmal das nach Vorschrift!"

Seneca, der sich auf seine Güter zurückgezogen hatte, war zwar nicht in die Verschwörung verwickelt, galt aber wohl bei vielen, die Neros Beseitigung wünschten, als dessen gegebener Nachfolger. Nero benutzte die Gelegenheit, seinen ehemaligen Meister und Minister, dessen Mahnungen er satt hatte, loszuwerden, und verurteilte ihn zum Tode. Aus besonderer Gnade erlaubte er ihm, die Hinrichtungsart selbst zu wählen. Der Stoiker ließ sich die Pulsadern öffnen und starb in Gleichmut.

Zum Poetenkreis um Nero gehörte Lukan, den der Kaiser von Athen nach Rom geholt hatte. Nero verlieh ihm Ämter, und Lukan schrieb ein panegyrisches Gedicht auf ihn. Er fügte auch seinem Epos *Pharsalia* ein von Übertreibungen strotzendes Loblied auf seinen Gönner ein. Aber später geriet Lukan mit Nero in Streit. Es war Eifersucht und Neid zwischen Künstlern. Als Lukan Spottverse auf Nero veröffent-

82

lichte, erhielt er Publikationsverbot. Das machte ihn zum Republikaner und zum Teilnehmer an der Pisonischen Verschwörung. Auch er wurde auf Neros Befehl ermordet.

Und so starben noch viele, manche auf bloßen Verdacht hin. "In der Stadt häuften sich die Leichen."[85] Etliche Menschen ließ Nero in einem Zuge ermorden, nur um alte Rechnungen zu begleichen. Viele wurde verbannt. Mit der Angst Neros wuchs auch die Angst in der Bevölkerung. Weder der Herrscher noch die Beherrschten fühlten sich ihres Lebens mehr sicher. "Unterschiedslos wurde jeder Beliebige aus jedem beliebigen Grunde umgebracht... Stolz und aufgeblasen durch das Gelingen seiner Abscheulichkeiten, äußerte Nero, vor ihm habe noch kein Fürst gewußt, was er sich alles erlauben könne."[86]

Petronius, der Romanautor, ein Lebemann und Elegant, geschäftstüchtiger Prokonsul und Konsul, war ein Freund Neros, *arbiter elegantiarum*, Schiedsrichter in allen Fragen des Geschmacks. Daß Nero seinem Urteil folgte, erweckte den Neid und die Eifersucht des Tigellinus, der ihn anschwärzte, mit dem Erfolg, daß auch Petronius als Verräter zum Tode verurteilt wurde und sich die Pulsadern öffnete. Vorher aber hatte er noch sein Testament geschrieben. Darin unterließ er es, dem Nero oder dem Tigellinus, wie die meisten Todgeweihten es taten, zu schmeicheln, "sondern machte eine ausführliche Niederschrift der Schandtaten des Princeps unter namentlicher Anführung seiner Lustknaben, seiner Weiber und jeglicher Neuerung auf dem Gebiete der Unzucht. Dann schickte er sie versiegelt an Nero... Während Nero hin und her überlegte, wie denn die Einfälle seiner Nächte bekannt werden konnten, fiel ihm Silia ein, die als Gemahlin eines Senators nicht unbekannt, von ihm selbst zu allen möglichen sinnlichen Ausschweifungen beigezogen und mit Petronius eng befreundet war. Als hätte sie nicht verschwiegen, was sie gesehen und durchgemacht hatte, wurde sie verbannt."[87]

Der Senator Thrasea, ein aufrechter Mann mit stoischen Überzeugungen, weigerte sich, die servilen Schmeicheleien des Senats dem Kaiser gegenüber mitzumachen. Als der Senat 59 beschloß, für Neros "Errettung" vom angeblichen Mordanschlag Agrippinas Dankopfer zu bringen, obwohl jedem klar war, daß Nero seine Mutter hatte ermorden lassen, verließ Thrasea ostentativ schweigend den Sitzungssaal. Schließlich zog er sich angewidert ganz aus dem politischen Leben zurück. Das wurde ihm als hochverräterischer Protest ausgelegt, und er mußte die Todesstrafe erleiden.

Daß Nero im Jahre 66 in einer opernhaften Inszenierung den vor ihm knienden Partherprinzen Tiridates mit dem armenischen Königsdiadem krönte, blieb leeres Trara, weil er bald danach gegen den Feldherrn Corbulo, dem Rom seine Erfolge im Osten verdankte, einen Mordbefehl ausgeben ließ.

Ein Zeitgenosse bezeichnete Neros Verhalten als Unbesonnenheit und Verrücktheit;[88] moderne Autoren sprachen von "Cäsarenwahnsinn". Aber damit sind Neros Schandtaten ebensowenig erklärt wie mit seiner "Grausamkeit". "Was zu Neros Fall führte, war nicht so sehr Grausamkeit, vielmehr Neros Frivolität, Unfähigkeit und Albernheit."[89] Er war ein eitler, unreifer Geck, ohne jede Zucht und Haltung. Was ihn schließlich dazu brachte, Exekutionen zu häufen, war Angst um sein nacktes Leben. Er wurde genau das, was Seneca durch seine abschreckende Schilderung in *De clementia* verhindern wollte: der furchtsame Fürst, der sich mit Strafen zu schützen sucht, aber damit erst das hervorruft, was er fürchtet.

Ein Virtuose auf Tournée

Als Nero einmal Gäste aus Griechenland an seiner Tafel hatte und diese ihn baten, doch bei Tisch etwas zu singen, wurde sein Vortrag mit solcher Begeisterung aufgenommen, daß er ausrief: "Nur die Griechen haben ein Ohr für Musik, und sie allein sind würdig, sich meiner Kunst zu erfreuen!"[90] Das soll der Anlaß zur Griechenland-Tournée des Kaisers gewesen sein, die ein Jahr in Anspruch nahm.

Durch willkürliche Änderung des Kalenders wurden alle griechischen Festspiele in die Zeitspanne von Neros Aufenthalt gelegt, so daß er in allen als Bewerber auftreten konnte. Mit einem riesigen Gefolge zog er von Ort zu Ort und ließ sich als der größte Sänger aller Zeiten oder als der beste Athlet der Gegenwart feiern. Die Griechen verhielten sich ihm gegenüber wie Eltern, die ihre Kinder, um sie bei Laune zu halten, absichtlich im Spiel gewinnen lassen. Juvenal hat die Rundreise verspottet:

was ein Nero verbrach in so gräßlicher, blutiger Herrschaft -
Das sind die Taten, und das sind die Werke des vornehmen Fürsten,
den es ergötzt, mit schändlichem Sang sich auf fremden Theatern
preiszugeben, den Kranz zu erwerben aus griechischem Eppich.[91]

Auf seiner der Kunst gewidmeten Reise wollte Nero sich durch nichts Politisches stören oder ablenken lassen. Als von Rom ein Brief eintraf, der ihn mahnte, die Lage erforderte dringend seine Anwesenheit in der Hauptstadt, schrieb er zurück: "Wenn du jetzt auch noch so sehr meine schleunige Rückkehr anratest und wünschst, so wäre es doch viel mehr deine Pflicht, mir zuzureden und zu wünschen, daß ich Neros würdig zurückkomme", das heißt, erst nach Abschluß der Tournée mit sämtlichen Siegeskränzen, die Griechenland zu vergeben hat.[92]

Mochten an einer Grenze des Imperiums Legionen eine Niederlage erlitten haben, mochte in Palästina eine Rebellion ausgebrochen sein, mochte ein General um Hilfe rufen - Nero ließ sich nicht aus der Ruhe bringen und setzte seine Künstlerfahrt fort. Josephus meint zwar, seine Gelassenheit sei nur vorgetäuscht gewesen: "Als dem Kaiser Nero die Unglücksfälle in Judäa gemeldet wurden, befiel ihn begreiflicherweise insgeheim Schrecken und Furcht, nach außen hin freilich spielte er den Überlegenen und Erzürnten. Er behauptete, das Geschehene sei mehr der Trägheit der Feldherren als der Tapferkeit der Feinde zuzuschreiben, und war der Meinung, ihm komme es aufgrund seiner kaiserlichen Würde zu, sich über Rückschläge stolz hinwegzusetzen und den Anschein zu erwecken, als sei sein Seelenzustand über alle Widerwärtigkeiten hoch erhaben. Die innere Unruhe verriet sich allerdings durch sein bedrücktes Wesen."[93] Wie dem auch sei - wenn in einem Amphitheater ihn Beifall umbrauste, vergaß er die politischen und militärischen Sorgen.

Zu den "teils untadeligen, teils sogar nicht geringen Lobes würdigen Handlungen" Neros zählt Sueton sein Unternehmen, den Isthmus von Korinth zu durchstechen. "Er ließ seine Prätorianer antreten und forderte sie auf, Hand ans Werk zu legen. Als mit der Tuba das Zeichen gegeben worden war, tat er selbst die ersten Spatenstiche und trug die ausgegrabene Erde in einem Korbe auf seinen Schultern weg."[94]

Am 28. November 67 hielt Nero in Korinth auf einer festlichen Veranstaltung, zu der er alle Griechen eingeladen hatte, vor einer großen Menge eine Rede, deren Text uns inschriftlich überliefert ist.[95] Mit etwas bombastischen Worten schenkte er Achaia und dem Peloponnes Selbstverwaltung und Steuerfreiheit: "Andere Herrscher gewährten Freiheit Städten, aber allein Nero einer ganzen Provinz." Noch lange blieben, wie es reich bezeugt ist, die Griechen dem Philhellenen Nero dankbar dafür.

Anfang des Jahres 68 kam Nero nach Italien zurück und hielt in einer pompösen Prozession triumphalen Einzug in Rom. Ihm voran trug man die Siegeskränze, die ihm in Griechenland verliehen worden waren, 1808 Stück.[96] Nero stellte Statuen auf, die ihn als Kitharöden zeigten, und auch auf einer Münze ließ er sich so darstellen. Wenige Wochen später war er gestürzt.

Die ersten Nachrichten über die Wirren in Gallien erreichten Nero, als er sich noch in Neapel aufhielt. Er betrachtete die Unruhen als rein lokal, nahm sie auf die leichte Schulter und begrüßte sogar die Gelegenheit, die reichste Provinz des Westens nach Kriegsrecht zu plündern. Wie gewöhnlich ging er zum Sportplatz und schaute mit unverminderter Aufmerksamkeit den Athleten zu.

Als abends schlimmere Meldungen kamen, fing er an, Drohungen auszusprechen gegen jene, die von ihm abfielen, hörte aber schnell wieder mit dem Geschimpfe auf, um seine Stimme zu schonen, denn er wollte zur Harfe singen.

Acht Tage lang kümmerte er sich nicht um die heraufziehende Gefahr, ließ die Post unbeantwortet und gab keinen einzigen Befehl. Als in Rom der Ausbruch der Rebellion in Gallien bekannt wurde, setzte man einer der Nero errichteten Statuen den Lockenschmuck der griechischen Wettsänger auf, mit dem er aufzutreten pflegte, und fügte die Inschrift hinzu: "Jetzt endlich ist der wahre Wettkampf da! Tritt ab". An die Säulen schrieb man das Wortspiel: "Selbst die *gallos* (d. h. sowohl Hähne als auch Gallier) hat er durch sein Singen aufgeweckt."[97]

Nero selbst wurde aufgeweckt durch die Proklamation des Vindex an die Gallier, die ihn schmähte und zum Sturz des Kaisers aufrief. Die Begründung lautete: "Denn dieser hat die gesamte römische Welt ausgeplündert, die ganze Blüte ihres Senats vernichtet, seine eigene Mutter geschändet und dann ermordet und hält nicht einmal an der Form des Herrschertums fest. Wohl haben andere wiederholt viele Morde, Räubereien und sonstige Gewalttaten begangen, was aber die sonstigen Verbrechen Neros anlangt, wie könnte da einer passende Worte finden, sie zu beschreiben? Ich habe ihn gesehen, meine Freunde und Bundesgenossen, glaubt mir, ich habe diesen Mann gesehen - sofern jemand als Mann zu bezeichnen ist, der den Sporus geheiratet hat und sich dem

Pythagoras zur Ehe geben ließ -, wie er im Theaterrund, das heißt in der Orchestra, das eine Mal die Leier in Händen hielt und mit einer umgürteten Tunika und Kothurnen bekleidet war, das andere Mal hohe Stiefel und Maske trug. Wiederholt habe ich ihn gehört, wie er sang, gehört, wie er den Herold machte, gehört, wie er in Tragödien mitspielte. Gesehen habe ich ihn, wie er in Fesseln lag, als Schurke herumgeschleppt wurde, ja schwanger war und ein Kind gebar... Wird da noch jemand einen solchen Menschen mit Caesar, Kaiser, Augustus bezeichnen? Nie und nimmermehr! ... So erhebt euch doch endlich gegen ihn! Helft euch selbst, helft den Römern, befreit die ganze Welt!"[98]

Der endlich aus seiner Trägheit aufgescheuchte Nero setzte einen Preis von zehn Millionen Sesterzen auf den Kopf des Verräters und schrieb dem Senat, er möge unverzüglich etwas unternehmen; er selbst könne wegen einer Halsentzündung nicht nach Rom kommen. Am meisten entrüstete ihn des Vindex Behauptung, Nero sei ein schlechter Zitherspieler. Er ging von einem seiner Freunde zum anderen und fragte mit klagender Stimme, ob sie auch nur einen Künstler kennten, der besser sei als er.[99]

Die Boten kamen immer häufiger, bis Nero, von plötzlicher Panik erfaßt, nach Rom eilte. Er schickte einigen Senatoren und Rittern den Befehl, sich schleunigst bei ihm einzufinden. Als diese sich außer Atem im Palaste meldeten, fanden sie den Kaiser mit neuen hydraulischen Orgeln beschäftigt. "Schaut mal", sagte Nero strahlend, "ich habe entdeckt, wie die Orgel einen tieferen Ton hervorbringen kann!" Und er hielt ihnen einen langen Vortrag über den Mechanismus der Instrumente.

Erst die Nachricht, daß sein Feldherr Galba mit ganz Spanien sich Vindex angeschlossen habe, warf ihn buchstäblich um. Als er aus der Ohnmacht erwachte und die Sprache wiederfand, zerriß der Schmierenkomödiant theatralisch seine Kleider und schrie: "Es ist aus mit mir!"

"Trotzdem setzte er sein bisheriges üppiges und träges Leben unverändert fort... Er veranstaltete ein überaus prächtiges Gastmahl und sang dabei Spottgedichte auf die Häupter des Abfalls."[100]

"Während er von der Tafel aufstand und auf die Schultern seiner Vertrauten gestützt den Speisesaal verließ, verkündete er, er wolle, sobald er den Fuß auf gallischen Boden gesetzt habe, unbewaffnet den Heeren entgegentreten und nichts weiter tun als weinen. Wenn er dann dadurch die Meuterer zur Reue gebracht habe, werde er anderntags bei fröhlichem Schmause frohen Herzens die Siegeslieder vortragen, mit deren Abfassung er sich jetzt schon beschäftigen müsse."[101]

"Bei den Vorbereitungen für den geplanten Feldzug sorgte er vor allen Dingen für eine Auswahl von Wagen, die seine theatralischen Instrumente transportieren sollten. Seinen Beischläferinnen, die er mit sich ins Feld nehmen wollte, verordnete er Herrenschnitt und eine amazonenhafte Ausrüstung mit Streitäxten und Schilden."[102]

Das Ende war jämmerlich. "Hätte Nero sich an die Spitze seiner Truppen gestellt, so hätte er die Lage retten können."[103] Aber er hatte nie im Feld gestanden, nie eine Schlacht gesehen. "Ihm fehlte einfach der Trieb zur Selbstverteidigung. Er ließ sich vom Thron fallen, ehe jemand ihn heruntergestoßen hatte."[104] Von den beiden Kommandeuren, die er gegen die Rebellen marschieren ließ, lief der eine über; der andere hielt Nero die Treue, aber ihm rannten die Truppen davon.

Sueton erzählt von den letzten Stunden:[105] "Als die Nachricht einlief, daß auch die übrigen Heere ihren Abfall erklärt hatten, riß er die Depeschen, welche ihm beim Frühstück übergeben worden waren, in kleine Stücke, stieß den Tisch um und schmetterte zwei ihm besonders werte Becher ... auf den Fußboden."

Er ließ sich Gift geben, das er in ein goldenes Büchschen steckte, und versuchte, die Tribunen und Zenturionen seiner Leibwache zu bereden, ihn auf seiner Flucht zu begleiten.

Als diese sich weigerten, gingen die verschiedensten Pläne durch seinen Kopf. Sollte er sich als Schutzflehender an die Parther wenden? "Oder in Trauerkleidung aufs Forum gehen und von der Rednertribüne hinab mit allen ihm zur Verfügung stehenden Mitteln der Rührung für sein vergangenes Leben Verzeihung erflehen und, falls er keinen Eindruck machte, darum bitten, ihm wenigstens die Statthalterschaft von Ägypten zu bewilligen? Es fand sich später in seinem Schreibpult wirklich ein völlig ausgearbeiteter Vortrag über diesen Gegenstand. Allein er ... fürchtete, das Volk möchte ihn, noch ehe er das Forum erreichte, in Stücke reißen."

Um Mitternacht wurde er aus dem Schlafe aufgeschreckt. Als er vernahm, die diensthabende Soldatenabteilung sei abgezogen, sprang er aus dem Bett und klopfte an die Zimmertüren seiner Freunde. Alle blieben verschlossen, er hörte keine Antwort. In sein Schlafzimmer zurückgekehrt, fand er, daß die Leibwächter geflohen waren und die Decken, sogar das Büchschen mit Gift mitgenommen hatten. Gab es einen Schlupfwinkel, wo er verschnaufen konnte? Ein Freigelassener bot ihm sein vor der Stadt gelegenes Landgut an. Nero warf sich einen verschossenen Mantel um, zog die Kapuze über, schwang sich auf ein Pferd und galoppierte mit vier Begleitern los. An einem Seitenweg stieg er ab, ließ die Pferde laufen und erreichte, auf allen Vieren durch Dorngestrüpp kriechend, sein Versteck. Seine Begleiter drängten ihn, sich der drohenden schimpflichen Behandlung möglichst bald durch Selbstmord zu entziehen. Nero schluchzte und rief immer wieder: "Welch ein Künstler stirbt in mir!"

Während er noch zögerte, kam ein Eilbote mit Briefen. Er riß sie ihm aus der Hand und las, er sei vom Senat abgesetzt, als Staatsfeind erklärt und geächtet. Man fahnde nach ihm, um die herkömmliche Strafe an ihm zu vollstrecken. "Was das für eine Strafe sei, fragte er, und hörte, der Delinquent werde dabei nackt mit dem Hals in ein gabelförmiges Eisen geschlossen und mit Ruten zu Tode gepeitscht. Entsetzt ergriff er zwei Dolche, die er mitgenommen hatte, prüfte die Spitze beider und - steckte sie wieder ein, indem er bemerkte, seine Stunde sei noch nicht gekommen."

Erst als die Reiter heransprengten, denen befohlen war, ihn lebendig zu fangen, hielt er den Dolch an die Kehle. Sein Kabinettssekretär mußte nachhelfen. Die Augen Neros traten aus den Höhlen. Seine Leiche wurde verbrannt. Er war dreißig Jahre alt geworden. Er starb am gleichen Tage, an dem er seine Gattin Octavia ermordet hatte.

Richard III.

(1452 - 1485)

Ein kummervoller Mensch

Das Ölbild eines unbekannten flämischen Malers, das nach dem Leben König Richard III. darstellt und das heute in der National Portrait Gallery zu London hängt, zeigt einen weder schönen noch häßlichen Mann. Er ist erst 31 Jahre alt, wirkt aber viel älter. Der Ausdruck des Gesichts ist bekümmert; die Stirn durchfurchen waagerechte und senkrechte Falten. Leidet er unter einer Schuld? Oder leidet er, weil er, als Unschuldiger, verleumdet wird und er gegen diese Verleumdungen nichts ausrichten kann?

Geschichte wird von den Siegern geschrieben. Richard III. wurde in der Schlacht bei Bosworth von Heinrich Tudor besiegt und verlor dabei sein Leben. Was danach über ihn geschrieben wurde, ist zum Teil Propaganda der neuen Dynastie. Aber trotz dieser Propaganda gab es noch vierzig Jahre nach seinem Tode Menschen, die an Richard III. gute Erinnerungen hatten. Als Wolsey, Heinrichs VIII. Kanzler, den Londonern Zwangsanleihen abpressen wollte, weigerte man sich mit dem Hinweis auf Richards Parlamentsgesetz, worauf der Kardinal indigniert fragte: "Sprecht ihr von Richard III., der ein Thronräuber und Mörder seiner Neffen war?" Man antwortete ihm: "Wenn er auch Schlechtes tat, so wurden zu seiner Zeit doch viele gute Gesetzte gemacht." Und mehr als hundert Jahre später nannte Francis Bacon

Richard "einen Fürsten, der im Krieg tüchtig und eifrig auf die Ehre der englischen Nation bedacht war und ebenso ein guter Gesetzgeber zu Gunsten des einfachen Volkes."[1]

John Rous schrieb zu Lebzeiten Richards III. eine Geschichte, in der sich eine fanfarenhafte Huldigung für ihn findet. Nach Heinrichs VII. Thronbesteigung tilgte der Wendehals diese Stelle schleunigst und wandelte sich zum Tudor-Propagandisten gegen den letzten Plantagenet-König. Jedes Greuelmärchen schnappte er kritiklos auf, wenn es dazu dienen konnte, Richard als Erzschurken darzustellen, "als Ungeheuer und Tyrann, geboren unter einem bösen Stern und zugrundegegangen wie der Antichrist".

Auch *Die Geschichte König Richards III.* von Sir Thomas More schildert einen Erzschurken.[2] More hat anscheinend alles geglaubt, was er aus dem Munde Kardinal Mortons über Richard hörte, obwohl Morton ein erbitterter Feind Richards war; More hat außerdem die ungünstigen Züge in diesem Charakterbild so sehr literarisierend verstärkt, daß man sein lebendig geschriebenes Werk einen "historischen Roman" oder ein "satirisches Drama" genannt hat[3] und sich fragte, ob More mit ihm überhaupt kritische Geschichtsschreibung beabsichtigte. Unverkennbar ist seine Intention, eine Art Fürstenspiegel zu schreiben, ein abschreckendes Beispiel für die zur Tyrannei tendierenden Herrscher seiner Gegenwart, namentlich für Heinrich VIII.

Mores Übertreibungen wurden noch weiter übertrieben von Shakespeare. *Die Tragödie von Richard III.* stellt einen hinkenden Krüppel auf die Bühne, häßlich und krumm mit einem Buckel, eine Kröte, einen Molch, einen Schuft. Das ist ein Richard, der keine einzige sympathische Eigenschaft hat. "Shakespeare sah in ihm einen Giganten des Frevels. Dieser mit überlegener Energie und Intelligenz ausgestattete König ist ein Dämon, in dem nichts anderes als Bosheit, Lüge, Machtgier und Mordlust wohnen, ein Amokläufer, der auf seinem Weg zum Thron von Verbrechen zu Verbrechen rast, alles, was ihn aufhält, seinem Ziel opfernd."[4] Am Ende

94

wird der abgefeimte Bösewicht überwunden durch Gottes edlen Ritter Heinrich VII. Das hinreißende Stück entspricht der Neigung seiner Zeit, im Kontrast zur schrecklichen früheren Tyrannei den Segen des Tudor-Regimes zu feiern.

Als die Tudors durch die Stuarts abgelöst wurden, meldeten sich Stimmen, die eine Ehrenrettung Richards III. versuchten. Willam Cornwaley redet in seinem *Encomium of Richard III.* von "einem unterdrückten und verleumdeten König". Sir George Buck verteidigte Richard.[5] Horace Walpole sprach Richard von den Hauptverbrechen, die ihm zur Last gelegt wurden, frei.[6] Hatten More und Shakespeare aus Grau Schwarz gemacht, so übertrieb Sir Clements Markham wahrscheinlich zur anderen Seite hin: Bei ihm wird das Grau Weiß.[7]

Trotz aller Rettungsversuche glauben viele immer noch lieber dem Schurkenmaler Shakespeare. Für sie bleibt Richard "der prächtige, skrupellose Renaissance-Geist, ... ein typischer Renaissance-Tyrann".[8]

Frühe Verantwortung

Richard, Sohn Richards von York, war das elfte Kind seiner Mutter. Klein und kränklich, aber keineswegs mißgestaltet, wuchs er auf Burg Fotheringhay heran, wo er seine um sechs Jahre ältere Schwester Margarete und seinen um drei Jahre älteren Bruder Georg zu Spielgefährten hatte. Mit sechs Jahren wurde er auf die mächtige Burg Ludlow gebracht, die bald im Kriege zwischen den Häusern Lancaster und York um die Macht über England erobert wurde. Richard wurde zusammen mit seiner Mutter und seinem Bruder Georg gefangen genommen. Sein Vater setzte sich nach Irland ab. Die Güter der Yorkisten wurden eingezogen.

Nach einigen Drangsalen wohnte Richard mit seiner Mutter im Baynard Palast in London und sah dort seinen Vater und seine Brüder wieder. Aber nicht lange war die Familie beisammen, die Männer zogen wieder ins Feld. Richard war acht Jahre alt, als er die Nachricht erhielt, daß an ein und demselben Tag sein Vater, sein Bruder Edmund und sein Onkel in der Schlacht gefallen waren.

Als die Lancaster-Truppen auf London zu marschierten, vertraute Richards Mutter ihn und seinen Bruder Georg einem Seefahrer an, der sie nach Holland brachte. Nach militärischen Niederlagen der Lancaster-Partei konnten Richard und Georg ihr Exil verlassen und in die Heimat zurückkehren. Richards Bruder, der 18jährige Graf von March, ritt in London ein und wurde als Eduard IV. zum König erhoben. Georg und Richard wurden zu Rittern des Bath-Ordens geschlagen und nahmen an der Krönung ihres Bruders in der Westminster Abbey teil.

Der neunjährige Richard, jetzt Herzog von Gloucester und Ritter des Hosenbandordens, kam als Page zu den Nevilles von Warwick auf Burg Middleham in Yorkshire. Dort gewann er zwei Freunde, die es sein Leben lang blieben: Francis Lovell und Robert Percy. Der eine wurde später sein Kämmerer, der andere Rechnungsprüfer am königlichen Hof. "Treue und Anhänglichkeit waren zwei hervorstechende Tugenden Richards - auch wenn's bei Shakespeare anders steht."[9]

*

Richard war ein ernster Junge und blieb sein Leben lang ein Mensch mit puritanisch strengen Gewohnheiten. Im Gegensatz zu seiner kleinen, schmalen Gestalt wirkte sein riesenhaft gewachsener Bruder Eduard IV. wie ein Gargantua: "Playboy und Politprofi, Schürzenjäger und Kriegsheld, Beau und Finanzgenie ..., ein Volksfürst ... und ein Glückskind noch dazu."[10] 1464 sorgte er für eine große Überraschung.

Graf Warwick, der "Königsmacher", hatte bis dahin die Geschäfte des Königreichs geführt und bildete sich ein, das werde immer so weitergehen. Eigenmächtig verhandelte er in Frankreich wegen einer politischen Heirat zwischen einer französischen Prinzessin und dem König von England. Aber als Warwick den jungen König drängte, der für ihn eingefädelten Allianz zuzustimmen, erklärte Eduard IV. seelenruhig, er sei schon verheiratet. Das schlug wie eine Bombe ein.

Tatsächlich hatte Eduard, ohne jemand zu fragen, heimlich in einer abgelegenen Dorfkirche eine schöne Witwe namens Elisabeth Woodville, in die er sich verliebt hatte, geheiratet. Sie war weit unter seinem Stand, fünf Jahre älter als er und hatte bereits zwei Kinder. Dieser in jeder Hinsicht ungewöhnliche Schritt König Eduards sollte später für das Leben Richards und für das ganze Land noch beträchtliche Unannehmlichkeiten zur Folge haben.

Eins war jetzt schon klar: Eduard ließ sich nicht mehr von Warwick gängeln. Er beförderte die zahlreichen Mitglieder des Woodville-Clans in einflußreiche Ämter und Stellungen, so daß die Angehörigen der alten Adelsfamilien voll Neid, Eifersucht und Haß auf diese plötzlich mächtig gewordenen Emporkömmlinge blickten.

Warwick ertrug es nicht, daß er aufgehört hatte, der mächtigste Mann in England nach dem König zu sein, und begann, eine Opposition aufzubauen. Es gelang ihm, des Königs Bruder Georg auf seine Seite zu ziehen, nicht aber den jüngsten Königsbruder Richard. In den entscheidenden Auseinandersetzungen hielt Richard treu zum König.

Eduard IV. belohnte die guten Dienste Richards und machte den Siebzehnjährigen zum Konnetabel von England auf Lebenszeit. Dabei erweiterte er die Befugnisse dieses Amtes. Richard war nicht nur Präsident des Ritterschaftsgerichts und der Kriegsgerichte, sondern hatte auch die Vollmacht, über verräterische Handlungen zu entscheiden und die Strafe festzusetzen.

Noch ein weiteres Zeichen seines besonderen Vertrauens schenkte der König dem Herzog von Gloucester: Eduard ernannte Richard zum Statthalter von Wales und erteilte ihm für dieses Land sein erstes selbständiges militärisches Kommando. Richard erfüllte seine Aufgabe schnell und gut. Er befreite die königlichen Burgen, die von Rebellen besetzt worden waren, und begnügte sich damit, den Aufrührern den Treueeid abzunehmen und sie unbestraft zu lassen. Eduard erteilte Richard daraufhin weitere Befugnisse für Wales, so daß Richard der eigentliche Vizekönig des Fürstentums war.

Als die Anhänger des Hauses Lancaster zeitweilig die Oberhand gewannen, floh Eduard IV. nach Flandern. Richard begleitete ihn. Die Lancaster-Partei befreite den geistesschwachen Heinrich VI. aus dem Tower und setzte ihn wieder auf den Thron.

Jedoch 1471 eroberte Eduard IV. England zurück. Sein Bruder Richard Gloucester stand ihm dabei als Truppenführer und Organisator tüchtig zur Seite. In der Schlacht von Barnet befehligte Richard den rechten Flügel und half mit seiner persönlichen Tapferkeit und seinen Führungseigenschaften, den Sieg über Warwick zu erringen. Ebenso bewährte sich Richard in der Schlacht von Tewkesbury. Als der siegreiche König mit Gepränge in seine Hauptstadt einzog, wurde Richard die Ehre zuteil, an der Spitze dieses Triumphzugs zu reiten: "das Königs erster Heerführer, die Hauptstütze seines Thrones und sein vertrauenswürdigster Beamter ..., noch nicht neunzehn Jahre alt".[11]

Zu den Morden, die man Richard angelastet hat, gehört auch der an dem abgesetzten Heinrich VI. im Tower. Richard hatte nichts damit zu tun, da er zur Tatzeit nicht in London war.[12] Ebenso unschuldig ist Richard am Tode seines Bruders Georg, des Herzogs von Clarence. Dieser war aus mehrfachen Gründen auf ihn eifersüchtig: Der jüngere Richard erhielt vom König mehr Ämter als er, und Richard gewann die Frau, die er selbst hatte heiraten wollen. Trotz des Ärgers, der für Richard aus dieser Feindseligkeit ent-

98

stand, setzte er sich für Georg ein, als dieser vom König vor dem Parlament des Hochverrats bezichtigt wurde. An der Schuld des Herzogs von Clarence besteht kein Zweifel. Richards Bitten konnten Georgs Schicksal nicht wenden. Er wurde zum Tod verurteilt und, auf eigenen Wunsch, in einem Faß seines Lieblingsweins ertränkt.[13]

*

Mit zwanzig heiratete Richard Anna Warwick, mit der er bereits auf Middleham glückliche Kinderjahre verbracht hatte. Es war offensichtlich eine Liebesheirat, und die Ehe war glücklich. Nach einem Jahr gebar Anna einen Sohn, den Richard auf den Namen Eduard taufen ließ und dem er eine Lesefibel und ein Psalmenbuch kaufte.

Die junge Familie wohnte ein Jahrzehnt auf der Burg Middleham. Hier führte Richard das Leben eines Landedelmanns, wenn seine Pflichten ihn nicht an andere Orte riefen. Nach London ritt er sehr selten, öfters nach Pontefract, wo er als Verwalter des Herzogtums Lancaster nördlich des Trent residierte. Am meisten beschäftigte ihn das Amt des Statthalters der Westmarken mit seiner Oberaufsicht über die Ost- und Mittelmarken.

"Noch zwei Generationen nach seinem Tode galt das, was er an der Grenze durchgeführt hatte, als Wertmesser für die Arbeit eines Statthalters der Marken. Doch der größte Dienst, den Richard leistete, und die Hauptquelle der ihm entgegengebrachten Zuneigung lag nicht in seiner amtlichen Tätigkeit, sondern in dem tiefgehenden Einfluß, den er durch seine Bemühungen als Freund und Richter bei dem Volk von Yorkshire gewonnen hatte. Sein Bruder, der König, hatte ihm durch die Verleihung von Vollmachten und Grundbesitz den Vorrang jenseits des Trent gegeben, doch Herr des Nordens war er durch seine eigenen Anstrengungen geworden.

Im Laufe der Jahre kamen Menschen aller Klassen in zunehmendem Maße zu ihm, um von seiner Rechtsprechung Gebrauch zu machen und seine Hilfe zu suchen."[14]

So berichtet der italienische Diplomat Mancini über Richard: "Außenstehende waren von seinem sittlichen Lebenswandel und seinem Fleiß aufs höchste angetan. Als Krieger genoß er einen ebensoguten Ruf. Wenn irgend etwas Schwieriges oder Gefährliches im Reich zu erledigen war, wurde es seinem Rat und seiner Führung anvertraut. Auf diese Weise gewann Richard das Wohlwollen des Volkes."[15] Wahrlich, Richard bewährte nach oben und nach unten seine Devise: *Loyaulté me lie*, "Treue bindet mich".

1475 zog Richard mit Eduard IV. nach Frankreich. Ludwig XI. bot Geld, falls Eduard seinen Bundesgenossen, den Herzog von Burgund, aufgebe und mit Frankreich Frieden schließe. Eduard und seine wichtigsten Höflinge nahmen die Bestechung an. Nur Richard, mit dem der König von Frankreich ebenfalls ein Gespräch hatte, ließ sich nicht bestechen, äußerte sich gegen den Kuhhandel und bestand darauf, England müsse einem Verbündeten Treue wahren.

Um einen zweiten Bürgerkrieg zu verhindern, tat der Herzog von Gloucester alles. Er hielt Percy, den Grafen von Northumberland, bei Laune und bemühte sich, nicht dessen Eitelkeit zu verletzen. Im Felde machte er ihn zu seinem Stellvertreter; in schiedsrichterlichen Fragen, die Yorkshire betrafen, zog er ihn als Kollegen zu. Richards Rat entwickelte sich zum höchsten Gerichts- und Appellationshof im Norden.[16] Die Stadt York schätzte den Herzog von Gloucester sehr.

Als 1480 die Schotten mit Einfällen in größerem Umfang begannen, ernannte König Eduard IV. Richard zu seinem Generalleutnant im Norden und ermächtigte ihn, Truppen einzuberufen. Richard führte den Krieg gegen Schottland so siegreich, daß der König, als die Nachricht von der Rückeroberung der Stadt Berwick eintraf, einen langen frohlockenden Brief an den Papst schrieb, in dem er "Gott, dem

Geber aller guten Gaben, für die Hilfe dankte, die er von seinem sehr geliebten Bruder erhalten hatte, dessen Erfolg so erwiesen ist, daß er allein genügen würde, um das ganze Königreich Schottland zu bestrafen".[17]

Der Staatsstreich

Am 9. April 1483 starb Eduard IV. zu Westminster. In seinem Testament hatte er Richard zum Reichsprotektor und Prinzenvormund bestellt. Richard aber weilte hoch im Norden und wußte die ersten Tage nichts davon. Der minderjährige Kronprinz war in Ludlow, umgeben von den Verwandten der Königin, den Woodvilles, die sich seit Jahren bei dem künftigen Herrscher einschmeichelten. Die Königin und der Königliche Rat befanden sich in London, und mit ihren Anhängern, der Woodville-Partei, suchten sie zu verhindern, daß Richard sein Amt als Protektor ausübe, denn sie fürchteten, er könnte sich für die Hinrichtung seines Bruders Clarence rächen.[18]

Ohne dem testamentarisch eingesetzten Protektor Nachricht zu geben, ließen sie am 11. April in London den Prinzen als Eduard V. zum König ausrufen und beeilten sich, seine Krönung vorzubereiten. Wenn diese stattgefunden hatte, konnte sich der junge König seine Ratgeber selbst aussuchen; Gloucesters Protektorat wäre dann schnell zu Ende gewesen. "So hatte sich der verstorbene Eduard das freilich nicht vorgestellt, und andere taten es auch nicht. Es war nicht üblich, vor dem sechzehnten Lebensjahr ein Reich zu regieren... Es galt immer noch die Vorstellung, daß König erst sei, wer ein Schwert führen konnte."[19]

Aber die Woodvilles hatten faktisch die Macht: sie verfügten über die Person des jungen Königs, über Truppen, über die Waffendepots und den Kronschatz im Tower und über die Flotte. In der Kronverwaltung dominierten ihre Leute, und auch die maßgebenden Bischöfe hielten zu ihnen.

Ohne den Protektor zu verständigen, beriefen die Woodvilles am 18. April eine Ratsversammlung ein, die beschließen sollte, wie das Reich während der Minderjährigkeit des Königs zu regieren sei.

In diesem Rat waren einige dafür, daß Richard allein als Protektor regieren solle, weil Eduard IV. es in seinem Testament so bestimmt hatte und weil ihm nach den Gepflogenheiten die Regierung zustand. Die Mehrheit dagegen vertrat die Ansicht, die Regierung müsse von mehreren Personen ausgeübt werden. Das war die Meinung des Woodville-Clans.

Gegen ihn und seine Machenschaften erhoben sich die ältesten Magnaten Englands, Lord Hastings und der Herzog von Buckingham. Hastings, Lordkämmerer unter König Eduard IV. und einer der Testamentsvollstrecker, schickte an Richard einen Boten, der ihn von den Ereignissen benachrichtigte und ihn darüber aufklärte, was gespielt wurde: Graf Rivers sei im Begriff, mit dem jungen König und zweitausend Mann von Ludlow aufzubrechen und nach London zu reiten; die Woodvilles hätten die Staatsführung an sich gerissen. Hastings riet Richard dringend, mit Truppen zur Hauptstadt zu eilen, um sein Amt anzutreten und den jungen König in seine Obhut zu nehmen.

Daraufhin veranstaltete Richard in York eine Trauerfeier für seinen verstorbenen Bruder, holte vom gesamten Adel des Nordens Treueide für den Königssohn Eduard V. ein und schwor dabei als erster.

An Graf Rivers in Ludlow schrieb Richard, er wünsche, als Protektor und Onkel Eduards V. seinen Herrscher dadurch zu ehren, daß er mit ihm in London einziehe. Wann und auf welchem Wege wolle der junge König nach seiner Hauptstadt reiten?

An Königin Elisabeth sandte Richard ein Beileidsschreiben, in dem er versprach, ihrem Sohn zu dienen. Dem Kronrat schrieb er, seinem Bruder sei er daheim und im Ausland, im Frieden wie im Kriege treu gewesen und werde es, wenn man ihn lasse, in gleicher Weise dem Sohn des Bruders und seinen anderen Nachkommen sein. Unter Einsatz des Lebens werde er sich allen Gefahren entgegenstellen, um ihnen das Reich des Vaters zu sichern. Er bitte dringend, wenn über die Regierung beraten werde, die ihm nach dem Gesetz und dem Beschluß des Bruders zustehe, seinen hohen Stand zu berücksichtigen. Was immer gegen die Gesetze und den Willen des Bruders beschlossen werde, geschehe zum Schaden.

Noch in York erhielt Richard Botschaft von Herzog Heinrich von Buckingham: Er stehe ihm in dieser Lage zur Verfügung und wolle ihm tausend Mann zuführen, falls er sie benötige. Richard antwortete, er ziehe mit sechshundert Mann nach London; wenn Buckingham dreihundert mitbringe, genüge das. Man wolle sich in Northampton treffen.

Als Richard mit seiner Truppe Northampton erreichte, stellte sich heraus, daß der junge König mit seiner Eskorte bereits eine halbe Tagesreise weiter in Stony Stratford war. Lord Rivers bestellte den beiden Herzögen Grüße seines Schützlings und erklärte, er wolle am nächsten Morgen mit ihnen nach Stony Stratford reiten.

Das Ganze kam Richard verdächtig vor, doch ließ er sich nichts anmerken. Mit Buckingham und Rivers tafelte er noch heiter bis spät in die Nacht. Sobald Rivers zu Bett gegangen war, berieten die beiden Herzöge, was zu tun sei.

Bei Morgengrauen schickten sie still ihren Männern in den umliegenden Unterkünften den Befehl, sich schnell bereit zu machen, denn ihre Herren seien schon sattelfertig. Auf diese Weise waren viele ihrer Leute wach, während die Diener des Lord Rivers noch schliefen. Die Herzöge hatten die Schlüssel des Gasthofs in Verwahr genommen, daß niemand ihn verlassen konnte, und an der Straße Posten aufgestellt, die jeden zum Umkehren zwingen sollten, der auf dem Weg nach Stony Stratford war. Dann ließ der Protektor den Lord Rivers festnehmen.

Mit Buckingham und Gefolge ritt Richard nach Stony Stratford, wo er seinen zwölfjährigen Neffen Eduard und dessen Begleitmannschaft abmarschbereit antraf. Er näherte sich dem König in angemessener Haltung und begrüßte ihn auf den Knien als seinen Herrn. Nach Beileidsbekundungen zum Tode des Vaters erklärte er seinem verdutzten Neffen, einige seiner Höflinge müßten, da sie Übles im Sinn hätten, zur Sicherheit des Königs von seiner Seite entfernt werden. Sie hätten sich gegen den Protektor verschworen und ihm nach dem Leben getrachtet.

Nach einigen Wortwechseln ließ Richard Gloucester, kraft seines Amtes als Reichsprotektor, Lord Richard Grey und Sir Thomas Vaugham unter den Augen des Königs vom Fleck verhaften und mit Lord Rivers in verschiedene Gefängnisse im Norden bringen. Die zweitausend walisischen Bogenschützen, die mit Rivers' Festnahme ihren Befehlshaber verloren hatten, rührten sich nicht. Richard schickte sie nach Hause.

Nachdem er mit diesem Coup die Pläne der Woodville-Kamarilla durchkreuzt hatte, führte er den König nach London. Schon vor der Stadtgrenze wurde die Kavalkade empfangen von Bürgermeister, Ratsherren, Stadtsheriffs und fünfhundert berittenen Bürgern. Gemeinsam zog man festlich in die Hauptstadt ein.

Richard wurde vor den versammelten Peers als der bestätigt, der er nach dem Willen des verstorbenen Königs Eduard IV. war: als Reichsprotektor und Vormund des Königs. Er nahm den geistlichen und weltlichen Lords in einer öffentlichen Feier den Treueid auf König Eduard V. ab und begann, dessen Krönung vorzubereiten.

Die Königin war inzwischen, auf die Nachricht von der Verhaftung ihres Bruders Rivers und der anderen Herren, bestürzt mit den Ihren in die Westminster-Abtei geflüchtet, wo das Asylrecht sie schützte. Wie 1989 und 1990 politisch Verfolgte Zuflucht in Botschaftsgebäuden fanden, so retteten sich im Mittelalter Menschen, die um ihr Leben bangten, in eine Kirche oder in ein Kloster, wo sie vor dem Zugriff der Staatsorgane sicher waren. Die Königin hatte Grund genug, sich in Gefahr zu fühlen. Wer von beiden das schlechtere Gewissen hatte, sie oder Richard, wissen wir nicht.

*

Wir wissen überhaupt zu wenig, um mit Sicherheit sagen zu könne, was alles in London, in England und auf der anderen Seite des Ärmelkanals geschah, nachdem Richard von Gloucester das Amt des Reichsprotektors angetreten hatte. Von der genauen Kenntnis der Ereignisse aber hinge die Beurteilung Richards ab. Waren seine Entscheidungen berechtigt, oder war er ein schurkischer Usurpator? Die Ansichten der Forscher sind nach wie vor geteilt.

Sicher ist, daß Richard noch am 5. Juni 1483 detaillierte Befehle für die Krönung Eduards V. gab, unter anderem den Krönungsornat für den Zwölfjährigen bestellte. Ebenso sicher ist, daß er wenige Tage später vier Personen hinrichten ließ, die Krone an sich brachte und am 26. Juni seine Herrschaft als König Richard III. begann.

Über das, was sich in diesen drei Wochen ereignete, geben die Quellen nur lückenhafte und widersprüchliche Auskünfte; selbst die Chronologie ist verworren, und wir können nur vermuten, ob die Zeugen mit Absicht oder aus Gedächtnisschwäche hier und da ein falsches Datum angeben. Der Geschichtsschreiber muß hier zum Detektiv werden und kriminalistischen Scharfsinn entwickeln, um das äußere Geschehen einigermaßen überzeugend rekonstruieren und die inneren Beweggründe der Handelnden einleuchtend darstellen zu können. Selbst dann bleiben Zweifel.

Und wie will man beweisen, ob ein Wort, ein Verhalten redlich gemeint oder Verstellung ist? Im Falle von Richard sprechen die einen von Redlichkeit, die anderen dagegen von listiger Heuchelei.

Am 8. Juni[20] enthüllte Bischof Stillington, der ehemalige Lordkanzler, daß König Eduard IV. vor seiner anfangs heimlichen Eheschließung mit Elisabeth Woodville bereits mit der Tochter des großen Talbot einen Ehekontrakt geschlossen habe. Infolgedessen sei Elisabeth nicht Eduards IV. rechtmäßige Frau gewesen, die Kinder von Eduard und Elisabeth folglich illegitim und als solche von der Thronfolge ausgeschlossen. Die Ansprüche Eduards V. auf den Thron seien also null und nichtig. Als Stillington am 9. Juni diese Nachricht im königlichen Rat bekannt machte, schlug sie wie eine Bombe ein.

Hier erheben sich zwei Fragen; beide werden von den Forschern entgegengesetzt beantwortet. Ist die Behauptung einer früheren Ehe Eduards IV. wahr, oder ist sie "reine Erfindung"?[21] Wenn der Präkontrakt wahr ist, fragt es sich, ob Richard davon wirklich erst am 8. Juni erfahren hat, oder ob er nur so tat, als habe er vorher nichts davon gewußt.

Am 10. Juni spätestens erfuhr Richard, daß Lord Hastings, der ihn zuerst unterstützt hatte, insgeheim auf die Seite seiner Gegner übergewechselt sei. Hastings war enttäuscht darüber, daß nicht er, sondern Buckingham der engste Berater des Protektors geworden war.

An diesem 10. Juni 1483 schickte Richard an den Magistrat der Stadt York einen Brief mit der Bitte, Truppen nach London zu schicken: "Wir bitten euch herzlich, in aller Eile mit möglichst vielen zur Verteidigung bewaffneter Mannschaften zu uns nach London zu kommen, um uns dort zu helfen und zu unterstützen gegen die Königin, ihre blutdürstigen Anhänger und Verwandten, die den Plan gefaßt haben und täglich beabsichtigen, uns und unseren Vetter, den Herzog von Buckingham, und die alte königliche Blutsverwandtschaft dieses Reiches zu ermorden..." Die Stadt York folgte der Bitte sofort.

Polydore Vergil, als Hofhistoriograph Heinrichs VII. wahrlich kein Verteidiger Richards, stellt fest, daß zur Zeit der Absendung dieses Briefes tatsächlich "ein Akt plötzlicher Gewalt" geplant worden sei, mit der Absicht, den jungen König der Obhut des Protektors zu entreißen.

Weitere Anforderungen militärischer Hilfe sandte Richard an andere Lords, zum Beispiel an Nevill: "Mein Lord Nevill, ich empfehle mich Euch so herzlich wie ich kann; und wenn Ihr je mich und Euer eigenes Wohl und Eure Sicherheit und dieses Königreich liebt, so kommt zu mir mit allem, was Ihr an Mannschaften aufbringen könnt, in aller möglichen Eile; und schenkt Glauben Richard Ratcliffe, dem Überbringer dieses, den ich jetzt zu Euch sende, unterrichtet von meiner Meinung und allen meinen Absichten. Und, mein Lord, leistet mir jetzt gute Dienste, wie Ihr es immer zuvor getan habt. Und Gott schicke Euch gutes Glück! Geschrieben in London, am elften Tage des Junis, von der Hand Eures Euch herzlich liebenden Vetters und Herrn, R. Gloucester."[22]

Richard wartete die Ankunft der Truppen nicht ab, sondern handelte sofort. Am 12. Juni forderte er Lords und Prälaten auf, sich am anderen Tag um zehn Uhr vormittags im Ratszimmer des Weißen Tower einzufinden. Dort erklärte er, soeben sei eine Verschwörung gegen die Regierung entdeckt worden, angeführt von der Königin und ihren Anhängern. Er beschuldigte einige der Anwesenden, es gab einen Tumult, der Protektor rief "Verrat!", und schon stürzten Bewaffnete in den Raum und verhafteten die von Richard Beschuldigten. Die Bischöfe Morton und Rotherham wurden gefangen abgeführt; Hastings wurde sofort ohne Verhör im Hof des Tower enthauptet.[23] Die in Stony Stratford und Northampton festgenommenen Berater Eduards V. wurden ein paar Tage später hingerichtet.

Viele Historiker halten die plötzliche Hinrichtung von Hastings für einen tyrannischen Willkürakt, manche aber "für eine Defensivhandlung des mit dem Rücken zur Wand stehenden Protektors und, soweit das öffentliche Wohl in Frage stand, eine Art von Staatsnotwehr".[24]

Die Leute, mit denen der italienische Diplomat Mancini damals in London sprach, erklärten ihm, daß sie sich von dem Usurpator Richard belogen und betrogen fühlten. Nachdem Mancini die Hinrichtung von Hastings berichtet hat, fährt er fort: "Aber dann beruhigte der Herzog von Gloucester sofort das Volk, indem er in einer Proklamation erklärte, es sei im Tower ein Komplott entdeckt worden, und der Urheber, Hastings, habe die Strafe verbüßt. Alle Gemüter dürften deshalb beruhigt sein. Das wurde zuerst vom Mann auf der Straße, dem es an politischer Erfahrung fehlt, geglaubt. Viele aber sprachen die wirkliche Wahrheit, daß nämlich die Verschwörung vom Herzog nur erfunden worden sei, um dem Vorwurf eines so großen Verbrechens zu entrinnen."[25]

Das ist natürlich kein Zeugnis für "die wirkliche Wahrheit", sondern nur für das, was "viele" damals glaubten. Vor dem gesamten Kronrat, ohne dessen Zustimmung Richard nichts unternehmen konnte, rechtfertigte er sein Vorgehen gegen Hastings, und der Rat stimmte Richards weiteren Schritten zu.

Am 16. Juni gelang es Richard mit Hilfe des Erzbischofs, die Königin zu überreden, den Prinzen Richard aus dem Asyl zu geben, damit er seinem Bruder Edward in den königlichen Staatsräumen des Tower Gesellschaft leisten könne. Danach begannen Richards Propagandisten, den Anspruch des Protektors auf den Thron geltend zu machen.

Sonntag, den 22. Juni, hielt in Paul's Cross Dr. Sha, ein beliebter Kanzelredner, eine Predigt zum Bibeltext: "Bastarde sollen nicht Wurzel fassen." Die Kinder Eduards IV. von Elisabeth Woodville seien illegitim. Deshalb sei der Protektor Richard von Gloucester der rechte Thronerbe. Am Tage nach der Predigt, am 23. Juni, verfocht Buckingham vor einer Versammlung von Lords und Bischöfen eindringlich Richards Recht auf die Krone. Ebenso redete Buckingham am 24. Juni im Rathaus vor den wichtigsten Bürgern hinreißend über Richards berechtigte Ansprüche.

Am 25. Juni trat das Parlament in Westminster zusammen. Die Lords erschienen fast vollzählig; die Lücken bei den Gemeinen wurden durch Londoner Bürger ausgefüllt. Der Versammlung wurde eine Pergamenturkunde vorgelesen, die den Anspruch des Protektors auf die Krone darlegte und in der Bitte an den Herzog von Gloucester mündete, die Königswürde anzunehmen. Die Lords und Gemeinen gaben ihre einstimmige Billigung zu Protokoll.

Am folgenden Tag, dem 26. Juni, strömten Adlige, Prälaten, Gentry und Bürger nach Baynard's Castle, wo Richard bei seiner Mutter wohnte. Buckingham las die Petition vor und forderte den Protektor auf, das Zepter zu ergreifen. Dem Wunsch der Lords und Commons entsprach Richard mit ritueller Bescheidenheit. Dann ritt er an der Spitze seines Gefolges nach Westminster Hall und übernahm formell das königliche Hoheitsrecht, indem er sich auf den Marmorstuhl setzte und den Eid leistete. Der große Saal war überfüllt. Richard hielt den Richtern und Rechtsbeamten einen Vortrag, in dem er sie streng ermahnte, ohne Furcht und ohne Begünstigung Recht zu sprechen. Alle Menschen jeden Standes seien vor dem Gesetze gleich.

"Um die Aufrichtigkeit seiner Worte zu beweisen, ließ er Sir John Fogge, einen Verwandten der Woodvilles und Todfeind, aus dem Asyl holen... Vor aller Augen nahm Richard Sir John bei der Hand und schwor, er würde sein Freund sein. Wenige Stunden später wurde Fogge zum Friedensrichter für die Grafschaft Kent ernannt. Hierauf verließ Richard Westminster Hall, und um seine Entschlossenheit, ohne Groll und Parteilichkeit zu regieren, darzutun, verrichtete er in der Kapelle Eduards des Bekenners ein Dankgebet, während die Mönche der Abtei das Tedeum sangen."[26]

Alles Schlimme, das man Richard vorwerfen kann, fällt in die paar Wochen des Mai und Juni 1493. Aber das Schrecklichste haben wir noch nicht erwähnt. Richard ließ seine Neffen für unehelich erklären und von der Thronfolge ausschließen. Er ließ Eduard V. absetzen. Er ließ beide Prinzen in den Tower bringen, wo sie nur mit solchen Personen in Berührung kommen konnten, die der Protektor für ungefährlich hielt. Ließ er sie auch ermorden?

Nachdem Richard den Thron bestiegen hatte, wurden die Prinzen von niemand mehr gesehen oder gehört. Ein Gerücht lief um, Richard habe die beiden Jungen, zehn und zwölf Jahre alt, in den Kissen ihres Bettes ersticken lassen. Ob das stimmt, läßt sich nicht strikt beweisen. Aber schon eine Weile vorher munkelte man, der Protektor trachte nach der Krone, und das Leben der Prinzen sei deshalb in Gefahr. Denn es war seit Jahrhunderten politischer Brauch in England (und nicht nur dort), daß rivalisierende Thronprätendenten umgebracht wurden.[27] Das Königreich galt als Erbstück, als Eigentum. Man trug keine Bedenken, Konkurrenten zu beseitigen, mochte die unterlegene Partei dann auch von "Thronraub" reden.[28]

Richard war sich zweier Dinge sicher: Sein Neffe Eduard V. war seit dem Erlebnis von Stony Stratford zornig auf ihn. Der Junge hatte Tränen ohnmächtiger Wut geweint, als seine Lehrer und Berater ihm genommen wurden, und trauerte den verhafteten und hingerichteten Onkeln mütterlicherseits nach. Er haßte seinen Onkel väterlicherseits, den Protektor, und dieser hatte das Gefühl, er werde diesem Haß, sobald Eduard V. großjährig war, zu Opfer fallen. Um seiner Sicherheit willen konnte Richard nicht zulassen, daß sein Neffe Eduard König würde.

Aber auch der abgesetzte und von der Thronfolge ausgeschlossene Junge und sein Bruder waren, solange sie lebten, für Richards Herrschaft gefährlich. Jederzeit konnte eine

Rebellion versuchen, die Prinzen aus dem Tower zu befreien und Eduard V. statt seiner auf den Thron zu erheben. Er hatte es ja erlebt, wie der aus dem Tower befreite Heinrich VI. seinen Bruder Eduard IV. verdrängte. Solche Überlegungen mochten Richard dazu bringen, sich die Präzedenzfälle zum Vorbild zu nehmen und die Kinder im Tower beseitigen zu lassen. Aber tat er's wirklich? Wir wissen es nicht.

Jene Historiker, die Richard entlasten wollen, argumentieren, er *könne* seine Neffen nicht haben ermorden lassen, da er sich bis zum Tag von Stony Stratford stets loyal, korrekt und anständig verhalten und weder übermäßigen Ehrgeiz noch Habsucht gezeigt habe; niemand werde über Nacht zum Schurken.

Dieses Argument hält nicht Stich, da es außer acht läßt, wie komplex ein Mensch sein kann.[29] Daß Richard treu, fromm, ein tüchtiger Verwaltungschef, ein tapferer Krieger, ein auf Gerechtigkeit bedachter Herrscher war, schließt nicht aus, daß jene Zeitgenossen recht hatten, die ihn für einen Heuchler und Verbrecher hielten, jedenfalls in seinem Verhalten zu den Prinzen, die er ihres Erbes beraubte, und zwar mit Gründen, die nicht überzeugen.

Zwei im ganzen zuverlässige Beobachter der Ereignisse, Mancini und der Fortsetzer der Croyland-Chronik, haben unabhängig voneinander in detaillierten Berichten dargetan, daß Richard sich durch einen Staatsstreich an die Macht brachte, der listig und umsichtig ausgeführt wurde.[30]

Seit dem Tag in Stony Stratford, erst recht seit Freitag, dem 13. Juni, an welchem Hastings geköpft wurde, war die Situation Richards so, daß er mit jeder Tat, die ein Problem löste, sich ein neues Problem auflud; daß jeder Gegner, den er beseitigte, ihm neue Gegner einbrachte und die alten Feinde noch stärker gegen ihn erbitterte. Die Lage könnte man so beschreiben: "Richard ritt den Tiger und kam nicht mehr herunter."[31]

Hätte er anders handeln können? Die Londoner Stadtchronik meint: "Wäre er Protektor geblieben und hätte er das

Gedeihen der Kinder gefördert, wie es Lehenspflicht und Eid von ihm verlangten, so hätte man ihn überall in Ehren hochgehalten, während nun sein Ansehen geschwärzt und entehrt ist, wo man ihn kennt."[32]

Natürlich kann man Geschichte nicht in irrationalen Konditionalsätzen schreiben. "Was wäre geschehen, wenn ..." Die Entscheidungen sind nun einmal so gefallen, und der Gang der daraufhin geschehenen Ereignisse läßt sich nicht mehr ändern. Trotzdem ist, wenn auch nicht für den Historiker, aber doch für den Philosophen, die Spekulation erlaubt, die davon ausgeht, daß es in einem bestimmten Augenblick in einer bestimmten Lage verschiedene Möglichkeiten der Entscheidung gab.

Der Historiker Kendall leugnet diese Prämisse. Er vermutet aus verschiedenen Gründen, "daß das Ende von Richards Protektorschaft viel eher durch die 'Aufeinanderfolge' und die Häufung der Umstände als durch eine von vornherein bewußte Absicht Richards bestimmt wurde; ferner, daß die Handlungen seiner Gegner eine beträchtliche Rolle dabei spielten, und daß es weder früher noch später einen 'Augenblick der Entscheidung' gab."[33] Außer dem letzten Daß-Satz ist das richtig; aber gab es keine Augenblicke der Entscheidung? Konnte Richard auf die Handlungen seiner Gegner nicht verschieden reagieren?

Wer Geschichte rückwärts erzählt, verwechselt leicht Ergebnisse mit Zielen. "Ergebnis war Richards Thronraub: so genannt von Zeitgenossen und Tudor-Chronisten, Engländern und Ausländern. Was an Taten davor liegt, muß - so ihre Logik - einzig diesem Ziel gedient haben. Wir können dem freilich nicht folgen. Seinen Brüdern zeigte sich Richard unzeitgemäß loyal, und von Hofintrigen hielt er sich fern. Er konnte nicht wissen, daß Eduard mit vierzig sterben und unmündige Kinder hinterlassen würde. Für die Ausschaltung der Woodvilles bringen die Chronisten sogar Verständnis auf. Und sie geben zu, daß Richard anfangs sein Protektorat ernst nahm... More sieht dagegen Richard als alleinig Akti-

112

ven. Er ist der Täter, die anderen sind ahnungslose Opfer. Wenn dem so ist, dann allerdings keine schuldlosen: Sie ließen Richard keine andere Wahl."[34]

Auch dieser Ansicht kann man zustimmen - ausgenommen den letzten Satz. Schränkt er nicht die Möglichkeiten der Freiheit ein? Einige der Schritte, die als unklug beurteilt werden, hätte Richard unterlassen können.

Keineswegs ist die Möglichkeit auszuschließen, daß Richard ein gutgesinnter Mensch mit besten Absichten war, den üble Ratgeber auf falsche Wege brachten.

> The Cat, the Rat, and Lovell our dog
> Ruleth all England under a Hog.[35]

So lautete ein Schmähvers, den man an die Tür der Sankt Pauls-Kathedrale anschlug: "Die Katze, die Ratte und Lovell unser Hund (gemeint waren Richards Ratgeber Catesby, Ratcliffe und Lord Lovell) beherrschen ganz England unter einem Schwein" (König Richard III., dessen Wappentier der weiße Eber war). Das ist unfair, ungerecht; aber wohl nicht völlig unbegründet.

Nicht zu bestreiten ist, daß in dem Augenblick, als Richard die Zügel in die Hand nahm, eine Minderjährigkeitsregierung mit allen ihren oft erlebten Schwächen und Nachteilen drohte, ferner, "daß sich Richards Machtübernahme zum Wohl des Königreiches auswirkte".[36]

Herrschaft und Untergang

Als Richard III. in der Westminster-Abtei mit dem üblichen Pomp zum König gesalbt und gekrönt wurde, war die Beteiligung ungewöhnlich groß. "Kein König in diesem Jahrhundert hatte so viel Adel bei seiner Krönung gesehen."[37]

Nach der Krönung unternahm König Richard eine Rundreise durch sein Reich. Die Städte empfingen ihn festlich mit allen Ehren, besonders großartig natürlich York, wo er seit langem bekannt und beliebt war. Dort wurde sein Sohn zum Fürsten von Wales gekrönt.

Bischof Langton schrieb aus York an einen Freund über König Richard: "Er stellt, wo er sich aufhält, das Volk in einer Weise zufrieden wie kein Fürst zuvor; vielen armen Leuten, die lange Zeit Unrecht litten, hat er persönlich oder durch Anweisung während seiner Rundreise geholfen. Und in vielen großen Städten und Ortschaften bot man ihm große Geldsummen an, die er zurückgewiesen hat. Bei meiner Treu, kein Fürst gefiel mir bisher in seinen Eigenschaften so gut wie er. Gott hat ihn uns zu unser aller Wohl gesandt."[38]

Richard III. war noch auf seiner Rundreise, als er die Nachricht empfing, Herzog Buckingham, sein Vasall und Freund, habe zur Rebellion aufgerufen und wolle ihn stürzen. Anscheinend mochte sich Buckingham nicht damit begnügen, nur Königsmacher zu sein; da er von königlichem Blute war, konnte er ja selbst die Krone beanspruchen.

Der Aufstand fand wenig Unterstützung und brach nach einigen Scharmützeln kläglich zusammen. Buckingham flüchtete nach Norden, wurde ergriffen, vor Gericht gestellt, als Verräter verurteilt und auf dem Marktplatz von Salisbury enthauptet. Drei weitere Rebellen wurden ebenfalls hingerichtet.

"Die Rebellion war zusammengebrochen teils wegen ihrer inneren Schwäche, teils durch die geschickte Führung Richards und teils durch die Treue oder Teilnahmslosigkeit des englischen Volkes. Mit Ausnahme Richard Beauchamps war kein einziger Baron oder Earl seiner Lehnspflicht untreu geworden."[39]

Richard behandelte die Teilnehmer an der Rebellion großmütig. Er ließ nur die Führer exekutieren und verschonte die Mitläufer, die kleinen Leute. Viele blieben von der Anklage wegen Hochverrats verschont, andere wurden begnadigt. Der Witwe des Hochverräters Buckingham, die eine Woodville war, bewilligte Richard eine Pension. Ebenso gab er Pensionen den Ehefrauen jener Männer, die im Ausland gegen ihn Komplotte schmiedeten.

Dieses Verhalten Richards war das Gegenteil der Sippenhaft-Praxis Zar Iwans des Schrecklichen, Stalins und Hitlers. Richard zeigte sich gegenüber den Verwandten seiner politischen Gegner edelmütig. Hastings' Güter zum Beispiel waren, als die eines Hochverräters, der Krone verfallen; Richard aber gab sie der Witwe, und er setzte Hastings' Kinder wieder in ihre Rechte ein.

"Wie sein Bruder versuchte er den Ausgleich mit dem innenpolitischen Gegner... Ob Lancaster oder Woodville: Wer in seinen Frieden kommen wollte, bekam in der Regel die Chance."[40]

Sogar Richards Feinde zählten auf seine Aufrichtigkeit und Redlichkeit. Lord Rivers, der um hohen Einsatz gespielt und verloren hatte und bereit war, die Strafe zu erleiden, bestimmte vor seiner Hinrichtung Richard zu seinem Testamentsvollstrecker.

Im Dezember 1483 setzte König Richard in Whitehall ein königliches Beschwerdegericht ein, bei dem Arme, denen der normale Rechtsweg zu teuer war, klagen konnten. Als es in York zu Unruhen kam, verzichtete er auf ein Strafgericht; stattdessen belehrte er die Übeltäter darüber, welche Mittel ihnen zur Verfügung standen, ihren Beschwerden abzuhelfen.[41]

In seinem Parlament, das Richard III. für Januar 1484 einberufen hatte, ergriff er selbst die Initiative zu einer umfassenden Verbesserung des Rechtswesens, vor allem auf dem Gebiet des Eigentumsrechts und des Verfahrensrechts. "Richards Parlament war, was die geleistete Arbeit betrifft, eines der erfolgreichsten in der englischen Geschichte."[42]

Die Gesetze, die von König Richard und seinem Rat eingebracht wurden, dienten nicht dazu, seine eigene Macht zu stärken und seine eigenen Einkünfte zu erhöhen, sondern die einfachen Leute und die untere Gentry zu fördern. Das war freilich nicht die Schicht, welche die politische und militärische Macht des Reiches darstellte. Die Angehörigen des höheren Adels, auf den Richard im Kriegsfall angewiesen war, mochten wenig entzückt davon gewesen sein, daß Richard Mißstände abschaffte, von denen sie bisher profitiert hatten.

"In gewissem Sinne war er das Opfer der Vorsätze, nach denen er zu regieren trachtete. Ihm fehlte die konsequent auf ein Ziel gerichtete Unbarmherzigkeit, die, wenn sie auch nicht zum Glück, wahrscheinlich nicht einmal zur Ruhe des Reiches beigetragen hätte, ihm zweifellos die Macht im Königreich gesichert hätte."[43]

Während der Parlamentssitzungen tagte die geistliche Synode. Sie bat Richard, die Rechte der Kirche zu bestätigen und durchzusetzen. Es gebe Geistliche, die man grausam geängstigt und verhaftet habe, die von gottlosen weltlichen Händen sogar vom Altar weg ins Gefängnis geschleift worden seien. Es ging um die alte Frage der unabhängigen kirchlichen Gerichtsbarkeit, die im Laufe der englischen Geschichte schon oft böses Blut erregt hatte, weil man es als ungerecht empfand, daß straffällig gewordene Geistliche gewöhnlich fast ungeschoren davonkamen.

Richards Antwort, obwohl von gesundem Menschenverstand eingegeben, wird den Prälaten nicht besonders behagt haben: "Es ist gut bekannt, daß es in jedem Gerichtsbezirk, auch in den kirchlichen, eine Menge Leute gibt, geistlichen Standes ebenso wie weltlichen, die vom wahren Pfad der Tugend und des rechten Lebens abweichen, zum verderblichen Beispiel für andere und zum Abscheu für jeden rechtschaffenen Menschen. Deshalb wünschen und fordern wir von euch, daß ihr im Rahmen eurer Gerichtsbarkeit dafür sorgt, daß alle solche Personen, die von der Tugend ablassen und verdammenswerten Verbrechen und Lastern nachgehen, gehörig gebessert, gezügelt und bestraft werden, wie sie es verdienen, und dabei weder aus Liebe und Wohlwollen, noch aus Angst oder Sympathie geschont werden, ob die Sünder nun Geistliche oder Weltliche sind; ... dann werden wir dafür sorgen, daß solche geistliche Personen, die eurer kirchlichen Aufsicht unterstehen, für ihre Missetaten nicht anderweitig zitiert und bestraft werden, sondern gemäß den Verfahren und Gesetzen der Heiligen Kirche."[44]

Nach einem Seesieg über die Schotten 1484 schloß Richard mit Schottland feierlich einen dreijährigen Waffenstillstand und ein Abkommen, die Freundschaft der beiden Königreiche solle dadurch besiegelt werden, daß Richards Nichte Anna den Erben des schottischen Thrones heirate.[45]

An schwerem Kummer fehlte es Richard nicht. Sein einziger Sohn starb 1484, und bald danach verlor Richard auch seine Frau Anna. Er sah sich genötigt, öffentlich das Gerücht zu dementieren, er habe seine Frau vergiftet, damit er seine Nichte Elisabeth heiraten könne.[46]

Inzwischen hatte Heinrich Tudor seinen Anspruch auf das Königreich England bekanntgegeben. Entschlossen, den "Usurpator" zu stürzen, landete er mit Soldaten an der Küste von Wales und rückte nach Mittelengland vor. Die Entscheidung fiel in der Schlacht bei Bosworth 1485. Von einem Vasallen schmählich im Stich gelassen, umringt von Feinden, angebotene Fluchtmöglichkeit ausschlagend, starb Richard III. tapfer den Soldatentod - als der einzige englische König seit der Normannischen Eroberung, der in einer Schlacht fiel. Er ist 32 Jahre alt geworden.

Selbst der ihm feindlich gesinnte John Rous schließt seinen Bericht über die Regierung Richards III. mit der Feststellung: "Trotz allem laßt mich zu seinen Gunsten die Wahrheit sagen: Er hielt sich als ein edler Krieger, und trotz seines kleinen Körpers und seiner geringen Kraft verteidigte er sich ehrenvoll bis zum letzten Atemzug."[47]

*

Schwerlich ist die Machtausübung Richards III. tyrannisch zu nennen. Mag einem die Art und Weise, wie er zur Krone gelangt ist, als höchst fragwürdig erscheinen, man kann nicht umhin zuzugeben, daß seine Regierung leutselig und väterlich war. "Selten ist eine so kurze Herrschaft so sehr vom Charakter des Herrschers durchdrungen worden, und selten hat ein Herrscher mit so persönlichem Akzent gesprochen... Er kam seinen sich selbst auferlegten Pflichten mit ungewöhnlicher Gewissenhaftigkeit nach, aber er war auch ungewöhnlich verwundbar bei Angriffen auf sein Gewissen."[48]

Man nannte "die beiden Hauptzüge in Richards Charakter: Dünkel moralischer Überlegenheit vereint mit einer sorgfältigen und herkömmlichen Auffassung von Pflicht".[49] "Als König entfernte er sich nicht ehrfurchtgebietend vom Volk wie die Herrscher zur Tudor-Zeit."[50] Er war zugänglich und bemühte sich ernsthaft um alle Angelegenheiten.

Seine Freigebigkeit war berühmt. Er überhäufte seine bewährten Diener mit Schenkungen, auch die Diener und Witwen seiner besiegten Feinde, und streute mit vollen Händen Gaben aus an Menschen jeden Ranges. John Rous berichtet: "Das Geld, das ihm die Bewohner von London, Gloucester und Worcester schenken wollten, lehnte er mit Dank ab und beteuerte, er wolle lieber ihre Liebe haben als ihre Schätze."[51]

Natürlich haben die Tudor-Geschichtsschreiber selbst die Tugenden König Richards III. als Laster gedeutet: Da sehe man die Falschheit, List und Verstellung, mit der er sich bei seinen Untertanen einschmeichelte, um seine tyrannischen Verbrechen und Schurkereien vergessen zu machen!

In Nordengland blieb Richard bis zuletzt beliebt.[52] Daß dagegen in Südengland ihm viele grollten, lag zum großen Teil daran, daß er dort freigewordene Verwaltungs- und Regierungsstellen mit Anhängern aus dem Norden besetzte.[53]

Eines der jüngsten Urteile über Richard findet, daß er "nahe an das Muster englischen Königtums herankam... Er hatte das Zeug zu einem großen Kriegerkönig, einem gene-

118

rösen Beschützer der Kirche, einem furchtlosen Verfechter der Gerechtigkeit und einem weitsichtigen Anwalt des Gemeinwohls."[54]

Noch heute gibt es in England Menschen, die König Richards III. Andenken ehren.[55]

Iwan der Schreckliche

(1530 - 1584)

Die Schrecken der Kindheit

"Der große Gossudar, Zar und Großfürst Iwan Wassilje-
witsch von ganz Rußland, von Wladimir, Moskau, Nowgorod, Zar von Kasan, Zar von Astrachan", wie er sich selbst
titulierte (nebst zwanzig weiteren Titeln), führte sein Kaiser-
tum auf Konstantin den Großen zurück,[1] was aber eher ideo-
logischem Wunschdenken als den historischen Tatsachen
entsprach. Wenn Iwan IV. sich schon als Erbe des christlichen griechischen Kaistertums darstellen wollte, hätte er sich
eher auf seine Großmutter Zoë-Sophia berufen können, die
Nichte des letzten byzantinischen Kaisers, der bei der Eroberung Konstantinopels durch die Türken gefallen war. Sie
wurde in Rom durch den griechischen Kardinal Bessarion
erzogen, brachte, nachdem sie 1472 Iwan III., den Moskowiter Großfürsten, geheiratet hatte, griechische und italienische
Künstler und Architekten nach Moskau und soll auch das
byzantinische Hofzeremoniell dort eingeführt haben. Ihr
Einfluß auf die Moskowiter Kultur ist aber sehr überschätzt
worden.

Stärker als das griechische Element trat in der russischen
Geschichte und auch im Lebensstil Iwans des Schrecklichen
das mongolische Erbe hervor. Jahrhundertelang herrschten
die Mongolen über Rußland mit Todesstrafe und Folter, aber

auch mit einer überlegenen Militär- und Verwaltungsorganisation. Die Russen bewunderten die in vieler Hinsicht überlegene Zivilisation ihrer Unterjocher und ahmten sie nach. Manche Verhaltensweisen Iwans und seiner Vorgänger lassen mongolischen Einfluß erkennen. Ein Mongole durfte soviele Frauen nehmen, wie er unterhalten konnte; so lebten auch die russischen Fürsten und Iwan IV. in Promiskuität.[2] Die Palette grausamster Strafen[3] und die rücksichtslos zentralistische Staatsverwaltung[4] übernahmen sie ebenfalls von den Mongolen. Übrigens stammte die Mutter Iwans des Schrecklichen, Helena Glinskaja, aus einer westrussischen Fürstenfamilie mongolischen Ursprungs.

Iwans Vater, Wassili III., war seiner Frau Helena und seinem Sohn, wie fünf noch vorhandene Briefe bekunden, zärtlich zugetan. 1533 erkrankte er auf einer Reise. Mit Mühe kehrte er nach Moskau zurück, um die Thronfolge zu sichern. Er fürchtete, daß seine Brüder Juri und Andrei nach seinem Tod seine Witwe und seine Söhne beseitigten und die Herrschaft an sich rissen. Deshalb führte er lange Gespräche mit Bojaren seines Vertrauens, kam aber nicht mehr dazu, ein schriftliches Testament zu machen. Mündlich soll er dem Fürsten Michail Glinski den Schutz Helenas und der beiden kleinen Söhne anbefohlen haben.

Sobald der Großfürst gestorben war, nahm der Metropolit Daniil von Moskau den Brüdern Wassilis den Treueid auf den dreijährigen Thronerben Iwan IV. ab. In der Mariä-Verkündigungs-Kathedrale wurde das Kind von Geistlichkeit, Adel und Volk zum neuen Herrscher Rußlands ausgerufen und vom Metropoliten gesegnet.

Für die Zeit von Iwans Minderjährigkeit wurde Helena Regentin. Sie stützte sich auf Michail Glinski. Aber sofort kämpften verschiedene Cliquen und Bojarenfamilien um die Macht. Es gab Intrigen, Verschwörungen, Verhaftungen und Exekutionen. Die Brüder Wassilis wurden ausgeschaltet. Der junge Fürst Obolenski, dessen Schwester Iwans IV. Kinderfrau und Erzieherin war, schlich sich in das Vertrauen der

Regentin, wurde ihr Liebhaber und Ratgeber und entmachtete Glinski.

Außen- wie innenpolitisch hatte die Regentschaft Erfolge
aufzuweisen. Trotzdem blieb Helena unbeliebt. Ihr Verhältnis mit Obolenski rief weithin Mißbilligung hervor.

Der kleine Iwan wohnte mit seinem jüngeren Bruder Juri
im Palast des Kreml, dessen Mauern damals drei Kathedra-
len, fünf Kirchen, eine Kapelle, Paläste, Kanzleien, Badehäu-
ser, Kerker und eine Goldbrokatweberei umschlossen. Das
Kind wurde liebevoll umsorgt von Agrafjona Tscheljadina
und anderen Frauen. Die Mutter war stets in der Nähe.
Wenn sie eine ihrer vielen Wallfahrten zum Troiza-Kloster
oder zu anderen heiligen Stätten machte, nahm sie ihre Söhne mit. Obolenski muß an Vaterstelle sich der Knaben angenommen haben.

Iwan war erst sieben Jahre alt, als seine Mutter plötzlich
starb. Ihr Tod kam so rasch und unerwartet, daß man flüsterte, sie sei vergiftet worden. Sie wurde sofort beerdigt; Trau-
erfeiern gab es keine. Das alles war verdächtig. Mag die
heutige Geschichtsforschung der Ansicht sein, die Zarin
Helena sei eines natürlichen Todes gestorben[5] - der Knabe
Iwan muß in Angst und Argwohn gewesen sein, zumal ihm
schon nach wenigen Tagen alle Bezugspersonen genommen
wurden: Obolenski wurde verhaftet und im Gefängnis ermordet, Agrafjona in ein Kloster verbannt und der Metropolit
Daniil abgesetzt. Nur der ein Jahr jüngere taubstumme Bruder Juri durfte in seiner Nähe bleiben.

Alles stand jetzt unter dem Befehl der neuen Machthaber,
der Brüder Wassili und Iwan Schuiski. Iwan verabscheute sie
mehr und mehr. Bei offiziellen Anlässen behandelten sie ihn
ehrerbietig und zeremoniös als ihren Zaren und Herrscher,
sonst aber als einen Sklaven.

Der von ihnen als Metropolit eingesetzte Joasaf Skrypizyn,
den sie für ihren Parteigänger gehalten hatten, der 1540 aber
auf die Seite des Fürsten Belski überging, wurde im Kampf
zwischen den rivalisierenden Bojarenfamilien mit Steinen

beworfen und flüchtete in das Schlafzimmer des zehnjährigen Iwan IV. In Gegenwart des Großfürsten packten ihn die Schuiskis, setzten ihn ab und verbannten ihn in ein Kloster.

Iwan hat sich später immer wieder über die Art, wie die Schuiskis und ihre Helfer mit ihm in seinen Knabenjahren umgesprungen waren, bitter beklagt und mit diesen schlimmen Erfahrungen seinen Zorn auf die Bojaren begründet.[6]

Um die Erziehung des jungen Zaren kümmerten sich die Schuiskis kaum. Sie duldeten unerzogene Bengel in seiner Gesellschaft, die ihm Geschmack an Grausamkeiten, Tierquälerei, Saufgelagen und Gewalttaten beibrachten. Mit elf Jahren war Iwan bereits verdorben. Er vergewaltigte ein Dienstmädchen, dem er dabei an Hals, Brust und Schenkeln schwere Verletzungen zufügte. Vom Turm der Erlöserkathedrale warf er aus siebzig Meter Höhe Hunde hinunter, um sich an ihren Qualen zu ergötzen. In wildem Galopp ritt er absichtlich in die Menschenmenge hinein und lachte über die Alten, die sich nicht vor den Hufen des Pferdes in Sicherheit bringen konnten. Seine Lektüre waren Geschichtswerke über die Kiewer Epoche und über die Goldene Horde - lauter Berichte, die Krieg, Eroberung und brutalen Machtgebrauch verherrlichten.

Als 1542 der Metropolit Makari die Erziehung des Zwölfjährigen übernahm, der bis dahin sich selbst überlassen gewesen war, konnte er an den Gewohnheiten Iwans nicht mehr viel bessern. Nur das Bewußtsein von der Würde des Zaren stärkte er in seinem Zögling, und die Folgen davon sollten bald sichtbar werden.

Am 9. September 1543 erlebte Iwan, wie in seiner und des Metropoliten Gegenwart sein Vertrauter Fjodor Woronzow von den Schuiskis überfallen, beschimpft, verprügelt und eingesperrt wurde. Da solche Übergriffe kein Ende nehmen wollten, entschloß sich der Dreizehnjährige, die Tyrannei der Schuiskis zu brechen. Am 29. Dezember 1543 befahl er plötzlich, Andrei Schuiski zu verhaften und ihn einer Meute von Hunden vorzuwerfen, die ihn zerrissen. Daß Iwans Befehl prompt ausgeführt wurde, zeigte ihm selbst und anderen seine Macht. "Von jetzt an", so heißt es in einer Chronik, "lebten die Bojaren in Furcht vor ihrem Großfürsten."

*

Von seinen Rechten hatte der heranwachsende Zar eine lebhafte Vorstellung, nicht aber von seinen Pflichten. Er hatte kein Ohr für die Not des Volkes. Bittsteller ließ er töten. Eine Reise, die er durch einige Provinzen unternahm, diente einzig seinem Vergnügen; "sie kostete das Volk Geld, ohne dem Staate den geringsten Nutzen zu bringen."[7] Auch Iwans Krönung zum Zaren im Januar 1547, die ihn mit ihren feierlichen Gebeten und Eiden an die Pflichten seines hohen Amtes erinnerte, bewirkte noch keine innere Wandlung. Im Februar 1547 gab ihm die Hochzeit mit der von ihm erkorenen Anastasia eine Frau zur Seite, die auf die Dauer einen mildernden Einfluß auf ihn haben sollte. Aber noch war Iwan unreif, jähzornig, unstet.

"Er zeigte sich gern als Zar, allein nicht in Handlungen einer weisen Staatsverwaltung, sondern in Bestrafungen, in der Zügellosigkeit seiner Launen; spielte, sozusagen mit seiner Gnade und Ungnade; vermehrte die Zahl seiner Günstlinge, aber noch mehr die Zahl der in Ungnade Gefallenen; war eigensinnig, um seine Unabhängigkeit zu beweisen, und hing doch von den Bojaren ab; denn er gab sich keine Mühe um die Anordnung des Staates... Niemals war Rußland schlechter verwaltet worden."[8]

Gewiß, Iwan "wählte sich seinen Beraterkreis selbst und hatte aufgehört, Spielball von Hofcliquen zu sein";[9] aber noch hatte er keine glückliche Hand in der Wahl. Seine Ratgeber waren jetzt seine Onkel Juri und Michail Glinski, die im Volk kein Ansehen genossen. Auch Iwans Gouverneure machten sich verhaßt. Eine Abordnung der Bürger Pleskaus beschwerte sich im Frühjahr 1547 beim Zaren, der gerade in dem Dorf Ostrowka weilte, über ihren Statthalter. "Siebzig, demütig bittend, standen vor ihm mit Anklagen und Beweisen. Der Zar hörte sie nicht aus, brauste auf, schrie und stampfte mit den Füßen, begoß sie mit glühendem Wein, sengte ihnen die Bärte und Haare, befahl, sie zu entkleiden und auf die Erde hinzustrecken; sie erwarteten den Tod. In diesem Augenblicke brachte man Iwan die Nachricht von dem Herabsturz der großen Glocke in Moskau. Er sprengte fort in die Hauptstadt, und die armen Pleskauer blieben am Leben... Um Iwan zu bessern, mußte Moskau abbrennen."[10]

Reformen

Die Feuersbrunst von 1547 zerstörte den Kreml und den größten Teil Moskaus. Iwan machte sich nach einem Blick in dieses Inferno davon und hielt sich, solange der Brand tobte, an einem Ort vor Moskau auf. Einige Bojaren brachten ihm die Meinung bei, der Brand sei durch Zauberei von den Glinskis verursacht worden. Auch der Pöbel Moskaus glaubte diese Geschichte von schwarzer Magie, plünderte den Palast der Glinskis, lynchte Iwans Onkel Juri Glinski und zog zur Residenz des Zaren, wo die Aufrührer voll Groll gegen Iwan die Auslieferung seiner Großmutter Anna Glinskaja und seines Onkels Michail Glinski forderten. Iwan befahl seinen Wachen, in die Menge zu schießen, und ließ einige von den Demonstranten auf der Stelle hinrichten. Aber fortan hatten die Glinskis ihren Einfluß beim Zaren verloren. An ihren Platz rückten nun Adaschew und Silvester, die sich beide bemühten, den jungen Zaren von seinen üblen Gewohnheiten abzubringen.[11]

Alexei Adaschew als Ratgeber zu gewinnen, war für Iwan persönlich und für das Reich ein Glück. Er war ein vorzüglicher, in jeder Hinsicht wohlgeratener Mensch, "ein erfahrener Mann von Welt und damals wohl die sympathischste und anziehendste Persönlichkeit am Zarenhof ..., ein äußerst tüchtiger und zuverlässiger Hofmann ..., dessen Erfolge tatsächlich auf seinen Leistungen beruhten und der dennoch beliebt war. Er besaß Charme und dazu eine Geradheit des Wesens, was beides ihm das Wohlwollen und die Freundschaft aller eintrug, die ihn kannten."[12]

Der Priester Silvester, der nur Kaplan an der Verkündigungskirche im Kreml war, trat schon während des Aufstands vor den Zaren hin und erklärte ihm, der Brand Moskaus sei ein Strafgericht Gottes. Wenn Iwan eine noch fürchterlichere Katastrophe vermeiden wolle, müsse er sein Verhalten ändern. Von diesem russischen Savonarola nahm der Zar, der sich über jede Kritik erhaben dünkte, demütig Tadel entgegen, und die Angst um sein Seelenheil drängte ihn, ein neues Leben zu beginnen.

Silvester wagte zum Zaren zu sprechen wie zu einem gewöhnlichen Beichtkind. "Dieser Pope von einfacher Herkunft gewinnt durch Drohungen mit dem himmlischen Zorn einen solchen Einfluß auf seinen Herrscher, daß er bald mit der Verwaltung der kirchlichen und weltlichen Geschäfte betraut wird. Alles geht durch seine Hände, und jeder rühmt seine breitgefächerte Sachkenntnis."[13]

Von der patriarchalischen Frömmigkeit Silvesters kann man sich heute noch ein Bild machen anhand des von ihm mitverfaßten *Domostroj*. Das ist ein Leitfaden für christlichen Lebenswandel, zugleich Kochbuch, Knigge und Wirtschaftsratgeber.[14] Man hat von diesem Buch gesagt, in ihm würden alle Lebensbereiche klerikalisiert; richtiger wäre, von einer Durchdringung des Alltags mit christlichem Glauben zu sprechen. Manche Ratschläge wirken heute unfreiwillig komisch, weshalb sie gern ironisch zitiert werden, zum Beispiel: "Schlage deinen Diener, auch wenn er im Recht ist."[15]

Silvester war ein strenger Erzieher Iwans. Vielleicht hat er zu viel von seinem Zögling verlangt, ihn geradezu unterdrückt. Jedenfalls lehnte sich Iwan später heftig gegen ihn auf und meinte, sein Leben vergeudet zu haben, indem er ihm immer gehorchte.

Während Silvester die Meinung vertrat, die Kirche solle auf ihre Ländereien und Reichtümer, ihre Privilegien und Steuerfreiheit verzichten, war der Metropolit Makari kirchenpolitisch anders orientiert: Die Kirche brauche ihre irdischen Güter und den Schutz des Zaren. Um die Heiligkeit Rußlands zu beweisen, hatte Makari in seinem umfangreichen Werk *Große Lesemenäen* das Leben einer Anzahl russischer Heiliger aufgezeichnet und 1547 und 1549 Synoden einberufen mit dem Hauptziel, diese Heiligen zu kanonisieren. Noch wichtiger für Zar Iwan war die von Makari propagierte Ideologie des Moskauer Imperiums. Daß Moskau das Dritte Rom sei, hatte schon die Nikon-Chronik erklärt, ebenso der Mönch Philotheus in seinem Brief an Iwans Vater Wassili III., der die gottähnliche Position des Zaren preist:

"Die Römische Kirche ist wegen der Irrlehren gefallen, die sie verbreitete, und die Tore Konstantinopels, des zweiten Rom, sind unter den Axthieben der ungläubigen Türken zerborsten, doch die Kirche von Moskau, dem neuen Rom, leuchtet strahlender als die Sonne über dem ganzen Universum. Ihr seid der Herrscher der christlichen Welt, Ihr seid dazu auserwählt, in Ehrfurcht vor Gott die Zügel der Herrschaft in Händen zu halten. Alle Reiche des christlich orthodoxen Glaubens sind Euch unterstellt. Ihr seid der einzige Zar aller Christen der ganzen Welt. Alle christlichen Königreiche haben sich unter Eurer Herrschaft versammelt. Nachdem dies nun geschehen ist, erwarten wir ein Königreich ohne Ende. Rom und Konstantinopel sind gefallen, doch das dritte Rom steht noch immer, und ein viertes wird es nicht geben."[16]

Diese Ideologie hat ihre bedenklichen Seiten. "Das 'heilige Moskau' der Zaren war die erstarrte Form einer religiösen Staatsidee, die dem Staate alles und der Kirche nichts gab."[17] Der Autokrat hat, das war die Meinung, seine Macht von

Gott und Christus; deshalb steht er noch über dem Metropoliten. Bei konsequenter Anwendung dieser Idee war die Kirche lediglich ein Hilfswerkzeug in der Hand des Herrschers für seine jeweilige Politik. Innenpolitisch bedeutete das den Ausfall des wichtigsten Korrektivs autokratischer Regierung, wohin es im Laufe der Herrschaft Iwans IV. ja auch kommen sollte.

Auch außenpolitisch wirkte sich die religiös-politische Auffassung des Zarentums verhängnisvoll aus. Wenn man bemerkt, daß Iwans IV. großes Siegel "das erste Zarensiegel mit dem Kreuz" ist, und wenn "das Kreuz auf der Krone und das Kreuz im Wappen ... die unverwechselbare Einzigartigkeit des neuen russischen, allein rechtgläubigen Kaisertums zu versinnbildlichen" scheinen,[18] kann man nicht umhin, an Iwans Kriege zu denken. Denn als der einzige orthodoxe Kaiser sah sich Iwan legitimiert und verpflichtet, gegen die "gottlosen" Deutschen (gemeint ist der Deutsche Orden) und gegen die "gottlosen" Moslems (gemeint sind die Tataren) zu kämpfen.[19]

Zum Kreis um Silvester gehörte Artemi von Pskow, der ebenfalls zum Tisch des Zaren geladen wurde. Artemi schlug vor, den Grundbesitz der Klöster aufzulösen und unter die Armen zu verteilen. Ebenso trat Ermolai Erasm für die Bauern ein. In seiner Flugschrift *Über die Regierung und die Wirtschaft, so wie sie von den wohlmeinenden Herrschern gesehen werden*, forderte er den Zaren auf, nicht dem Adel den Vorrang einzuräumen, sondern denen, die Nahrung und Kleidung erzeugten und den Wohlstand des Landes begründeten. Ermolais Reformvorschläge zielten darauf ab, die materielle Lage der Bauern zu verbessern und die Macht des erblichen Adels zu schwächen.

Ein weiterer Reformer, Iwan Pereswetow, überreichte 1549 dem Zaren persönlich seine Schriften. In ihnen legte er dar, daß die Rückständigkeit Rußlands vor allem auf die Mißwirtschaft und den Machtmißbrauch der Bojaren zurückgehe. Besserung sei möglich, wenn der Zar dem Dienstadel in

Heer und Verwaltung mehr Verantwortung übertrage. Die umfassenden Vorschläge zu einer Reform des Moskauer Staates gipfeln in der Forderung eines straff zentralisierten Regimes und einer Politik der Stärke. Hart und streng solle der autokratische Kaiser durchgreifen, den Magnaten das Recht auf Steuereintreibung und die Gerichtshoheit nehmen und stattdessen zentrale Behörden einrichten. Maßstab sozialen Aufstiegs sollte fortan nicht die Herkunft, sondern die persönliche Leistung sein. Man hat das Werk Pereswetows mit Machiavellis *Il Principe* verglichen.

Reformen lagen also Ende der vierziger Jahre in Moskau in der Luft. Die Ideologen und Theoretiker bestärkten Iwan in dem, was er aufgrund der üblen Erfahrungen seiner Kindheit und Knabenzeit tun wollte: Es galt, die zentrale Macht des Zaren zu stärken, die Stellung der Bojaren und Fürsten zu schwächen und die neue Klasse der im Heer und in der Verwaltung dienenden Leute zu erhöhen. Iwan schickte sich an, diese Ziele zu verwirklichen. Seine reformerische Tatkraft drückte den folgenden Jahren ihren Stempel auf.[20]

*

Iwan berief 1549 eine Volksversammlung ein auf dem Platz vor dem Kreml, zu der sich Angehörige verschiedener Stände aus vielen Teilen Rußlands einfanden. Diesen ersten *Zemski Sobor* der russischen Geschichte kann man nicht mit den Ständeversammlungen in Westeuropa vergleichen, die eine gewisse Beschränkung der Gewalt des Monarchen bedeuteten. Er war für Iwan ein "besonderes Instrument autokratischer Herrschaftsweise".[21] Immerhin tat der Zar hier in aller Öffentlichkeit kund, daß fortan in seinem Reich sich einiges ändern werde.

Nach dem Gottesdienst unter freiem Himmel bestieg Iwan eine Plattform an der höchsten Stelle des Platzes und hielt eine erstaunliche Rede. Zunächst wandte er sich dem Metropoliten Makari zu: "Heiliger Vater, ich weiß um die liebevolle Hingabe, mit der Ihr Euch um das Wohlergehen des Vaterlandes kümmert. Seid mein Mitstreiter bei der segensreichen Aufgabe, zu der wir uns entschlossen haben. Ich war noch sehr jung, als mir Gott meinen Vater und meine Mutter nahm. Die mächtigen Bojaren und Edelleute, die das Land selbst regieren wollten, versäumten es, sich um mich zu kümmern. In meinem Namen erlangten sie Rang und Ehren, bereicherten sich widerrechtlich und unterdrückten das Volk. Es gab niemanden, der sie aufgehalten hätte. In meiner Jugend und Unerfahrenheit schien ich taub und stumm. Ich hörte nicht das Stöhnen der Armen, und da ich jung und unverständig war, tadelte ich die Bösen nicht. Keine menschliche Zunge kann das Böse schildern, das ich durch meine jugendlichen Sünden verursacht habe... Ich wuchs vernachlässigt, ohne Unterweisung auf und gewöhnte mich an die verwerfliche Lebensart der Bojaren. Wie viele Sünden habe ich seither im Angesicht Gottes auf mich geladen! ... Gott strafte mich für meine Sünden mit Überschwemmungen und Hungersnot, und selbst da empfand ich noch keine Reue. Dann sandte Gott die großen Feuersbrünste, und Angst erfüllte meine Seele, und meine Knochen zitterten. Demut erfüllte mich, und ich bereute meine Missetaten. Ich erbat und erhielt Verzeihung von den Priestern."

Dann wandte sich Iwan den Bojaren zu: "Ihr wart bestechlich, unmoralisch, habgierig und übtet falsche Gerechtigkeit. Was habt ihr dazu zu sagen? Wie viele Tränen und wieviel Blut sind euretwegen vergossen worden! Ich bin schuldlos an diesen Verbrechen, aber Gottes Urteil wird euch treffen!"

Iwan verneigte sich nach allen Seiten. Dann sprach er weiter: "Gottesvolk, von Gott meiner Hut anvertraut! Bei eurem Glauben an ihn, bei eurer Liebe zu mir: Seid bereit zu vergeben! Vergangenes Unrecht kann nicht ungeschehen gemacht werden. Ich kann euch nur vor künftiger Unterdrückung und Erpressung bewahren. Vergeßt, was geschehen ist und was nicht wieder geschehen wird! Tut Feindschaft und Haß von euch! Laßt uns alle einig sein in christlicher Liebe! Hinfort will ich euer Richter und euer Beschützer sein."

Am Schluß seiner Rede sprach er seinen Ratgeber Adaschew an: "Alexei, als ich dich zu mir nahm, warst du arm und einer aus dem Volk, aber ich hatte von deinen guten Taten gehört. Nun ersuche ich dich, noch mehr für mein Seelenheil zu tun, meinen Kummer zu besänftigen und die Menschen zu schützen, die Gott in meine Obhut gestellt hat. Ich befehle dir, die Bittschriften und Beschwerden der Armen und Unterdrückten zu sammeln."[22]

Diese Rede ist, in ihrer merkwürdigen Mischung ganz persönlicher Dinge mit staatlichen Angelegenheiten, religiösen Überschwangs mit politisch-sozialen Erklärungen, vor allem in ihrer Theatralik und in ihren Widersprüchen, der Ausdruck eines unausgeglichenen Gemüts und konnte bei kritischen Geistern Skepsis erwecken. Bei den meisten Zuhörern aber wird sie Hoffnungen auf eine bessere Zukunft erweckt haben, zumal sie mit der Gründung der Petitionskammer schloß.

Nach dieser Regierungskanzlei schuf Iwan noch weitere. "Ein neues Gesetzbuch wurde herausgegeben, und Justiz, Finanzwesen, Militärdienst und Heeresorganisation machten jetzt eine so grundlegende Wandlung durch wie die Verwaltung von Staat und Kirche."[23]

Die Reform der Kirche sollte eine Versammlung des Klerus leisten, die Iwan 1551 in den Kreml berief. Wieder hielt der Zar eine Rede, in der er sich einen Sünder nannte und Vergebung heischte, zugleich aber die Schuld an seinen Fehlern und Übeltaten den Bojaren zuschob. Die Gesetze und Empfehlungen der Kirchenversammlung wurden in hundert Artikeln aufgeschrieben, die der Form nach Fragen Iwans sind, dem Inhalt nach Vorwürfe an die Geistlichkeit. Der zukünftige Eigentumserwerb der Kirche wurde erheblich eingeschränkt, Steuerprivilegien abgeschafft, Mißbräuche

132

beseitigt und ein allgemeines Schulsystem eingeführt, das in den Händen von Priestern lag.

*

Eine Gefahr für das moskowitische Reich bildeten die islamischen Khanate Kasan, Krim und Astrachan. Die Tataren verheerten Jahr für Jahr russische Dörfer und nahmen Tausende Russen gefangen, die sie großenteils als Sklaven verkauften. 1551 sollen 100.000 Moskowiter als Gefangene im Khanat Kasan an der Wolga gelebt haben. Nach drei ergebnislosen Kreuzzügen gegen Kasan gelang es Iwan 1552 in mehrwöchigen Kämpfen, Kasan zu erobern. 1553 wurde der letzte Khan von Kasan getauft, 1555 das orthodoxe Erzbistum Kasan gegründet, als ein Stützpunkt der Mission nach Osten. 1556 wurde auch Astrachan unterworfen. Damit beherrschte Moskau die Wolga in ihrer ganzen Länge. Zum Dank für die unter einem Christusbanner erfochtenen Siege über die Tataren, die Iwan den Gebeten der Mönche zuschrieb, baute er auf dem Südende des Roten Platzes die bunte Basilius-Kathedrale.

Die Eroberung Kasans kann man in gewisser Hinsicht als einen Erfolg ansehen. Die Gefahr der tatarischen Bedrohung von Osten her war gebannt, und die christlichen Sklaven wurden nicht wie bisher zurückgekauft, sondern befreit. Außerdem steigerte der Sieg Iwans Selbstbewußtsein. Die *Kasansche Geschichte*, die 1564-66 entstand, gipfelt in einer Apotheose des Moskauer Autokraten. Anderseits war die Annektion Kasans ein Akt imperialistischer Vergewaltigung. Kasan hatte nie zum Kiewer Reich gehört, war nie von Russen besiedelt gewesen; "weder historisch noch ethnisch ließ sich der Herrschaftsanspruch begründen".[24] Merkwürdigerweise haben sowjetische Historiker, die sich nicht genug über den Imperialismus anderer Mächte empören konnten, die imperialistischen Eroberungskriege Iwans IV. gerühmt.

Während man von Iwans Krieg gegen Kasan noch sagen kann, daß die Tataren ihn herausgefordert hatten, läßt sich dies bei Iwans 24jährigem Krieg gegen das Baltikum keineswegs als Entschuldigung vorbringen. "Der Livländische Krieg war ein unprovozierter Angriffskrieg mit rein imperialistischen Zielen."[25] Die offizielle ideologische Begründung, es handele sich um einen Gott wohlgefälligen Kampf gegen Ketzer und Ungläubige, kann nicht darüber hinwegtäuschen, daß es um materielle Interessen ging, nämlich um eisfreie Häfen an der Ostseeküste, die den Handel mit Westeuropa und die Einfuhr westlicher Technik erheblich erleichtern konnten. Adaschew und Silvester mißbilligten den Krieg Iwans gegen Livland und wiesen auf die Unhaltbarkeit seiner ideologischen Rechtfertigung hin: "daß die Livländer zwar nicht griechischen Glaubens, aber doch Christen und uns nicht fürchterlich seien"; daß nur Verteidigungskriege als rechtmäßig gelten könnten.[26] Eben diese Kritik an seinen militärischen Zügen gegen das Baltikum wurde, wie Iwan später selbst schrieb, der Beginn einer allmählichen Entfremdung zwischen dem Zaren und seinen besten Beratern.

Der Bruch

1553 machte Iwan eine schreckliche Erfahrung. Er wurde todkrank, ließ sich die Sterbesakramente reichen und befahl die Bojaren zu sich, damit sie seinem Sohn Dmitri Treue schwören. Und nun geschah das Schreckliche: Viele weigerten sich, da Dmitri noch in den Windeln lag, Anastasia jung und ohne Erfahrung im Regieren war. Die Herrschaft würde, so fürchteten sie, ihren Brüdern zufallen. Der Zar, den Tod vor Augen, sah sich von Treulosigkeit umgeben und hatte Angst, nach seinem Abscheiden würden die machthungrigen Bojaren seine Frau und seine Kinder umbringen.

Iwan wurde wieder gesund, aber diese Erfahrung vergaß er nicht. Er merkte sich die unzuverlässigen Bojaren; er sollte sich zu gegebener Zeit rächen. Aber einer war noch undurchschaubarer: Auf der Dank-Wallfahrt des Zaren zum Troiza-Kloster ließ Gott unterwegs den kleinen Zarewitsch Dmitri, Iwans ganze Hoffnung, sterben.

Erst 1560 ereigneten sich der große Bruch im Leben Iwans. Innerhalb weniger Wochen verlor er drei Menschen, die ihn vor mancher schlimmen Tat bewahrt hatten.

Zunächst wird ihm sein Liebstes genommen: Seine Frau Anastasia, von ihm zärtlich sein "Kälbchen" genannt, stirbt. Iwan grollt. "Der Allerhöchste ist unberechenbar... Unvorhersehbar sind seine Beschlüsse... In Wahrheit hat er denselben Charakter wie Iwan. Gott, das ist Iwan und wieder Iwan, ein Über-Iwan. Sie sind dafür geschaffen, sich jenseits der moralischen Gesetze zu verständigen, die den gewöhnlichen Sterblichen regieren. Da der Zar seine Frau verloren hat, ist ihm alles erlaubt. Gott hat wider ihn gesündigt, also hat er das Recht, wider Gott zu sündigen. Übrigens ist er insgeheim davon überzeugt, daß Gott ihm nichts übelnehmen kann. Vielleicht liebt der Allerhöchste seine Ausschweifungen sogar, da er die gewaltsamen Naturen schätzt und die lauen zaghaften und berechnenden verabscheut."[27] Jedenfalls stürzt sich Iwan, nachdem er seine Frau begraben hat, in wüste Orgien, säuft und hurt, wütend vor Verzweiflung.

Wen kann er packen, um sich zu rächen? Man flüstert ihm zu, seine beiden Berater hätten Anastasia vergiftet oder durch Magie getötet. Also werden Adaschew und Silvester vom Hof verbannt. Iwan beschimpft Adaschew unflätig: Er sei ein räudiger Hund, den er vom Misthaufen aufgelesen. Vergessen sind die Verdienste des großen Verwaltungsmanns. Er wird in Abwesenheit, ohne sich verteidigen zu können, zum Tod verurteilt. Auch sämtliche Verwandten Adaschews, sechzehn Personen, darunter Frauen und Kinder, läßt Iwan umbringen.

Silvester verschwindet auf immer in einem Inselkloster im Weißen Meer. Vergeblich versucht Makari, der Metropolit, ein Wort für die Unschuldigen einzulegen: 1563 stirbt auch dieser Ratgeber Iwans.

Neue Günstlinge, ohne Format, mehr Zechkumpane, machten sich am Hof breit. Eines Tages trank Iwan mit ihnen, tanzte und trug Masken. Da die orthodoxe Kirche dergleichen verbot, hielt Fürst Michail Repnin ihm zornig vor, dieses Betragen sei eines christlichen Zaren unwürdig. Iwan stülpte Repnin eine Maske über den Kopf und sagte: "Komm, sei lustig und mach mit!" Repnin riß die Maske herunter, zertrampelte sie und schrie: "Mir, einem Bojaren, steht es nicht an, den Narren zu spielen und mich zu erniedrigen." Jetzt wurde auch Iwan wütend und jagte ihn aus dem Palast. Ein paar Tage später wurde Repnin auf Befehl des Zaren ermordet.

Niemand in Iwans Nähe war mehr seines Lebens sicher. Das Verhalten des Autokraten wurde immer mehr unberechenbar und tyrannisch. 1564 ließ Iwan den Fürsten Dmitri Owtschina-Obolenski erdrosseln, weil er es gewagt hatte, Fjodor Basmanow, einem Günstling des Zaren, zu sagen: "Wir dienen dem Zaren durch nützliche Arbeit; ihr dient ihm mit widernatürlicher Unzucht."

Manche, die dem Zaren mißliebig geworden waren, ließ er mit Gewalt zu Mönchen scheren und in ferne Klöster verbannen; sie konnten noch froh sein, daß sie mit dem Leben davonkamen. Denn nach jenem Jahr 1560, in dem der mäßigende Einfluß fortfiel, den Anastasia, Adaschew und Silvester bislang auf den Zaren ausgeübt hatten, stieg die Zahl der Hinrichtungen sprunghaft an. Außer der persönlichen Verbitterung Iwans steckte noch anderes dahinter.

Iwan brauchte Geld. Der endlose Krieg an der langen Westfront kostete Unsummen. Sie wurden aufgebracht durch Konfiskation aller Güter der Hingerichteten, ferner durch Raubzüge. Strafexpeditionen gegen reiche Städte endeten damit, daß die angehäuften Schätze von Kirchen, Klöstern und Handelshäusern nach Moskau transportiert wurden.

Ein weiterer Grund für die vielen Hinrichtungen war dieser: Iwan wurde getrieben von ständiger Furcht um sein Leben. Das war keineswegs krankhafte Einbildung. Die Geschichte des Hauses Rurik verzeichnet häufig Mord und Verrat. Iwan *war* seines Lebens nicht sicher. Er *war* der Zar, hatte sich Feinde gemacht und mußte deren Rache fürchten. Und um die Rache der Söhne und anderer Verwandter von zum Tod Verurteilten von vornherein auszuschließen, ließ Iwan gleich ihre ganzen Familien nebst Gesinde und Freunden umbringen. Es genügte ihm nicht, Fürst Tscheliadnin eigenhändig zu erdolchen, er ließ dreihundert Menschen, die auf Tscheliadnins Landgut lebten, ertränken. Es genügte ihm nicht, die Fürsten Kaschin und Kurlijatew zu erdrosseln, auch ihre Frauen und Kinder mußten erwürgt werden.

Das Bedürfnis nach Geld und das Bedürfnis nach Sicherheit vermögen die große Zahl der Hinrichtungen noch halbwegs begreiflich zu machen, nicht aber ihre spezifische Grausamkeit. Sie ist schlechterdings irrational. Iwan sah gern den Henkern bei ihrer blutigen Arbeit zu, half ihnen oft mit eigenen Händen und weidete sich an den Qualen der Opfer. Mit der Bezeichnung "Sadismus" ist dieses Verhalten benannt, aber nicht erklärt.

Die Todesstrafe wurde vollzogen durch Prügeln, Köpfen, Hängen, Strangulieren, Erdolchen, Begraben bei lebendigem Leib, Ertränken, Verbrennen, Pfählen und Vierteilen. Man warf Delinquenten den Bären vor oder setzte sie nackt auf Eis, bis sie erfroren waren. Diese Hinrichtungsarten übernahm Iwan aus dem mittelalterlichen Rußland, doch fielen ihm raffinierte Möglichkeiten ein, die Pein zu steigern oder in die Länge zu ziehen. Zu den herkömmlichen Todesstrafen erfand Iwan neue. Dem Fürsten Schtschenijatew ließ er Nadeln unter seine Fuß- und Fingernägel treiben und ihn dann auf einem heißen Blech verbrennen. Die jüdischen Bürger Polozks, die sich nicht taufen lassen wollten, ließ er in der Düna ertränken. Soldaten schloß er nackt in ein Haus ein, das er in die Luft sprengte. Schlichting berichtet, diese neue Art der Hinrichtung, vor allem der Anblick der durch die Luft fliegenden Leiber, habe Iwan erheitert. Einmal wurde ein Adliger verhaftet, der die Gewänder eines Mönchs trug. Iwan sah ihn lange an und sagte dann ironisch: "Er ist ein Engel, und deshalb ist es nur gerecht, daß er fliegt." Dann befahl er, den Mann auf ein Pulverfaß zu binden und es anzuzünden.

Für Frauen erfand er folgende Form der Exekution: Er ließ Hühner auf dem Platz frei, auf dem die Hinrichtung stattfinden sollte, und die nackten Frauen und Mädchen mußten sie fangen. Während sie hinter den Hühnern herliefen, wurden sie wie Tiere mit Pfeilen erlegt. Eine Frau wurde am Torpfosten ihres Hauses aufgehängt. Dann befahl Iwan ihrem Mann, ohne ein Anzeichen von Gemütsbewegung unter ihr hindurchzugehen. Andernfalls würde er ebenfalls erhängt.[28]

Sir Jerome Horsey schildert als Augenzeuge die Hinrichtung eines Generals: "Ein großer Günstling dieser Zeit, Fürst Boris Tulupow, wurde als Verräter gegen den Herrscher und als Verbündeter des unzufriedenen Adels überführt. Man zog ihn nun auf einen langen, spitzen Pfahl, der ihm vom Unterleib aus durch den ganzen Körper drang, bis die Spitze am Nacken wieder aus dem Körper hervortrat. So siechte er unter entsetzlichen Schmerzen fünfzehn Stunden lang dahin und sprach mit seiner Mutter, die man herbeigeführt hatte, Zeugin dieses herzzerreißenden Anblicks zu werden. Und diese gottesfürchtige Matrone wurde nun, weil sie dem Herrscher mißfiel, hundert Artilleristen übergeben, die sie, einer nach dem anderen, zu Tode trampelten. Als ihr wunder und geschundener Leib dann nackt auf dem Platze lag, ließ Iwan seine Jäger mit ihren hungrigen Hunden kommen, die ihr Fleisch und ihre Knochen in alle Richtungen rissen und verschlangen. Bei diesem Anblick sagte der Herrscher: 'Jenen, die in meiner Gunst stehen, erweise ich Ehre, und meinen Verrätern lasse ich dieses angedeihen."[29]

"Bei den von Iwan verhängten Hinrichtungen handelte es sich meist um Willkürakte, durch die der Zar seine Rache befriedigte, ohne daß ein Gerichtsverfahren stattfand."[30]

Das Terror-System

Mehr und mehr Menschen weigerten sich, Iwans Tyrannei noch länger zu ertragen, und flüchteten, obwohl das verboten war, ins Ausland. Im April 1564 lief sogar Fürst Andrei Kurbski zum Feind über, ein ausgezeichneter Heerführer, ein humanistisch gebildeter Mann, der mit seinen Freunden Adaschew und Silvester zum engsten Beraterkreis des Zaren gehört hatte. Das Los seiner beiden Freunde zeigte ihm, daß auch sein Leben nicht mehr sicher war. Von Litauen aus, wo er der Macht Iwans entzogen blieb, überschüttete er den Despoten mit Anklagen:

"Du hast das russische Reich, das heißt freie menschliche Geschöpfe, wie in einer Höllenfestung eingeschlossen. Und wer auch immer aus deinem Land ins Ausland abzieht, den nennst du Verräter; und wenn man ihn an der Grenze aufgreift, so richtest du ihn hin."[31]

Daß Kurbski nicht übertrieb, wenn er das Zarenreich als ein Land des tiefsten Elends schilderte, belegen andere zeitgenössische Quellen, so die Berichte sämtlicher Rußlandbesucher der damaligen Zeit. Mit vielen Einzelheiten beschrieben Giles Fletcher, Anthony Jenkinson, Sir Jerome Horsey, Richard Hakluyt, Tilman Bredenbach, Paul Oderborn und Reinhold Heidensten das Rußland Iwans IV. als die reinste Hölle auf Erden. "Oft haben sowjetische oder westliche Historiker versucht, das Leid des russischen Volkes in jener Zeit zu beschönigen... (mit dem Argument, ein hartes Durchgreifen sei manchmal unumgänglich) ... Doch jeder dieser Versuche offenbart nur einen unschönen Mangel an Sympathie für die zahllosen Menschen aller Klassen und Altersstufen, die damals Iwan zum Opfer fielen."[32]

König Sigismund von Polen und Litauen überhäufte Kurbski mit Gütern und verlieh ihm den Titel Fürst von Kowel. Dem Auslieferungsbegehren Iwans gab er nicht statt. Voll Wut warf Iwan Kurbskis Frau, Mutter und Sohn ins Gefängnis. Sein Haß auf die Bojaren insgesamt steigerte sich und machte sich in verrückten Entscheidungen Luft. Unglücklicherweise war er angewiesen auf den Rat der Bojaren, da keiner sonst die Kenntnisse und Fähigkeiten besaß, die der Regierung nützen konnten.

Entschlossen, seiner Abhängigkeit ein Ende zu machen, verschwand Iwan am 3. Dezember 1564 auf Schlitten mit Familie, Gefolge und Schatz aus Moskau; niemand wußte wohin. Erst einen vollen Monat später kamen in Moskau Briefe des Zaren an, der sich in der Alexandrowskaja Slobodá niedergelassen hatte. Dem Metropoliten schrieb Iwan, er habe keine Lust mehr, Zar zu sein, da Adel, Verwaltungsbeamte und Geistlichkeit sich gegen ihn verbündet hätten, ihn an der Ausübung seiner Herrschaft zu hindern. Tatsächlich war das alte Recht des Bischofs als eines Verteidigers des Volkes gelegentlich dazu gebraucht worden, Iwan daran zu hindern, politische Gegner hinzurichten.[33] Das nannte Iwan jetzt unerträgliche Treulosigkeit, die ihn zu dem Entschluß gebracht habe, den Thron zu verlassen.

Wer nun meint, alle seien froh gewesen, den Tyrannen auf diese Weise vom Halse zu haben, kennt nicht die russische Mentalität. Gewohnt, dem Alleinherrscher fast göttliche Verehrung entgegenzubringen, äußerte sich die große Mehrheit des Volkes bestürzt über seinen Exodus. Durch Eis und Schnee reiste eine Delegation von Bischöfen, Bojaren und Beamten die hundert Kilometer nach Alexandrowsk und flehte den Zaren an, in die Hauptstadt zurückzukehren. Mißgelaunt erklärte sich Iwan dazu bereit, aber unter der Bedingung, daß es ihm allein überlassen bleibe, ohne jegliche Einmischung von seiten des Klerus oder des Adels Schuldige zu richten.

140

*

Als Iwan im Februar 1565 nach Moskau zurückkehrte und in einer Versammlung seine neuen Pläne bekanntgab, waren die Zuhörer schon von seinem Aussehen bestürzt. Vor einem Monat hatten sie ihn noch als einen stattlichen, kräftigen Mann mit feurigen Augen und üppigem Haar und Bart erlebt. Jetzt stand er gebückt und eingefallen vor ihnen, mit matten Augen und fast kahl. Er hatte in Alexandrowsk einen Nervenzusammenbruch erlitten.

Was der Zar vortrug, war ein grotesker Einfall, der aber mit eiserner Willkür durchgeführt werden sollte: Er benötigte eine private Domäne, wo er sich sicher fühlen könne, herauszuschneiden aus dem übrigen Reich und territorial, personell und verwaltungsmäßig von ihm abgesondert.

So wurde das Land in zwei getrennte Hälften gespalten, die Opritschnina, das unabhängige Gebiet, das ganz dem Zaren zur Verfügung stand, und die Zemschtschina, das übrige Reich, mit jeweils eigener Regierung. Zur Errichtung der Opritschnina beschlagnahmte Iwan Land. Viele Bojaren wurden enteignet, 12.000 Gutsherren vertrieben. "Die Tatsache, daß niemand genau wußte, wo die Grenze zwischen beiden Landeshälften verlief, machte die Sache noch komplizierter. Das Gebiet der Opritschnina bildete Iwan aus einem Flickwerk von Besitzungen, die nördlich, östlich und westlich der Hauptstadt lagen."[34] So war ganz Rußland zerstückelt.

Das den Bojaren genommene Land teilte Iwan Leuten aus dem niederen Landadel und Dienstadel zu, zuerst 1000, später 5000 weiteren Personen, die er persönlich aussuchte. Opritschniki wurden, nach sorgfältiger Untersuchung ihrer Vergangenheit und ihrer Beziehungen, solche, "die sich nicht durch Verdienste, sondern durch sogenannte Fixigkeit, Liederlichkeit und Bereitwilligkeit zu allem Möglichen auszeichneten... Dunkelheit, ja selbst Niedrigkeit der Herkunft ward ihnen zum Verdienst angerechnet."[35] Entscheidend für die Zugehörigkeit zur Truppe der Opritschniki, einem Mittelding zwischen Armee, Leibgarde, staatlicher Sicherheitspolizei und Geheimorden, war politische Zuverlässigkeit und absoluter Gehorsam. Unter dieser Voraussetzung wurden auch ehemalige Banditen, Kriminelle und Landstreicher für würdig befunden, Mitglied dieser Elite zu werden. Sie mußten einen Eid schwören, daß sie dem Zaren persönlich in bedingungsloser Treue ergeben seien, daß sie keine gegen den Zaren ersonnene Übeltat, die ihnen zu Ohren komme, verschweigen, daß sie mit keinem aus der Zemschtschina essen, trinken, sprechen oder irgendetwas zu tun haben werden, ja daß sie sich völlig von ihren Eltern, Verwandten und Freunden lösen werden.[36]

Diese verschworenen Opritschniki erhielten nicht nur Landgüter und Sold, sondern auch Straffreiheit für alle Verbrechen, die sie im Namen Iwans oder auf eigene Faust begingen. Sie standen außerhalb des Gesetzes, und für ihre Opfer gab es keinen Rechtsschutz. So terrorisierten sie das Land wie eine Räuberbande, mordeten, vergewaltigten Frauen, plünderten Kaufleute und Städter aus und drangsalierten auf ihren Gütern die Bauern.

Iwan dachte sich für die Opritschniki eine Uniform aus, deren bloßer Anblick Schrecken auslöste: Schwarzer Kittel, schwarze Stiefel, schwarzes Pferd mit schwarzem Sattel, daran Hundekopf und Besen hängen als Zeichen dafür, daß diese Truppe Jagd auf Verräter machte und sie zum Land hinausfegte.

Der Terror verschärfte sich jedesmal, wenn Iwans Armeen im Krieg erfolgreich waren; sie ließen jedesmal nach, wenn das Kriegsglück ihn verließ, und hörte nach großen Niederlagen zeitweilig ganz auf. "Hatte er Erfolge, so sah er sich in der Gnade Gottes und wagte noch mehr; erfuhr er von Mißerfolgen, so unterwarf er sich Gottes Zorn und versuchte dann auch nicht mehr, ihm seinen Willen und seine Absichten entgegenzustellen."[37]

*

Seinen Wohnsitz hatte Iwan nun nicht mehr im Kreml, sondern im Palast der Opritschnina, für dessen Bau er ein ganzes Häuserviertel von 250 Metern im Quadrat abreißen ließ. Noch häufiger residierte er in Alexandrowsk, das er zu einer uneinnehmbaren Festung inmitten dichter Wälder ausbauen ließ. Auf eine Entfernung von drei Kilometern waren die Zufahrtsstraßen streng bewacht, so daß niemand ohne Passierschein hinein- oder hinausgelangte. Wen die Wachen im Umkreis dieser Trutzburg aufgriffen, der wurde ohne Federlesens getötet.

Aus dreihundert ausgewählten Opritschniki bildete Iwan in Alexandrowsk einen inneren Kreis von "Brüdern", die ihm als Killer und Saufkumpane jederzeit zur Verfügung standen und mit denen er ein klösterliches Leben (oder soll man sagen: die Parodie eines klösterlichen Lebens?) führte. Die Ordensregel verfaßte Iwan selbst. Wie alle diese "Mönche" trug auch er, der Abt der Kommunität, eine schwarze Kutte.

Um drei Uhr in der Frühe pflegte Iwan aufzustehen und sich mit seinen Kindern in den Glockenturm zu begeben, um zur Messe zu läuten. Wer diese Pflicht versäumte, wurde mit acht Tagen Arrest bestraft. Während des dreistündigen Gottesdienstes betete Iwan inbrünstig, warf sich zu Boden und schlug seinen Kopf oft so heftig auf die Steinfliesen, daß er Beulen oder Schrammen bekam.

Nach einer Pause von einer Stunde folgte ein weiterer Gottesdienst, der zwei Stunden dauerte. Um zehn Uhr speisten die Brüder im Refektorium, und zwar üppig mit Wein und Wodka. Iwan selbst aß nicht, sondern stand am Lesepult, um laut aus einem frommen Buch zu rezitieren. Nachher speiste er allein und abseits.

Dann besuchte er die Folterkammern, um dem peinlichen Verhör der jüngst Verhafteten beizuwohnen. Das war seine

Rekreation. "Er war immer fröhlich und guter Laune und sprach erregt, wenn er bei den Verhören und Folterungen dabei war", berichteten die Opritschniki Johann Taube und Eilert Kruse. Auch Albert Schlichting hatte Gelegenheit, das Verhalten des Zaren in den Kerkern zu beobachten:

"Der Tyrann sieht gewöhnlich mit eigenen Augen zu, wenn gefoltert und getötet wird. Deshalb geschieht es hin und wieder, daß Blut auf sein Gesicht spritzt. Das stört ihn aber nicht im geringsten, im Gegenteil, er ist eher erfreut und ruft triumphierend: 'Goida! Goida!' (Hurra). Und dann rufen alle um ihn: 'Goida! Goida!' Wenn der Tyrann jemanden erblickt, der stumm bleibt, vermutet er sofort, daß dieser mit dem Gefangenen Mitleid hat, und fragt ihn, warum er so traurig ist, obwohl er sich doch freuen sollte. Dann befiehlt er, ihn in Stücke zu reißen."[38]

Kaum ein Tag verging in Alexandrowskaja Slobodá, an dem nicht zwanzig bis vierzig Menschen getötet wurden. Manchmal verlas Iwan während des Gottesdienstes die Namen der nächsten Todeskandidaten. "Seine angenommene Gewohnheit, sich mit Gott in eins zu setzen, reicht aus, um ihn davon zu überzeugen, daß dieses Schlachtopfer dem Himmel ebenso liebenswert erscheint wie ihm selber. Gebet und Folter sind für ihn die zwei Gesichter der Frömmigkeit."[39] Das Amt des Scharfrichters zu übernehmen, konnte jedem Opritschnik jederzeit befohlen werden. "Keiner protestierte gegen diese Hinrichtungen", schrieben Taube und Kruse, "im Gegenteil, sie dünkten sich glücklich, dieses gute und heilige Werk vollbringen zu dürfen."[40]

Um acht Uhr abends nahm Iwan mit allen das Nachtmahl ein, das oft zu einem Saufgelage wurde. Hofnarren und Tanzbären trugen zur Unterhaltung bei, auch Bauernmägde, die man zwang, sich vor allen zu entkleiden, und dann vergewaltigte. Nach dieser Orgie zog sich der Zar zurück. Da er schwer einschlafen konnte, mußten Blinde ihm Märchen erzählen, bis ihm die Augen zufielen. Um Mitternacht war er wieder in der Kirche.

Mochte Iwan sich einbilden, die Torturen seiner Schinderhütten und der Terror seines schwarzen Korps seien ein gottgefälliges Werk, - ihm wurde mehr als einmal von verschiedenen Seiten eine entgegengesetzte Beurteilung dieser Taten vorgetragen. Da von den Greueln gelegentlich auch Ausländer betroffen wurden, sprachen sie sich in ganz Europa herum, was zu offiziellen Anfragen, etwa von seiten des polnischen Königs Sigismund II. Augustus führte. Dann pflegte Iwan die Abscheulichkeiten zu leugnen und zu bemerken, in allen Ländern würden Verbrecher der Strafjustiz unterworfen. "In der Regel wurde den nach Polen-Litauen gehenden Diplomaten aufgetragen, die Existenz der Opritschnina rundweg abzustreiten und als 'bäuerliches Geschwätz' abzutun."[41]

Basilius, ein "Narr in Christo", der von den Moskauern als heiliger Mann verehrt wurde, nannte Iwan öffentlich einen bösen Menschen.[42] Mikula Swet, ein anderer Gottesnarr, der im Sommer und im Winter unbekleidet ging, verdammte Iwan öffentlich in Nowgorod als einen Schlächter der Christenmenschen.[43] Ausführlich hielten die anklagenden Briefe Fürst Kurbskis dem Zaren seine Verbrechen vor Augen; daß Iwan diese Briefe las, zeigen seine Antworten.

Im Spätsommer 1565 nahmen dreihundert Menschen, angeführt von Fürst Pronski, all ihren Mut zusammen und übergaben dem Zaren eine Bittschrift: "Erhabener Zar und Herr, warum gebt Ihr Befehle, unsere unschuldigen Brüder zu töten? Wir haben Euch alle treu gedient... Und das ist Eure Art, uns für unsere Dienste zu belohnen: Ihr schickt uns die Opritschniki auf den Hals. Sie greifen unsere Brüder und Blutsverwandten aus unserer Mitte, verüben Greueltaten an uns, schlagen, erstechen und erdrosseln uns, und eines Tages werden sie uns alle umbringen." Statt der Bitte, die Opritschnina abzuschaffen, zu entsprechen, befahl Iwan, alle

Abgesandten zu verhaften. Pronski und andere wurden geköpft, einigen schnitt man die Zunge heraus, wieder anderen wurden Arme und Beine abgehackt. Fast zweihundert Adlige und Offiziere der Armee mußten für diese Petition ihr Leben lassen.[44]

Auch Bischöfe redeten Iwan ins Gewissen. Daß der Metropolit Afanasi sich für Menschen einsetzte, die der Zar bereits abgeurteilt hatte, war ja nach Iwans eigener Erklärung der Grund für seinen Auszug aus Moskau im Dezember 1564. Nach dem Rücktritt Afanasis 1566 ernannte Iwan den Erzbischof von Kasan, Herman Poljow, zum neuen Metropoliten. Gleich nach seiner Berufung wagte es Poljow, mit Iwan ein langes Gespräch über die Opritschnina zu führen. Iwan zeigte sich beeindruckt und teilte den Inhalt des Gespächs den Opritschniki mit. Diese erschraken und fürchteten, der Zar würde ihren Verband auflösen. Sie erinnerten ihn an seine Herrschergewalt und überzeugten ihn schließlich, daß es das Beste sei, Poljow gleich wieder nach Kasan zurückzuschikken. Das tat Iwan dann auch und sagte dem Abgesetzten: "Ihr habt Euer Amt noch nicht angetreten, und schon versucht Ihr, mich zu Eurem Gefangenen zu machen."[45]

Nun ließ Iwan den Abt des Solowjetski-Klosters, Philipp Kolitschow, nach Moskau kommen und eröffnete ihm, daß er Metropolit von ganz Rußland werden solle. Zuerst lehnte Philipp ab. Schließlich willigte er unter der Bedingung ein, daß die Opritschnina abgeschafft werde: "Ihr müßt zuerst mein Gewissen beruhigen. Es darf keine Opritschnina geben. Ich kann Euch meinen Segen nicht erteilen, solange ich das Land in solcher Qual sehe." Doch der Zar befahl ihm zu schweigen. Die Bischöfe wollten Philipp unbedingt zum Metropoliten haben, selbst unter der Voraussetzung, daß er über die Opritschnina Schweigen bewahren müsse. So wurde Philipp zum Metropoliten geweiht. In seiner Predigt danach sagte er, daß Herrscher als Väter ihrer Untertanen gerecht handeln sollten. Er sprach von "abscheulichen Schmeichlern", die versuchen, den Herrscher zu blenden, ihn schwach zu machen und seine Begierden anzustacheln, und die jene preisen, die es nicht wert sind, und jene in Verruf bringen, die lobenswert sind. Philipp redete von der Vergänglichkeit irdischen Glanzes und den Siegen unbewaffneter Liebe, die durch gute Taten errungen werden und herrlicher sind als Siege, die man auf dem Schlachtfeld erkämpft.[46]

Auf die Dauer vermochte Metropolit Philipp zu den immer häufiger vorkommenden Morden der Opritschniki nicht zu schweigen. Er protestierte gegen diesen organisierten Terror. Iwan erwiderte: "Die mir am nächsten stehen, haben sich gegen mich erhoben und versuchen, mich zu verderben. Ist es da Eure Sache, mir Ratschläge zu erteilen?" Philipp antwortete, es sei eine Sünde, böse Menschen zu ermutigen, und das Zarentum sei infolge ihrer Taten in Gefahr.

Der Metropolit versuchte, den gesamten Episkopat zu einem gemeinsamen Protest zu bewegen; aber nur Herman, der Erzbischof von Kasan, unterstützte ihn. Die anderen waren zu eingeschüchtert. Pimen, der Erzbischof von Nowgorod, berichtete dem Zaren sogar, Philipp handele verräterisch.

Sonntag, den 22. März 1568, betrat Iwan die Mariä-Himmelfahrt-Kathedrale mit einer Schar Opritschniki in schwarzen Mänteln und spitzen, schwarzen Kappen. Der Metropolit betete vor einer Ikone des Erlösers und beachtete den Zaren nicht. Da sagte ihm ein Opritschnik: "Heiliger Vater, Euer Herrscher ist hier! Segnet ihn!" Da wandte sich der Metropolit langsam zu Iwan um und sprach: "Ich erkenne den orthodoxen Zaren in diesen seltsamen Gewändern nicht wieder, und ich erkenne ihn auch in seinen Regierungshandlungen nicht. An welche Grenzen seid Ihr gegangen, Zar, daß Ihr Euch außer Reichweite eines Segens begeben habt? Fürchtet das Gericht Gottes, Zar! Seit dem Tag, da die Sonne zum ersten Mal am Himmel schien, hat niemals jemand von einem Zaren gehört, daß er seine eigenen Landsleute so grausam verfolgte! Sogar in heidnischen Ländern herrschen Recht und Gerechtigkeit, und man hat Mitleid mit dem Volk

- nicht so hier! Hier werden Leben und Besitz der Menschen nicht geschützt, überall wird geplündert, überall herrscht Mord, und all dies wird im Namen des Zaren begangen. Ihr sitzt hoch auf Eurem Thron, aber es gibt einen Gott, der uns alle richtet. Wie werdet Ihr vor seinem Richterstuhl stehen, befleckt mit dem Blut der Unschuldigen und taub von ihren Schreien unter der Folter! Sogar die Steine unter Euren Füßen werden nach Rache schreien! Ich spreche, Zar, weil ich ein Hirte der Seelen bin, ich fürchte nur den einen und einzigen Gott!"

Iwan stieß seinen Stab mit der Eisenspitze auf den Boden, schnitt dem Metropoliten das Wort ab und schrie: "Schweigt!" Philipp antwortete: "Unser Schweigen wäre Sünde und brächte Euch den Tod!" Darauf Iwan: "Versucht nicht, Euch meiner Macht entgegenzustellen! Ihr würdet meinen Zorn auf Euch ziehen! Es wäre besser, Ihr gäbet Euer Amt als Metropolit freiwillig auf." Philipp bemerkte: "Ich habe nichts unternommen, dieses Amt zu erhalten. Warum habt Ihr mich aus meiner Einsamkeit herausgeholt?"

Der Zorn verschlug Iwan die Sprache. Noch einmal stieß er mit seinem Stab auf. Dann rief er mit schrecklicher Stimme: "Pfaff! Bisher habe ich Euch Verräter ohne Grund geschont! Von nun an werde ich handeln, wie Ihr es mir nachsagt!" Damit verließ der Zar hastig die Kathedrale.

Am folgenden Tag befahl Iwan, die wichtigsten Mitarbeiter des Metropoliten zu verhaften. Sie wurden gefoltert und verhört, aber nichts Belastendes kam zum Vorschein. Dann suchte und fand Iwan falsche Zeugen, die den Metropoliten der Häresie überführen sollten, beschäftigte mit diesem Fall aber nicht den dafür zuständigen Patriarchen von Konstantinopel, sondern nahm die Sache in die eigene Hand.

Anfang November 1568 fand der Prozeß gegen Philipp vor dem Bojarenrat statt. Abt Paissi verlas die Liste der Vergehen. Nach einigem Hin und Her sagte der Angeklagte: "Es ist besser, ich lasse die Erinnerung an einen Mann zurück, der unschuldig starb, als die an einen Metropoliten, der sich

148

schweigend einer Herrschaft schrecklicher Gesetzlosigkeit beugte. Macht mit mir, was ihr wollt. Hier ist mein Hirtenstab, hier meine weiße Kutte, hier der Mantel, mit dem ich einst erhoben wurde." Er legte die Insignien und damit sein Amt nieder. Dann wandte er sich an die anwesenden Geistlichen: "Fürchtet den Zaren im Himmel mehr als den Zaren auf Erden!" Als Philipp gehen wollte, rief Iwan ihn zurück: Urteil und Strafe seien noch nicht verkündet, er müsse seine Gewänder wieder anlegen und am Fest des Erzengels Michael in der Uspenski-Kathedrale zelebrieren.

Am 8. November 1568, als Philipp gerade das Hochamt feierte, stürmte Alexei Basmanow mit einem Trupp Opritschniki in schwarzer Uniform in die Kathedrale. Die Gemeinde erstarrte vor Entsetzen. Basmanow ließ den Urteilsspruch eines geheimen geistlichen Gerichts über Philipp verlesen. Der Metropolit sei seines Amtes unwürdig. Dann warfen sich die Opritschniki auf ihn, rissen ihm die Krone vom Haupt und den Ornat vom Leib, jagten ihn mit ihren Besen aus der Kirche und sperrten ihn in ein nahegelegenes Kloster.

Am 9. November wurde Philipp vor das Gericht geführt, über das Iwan den Vorsitz hatte. Man beschuldigte ihn weiterer Verbrechen, unter anderen der Zauberei, und verurteilte ihn zu lebenslänglichem Gefängnis. Philipp nutzte die letzte Gelegenheit, Iwan zu mahnen: "Quält Euer Volk nicht! Hört auf, Zar, mit gottlosem Handeln! Ihr müßt nach Eurem Tod Rechenschaft ablegen!"

Erzbischof Herman von Kasan versuchte, Philipp zu verteidigen: Der Metropolit sei, allen falschen Zeugnissen zum Trotz, unschuldig. Am nächsten Tag drangen auf Befehl Iwans Opritschniki in Hermans Haus und ermordeten ihn. Amtlich hieß es, er sei an der Pest gestorben. Kurbski schrieb in seiner *Geschichte*, man habe ihn vergiftet oder erdrosselt. Wie der Erzbischof wirklich ums Leben kam, erfuhr man erst, als Forscher jüngst sein Grab öffneten: Man hatte ihm den Kopf abgeschlagen.

Philipp verbrachte noch ein Jahr angekettet in verschiedenen Kerkern. Im Dezember 1569 ließ Iwan ihn durch Maljuta Skuratow heimlich erwürgen.[47] Die Kirche hat Philipp als Märtyrer kanonisiert.

Im ganzen haben die Proteste, die Iwan gegen seine Schreckensherrschaft vernahm, den Terror nicht vermindert. Es gab wohl einzelne Akte passiven Widerstands, aber keine allgemeine Widerstandsbewegung; hier und da Ungehorsam, aber nie physische Gegenwehr, nie ein Attentat. Wer nicht flüchten konnte, duldete und litt. Trotz aller Grausamkeit und Ungerechtigkeit Iwans blieben die Moskowiter ihm, dem von Gott vorgesetzten Zaren, gegenüber unterwürfig und ergeben. Auf seinen Befehl geprügelt zu werden, galt als Ehre. Sogar auf dem Pfahl noch betete ein Bojar, solange er sprechen konnte, für den Zaren.

Die Zerstörung Nowgorods

Keine ausländische Invasionsarmee hätte ungeheuerlicher wüten können, als es Iwan in der zweitgrößten Stadt seines eigenen Territoriums tat. Unter dem erfundenen Vorwand, die Bevölkerung von Nowgorod plane Verrat und wolle sich Litauen anschließen, brach der Zar im Dezember 1569 mit einem aus Russen, Tataren und Opritschniki gebildeten Heer von Alexandrowsk gegen die reiche Handelsstadt auf, um sie zu vernichten. Unterwegs metzelten die Truppen alles nieder, was ihnen in die Quere kam. Alle Dörfer und Städte, unter anderen Twer und Klin, wurden geplündert und gebrandschatzt.

Am 2. Januar 1570 erreichte die Vorhut Nowgorod und zog einen Kordon um die Stadt, damit niemand entwich. Klöster, Paläste und Speicher wurden versiegelt. Vier Tage später traf Iwan in Begleitung des Zarewitsch und einer Eskorte von 1500 Opritschniki ein. Dann begann das Massaker. Ohne Gerichtsverfahren wurden alle Äbte und Mönche

150

zu Tode geprügelt. Am Sonntag begab sich Iwan zur So-
phien-Kathedrale. Auf der Wolchow-Brücke kam ihm Erzbischof Pimen entgegen, um den Zaren, wie es Brauch war,
mit dem Kreuz zu segnen. Der servile Hierarch wird nicht
wenig erstaunt gewesen sein, als er von Iwan mit Beleidigungen überschüttet wurde.

"Trotz dieser wütenden Beschimpfungen befahl Iwan Pimen, zur Kathedrale voranzuschreiten und den Gottesdienst
zu zelebrieren, an dem er teilnahm. Ständig von seinen Garden umgeben, ging er darauf zum Essen in den erzbischöfli-
chen Palast. Er nahm seinen Platz ein, ließ sich mit dem
ganzen Pomp des moskowitischen Hofes bedienen und hatte
eben zu essen begonnen - da stieß er einen furchtbaren
Schrei aus. Es war das Signal für seine Garden: Sie packten
Pimen und alle im Palast anwesenden Nowgoroder und
nahmen sie gefangen. Dann raubten die Garden alles, was
sie an reichen Gewändern und Goldgeschirr im Palast fanden, und plünderten anschließend die Kirchen und Klöster
innerhalb der Stadtmauern. Darauf zogen Iwan und der Zarewitsch in Prozession zu ihren Hauptquartieren im östlichen
Stadtteil und hielten Gericht. Die Nowgoroder wurden zum
Verhör vor sie gebracht... Mit Feuerbränden und erhitzten
Pfannen wurde den Opfern das schon durch gräßliche Geiße-
lungen bloßgelegte Fleisch gebrannt. Mit glühenden oder
kalten Zangen wurden ihnen die Rippen aus dem Leib gerissen. Nägel wurden in die Knochen gebohrt... Waren die
Angeklagten einmal gefoltert, so wurden ihnen, ohne Rücksicht auf ihr Geständnis, Arme und Beine im Rücken gebunden. Dann wurden sie hinter Schlitten bis zur Wolchow-
Brücke geschleift und in den Fluß geworfen, der in dieser
Gegend nicht zufror... Kleine Kinder wurden den Müttern
auf den Rücken gebunden und mit ihnen in das eisige Wasser geworfen. Damit keiner mit dem Leben davonkomme,
patrouillierten die Garden in Booten auf dem Fluß und stießen mit Bootshaken und Spießen nach jedem, der an die
Oberfläche kam."

"Fünf Wochen lang wurde dieses Massaker Tag für Tag fortgesetzt. Schnee und Eis auf der Brücke und an den Ufern des Flusses waren dunkelrot von Blut. Im Fluß stauten sich die Leichen... Nachdem er Gericht gehalten hatte, ritt Iwan um die Stadt herum. Seine Leute schickte er aus zum Räubern und Brandschatzen der Klöster und Häuser. Alles Vieh wurde abgeschlachtet. Als er in die Stadt zurückkam, befahl er, das Zerstörungswerk fortzusetzen. Die Nowgoroder, die dem Schrecken der Folter und dem Tod entgangen waren, standen stumpf, unfähig sich zu verbergen, daneben, während ihre Häuser dem Erdboden gleich gemacht wurden. Am Morgen des 13. Februar befahl Iwan, die noch am Leben gebliebenen, angesehensten Bürger jeder Straße vor ihn zu bringen. Sie kamen, manche zitternd, in der gewissen Erwartung eines qualvollen Todes... Aber Iwan sprach huldvoll zu ihnen: '... Bleibt am Leben! Betet zu Gott dem Herrn, zu seiner heiligen Mutter und zu allen Heiligen unseres gesegneten Zarenreiches ..., daß der Herr uns den Sieg gebe über alle sichtbaren und unsichtbaren Feinde. Gott wird den Erzbischof Pimen und seine schlimmen Ratgeber und Mitschuldigen richten, die an euch und an mir zu Verrätern geworden sind. Für all dieses Blut werden die Verräter zur Rechenschaft gezogen werden. Grämt euch nicht um alles, was geschehen ist. Lebt ehrenhaft in Nowgorod.'"[48]

Die Überlebenden faßten es kaum, daß der Terror ein Ende gefunden hatte. Mindestens 27.000 waren getötet worden. Viele der am Leben Gebliebenen wurden in den folgenden Monaten von Pest und Hungersnot dahingerafft.

Von Nowgorod zog Iwan weiter nach Pleskau, um auch dort alle Verräter auszurotten. Das Gemetzel sollte gerade beginnen, als es Iwan plötzlich einfiel, den Gottesnarren Nikolai Salos zu besuchen, der als heiliger Mann berühmt war. Iwan näherte sich gerade dem Haus, in dem Nikolai wohnte, als eine Donnerstimme aus dem Fenster scholl: "Iwaschka! Wie lange willst du noch das Blut unschuldiger Christen vergießen? Nimm dich in acht! Verlasse diese Stadt sofort, oder großes Unglück wird über dich kommen! Es ist genug. Zieh wieder heim!"[49] Dieses eine Mal hatte der Protest Erfolg: Der Stadt Pleskau blieb das Schicksal Nowgorods erspart.

*

Aber Iwans Blutdurst war noch lange nicht gestillt. Schon Ende Juli 1570 veranstaltete er den nächsten Massenmord. Als er von seinen Feldzügen gegen Nowgorod und Pleskau nach Moskau zurückkehrte, wagte es der Kanzler Iwan Wiskowati, der Bewahrer des Geheimsiegels und Rußlands bedeutendster Diplomat, der dem Zaren zwanzig Jahre gedient hatte, ihm eine Bittschrift vorzulegen, in der er um das Ende des Blutvergießens flehte. Dabei brachte er außer religiösen und sittlichen auch nüchtern-praktische Gründe vor: Wenn der Zar, wie das Gerücht behaupte, alle Bojaren umbringen lassen wolle, möge er zuvor die Folgen bedenken. Niemand bliebe mehr übrig, das Land zu verteidigen.

Iwan tobte: "Ich habe gerade erst begonnen, mir solche Leute wie dich vom Halse zu schaffen! Ich werde es mir zur Pflicht machen, euch alle restlos auszurotten, so daß nicht einmal die Erinnerung an euch zurückbleibt!"[50]

Sogleich ließ Iwan auf dem Roten Platz achtzehn Galgen errichten und zahlreiche Foltergeräte aufstellen. Die Bevölkerung verschwand ängstlich in ihren Häusern. Als Iwan in voller Rüstung mit Helm, Schwert, Bogen und Köcher, begleitet von seinen Opritschniki, an der Richtstätte erschien, war der riesige Platz wie leergefegt. Iwan wollte aber, daß alles Volk den Hinrichtungen zuschaute. Während 1500 Musketiere zu Pferd um das Blutgerüst Stellung bezogen, ritt Iwan in den Seitenstraßen umher und ermunterte die Moskauer, auf den Platz zu kommen; ihnen werde nichts geschehen, es werde sogar Essen gereicht, im übrigen sei es ihre

Pflicht, den Hinrichtungen beizuwohnen. Unter solchen Drohungen und Schmeicheleien brachten es Iwan und seine Begleiter fertig, eine große Menge auf dem Roten Platz zu versammeln. Das Tribunal begann. "Ist es recht von mir, Verräter zu bestrafen?" rief Iwan, und als Antwort erscholl der Ruf: "Lang lebe der gütige Zar! Tod den Verrätern!"

Iwan tat etwas völlig Unerwartetes. Er befahl, von 350 Angeklagten 184 freizulassen. Dann wurde Iwan Wiskowati vorgeführt. Der Mann, der gewagt hatte, sich dem Zaren zu widersetzen, mußte sterben. Die Verbrechen, die der Gefangene begangen haben sollte, wurden von einer langen Schriftrolle abgelesen. Von Peitschenhieben blutend, wandte sich Wiskowati an Iwan: "Großer Zar, Gott sei mein Zeuge, daß ich unschuldig bin. Ich bestreite, auch nur eins der Verbrechen begangen zu haben, die mir vorgeworfen werden." Er hielt dem Zaren die vielen Morde und Vergewaltigungen vor. Als einige Opritschniki Wiskowati aufforderten, zu gestehen und den Zaren um Gnade zu bitten, rief er: "Fluch über euren Tyrannen! Was seid ihr alle anderes als Vernichter der Menschen und Säufer menschlichen Bluts? Ihr habt die Aufgabe, Lügen zu verbreiten und Unschuldige zu schlachten! Gott wird euch richten." Nie zuvor waren solche Worte in Gegenwart Iwans gefallen, der denn auch sofort rief: "Fangt an!" Die Opritschniki rissen Wiskowati die Kleider vom Leibe und hängten ihn an den Füßen auf. Maljuta Skuratow rannte zum Zaren und fragte: "Wer wird der Scharfrichter sein?" "Jene, die mir am ergebensten sind!" antwortet Iwan. Um seine Ergebenheit zu beweisen, schnitt Skuratow Wiskowati die Nase ab, ein anderer ein Ohr, und bald schnitten alle Opritschniki Stücke aus ihm heraus, als wäre er ein Schlachtvieh beim Metzger. Die ganze Zeit über verhöhnte Iwan ihn und sagte: "Das ist Gänsefleisch! Ist es gutes Fleisch?"

Nachdem schließlich Wiskowatis Kopf abgehackt war, kam der Schatzmeister Nikita Funikow an die Reihe, der dem Zaren ein Vierteljahrhundert lang treu gedient hatte. Er erklärte, daß er völlig unschuldig sei, aber das Recht des Zaren anerkenne, ihn hinzurichten, auch wenn er unschuldig sei. "Du wirst sterben," sagte Iwan, "weil du auf deinen Genossen Wiskowati gehört hast und völlig von ihm abhängig warst. Auch wenn du keine Verbrechen begingst, mußt du umkommen, weil du ihm dientest." Funikow wurde nackt abwechselnd in eiskaltes, dann in kochendheißes Wasser getaucht, bis er tot war.

Es folgten 113 Exekutionen, bei denen sich der Zar und der Zarewitsch unter die Henker mischten, ihre Opfer mit Speeren durchstießen oder sie mit Schwertern zerhackten. Das Morden dauerte vier Stunden. Unter den Toten, die in ein Massengrab geworfen wurden, befanden sich die meisten Verwaltungsbeamten der Regierung.[51]

Scheitern und Reue

Im Frühjahr 1571 erlitt Iwan eine furchtbare Niederlage. Der Khan der Krimtataren zog an der moskowitischen Grenze ein Heer von 120.000 Mann zusammen, brach in Rußland ein und eroberte mit Hilfe einer Schar von Russen, die aus Empörung über Iwans Tyrannei zu ihm übergelaufen waren, die Hauptstadt Moskau. Die Tataren legten die große Stadt in Asche und schleppten 150.000 Gefangene fort, um sie als Sklaven zu verkaufen. Iwan, von einem Teil seiner Armee im Stich gelassen, flüchtete nach Rostow. Nicht nur der Krim-Khan verhöhnte Iwan wegen dieser Feigheit; auch Iwans ehemaliger General Kurbski nannte ihn deshalb "einen Feigling, der davonläuft, der tapfer und wütend nur dann ist, wenn er es mit seinen eigenen Leuten zu tun hat, die ihm keinen Widerstand leisten können."[52] Auch der russische Historiker Karamsin spricht von Iwans "Feigheit" und urteilt, daß er "nicht einen Schatten von Mut in seiner Seele" hatte.[53]

Diese Charakteristik traf auch auf die Opritschniki zu. Sie konnten die wehrlosen Einwohner russischer Städte abschlachten, aber als die tatarischen Krieger anrückten, rannten sie um ihr Leben. Militärisch erwies sich die schwarze Garde als nutzlos; aber auch an ihrer politischen Zuverlässigkeit begann Iwan zu zweifeln. Basmanow und andere hohe Offiziere der Opritschnina wurden als Verräter erkannt und auf seinen Befehl umgebracht. Der Zar merkte allmählich, daß diese Organisation, die er zu seiner persönlichen Sicherheit, sozusagen als Schutz-Staffel, erdacht hatte, diese Aufgabe in keiner Weise erfüllte. Schon 1568 bat er Königin Elisabeth I., sie möge ihm, falls ein Mißgeschick ihn zwinge, aus Rußland zu fliehen, in England Asyl gewähren.[54]

In der Tat hatte nichts den Zaren so sehr verhaßt gemacht wie die Schandtaten seiner Opritschniki, und daß Iwans Angst um sein Leben immer stärker wurde, hatte seinen Grund.

Soziologisch gesehen, bedeutete die Opritschnina eine Hebung und Bereicherung des Dienstadels, doch einen katastrophalen Niedergang des Bauerntums. Da die Opritschniki ständig im Dienst waren, konnten sie sich nicht darum kümmern, die Landgüter, die Iwan ihnen gegeben hatte, wirtschaftlich hochzubringen. Sie bedrückten ihre Bauern mit zusätzlichen Lasten, so daß diese in Scharen davonliefen. Bald standen ganze Dörfer leer, und das Land verwahrloste, weil niemand es bearbeitete. Die Entvölkerung des Zarenreiches nahm solche Ausmaße an, daß die Wirtschaft vollends zusammenbrach. "Vergeblich sucht man in den Annalen nach einem Hinweis darauf, daß Iwan ernsthaft bestrebt gewesen wäre, das Elend der Bauern zu lindern."[55]

Wegen ihrer Nutzlosigkeit löste Iwan die Opritschnina nach sieben Jahren wieder auf. Die verwahrlosten Güter wurden an ihre früheren Besitzer zurückgegeben. Abermals wurden 15.000 Familien umgesiedelt. In diesem Hin- und Herschieben der Bevölkerung des eigenen Landes zeigt si die Menschenverachtung Iwans. "Der Zar hatte sich n gebessert und war, obgleich er das ihm bisher teure Werkzeug der Tyrannei zertrümmerte, dennoch Tyrann geblieben!"[56]

*

Iwan war immer für eine Überraschung gut; aber was er im Herbst 1575 tat, war schlechterdings grotesk. Ohne die geringste Vorankündigung trat Iwan zurück. Vor versammeltem Hof überreichte er alle Rechte und Privilegien eines Zaren einem gewissen Sain Bulat von Kasimow. Dieser tatarische Beamte war ein Neffe der Zarin, die Iwan aus dem Tscherkessenland geholt und geheiratet hatte; er hatte sich taufen lassen und war in Moskau beliebt. Jetzt hieß er also Großfürst Simeon.

Iwan selbst wollte von nun an Fürst Iwan Moskowski heißen und nahm seinen Wohnsitz außerhalb des Kremls in der Petrowka-Straße. Als ein ausländischer Diplomat sich bei Iwan nach dem tatsächlichen Status Simeons erkundigte, erhielt er die Antwort: "Zar Simeon trägt meine Krone, aber ich habe noch sieben weitere." Anderseits weisen die amtlichen Dokumente jener Zeit Simeon Bekbulatowitsch als Großfürsten von ganz Rußland aus.

Schon die Zeitgenossen haben an Iwans Abdankung herumgerätselt; auch den modernen Historikern ist es nicht gelungen, sie befriedigend zu deuten. Vielleicht genoß es Iwan, keine Verantwortung mehr zu haben, aber immer noch genügend Macht. Tatsächlich setzte er dem Verwirrspiel schon nach einem Jahr ein Ende, ernannte Simeon zum Gouverneur der Provinz Twer und bestieg wieder den Thron.

*

Und wieder gab es eine Welle von Hinrichtungen. 1575 ließ Iwan die abgehackten Köpfe zur Abschreckung in die Höfe des Metropoliten und einiger ihm verhaßter Bojaren werfen. Aber allmählich verloren Folterkammer und Schafott ihren Reiz für ihn. Nach 1577 kamen öffentliche Hinrichtungen nur noch vereinzelt vor. *Ein* Mord entsetzte ihn selbst und warf ihn aus dem Geleise: 1581 erschlug er seinen geliebten eigenen Sohn.

Der Thronfolger war 27 Jahre alt geworden und ganz nach seinem Vater geraten, hatte er sich doch eifrig an den Orgien, Torturen und Metzeleien beteiligt. Der päpstliche Gesandte Antonio Possevino berichtete, des Zarewitsch hochschwangere Frau sei von Iwan in einer Kleidung angetroffen worden, die nicht ganz den steifen Bräuchen des Hofes entsprach. Der Zar habe sie darauf mit dem eisenbeschlagenen Stab geprügelt, den er immer bei sich trug. In der folgenden Nacht sei die junge Frau mit einer Totgeburt niedergekommen. Der Zarewitsch sei zum Zaren geeilt und habe sich beschwert. Iwan habe wutentbrannt mit demselben Stab auf seinen Sohn eingeschlagen. An den Verletzungen sei der Thronerbe drei Tage später gestorben.

Iwan war erschüttert, zerknirscht, ja verzweifelt. Er verging in Selbstvorwürfen und irrte jammernd durch die Räume. Dem Hof erklärte er, den Rest seines Lebens wolle er in der Abgeschiedenheit eines Klosters verbringen; man möge einen anderen Zaren wählen. Seine Minister aber wollten davon nichts wissen.

Er lebte noch drei Jahre, nur noch ein Schatten seiner selbst, unberechenbarer als je, an der Grenze des Wahnsinns. Manchmal zerschlug er in hemmungslosen Wutanfällen Möbel und was ihm in die Finger kam; zu anderen Malen hockte er niedergeschlagen in dumpfbrütendem Schweigen, oder er brach plötzlich in Weinkrämpfe aus, verfiel in Selbstmitleid und beklagte vor seinem Hofstaat laut sein Unglück. Es kam sogar vor, daß er sich am Boden wälzte und verzweifelt den Kopf auf die Fliesen schlug.

All die vielen Morde seines Lebens lasteten, trotz aller bislang behaupteten politischen, juristischen und ideologischen Vorwände, als eine ungeheure Schuld auf ihm, deren er sich jetzt bewußt wurde. 1582 sandte er an das Kirillow-Kloster ein handschriftliches Buch mit Listen von 3470 Personen, von denen viele namentlich aufgeführt wurden, und eine große Summe Geld: Die Mönche sollten beten für die auf seinen Befehl Erschlagenen, Verbrannten und Ertränkten, und für ihn selbst.

Diese seltsamen, *sinodiki* genannten Listen mit den Namen der Menschen, die er hatte umbringen lassen, schickte Iwan 1583 an viele Klöster, damit dort für das Seelenheil der Ermordeten gebetet würde. Scharen von Schreibern stellte er an mit dem Auftrag, die Archive durchzukämmen, um die Namen der Toten und die Art ihrer Hinrichtung ausfindig zu machen. Eine *sinodik* beginnt mit diesen Worten:

"Im Jahre 1583 sandte der Zar und Großfürst von ganz Rußland, Iwan Wassilijewitsch, dieses Verzeichnis an das Kloster, auf daß für die angeführten Personen gebetet würde. Denke, o Herr, an die Seelen deiner dahingegangenen Diener, der Fürsten, Fürstinnen, Bojaren und aller orthodoxer Christen, männlich und weiblich, die getötet worden sind, sowie all jener, deren Namen nicht geschrieben stehen. Für diejenigen, die nicht namentlich in der *sinodik* aufgeführt sind, aber in Gruppen von zehn, zwanzig oder fünfzig erscheinen, soll auch gebetet werden. Du selbst, o Herr, weißt ihre Namen."[57]

In den ersten Monaten des Jahres 1583 trafen die *sinodiki* in den Klöstern Rußlands ein, zusammen mit ansehnlichen Schenkungen. "Sehr oft war das gesamte Eigentum der Menschen, die er ermorden ließ, in seinen Besitz übergegangen. Nun, da er wohl den Tod nahen fühlte, begann er, sich der Berge von Schätzen, die er die Jahre über gehortet hatte, zu entledigen. Denn die Schreiber sollten auch den Wert aller Besitztümer der Umgekommenen schätzen und notieren. Zu diesem Zweck mußten sie alte Urkunden der betreffenden

Güter konsultieren. Hunderte von Sekretären und Taxatoren wurden beauftragt, in ganz Rußland nach entsprechenden Unterlagen zu forschen. Iwan war entschlossen, nicht mit der Bürde dieses durch Mord erworbenen Reichtums vor Gott zu erscheinen. Er schlug vor, seine Schätze unter die zweihundert Klöster Rußlands zu verteilen; auch diese Aktion erforderte viele Wochen harter Arbeit. Aber da es schließlich um seine unsterbliche Seele ging, mußte alles genau und rasch erledigt werden."[58]

In einem Brief an Kosma, den Abt des Kirillow-Klosters, schrieb Iwan: "Euch Mönchen kommt es zu, uns in der Finsternis des Stolzes Irrende zu erleuchten; ich aber, ich stinkender Hund, wen soll ich belehren, und wozu anweisen, und wodurch erleuchten? Selbst bin ich jederzeit gewesen in Trunkenheit und in Hurerei und im Ehebruch, in Unflätterei, im Totschlag und Blutvergießen, im Plündern, im Rauben und jeglicher Schandtat."[59]

Auch Iwans Testament beginnt mit einer langen Beichte.[60] Er äußert sich zwar formelhaft, aber es ist deutlich, daß dieses Sündenbekenntnis aufrichtig gemeint ist. Er klagt sich in drastischen Ausdrücken der Grausamkeit, Mordlust, Raffgier und Unzucht an. Wir wissen, daß diese Selbstbezichtigung voll den Tatsachen entspricht.

Nicht nur in privaten Schreiben, auch in öffentlichen Reden hat Iwan, seit dem Jahre seiner Krönung zu wiederholten Malen, seine Schuld an vielen Untaten bekannt. Nach unserem (zugegebenermaßen lückenhaften) Wissen sieht es so aus, als sei Iwan der Schreckliche der einzige von allen weltberüchtigten Despoten gewesen, der seine Verbrechen gestanden und wirklich bereut hat.

*

Man wird "sich vergeblich bemühen, in allen Handlungen Iwans IV. während der letzten beiden Jahrzehnte seiner Regierung noch einen politischen Sinn zu erkennen. Der Zar war in dieser Phase ohne Zweifel wohl nicht geistig, aber seelisch krank."[61]

Die Eroberung Sibiriens geschah nicht auf die Initiative Iwans, sondern der Stroganows. Während andere europäische Nationen in Übersee kolonisierten, begann Rußland nun die angrenzenden Weiten Sibiriens, reich an Holz, Fischen, Pelztieren, Eisen, Kupfer, Zinn und Blei, kolonialistisch auszubeuten. Wenn das ein Verdienst ist (was man grundsätzlich bezweifeln kann), ist es nicht das Verdienst Iwans.

Der Livländische Krieg, den Iwan 1558 vom Zaun brach, endete nach langem militärischen und diplomatischen Hin und Her 1582 mit seiner völligen Niederlage. Das eroberte baltische Küstenland ging wieder verloren. "Iwan mußte sogar Rußlands ursprünglichen Anteil an der baltischen Küste an Schweden abtreten. Deshalb lohnte sich die besonders aggressive Politik dieses Herrschers, die mit Recht alle seine westlichen Nachbarn beunruhigte, nicht einmal vom russischen Standpunkt aus."[62] Am Verlust Livlands trägt Iwan die Hauptschuld.

Innen- wie außenpolitisch war Iwan am Ende. Der politische Schachspieler gab seine Partie auf. Stattdessen spielte er nun auf wirklichen Schachbrettern, beschäftigte sich mit der Magie der Edelsteine und mit den Weissagungen von Astrologen. Schachspielend starb er, 54 Jahre alt. Er hinterließ ein Chaos, aus dem Rußland erst nach langen Wirren auftauchte.

Zwiespältiger Charakter

Sergej Eisensteins Film stellt Iwan den Schrecklichen als bösartigen, körperlich mißgestalteten Kobold dar. In Wirklichkeit war Iwan ein Riese, mindestens 1,90 Meter groß, mit Bärenkräften, und wenn er in seinem Palast ausländische

Gesandte, Geschäftsleute und Reisende empfing, die daheim im Westeuropa der Renaissance an Prachtentfaltung doch allerhand gewohnt waren, machte er auf sie einen großartigen Eindruck. Man rühmte seine Freundlichkeit, Fröhlichkeit und Freigebigkeit, seine ungewöhnliche Belesenheit und seine oft bewiesene Bereitschaft, über ausländische Verhältnisse, Sitten und Gebräuche Neues zu lernen.

Iwans intellektuelle Neugier erstreckte sich auch auf theologische Fragen. Er diskutierte gern mit gelehrten Geistlichen anderer Bekenntnisse. Aufmerksam hörte er sich die Argumente des italienischen Jesuiten Antonio Possevino für den Katholizismus an. Ebenso aufgeschlossen zeigte er sich in dem Religionsgespräch, das er am 10. Mai 1570 mit dem Pastor und Consenior der Böhmischen Brüder Jan Rokyta führte. Rokyta selbst verfaßte darüber einen Bericht, den der Zar in einer Schrift von 84 Seiten Punkt für Punkt beantwortete.[63] Iwan führt viele Stellen aus der Bibel und griechischen Kirchenvätern an, um zu beweisen, daß Rokyta ein Ketzer sei, weshalb er in Rußland nicht predigen dürfe. Toleranter war Iwan gegenüber den Lutheranern. Den Einwohnern der livländischen Stadt Dorpat, die er in einige Orte östlich von Moskau deportieren ließ, erlaubte er, ihren Glauben weiter auszuüben. Ihr Pastor Wettermann durfte diese Gemeinden besuchen, in Moskau eine Kirche bauen, in Alexandrowsk mit dem Zaren über religiöse Fragen diskutieren und dort seine Bibliothek ordnen. Vier Deutsche, alle Augsburger Bekenntnisses, hatte Iwan in seinem Gefolge als Sekretäre: Eberfeld, Kalb, Taube und Kruse.[64]

Iwan komponierte, schrieb Lieder und Hymnen, erfreute sich am Gesang und war ein begabter Chorleiter.[65] Er hatte eine riesige Privatbibliothek und las viel. Zweifellos war er begabt. "Aber für die Staatsleitung war es eine einseitige und darum fast nur verhängnisvolle Begabung: die des Theoretikers und Phantasten mit unverkennbarem Hang zu theatralischem Auftreten."[66] Er konnte in verschiedene Rollen schlüpfen und sich mit ihnen so sehr identifizieren, daß sein

Spiel echt wirkte. Diese Fähigkeit ließ bei manchen den Verdacht aufkommen, daß die Auftritte des verbrecherischen Wüterichs als frommer, gottesfürchtiger Mann nichts anderes waren als pure Heuchelei.

*

Schon die Zeitgenossen nannten Iwan IV. "Groznyi". Dieser Beiname, den bereits Iwan III. trug, war ehrend gemeint; die Übersetzung "der Schreckliche", "le Terrible", "the Terrible" trifft nur einen Teil seiner Bedeutung. Denn "*grosá* heißt im Russischen das Gewitter, aber auch der Zorn, das Tätigkeitswort *grosítj* drohen. Damit gewinnt das Beiwort seinen eigentlichen Sinn: wie der Blitz aus der Gewitterwolke herniederfährt, so die Strafe und der Zorn des Zaren auf den, der sich vergangen hat."[67] Wie der numinose Ort, an dem eine Theophanie geschieht, *terribilis* ist und Ehrfurcht erweckt,[68] so der Zar, in dem der Allmächtige gegenwärtig ist und durch den Gott wirkt. Das war Iwans Herrscherideal: Es gehört sich für einen Herrscher, den Guten milde, den Bösen aber grimmig zu sein; denn er trägt das Schwert nicht umsonst. Wer der Obrigkeit widerstrebt, widersetzt sich Gott.[69] Ungerechtigkeit des Autokraten ist als unvermeidlich hinzunehmen. Kein Mensch, nur Gott allein, kann ihn zur Rechenschaft ziehen, wenn er Unschuldige bestraft oder Unwürdige belohnt.

Diese religiöse Auffassung von der Macht des Zaren war einer der Gründe, weshalb das russische Volk die unberechenbare Willkürherrschaft des blutrünstigen Tyrannen mit unglaublicher Geduld ertrug, aber auch, weshalb Iwan sich bald als erbarmungsloser Despot zeigte, bald als versöhnlicher, gnädiger Vater.

Ein anderer Grund für Iwans schier unerträglichen und doch vom Volk ertragenen Despotismus war die mongolisch tatarische Erbschaft. Die Russen hatten sich in Jahrhunderten so sehr an einen unfaßbar grausamen Terror gewöhnt, daß sie diese Herrschaft absoluter Willkür als etwas Normales ansahen, das sie erleiden mußten wie eine Naturkatastrophe. Wer leistet schon Widerstand gegen ein Erdbeben oder gegen den Ausbruch eines Vulkans?

Kritik duldete Iwan nicht. Als Waska Schibanow im Auftrag des Fürsten Kurbski dessen ersten Absagebrief dem Zaren überreichte, stieß der Tyrann ihm mit seinem spitzen Eisenstab durch den Fuß, ihn auf den Boden festnagelnd, lehnte sich auf den Stab und ließ sich, während das Blut floß, von ihm das Schreiben vorlesen. Dann befahl Iwan, den unglücklichen Boten zu foltern und hinzurichten. Einem anderen, der etwas unvorsichtig eine Bemerkung fallen ließ, die Iwan als Kritik auffaßte, befahl er die Zunge auszuschneiden.

Neben der verhängnisvollen ideologischen Begründung gab es psychische Ursachen für Iwans tyrannisches Verhalten. Einleuchtend ist die Deutung, daß Iwan offensichtlich das Bedürfnis hatte, die Minderwertigkeitsgefühle, die ihn als Folge der Demütigungen seiner Jugend bedrückten, durch äußerste Arroganz zu kompensieren. "Eine Eigenschaft, die in seinen Schriften sehr stark hervortritt, ist sein unbändiger Stolz, sein maßloser Hochmut und sein überaus empfindliches und verletzbares Ehrgefühl. Daß er, der in seiner Jugend so gedemütigte Knabe, sich später dafür rächte, indem er besonders hochfahrend wurde, ist leicht verständlich. Bei ihm freilich steigerte sich dies ins Krankhafte und ungewollt Lächerliche. Seine beiden Sendschreiben an den Fürsten Kurbski ... sind zum nicht geringen Teil Rechtfertigung seines eigenen Hochmutes."[70] Wenig plausibel dagegen ist die Hypothese, Iwans Verhalten sei das eines Paranoikers.[71]

Die zeitgenössische Literatur in den westlichen Ländern betont immer wieder folgende Charaktereigenschaften Iwans IV.: Stolz, Übermut, Angst, Argwohn, Falschheit, List, Wut, Jähzorn, Geilheit, besonders Grausamkeit, über die zahllose

164

Geschichten umliefen.[72] "Zweifellos sind viele dieser Geschichten erfunden, übernehmen Legendenmotive oder übertreiben mindestens die Tatsachen. Doch kann grundsätzlich - und wenn man die russischen Quellen zum Vergleich heranzieht - nicht an der Grausamkeit Iwan Groznyis gezweifelt werden."[73]

An Iwans Grausamkeit fallen zwei Elemente auf: Da ist zunächst seine Lust, das Schreckliche, das er befahl, selbst zu beobachten und sich mitleidlos an der grauenhaften Pein zu weiden. Iwan erfand raffinierte seelische Qualen: Er zwang seine Opfer, sich die Folterung seiner Angehörigen mit anzusehen, ließ sie über ihr Schicksal gern im Ungewissen und genoß ihre Angst und ihr Entsetzen.

Das zweite ist die sexuelle Komponente seiner Grausamkeit. Die Art wie er Frauen und Mädchen öffentlich nackt foltern und töten ließ, ist dermaßen abstoßend, daß ich darauf verzichtet habe, die schlimmsten Szenen zu berichten. Hier tobte sich ein Sadismus sondergleichen aus; vor diesem Abgrund der Bosheit sagte das Volk, hier sei der Teufel am Werk. Frauen waren für Iwan Freiwild; er glaubte, sie ohne weiteres, sobald ihn die Laune überkam, vergewaltigen, demütigen und quälen zu können. Außerdem betätigte er sich als Päderast, und ständig begleitete ihn ein Harem von fünfzig Frauen.[74]

Zu sagen, wie es geschehen ist, dieses Verhalten sei typisch russisch, ist albern. Andererseits trägt der Hinweis darauf, daß Grausamkeit und sexuelle Hemmungslosigkeit bei europäischen Potentaten der Renaissance nicht gerade selten waren, in keiner Weise zum Verständnis oder zur Entschuldigung der Greuel Iwans bei. Daß es zu seiner Zeit den Sacco di Roma der deutschen Landsknechte, die Inquisition in Spanien, das Massaker der Bartholomäusnacht in Frankreich und die vielen Hinrichtungen in England unter Heinrich VIII., Maria und Elisabeth I. gab, verschlägt hier nicht im Geringsten. Die Verbrechen, die einer begeht, werden nicht weniger verwerflich durch die Tatsache, daß viele andere dieselben Verbrechen begehen. Auch der Vergleich Iwans mit Nero, den einige ältere und neuere Historiker zogen,[75] ist kaum erhellend; das einzige *tertium comparationis* ist in diesem Falle, daß die ersten Regierungsjahre beider Herrscher gut waren, weil sie gute Minister hatten.

Das Rätsel, das der Mensch Iwan IV. uns aufgibt, wird noch dunkler, wenn wir ins Auge fassen, wie dieser Tyrann in denselben Jahren, in denen er seine Verbrechen begeht, sich inbrünstigen Andachtsübungen hingibt. Das Miteinander von Beten und Foltern in der Alexandrowskaja Slobodá erscheint uns ebenso unglaublich wie die Vorstellung, in einem Konzentrationslager habe Himmler Tag für Tag regelmäßig mit den SS-Mannschaften in einer Klosterkirche das monastische Stundengebet verrichtet.

Auch daß Iwan für seine Feinde, die er auf das Blutgerüst geschickt hatte, auf eigene Kosten Seelenmessen lesen ließ, berührt uns sonderbar. Zum Beispiel wurde aufgrund einer erfundenen Anklage Fürst Alexander Gorbati-Schuiski, einer der Helden von Kasan, mit seinem siebzehnjährigen Sohn enthauptet; Fürst Peter Gorenski wurde 1564 gepfählt, sein Gefolge erhängt. In beiden Fällen schickte Iwan wenige Tage nach der Hinrichtung Geld an das Troiza-Sergejewski-Kloster, damit die Mönche für die Exekutierten beteten.

Wie soll man diese Frömmigkeit erklären? War sie echt? War sie Heuchelei? Sein erster Biograph, der evangelische Pastor Oderborn, meint, Iwan sei fromm, aber nicht aus echter Gläubigkeit;[76] hier mag konfessionelle Voreingenommenheit das Urteil getrübt haben. Oderborn, der Iwan als den Typus des bösen Herrschers darstellt, gibt aber zu, daß Iwan seine Grausamkeit bereute.

Zu den vielen öffentlichen und privaten Sündenbeichten Iwans, die oben bereits zitiert wurden, sei eine weitere angeführt. In seinem Brief von 1577 an Fürst Kurbski schreibt Iwan über die "Vorsehung Gottes, die meine Bekehrung von meinen Sünden, ja mehr, von meinen Freveltaten, erwartet, der ich mehr Gesetzlosigkeiten beging als Manasse, außer

166

dem Abfall vom Glauben".[77] Wie reagiert Kurbski auf dieses Bekenntnis? Er schreibt an Iwan: "Einmal erniedrigst du dich maßlos, ein andermal überhebst du dich grenzenlos".[78]

Damit berührt Kurbski in der Tat eine Haupteigenschaft Iwans: Ihm fehlte die Harmonie und Ausgeglichenheit. "Mäßigung kannte er nicht, und da Geist und Gemüt bei ihm ständig in Aufruhr waren, fiel er zeit seines Lebens von einem Extrem ins andere. Auch im Reden konnte Iwan sich keinen Zwang antun. Immer drückte er sich mit spontaner, zuweilen leidenschaftlicher Beredsamkeit aus. Immer drängte es ihn, sich anderen mitzuteilen und seine geistigen und seelischen Qualen zu äußern."[79] Mal bat er demütig zerknirscht um Vergebung für seine Verbrechen, mal brüstete er sich voll Hybris. Und jedesmal meinte er wirklich, was er sagte.

Seine Mutter hatte ihn schon als Kind an häufige Wallfahrten gewöhnt. Diese Pilgerreisen zu Heiligengräbern behielt er sein Leben lang bei, und sie pflegten verbunden zu sein mit Fasten und endlosem Beten. Selbst Silvester und Adaschew versuchten, diese übertrieben häufigen Frömmigkeitsübungen Iwans einzuschränken, was Iwan ihnen übelnahm.[80] Auch der gelehrte Mönch und Mystiker Maxim Grek sagte ihm, Iwan würde, trotz des abgelegten Gelübdes, eine Wallfahrt zu unternehmen, besser tun, die vielen Witwen und Waisen der vor Kasan Gefallenen zu versorgen; Gott erhöre Gebete nicht nur an Wallfahrtsorten, sondern überall. Eigensinnig wie er war, folgte Iwan dem vernünftigen Rat nicht.[81]

Kurbski warf dem Zaren, im Hinblick auf seine Schandtaten, ein "lepröses Gewissen" vor, ein vom Aussatz zerfressenes Gewissen, wie es sich nicht einmal unter Heiden finde.[82] Das traf Iwan tief, denn er kommt in seinem Antwortbrief mehrmals darauf zurück.[83] Er selbst empfand ja das, was er tat, als Schuld, Sünde und Verbrechen. Zwar hat er bei vielen Gelegenheiten seine Schuld auf andere abgeschoben: Die Personen, die ihn in seiner Kindheit mißhandelt hatten, die Bojaren, hätten ihn zu dem gemacht, was er geworden. So behauptet er in seinem Brief von 1577 an Kurbski, wenn seine Ratgeber ihm nicht seine Frau Anastasia, die Geliebte seiner Jugend, genommen hätten (durch Gift, wie er meinte), dann hätte er sich nicht sexuellen Ausschweifungen und Perversionen hingegeben.[84] Aber er bekannte, daß es Schuld *ist*, und er bereute sie. Er hatte die Sexorgien und die Folterungen *gewollt*; auch die Zeitgenossen hielten Iwan für voll zurechnungsfähig. Was er in rauschhaften Augenblicken für seine Stärke halten mochte, war in Wirklichkeit seine äußerste Schwäche. An Kurbski schrieb er einen Satz, der zunächst als verharmlosende Entschuldigung wirkt. "Du wirst sagen, ich hätte ... nicht die Keuschheit bewahrt. Nun, wir sind alle Menschen."[85] Wer wird da widersprechen?

Maximilien Robespierre

(1758 - 1794)

Von der Parteien Gunst und Haß verwirrt ...

Von Juli 1792 bis Juli 1794 wurden durch Revolutions-Tribunale und Revolutions-Ausschüsse in Paris und im übrigen Frankreich 13.816 Menschen zum Tod verurteilt und guillotiniert. Den Septembermorden in Paris fielen 1614, den Massenertränkungen in Nantes 4860, den Massenerschießungen in Lyon 1684 Menschen zum Opfer. Insgesamt kostete die *Terreur* der Französischen Revolution 24.000 Tote.

Man hat angesichts des stürmischen Ablaufs der blutigen Ereignisse von einem Naturgeschehen gesprochen, das sich mit unwiderstehlicher Macht Bahn bricht wie ein Taifun oder wie die Eruption eines Vulkans. Der Vergleich hinkt nicht nur; er hat überhaupt keine Beine. Er verkennt völlig, daß die Revolution die Folge der Entscheidungen vieler einzelner Menschen war.

Niemand behauptet, ein einziger Mensch habe diese Hekatomben zu verantworten. Und doch ist es üblich, mit der Schreckensherrschaft vor allem den Namen Robespierres zu verbinden, so als trage dieser die Hauptschuld.

Ein französischer Stich um 1794 zeigt Robespierre in der Deputierten-Uniform, den hohen Hut wie üblich geziert und drei Straußenfedern in den Farben der Trikolore, aber umringt von einer Zackenkrone: Er tritt die Verfassungen von 1791 und 1793 unter die Füße und zieht die Schnur einer

Guillotine, "den Henker köpfend", wie es in der Bildunter-
schrift heißt, "nachdem er alle Franzosen hat köpfen lassen."
Im Hintergrund ragt ein Wald von Guillotinen. Eine Pyrami-
de trägt die Inschrift: "Hier liegt ganz Frankreich."[1]

Nun, das ist eine Karikatur, die politischer Propaganda
dient. Zu den zahllosen graphischen Zerrbildern gesellen sich
die vielen verbalen Beschimpfungen durch empörte Zeitgenossen, deren Haß Robespierre nur als "Blutsäufer" und
"Monstrum" zu sehen vermag.

Ein anonymer Nachruf zum Beispiel der kurz nach Robespierres Hinrichtung erschien, umreißt "das Porträt des
scheußlichsten Tyrannen, der je die Erde belastet hat ..., der
einen Teil Frankreichs auslöschte und, hätte er länger gelebt,
das ganze Land zugrunde gerichtet hätte... Durch große
Heuchelei gelang es ihm, die Diktatur zu errichten, und mit
Terror erhielt er sie aufrecht... Die Guillotinen reichten nicht
mehr aus für die Zahl der Opfer. Man ging zu Füsilladen,
Noyaden und Massenerschießungen über, Begriffe, die eben-
so neu sind wie die Gewaltakte, die sie kennzeichnen... Das
Ungeheuer hat 35 Jahre gelebt, war 5 Fuß, 2 Daumen groß,
hatte leicht verkniffene Züge und einen fahlen, galligen
Teint. Seine vorherrschenden Leidenschaften waren der
Stolz, der Haß und die Eifersucht. Nichts konnte seinen
Durst auf Menschenblut löschen; es waren nur Trümmer,
Wüsten und Tote, über die er hätte herrschen können."[2]

Die Stimmen, die dem Abscheu vor diesem "Diktator"
Ausdruck geben, sind durch zwei Jahrhunderte nicht ver-
stummt.[3] Der Dichter William Wordsworth, der 1790 und
1792 durch Frankreich gewandert war und sich anfangs für
die Revolution begeistert hatte, war von der Schreckensherrschaft dermaßen entsetzt, daß er bei der Nachricht vom Tode
Robespierres in Jubel ausbrach über das Ende des "Grausamen", der einen "Strom von Blut" über Frankreich gebracht.[4]

Samuel Taylor Coleridge, der die Ideen der Französischen
Revolution verfocht, stellte Robespierre, in einem unter dem

unmittelbaren Eindruck seines Sturzes verfaßten Drama,[5] als einen ehrgeizigen, schlauen Heuchler und als blutrünstigen Tyrannen dar:

> Thou art too fond of slaughter - and the right
> (If right it be) workest by most foul means.
> (...)
> Self-wille'd dictator o'er the realm of France
> (...)
> Thou, the foul parricide of liberty!

Es versteht sich, daß Robespierres Charakter schon zu Lebzeiten von seinen politischen Gegnern verleumdet wurde; erst recht wurde er nach seinem Sturz geschwärzt und geschmäht, von den Siegern, aber auch von den früheren politischen Freunden, die, um ihre eigene Verstricktheit in die Greuel vergessen zu machen, alle Schuld auf ihn als den Sündenbock schoben. Ebenso versteht es sich, daß die dem Geist der Restaurationszeit verpflichteten Historiker den "Königsmörder" als ein Scheusal schilderten. Aber auch liberale Geschichtsschreiber, die ihn aus einem größeren zeitlichen Abstand betrachteten, verhehlten nicht ihren Ekel. So nannte Lord Acton ihn "den hassenswertesten Charakter in der ersten Reihe der menschlichen Geschichte".

Giovanni Papini zählt in seinem Epos vom Jüngsten Gericht Robespierre zu der Gruppe der "Grausamen" und stellt ihn unter die Anklage, "der heuchlerischste und erbarmungsloseste Schlächter des Volkes" gewesen zu sein. Der Robespierre des Dichters verteidigt sich mit den Worten: "Mein Volk war durch und durch krank; um es zu heilen, brauchte es einen reichlichen Aderlaß. Ich war nichts anderes als einer der chirurgischen Assistenten bei dieser Operation, die meinem Herzen ein großer Schmerz war, die aber mein Verstand als notwendig erkannte... Wenn ich etwas bereue, dann nur, daß ich mit dem Blute zu sparsam umging, bei jenem großen politisch-chirurgischen Eingriff. Um meines Erfolges sicher zu sein, hätte ich mindestens eine Million Franzosen köpfen müssen."[6]

Ist das Geschehen des Zehnten Thermidor im Revolutionsjahr II, als Robespierre, umjohlt von der Menge, nach seinen Gefährten unter das Fallbeil geschoben wurde -

Der Mund verzerrt sich furchtbar im Gesicht.
Man harrt des Schreis. Doch hört man keinen Laut[7]

- ist dieses Geschehen hinreichend mit dem Satz von Joseph de Maistre gekennzeichnet: "Ein paar Schurken brachten ein paar Schurken um"?

Es gibt ja auch völlig entgegengesetzte Urteile über Robespierre. Dem katholischen Philosophen Buchez erschien Robespierre als der wahre Christ, dessen Gegner Feinde des Christentums seien.[8] Lamartine rühmte Robespierre, "l'âme de la république", "le Luther de la politique", den Kämpfer für die Idee der Demokratie, der seiner Zeit voraus war.[9] Auf den Spuren Lamartines wandte sich der österreichische Dichter Robert Hamerling in seinem Lesedrama[10] gegen die vorherrschende Ansicht, der Revolutionsführer sei ein feiger, blutdurstiger Mensch gewesen.

Allmählich wurde Robespierre zu einer mythischen Gestalt, zu einem Vorbild für viele, die das künftige Glück der Menschheit erträumten. Sozialistische und marxistische Autoren erblickten in Robespierre einen Helden, ja einen Heiligen der Revolution. Lenin setzte ihm ein Denkmal.[11] Im gleichen Sinne würdigte der Stalinist Maurice Thorez die "große Gestalt der Französischen Revolution".[12] Nicht in Frankreich, sondern in der stalinistischen DDR wurde des 200. Geburtstags von Robespierre in einem mehr als 628 Seiten Quarto umfassenden Sammelband gedacht.[13] Alexei Tolstoi feierte Robespierre als den Vorkämpfer für die Ziele der Bolschewiki.[14] Den Nimbus des Märtyrers erhielt Robespierre im Drama von Romain Rolland,[15] wo er als der gewissenhafte "Gerechte" von seinen verblendeten Mitstreitern geopfert wird.

172

"Polizeisoldat des Himmels" wird Robespierre in Büchners Drama *Dantons Tod* genannt - aber das ist nicht des Dichters Meinung, sondern von ihm dem Gegenspieler Danton in den Mund gelegt. Büchner stellt Robespierre als einen Idealisten dar, der im Rahmen seines revolutionären Auftrags konsequent handelt, aber an diesem Handeln leidet.[16] Könnte dieses psychologisch vertiefte Bild dem Umstrittenen gerechter werden?

Oder soll man der Dichotomie zustimmen, die in dem Urteil liegt, das Babeuf 1794 äußerte? "Es gibt zwei Robespierres: der eine ein echter Patriot und Mann mit Grundsätzen, bis zum 31. Mai 1793, und dann der Mann des Ehrgeizes, der Tyrann und der tiefste der Schurken." Oder haben jene recht, die erklären, gewiß sei Robespierre ein Verbrecher, aber er sei ein tugendhafter Verbrecher?

Mir scheint, von diesen unterschiedlichen Urteilen trifft kein einziges zu. Denn jedes läßt einzelne Aspekte und Fakten unberücksichtigt.

Vom Priesterschüler zum Publizisten

Seine Sperlinge und Tauben zu pflegen, kleine Kapellen zu bauen, Bilder zu sammeln oder Sachen für seine jüngeren Schwestern zu häkeln, das sind die Lieblingsbeschäftigungen des Knaben Maximilien Robespierre, sobald er seine Schulaufgaben gemacht hat. Selten spielt er mit anderen Kindern. Seitdem er mit sechs Jahren seine Mutter und bald danach auch seinen Vater verlor, wohnt er bei seinen Großeltern mütterlicherseits, soliden Bierbrauerleuten in seiner Geburtsstadt Arras.

Der Vollwaise ist ernster als andere Kinder, denn er fühlt sich als der Älteste für seine jüngeren Geschwister verantwortlich. Die Schwester Charlotte berichtet im Rückblick: "Unsere Kindheit war voller Tränen, und jedes unserer frühen Jahre war durch den Tod eines Lieben gekennzeichnet. Dieses Los beeinflußte, mehr als man sich vorstellen kann, Maximiliens Charakter; es machte ihn traurig und melancholisch."[17]

Man sagt ihm, er müsse in der Schule fleißiger und artiger sein als andere Kinder, damit er den Verwandten nicht lange zur Last falle und bald für seine kleinen Geschwister sorgen könne. Das leuchtet ihm ohne weiteres ein, und es fällt ihm nicht schwer, den Anforderungen zu entsprechen.

Seine Ausbildung erfolgt in kirchlichen Anstalten. Vier Jahre besucht er das Collège in Arras, eine ehemalige Jesuitenschule, deren Lehrer jetzt Weltpriester sind. Sein Bischof sorgt dafür, daß Maximilien an dem Pariser Collège Louis-le-Grand, einer der angesehensten Schulen Frankreichs, eine Freistelle erhält - zwölf Jahre lang. Seine Lehrer, lauter Oratorianer-Priester, schätzen den Stipendiaten als Musterschüler. Er ist fast immer Klassenprimus und der beste Lateiner der Schule. Er begeistert sich für die Helden der römischen Republik, die er später in seinen Reden stets als Vorbilder zitieren wird. Sein Lateinprofessor gibt ihm liebevoll den Spitznamen "der Römer".

Auch während seines Jura-Studiums wohnt Robespierre im Louis-le-Grand. Bei seiner Graduierung erhält er einen außerordentlichen Preis von 600 Livres (den höchsten Preis, den je ein Stipendiat dieser Schule bekam) "für seine gute Führung durch zwölf Jahre und seinen Erfolg in seinen Klassen, wo er die Preise sowohl der Universität als auch in seinem Examen in Philosophie und Jus gewann." Robespierre wird als Advokat zugelassen beim wichtigsten Gerichtshof in Frankreich, dem *Parlement* in Paris. Er bleibt aber nicht in Paris, sondern kehrt nach Arras zurück, wo bereits sein Vater als Rechtsanwalt gewirkt hat und wo der 23jährige Lizentiat im November 1781 als Advokat zugelassen wird.

*

Übrigens hat Robespierre, der sechzehn Jahre lang von Priestern unterrichtet und erzogen wurde, inzwischen seinen Glauben verloren. Bei den Gottesdiensten in der Kapelle des Kollegs betete er schon lange nicht mehr mit; und da er von der Tadellosigkeit seines Lebens ohnehin überzeugt war, erübrigten sich für ihn auch die regelmäßige Gewissenserforschung und die Beichte.

Statt des katholischen Glaubens erfüllte ihn die Philosophie Rousseaus, dessen Schriften bereits der Heranwachsende mit glühenden Wangen gelesen hatte. Die Absage an die Vernünftelei der Aufklärer und an die Dogmen der etablierten Religionen, die Bejahung des Gefühls, vor allem die Lehre, der Mensch sei an sich gut, und wenn er verdorben sei, so liege das nicht an der Erbsünde (die es nicht gebe), sondern allein an der Gesellschaft - das alles fand Robespierres begeisterte Zustimmung.

Machiavelli hatte Politik und Moral voneinander getrennt; Rousseau fügte sie wieder zusammen. Rousseau und Robespierre waren überzeugt, daß Politik eine durchaus moralische Angelegenheit sei. Nur die Tugendhaften seien für sie geeignet, nur die Reinen könnten die ideale Gesellschaft aufbauen. Wie aber kann der Mensch rein und tugendhaft werden, solange die Gesellschaft böse ist und ihn daran hindert?

Rousseaus kurzschlüssiges Denken entfachte in Robespierre einen Radikalismus, der um jeden Preis den idealen Staat herstellen wollte. Die einseitigen Ideen Rousseaus wurden bei Robespierre noch einseitiger; der Versuch, sie in praktische Politik umzusetzen, mußte in eine Katastrophe führen.

Rousseau war sich immerhin bewußt, daß sein *Contrat social* eine Utopie ist, denn abschließend bemerkte er, wenn die Menschen so gut wären, daß sie einer reinen Demokratie fähig wären, brauchten sie keinen Staat und könnten in ab-

175

soluter Freiheit von Herrschaft leben. Robespierre überhörte die skeptischen Töne bei Rousseau und gab sich dem Traume hin, die Menschen könnten gut sein, wenn der Staat anders organisiert wäre. Den *circulus vitiosus* bemerkte er nicht. Wie kann erst die Demokratie gute Menschen hervorbringen, wenn gute Menschen die Voraussetzung der Demokratie sind?

Die Vorstellung von der allgemeinen Güte des Menschen wird gewöhnlich dann aufgegeben, wenn die ersten Zweifel an der eigenen Vollkommenheit auftauchen. "Selbstkritik ist ein notwendiger Bestandteil der Einsicht in das Wesen der Menschen... Und hier versagt Robespierre. Nicht der leiseste Zweifel an der eigenen Vortrefflichkeit und der Allgemeingültigkeit seiner Ideen hat ihn je getrübt. Er hielt sich für ein vorbildliches Exemplar der menschlichen Gattung. Warum sollten die andern nicht ebenso musterhaft werden können wie er selbst?"[18]

*

Da Robespierre, wie er meinte, sich selbst nicht mehr zu verbessern brauchte, kam es für ihn nur noch darauf an, etwas zur Verbesserung der Menschheit zu unternehmen. Dazu gab ihm, dem soeben in Arras Etablierten, sein Beruf Gelegenheit, wenn auch nur im lokalen und provinziellen Rahmen. Im Frühjahr 1782 wurde er einer der fünf Richter des Tribunals am bischöflichen Hof zu Arras, das auch für Zivilsachen der Provinz zuständig war.

Als Anwalt verhielt sich Robespierre, was selbst seine Feinde zugaben, ungewöhnlich uneigennützig. Armen erteilte er ohne Bezahlung juristischen Rat.[19] Mit Vorliebe verfocht er Fälle, in denen sich ihm Gelegenheit bot, Arme und Unterdrückte zu verteidigen, Vorurteile zu bekämpfen und Angehörige der privilegierten Stände in Schranken zu weisen. Daß er sich dabei nicht rundum beliebt machen konnte, auch nicht bei allen Kollegen, mußte ihm von vornherein klar gewesen sein. Aber unbekümmert um unerfreuliche Folgen für ihn selbst, war er in seinen Plädoyers ein kaustischer Polemiker. Eins fehlte ihm nie: Zivilcourage.

Im Hinblick auf seinen späteren Ruf eines blutgierigen Menschenschlächters sind zwei Begebenheiten aus der Zeit zu Arras bedenkenswert. Als er 1783 über einen Mörder die Todesstrafe verhängen mußte, mochte er, wie seine Schwester Charlotte berichtet, zwei Tage lang nichts essen. "Ich weiß sehr gut, daß er schuldig ist", sagte er ganz verstört, "er ist ein Verbrecher. Aber einen Menschen töten ..."

Im Prozeß zu Arras gegen Mme. Page kritisierte Robespierre in seinem Plädoyer die Justiz: "Beim Anblick so vieler Schafotts, die von unschuldigem Blut dampfen, höre ich eine mächtige Stimme in mir aufschreien und auf immer der fatalen Neigung abschwören, allein auf Verdacht hin zu verurteilen."[20] Leider fehlte ihm, wie wir noch sehen werden, in diesem Punkte später die eiserne Konsequenz, die man ihm nachzusagen pflegt.

In Arras, wo Robespierre mit seinen Geschwistern einen gemeinsamen Haushalt führte, muß sich der junge Jurist eines nicht geringen Ansehens erfreut haben. Er wurde 1783 in die Akademie von Arras aufgenommen, 1786 zu ihrem Direktor ernannt und 1787 in die exklusive literarische Gesellschaft der Rosati gewählt, einen Kreis von Poeten, die sich bei *vin rosé* trafen, um sich an lyrischen Spielen zu ergötzen. Daß Robespierre Scherzgedichte schrieb, mit anderen sang, lachte, trank und tanzte - diese Tatsache dürfte das allzu düstere Bild, das sich manche vom Menschen Robespierre gemacht haben, ein wenig korrigieren.

*

Das Jahr 1788 brachte einige Ereignisse, die dem Provinz-
advokaten Robespierre Gelegenheit eröffneten, sich in einem
größeren Wirkungskreis zu betätigen und seine Ideen von
einer neuen Staatsordnung zu verwirklichen. Überall in
Frankreich gärte es. In verschiedenen Städten machte das
Volk in Aufständen und Demonstrationen seinem Zorn Luft.
Die sich zuspitzende Finanzkrise trieb das Land in den
Staatsbankrott. In dieser Lage entschloß sich Ludwig XVI.,
der Geld benötigte, etwas zu tun, was die Könige von Frank-
reich seit 174 Jahren nicht mehr getan hatten: Er berief im
August 1788 auf den nächsten Mai die Generalstände ein.
Das bedeutete: Es waren Wahlen fällig. Jeder, der direkte
Steuern zahlte, hatte eine Stimme.

Um sich der Wählerschaft bekannt zu machen, veröffent-
lichte Robespierre einige Flugschriften. Sein *Aufruf an die
artesische Nation über die Notwendigkeit, die Stände des
Artois zu reformieren* verbreitete sich entrüstet über die
Ausbeutung der Bauern und die Mißstände, die durch die
Privilegien des Adels und des hohen Klerus verursacht wur-
den.[21] Es folgte - der Titel ist für Robespierre bezeichnend -
Die entlarvten Feinde des Vaterlands.[22]

Im April 1789 wurde Robespierre als Abgeordneter gewählt. Er sollte den Dritten Stand von Artois in der Versammlung der Generalstände vertreten, die bald, gegen die
Intentionen des Hofes, unter Mirabeaus Führung Nationalversammlung werden sollte.

Der unbestechliche Abgeordnete

Etwas schüchtern bewegte sich der unscheinbare Provinz-
advokat unter den Herzögen, Bischöfen und anderen hohen
Personen, die sich am Vorabend seines 31. Geburtstags in
Versailles versammelt hatten, um in den nächsten Monaten
über die Zukunft Frankreichs zu beraten. Nicht als habe er
den geringsten Zweifel an seiner politischen Sendung gehegt.

178

Seine Not bestand nur darin, wie er seinen Ideen auf den Sitzungen der verfassunggebenden Nationalversammlung Gehör verschaffen könne. Niemand kannte ihn; die Journalisten schrieben seinen Namen, wenn sie ihn überhaupt der Erwähnung wert fanden, meist falsch. Mit seiner schwachen Lunge fiel es ihm schwer, sich vor dem Plenum vernehmlich zu machen. Seine dünne Stimme tönte ziemlich hoch und kam gegen das Stimmengewirr im Saal kaum an. Die Art seines Auftretens trug nicht dazu bei, vollständige Stille zu erreichen und die Aufmerksamkeit der Deputierten zu fesseln.

Robespierre las seine am Schreibtisch ausgearbeiteten Reden ab, "in einem trockenen und herablassenden Tonfall", freilich mit wirkungsvollen Pausen, in denen er seine Brille in die Haare schob und seine kalten Augen über seine Zuhörer wandern ließ. Seine Reden waren oft viel zu lang. Wer hört schon zwei Stunden den Ergießungen eines einzigen Menschen zu, ohne zu ermüden? Wenn der Rhetor obendrein, wie es Robespierre gern tat, in abstrakten Begriffen doziert oder sich im erhabenen Ton Corneilles oder eines alttestamentlichen Propheten ergeht, bleibt Gähnen nicht aus. Wenn er anderseits sarkastisch, ironisch oder spöttisch wird, kann das unterhaltsam, aber auch ärgerlich wirken. Zwischenrufen war Robespierre kaum gewachsen. Keine Frage: An Eloquenz waren Mirabeau, Danton und viele andere dem Advokaten aus Arras überlegen.

So fand Robespierre in seinen parlamentarischen Anfängen wenig Widerhall in der Assemblée. Obwohl er während der 29 Monate der Constituante 165mal am Rednerpult stand, wurde nur ein einziger seiner Gesetzesanträge angenommen. Seine Kollegen hielten ihn, der in geschraubtem Stil sich moralisch überlegen gab, für arrogant, intransigent und pompös. Manche betrachteten ihn als einen Kauz und lachten über das, was er todernst von seinem Manuskript ablas. Andere schmähten und verleumdeten ihn.

Ein politischer Schriftsteller aus England berichtete Anfang 1791 über den noch nicht zur vollen Geltung gekommenen Robespierre: "Er ist kühl, gemessen und entschlossen. Er ist Republikaner in seinem Herzen, und zwar aufrichtig, nicht um der Menge zu schmeicheln, sondern aus der Überzeugung, daß dies die allerbeste, wenn nicht gar die einzige Regierungsform ist, die man zulassen sollte. Er ist ein strenger Mann, starr in seinen Grundsätzen, schlicht, unaffektiert im Benehmen... Ich beobachte ihn jeden Abend ganz aus der Nähe und lese seine Miene mit unverwandt auf ihn gerichtetem Blick."[23] Der Engländer hielt Robespierre für den kommenden Führer der Französischen Revolution. Auch Mirabeau spürte das; seine Prophezeiung gibt zugleich den Grund an für Robespierres künftigen Einfluß: "Der wird es weit bringen, denn er glaubt, was er sagt."[24]

*

Von Anfang an trat Robespierre für die Vollendung der Revolution ein. Von Kompromissen, von halbherzigen Reformen wollte er nichts wissen. Die Freiheit des Volkes sei erst dann verwirklicht, wenn alle Formen von Konterrevolution vernichtet seien. Die meisten Abgeordneten dagegen waren zufrieden, wenn die schlimmsten Mißstände des *ancien régime* abgestellt wurden. Robespierre forderte mehr: eine völlige Wiedergeburt der Nation aus der Moral.

Die Abgeordneten des Dritten Standes traten für Freiheit und Gleichheit ein; aber dabei dachten sie an sich selbst, an die bürgerliche Mittelklasse, die dem Adel nicht nachstehen wollte. Sie dachten kaum an das Proletariat. Sie bildeten sich ein (wie Robespierre es ausdrückte), "Gott habe von Ewigkeit her den Rücken der einen gebeugt, damit sie Lasten tragen, und die Schultern der anderen geformt, damit sie goldene Epauletten empfangen". Robespierre dagegen

180

kämpfte für die Rechte aller, besonders aber derer, die bisher am wenigsten zu melden hatten - für die Armen der Vorstädte, für die Arbeiter, auch - was damals noch unerhört zu sein schien - für die Gleichberechtigung der Juden und der Farbigen.

In einer Rede vor dem Klub der Cordeliers protestierte Robespierre gegen die Beschränkungen im neubeschlossenen Wahlsystem: Nur solche durften wählen und gewählt werden, die in bestimmter Höhe direkte Steuern zahlten. Damit war den Ärmeren das Wahlrecht genommen. Robespierre stellte fest, daß dies die von der Assemblée feierlich erklärten Grundrechte verletze: Freiheit und Gleichheit aller Menschen und das Recht, an der Gesetzgebung mitzuwirken und zu öffentlichen Ämtern zugelassen zu werden. Diese vom Klub der Cordeliers gedruckte Rede fand bei den kleinen Leuten begeisterte Aufnahme.[25]

Zum gleichen Thema äußerte Robespierre in der Nationalversammlung: "Die Gesetze sind zum Schutz der Schwächeren gemacht; die Schwächeren bedürfen am meisten des Schutzes der Gesetze; die reichen Leute können die Gesetze leichter umgehen, sie können ... den Schutz der Gesetze eher entbehren: Ist es da nicht ungerecht, daß diese Leute mehr Einfluß auf die Gesetze haben sollen als jener Teil des Volkes, der ihrer am meisten bedarf?"[26]

Manches von dem, was Robespierre in den Jahren 1789 bis 1791 äußerte, muß den Leser, der seine Worte und Taten aus den Jahren 1793 - 1794 kennt, in beträchtliches Erstaunen versetzen. Aber schon die Zeitgenossen, die nicht in die Zukunft blicken konnten, wunderten sich über das, was sie aus dem Munde Robespierres vernahmen. "Als ein Mann, der versuchte, alle seine Ansichten auf Prinzipien zu gründen und ad-hoc-Entscheidungen zu vermeiden, überraschte er manchmal sowohl politische Freunde als auch Gegner durch seine Mäßigung, wenn die Umstände einer bestimmten Sache die Leidenschaften der Abgeordneten hervorriefen."[27]

Robespierre trat in der Nationalversammlung gegen die Todesstrafe ein, fand aber keine Mehrheit. Entschieden erklärte er, "daß die Todesstrafe grundsätzlich ungerecht ist": "Gerechte und maßvolle Gesetze werden von jedermann gutgeheißen; alles aber verschwört sich gegen grausame Gesetze. Der Unwille über das Verbrechen wird aufgewogen durch das Mitleid, das sich bei einer übermäßig strengen Strafe regt... Beflissen wird jeder einen Schuldigen ausliefern, wenn die Strafe milde ausfällt; allein schon bei dem Gedanken, ihn in den Tod zu schicken, fühlt er die Natur in seinem Inneren erbeben. Unwiderstehlich erhebt sich die Stimme der Natur zugunsten der Schuldigen und gegen das Gesetz."[28]

In einer anderen Rede in der Nationalversammlung sagte Robespierre: "Die Freiheit der Meinungsäußerung als der Weg zur Freiheit schlechthin darf in keiner Weise beschränkt oder behindert werden, wenn es sich nicht um einen despotischen Staat handeln soll... Ich fordere die Nationalversammlung zu dem Beschluß auf, ... jedem Bürger das Recht zuzusprechen, seine Meinung frei zu äußern, ohne daß er Verfolgungen irgendwelcher Art ausgesetzt ist."[29]

Hätte Robespierre zwei Jahre später diese seine Grundsätze beherzigt, so wäre den Menschen viel Leid erspart geblieben, und die liberalen Ideen hätten, ohne von Reaktion und Restauration aufgehalten zu werden, ihre Siegesbahn schneller durchlaufen.

*

Robespierres gewinnendes Lächeln hat die Malerin Adélaïde Labille-Guiard in dem charmanten Ölbild festgehalten, zu dem der 33jährige Abgeordnete 1791 saß und dessen Inschrift "Der Unbestechliche" bei der Ausstellung im Salon von 1791 viel Beifall fand.[30]

Häufig wurde Robespierre nun "der Unbestechliche" genannt, wobei man nicht nur meinte, daß dieser Deputierte unter keinen Umständen sich Lobbyisten gegenüber für kräftige Handsalben zu Gefälligkeiten bereit fand. Man drückte mit diesem Ehrennamen vor allem aus, daß Robespierre redlich für das eintrat, was er für richtig hielt, und um keines Menschen Gunst buhlte.

Er lehnte es ab, sich bei den unteren Volksschichten anzubiedern, indem er, wie es revolutionäre Mode wurde, ihre derbe Sprache und ihre nachlässige Kleidung nachahmte. Seine Redeweise blieb akademisch, sein Anzug betont korrekt. Robespierres gepflegte Erscheinung stach deutlich ab von der Hemdsärmeligkeit Dantons und der Formlosigkeit Marats, der seine Besucher oft in ein Badetuch gehüllt empfing. Leidenschaftlich setzte sich Robespierre für den Pöbel, die Sansculotten, ein, deren Name daran erinnert, daß sie nicht die feine seidene Kniebundhose des *ancien régime* trugen, sondern lange Schlotterhose, und in offenem Hemd, mit zotteligem Haar und roter phrygischer Mütze über die Boulevards liefen. Er selbst aber hörte nie auf, Spitzenjabot und sorgfältig gepuderte Frisur mit Zopf zu tragen. Sein altmodisch konventioneller Stil in Kleidung, Sprache und Umgangsformen stand in merkwürdigem Gegensatz zu seinen fortschrittlich-revolutionären Ideen.

Gerade weil Robespierre kein Scheinheiliger, kein opportunistischer Mitläufer war, wurde er beim Volk beliebt. Mochte in der Nationalversammlung nur eine Minderheit seine Anträge unterstützen, das Volk, das auf den Zuschauerrängen ihm zuhörte oder seine Reden las, zollte ihm Beifall. Obwohl er kein Demagoge war und die Begabung eines Volkstribuns ihm abging, wußten die Armen in den Vorstädten, daß er ihre Sache verfocht. Und es hatte sich bei ihnen herumgesprochen, daß er bescheiden und bedürfnislos lebte. Solange die Nationalversammlung in Versailles tagte, hatte er Unterkunft genommen nicht mit seinen Advokaten-Kollegen, sondern mit den Bauern. In Paris bewohnte er zwei

Kämmerchen im Hinterhaus des Tischlermeisters Duplay, deren Fenster auf den Hof gingen. Das Kreischen der Säge aus der Werkstatt störte ihn nicht, wenn er am Tisch seine Reden schrieb. Man wußte, daß er keine Reichtümer sammelte, nicht nach einträglichen Posten trachtete und die Ernennung zum Ankläger am Kriminalgericht der Hauptstadt abgelehnt hatte, daß er "nie eine bewaffnete Leibwache duldete, sich gern auf langen Spaziergängen unbegleitet in den Wäldern um Paris verlor".[31]

Das Ausmaß seiner Popularität zeigte sich, als Ende September 1791 die Verfassunggebende Nationalversammlung nach verrichteter Arbeit aufgelöst worden war. Unter Beifallrufen der Bevölkerung ging er durch die Straßen von Paris. Ein Besuch in seiner Vaterstadt gestaltete sich für ihn zu einem wahren Triumphzug.

Der Jakobiner und die Massenmorde

An die Stelle der Verfassunggebenden Nationalversammlung, der *Constituante*, trat die Gesetzgebende Nationalversammlung, die *Legislative*, der kein Mitglied der *Constituante* angehören durfte. Robespierre selbst war in dem einzigen seiner Anträge, der angenommen wurde, dafür eingetreten, daß die Mitglieder der *Constituante* nicht für die *Legislative* kandidieren sollten. Das bedeutete auch für ihn den Verlust seiner parlamentarischen Stellung. In dem einen Jahr, in dem ihm diese Tribüne nicht zur Verfügung stand, konnte er sich um so mehr im Jakobinerklub betätigen.

Diese Vereinigung veranstaltete abends öffentliche Vorträge in einem ehemaligen Dominikanerkloster, das wie Robespierres Wohnung in der Rue St. Honoré lag und das *Jacobins* hieß. Hier, zuerst in der alten Bibliothek, umgeben von theologischen Folianten, unter dem Fresko des heiligen Thomas von Aquin, später, ab Juni 1791, in der Kapelle, wurden bei schwacher Beleuchtung die revolutionären Reden gehalten, die ein neues Licht in die Welt bringen wollten.

Die Jakobiner wünschten eine radikale Revolution, nicht bloß eine Reform. Während die Reeder, Kaufleute und Grundbesitzer aus der Gironde sich damit zufrieden gaben, daß der Dritte Stand (nicht die Armen, sondern die Bourgeoisie) die Führung errungen hatte, daß die Privilegien des Adels gefallen und die Kirchengüter säkularisiert waren, trachteten die Jakobiner nach Herrschaft des einfachen Volkes in der Überzeugung, daß "gesundes Volksempfinden höher zu achten sei als die Syllogismen der Juristen und die Weltklugheit der Gebildeten".

Im Jakobinerklub hörte man Robespierres Reden "mit einer religiösen Aufmerksamkeit".[32] Nachdem sich die gemäßigten Feuillanten abgespalten hatten und die übriggebliebenen, die radikalen Demokraten, einer Säuberung unterzogen worden waren, die zum Ausschluß aller nicht völlig Zuverlässigen geführt hatte, war Robespierre das unbestrittene geistige Haupt der Jakobiner. Seine gedruckten Reden wurden an die fast 2000 Tochtergesellschaften geschickt. So verbreiteten sich seine Ideen über ganz Frankreich.

Als Tausende Beamte, Richter und Offiziere wegen politischer Unzuverlässigkeit entlassen und durch Jakobiner ersetzt wurden, gewann der Klub starken Einfluß. Da die Wähler weitgehend auf Teilnahme an Wahlen verzichteten (schon im August 1790 wählte in Paris nur noch jeder fünfte Stimmberechtigte, und die Enthaltung nahm bis 1794 noch zu), blieb es schließlich völlig den Jakobinern überlassen, wer ein Amt erhielt. Schwarze Listen verhinderten, daß unerwünschte Personen in öffentliche Stellen kamen. So war schließlich nicht die Nationalversammlung die entscheidende Instanz, sondern der Jakobinerklub; und Robespierre war der Erste der Jakobiner. Mit diesem Klub formte er sich das ihm gemäße revolutionäre Instrument.

Auf diese seine Hausmacht ließ er nichts kommen. Sobald in der Nationalversammlung etwas gegen die Jakobiner vorgebracht wurde, sprang er auf und erklärte, die Feinde der Klubs könnten nichts anderes sein als ehrgeizige Intriganten, korrupt durch und durch, Verräter und Schurken. Dabei sammelten sich in den Klubs - was Robespierre nicht sah - allerlei beschränkte und fragwürdige Typen: Dorftyrannen, Krakeeler, manchmal der Abschaum der Menschheit. Für Robespierre war, wie der Abgeordnete D'André feststellte, der Patriotismus in den 40.000 Mitgliedern der Klubs konzentriert und nirgendwo sonst vorhanden. Der Klub hatte immer recht, und wenn die Nationalversammlung einmal anderer Meinung sei, um so schlimmer für die Nationalversammlung. Nur wenn die jakobinischen Schreihälse das parlamentarische Spiel kontrollierten, könnte der Nation gedient sein. Jede Opposition galt als Verrat, jede Kritik als Begünstigung der Feinde.[33]

Der Dichter André Chénier, der die Anfänge der Revolution enthusiastisch besungen hatte, wandte sich angewidert ab von dem Schauspiel, das allen liberalen Ideen Hohn sprach: Daß die Bevölkerung eines großen Landes es sich gefallen ließ, sich von einer Clique einschüchtern zu lassen, die behauptete, sie allein vertrete den Willen der Nation.[34]

*

Außer dem Jakobinerklub hatte Robespierre 1792 noch ein anderes Instrument zur Verfügung: Eine Zeitung, die er allein schrieb. Er war entschlossen, die Presse als politische Waffe zu benutzen. Bezeichnend ist der Titel, den Robespierre seinem Blatt gab: *Der Verteidiger der Verfassung.*[35] Robespierre bestand darauf, daß die Verfassung von 1791, welche die Monarchie beibehielt, zwar gewisse Aspekte der Konterrevolution legitimierte, aber auch legale Möglichkeiten bot, die Revolution fortzusetzen und zu vollenden.

Ihm als Juristen und als ordnungsliebendem Bürger widerstrebte jede Anwendung von Gewalt. Alles sollte schön nach gesetzlicher Vorschrift vor sich gehen. Noch äußerte er sich gegen Aktionen der Straße, gegen Kriegsrecht und gegen die Todesstrafe. Er verfocht radikale Ziele, nicht aber radikale Mittel: "Ich kenne in Frankreich keinen Mann, dessen Kopf fallen müßte, um mein Vaterland vom Joch der Tyrannei zu befreien... Nicht gerade mir sollte man blutige Absichten und Gewalttaten zuschreiben, die gegen das wahre Interesse der Freiheit gerichtet sind."[36]

Trotz der erklärten Gewaltlosigkeit rechnete er mit Widerstand: "Wir verhehlen uns nicht, daß wir alle Parteien gegen uns aufbringen werden; bleiben wird uns jedoch die Zustimmung unseres Gewissens und die Achtung aller ehrbaren Leute."[37]

Schrillt da keine Alarmglocke? Das heißt doch nichts anderes, als daß es in keiner einzigen Partei, außer der eigenen, ehrbare Leute gebe. Wer so denkt, mit dem ist nicht gut Kirschen essen.

Robespierre sprach auch gegen den Krieg, der im April 1792 gegen Österreich erklärt wurde, denn er fürchtete, er könnte einen Militär-Diktator hervorbringen, der die bisherigen Errungenschaften der Revolution zunichte mache.

Das Volk von Paris hatte sich inzwischen bereits auf den Weg der Gewalt begeben. Lebensmittelknappheit rief Unruhen, Krawalle und Aufstände hervor. Am 20. Juni 1792 drang der Pöbel in die Tuilerien ein und zwang den König, sich die rote Mütze der Revolution aufzusetzen. Noch immer äußerte sich Robespierre gegen solche illegalen Aktionen.

Als aber die Stimmung gegen Ludwig XVI. in der Pariser Bevölkerung von Tag zu Tag wütender wurde, ermutigte Robespierre am 11. Juli in einer Rede vor den Jakobinern, wenn auch zurückhaltend, die radikalen Antimonarchisten. Wie er sich allmählich der Entwicklung anpaßte, verriet seine Zeitung in der Nummer vom 14. Juli: Dort nannte sich

Robespierre nicht mehr "Verteidiger der Verfassung", sondern "Verteidiger der Freiheit".

Noch einen Schritt weiter ging Robespierre, als die Pariser Sektionen ultimativ die Entfernung des Königs forderten. In einer Rede vor den Jakobinern sagte er: "Ernste Übel schreien nach drastischen Hilfsmitteln... Frankreichs Übel sind extrem... Das Land muß gerettet werden, durch welche Mittel auch immer. Nicht verfassungsgemäß ist nur das Mittel, das zum Untergang des Staates führt." So mag der die Verfassung erfüllen, der sie bricht.[38] Trotz solcher Sophistik war Robespierre immer noch vorsichtig genug, um ein mögliches Scheitern der sich anbahnenden Insurrektion überleben zu können: "Soll nun die Exekutivgewalt von der Legislativgewalt ausgeübt werden? In dieser Vermischung aller Mächte sehe ich nur die unerträglichste aller Formen des Despotismus. Ob der Despotismus einen einzigen Kopf, oder ob er 700 Köpfe hat, er bleibt immer Despotismus."[39]

Da die rechtmäßige Stadtverwaltung von Paris sich dem Sturz der Monarchie widersetzte, bildeten in der Nacht vom 9. auf den 10. August die versammelten Kommissare der Pariser Sektionen den "Generalrat der Kommune". Wie weit Robespierre hier seine Hand im Spiele hatte, bleibt unklar; wahrscheinlich tat er nichts, das Ereignis des 10. August zu organisieren.[40] An diesem Tage wurden die Tuilerien unter hohen Verlusten an Menschenleben erstürmt und der König gefangengesetzt. Robespierre tauchte erst auf, als alles vorbei war. In seiner Zeitung rechtfertigte er das Geschehene als einen Akt der Selbstverteidigung des Volkes.

Robespierre wurde in die aufständische Kommune gewählt, die sich an die Stelle des legalen Stadtrates der Dreihundert gesetzt hatte, und mit dem Amt des geschäftsführenden Bürgermeisters von Paris betraut. Als Sprecher der Kommune bei der Legislative drang er auf schleunige Einrichtung von Sondergerichten, damit die "Verbrechen" der Royalisten bald abgeurteilt würden. Als die Legislative, nach einigem Zögern, endlich Ende August ein Tribunal einsetzte, trug sie

188

Robespierre dessen Präsidentschaft an. Er lehnte ab, da er befangen sei: Die meisten Angeklagten seien seine Gegner.

Dem Blutbad vom 10. August folgte ein noch größeres in den ersten Septembertagen. Da das Sondergericht zu langsam vorging, hielten viele Aufgeregte Selbstjustiz für angezeigt. Hinzu kam, daß die Vendée sich zur Verteidigung des Königs erhob, daß die Koalitionstruppen auf ihrem Vormarsch bedrohlich nahe an Paris herangekommen waren und daß ein Manifest des Herzogs von Braunschweig ankündigte, seine Armee werde, falls die Hauptstadt sich nicht übergebe und Ludwig XVI. wieder auf den Thron setze, sie dem Erdboden gleichmachen. In dieser Lage befürchteten wohl manche, die Royalisten könnten die Gefangenen befreien, die Republikaner massakrieren und Paris den Preußen übergeben. Also drang vom 2. bis zum 7. September der Mob in die Gefängnisse und ermordete die Insassen, auch Frauen und Kinder, insgesamt 1614 Menschen, darunter 225 Priester, mit Spießen und Beilen.

Die Behörden griffen nicht ein. Keiner der Revolutionsführer beteiligte sich an dem Gemetzel, aber Marat heizte die Stimmung an,[41] und Danton, der Justizminister, bemerkte: "Ich gebe keinen Dreck für die Gefangenen." Er hielt das Massaker für politisch nützlich. Robespierre, der kein Blut sehen konnte, hielt sich auch diesmal fern, zumal die Wahlen, die in denselben Tagen stattfanden, ihn ganz in Anspruch nahmen.

Im Konvent griffen die Girondisten monatelang die Pariser an und verlangten Bestrafung derer, die an den Septembermorden schuldig waren; sie fürchteten, solche Ausschreitungen könnten sich wiederholen. Robespierre, getragen von breiter Zustimmung der Pariser, verteidigte das Geschehen. Man müsse die Septembermorde im Zusammenhang mit dem Tuileriensturm sehen und beides als berechtigte Volksjustiz billigen, Gewiß, ein paar Unschuldige seien dabei auch zu Tode gekommen. Man beweine sie. Aber man müsse auch die weit größere Zahl derer beweinen, die für das Vaterland gestorben seien. Am besten sei es, man breite über das Massaker den Schleier des Vergessens.

Nach dem 10. August erklärte Robespierre, die Absetzung des Königs genüge nicht; auch die Legislative, die völlig versagt habe, müsse verschwinden und einem Nationalkonvent Platz machen, der auf der Basis des allgemeinen gleichen Wahlrechts gewählt werden und eine neue Verfassung beschließen solle. Das geschah dann auch. Robespierre bemühte sich, geeignete Kandidaten für den Konvent zu finden. Die Wahlen waren zwar allgemein und gleich, aber nicht geheim, was die Meinungsfreiheit illusorisch machte. Außerdem soll Robespierre, wie man ihm später vorwarf, die Wahlen unzulässig beeinflußt haben. Er selbst wurde mit der höchsten Stimmenzahl zum Abgeordneten für Paris gewählt.

Als Robespierre den Konvent zum erstenmal betrat, wurde er mit Jubel empfangen. So groß war sein Ansehen inzwischen. Mit Danton war er Führer der radikalen "Bergpartei", die man so nannte, weil ihre Abgeordneten die oberen Sitzreihen einnahmen. Die anderen Parteien waren die gemäßigten Girondisten und die "Ebene", verächtlich auch "Marais" genannt, deren Abgeordnete, die "Sumpfkröten", bei den Abstimmungen pendelten. Da die Jakobiner, erst recht ihr linker Flügel, im Konvent nur eine Minderheit hatten, konnten sie Gesetze nicht allein durchbringen.

Im Konvent war der Abgeordnete Robespierre mehr gefürchtet als beliebt. Gefürchtet, weil er durch den Jakobinerklub einen unberechenbaren Einfluß hatte. Beliebt aber war Robespierre beim Pariser Volk. Seine Wohnung bei Duplay glich fast einem Wallfahrtsort. Die Familie Duplay vergötterte ihn und umgab ihn mit Ehrfurcht. Das Zimmer, in dem er Besucher empfing, wimmelte von Robespierre-Porträts: Robespierre in Öl, als Aquarell, als Relief in Terracotta an den Wänden, Robespierre gezeichnet und gestochen auf dem Tisch. Der "Unbestechliche" war, einschließlich Unfehlbarkeit und Heiligkeit, aber auch einschließlich der Möglichkeit des Martyriums, das "Haupt einer Sekte".[42]

190

Streben nach Diktatur?

Am 29. Oktober 1792 nahm die Sitzung des Konvents einen sensationellen Verlauf. Sie begann mit einer Rede des Innenministers, der sich über die Pariser Kommune beklagte und einen Brief vorlas, in dem festgestellt wurde, das Volk spreche nur noch von Robespierre. Das war schlimm in einer Zeit, die nichts so sehr fürchtete wie den überragenden Einfluß eines Einzelnen. Man drängte Robespierre, sich gegen diese Anschuldigungen zu verteidigen. Er wich aus, sprach etwas von den Rechten des Volkes, vom Übelwollen seiner Gegner, und schloß, über die Versammlung blickend, mit der Frage, ob ihn jemand anklagen wolle.

"Ja, ich!" meldet sich ein junger Mann namens Louvet und eilt zur Tribüne. Die Versammlung schweigt. Die Gegner messen sich mit den Blicken, der Angreifer mit blitzenden Augen, der andere von der Wendung der Dinge unangenehm überrascht. Louvet kündigt an, er habe eine Verschwörung anzuzeigen. Robespierre beantragt, Louvet anzuhören und danach noch einmal ihm das Wort zu gewähren.

Louvet hatte bislang zu den Bewunderern Robespierres gehört. Jetzt klagte er ihn in einer sorgfältig vorbereiteten Rede an, er habe die besten Patrioten geschmäht, ohne Rücksicht auf die Ehre guter Staatsbürger und Volksvertreter, und das zu einer Zeit, wo Schmähung soviel wie Ächtung war. Er klagte ihn an, er habe sich in unerträglicher Eitelkeit ständig als einen Gegenstand des Götzendienstes dargeboten und es widerspruchslos ertragen, daß man ihn den einzigen tugendhaften Mann in Frankreich nannte, den einzigen, der das Vaterland retten könne. Er klagte ihn an, er habe die Wahlversammlung von Paris mit allen Mitteln der Intrige und der Einschüchterung tyrannisiert. Er klagte ihn schließ-

191

lich an, er habe die Diktatur angestrebt. Unter dem Applaus seiner Kollegen beantragte Louvet, den Fall zu untersuchen.

Als darauf Robespierre die Tribüne bestieg, hörte er Äußerungen des Mißfallens. Er begann, wurde durch Zwischenrufe unterbrochen, verwirrte sich und bat schließlich, ihm eine Frist für seine Entgegnung zu gewähren. Es wurde ihm der 5. November zugebilligt.

Hier zeigte sich an Robespierre ein Mangel, der später zu seinem Verderben beitragen sollte. Frei zu reden lag ihm nicht. Jede Rede entstand in sorgfältiger, einsamer Arbeit am Schreibtisch. In der Eile des Gefechts schlagfertig zu entgegnen, das konnte er kaum; schon gar nicht, wenn sein persönliches Verhalten in Frage gestellt wurde; denn da er sich für vollkommen hielt, war ihm jeder Zweifel daran undenkbar. Er vermochte sich nicht vorzustellen, eine Beanstandung könne vielleicht berechtigt sein.

Mit einer merkwürdigen Mischung von Demut und Absolutheitsanspruch erklärte Robespierre am 5. November 1792 in seiner Verteidigungsrede vor dem Konvent, er sei nichts anderes als die Stimme, welche die ewigen Wahrheiten verkünde; nicht seine Person sei wichtig, sondern seine Botschaft. Er rechtfertigte die von den Jakobinern vorbereitete revolutionäre Diktatur und verteidigte die revolutionäre Initiative der Pariser Kommune.[43] "Man wirft der neuen Gemeindeverwaltung Verhaftungen vor, die man willkürlich nennt... Ungesetzliche Verhaftungen! Hat man denn das Strafgesetzbuch in der Hand, wenn man die heilsamen Vorsichtsmaßregeln ergreifen muß, die das Staatswohl in den gerade durch die Ohnmacht der Gesetze herbeigeführten Krisen erfordert?"[44] Das erinnert an einen Bundesminister, der auf das Vorhalten, er habe sich mit einer bestimmten Maßnahme außerhalb der Legalität bewegt, erwiderte, er könne nicht dauernd mit dem Grundgesetz der Bundesrepublik Deutschland unterm Arm herumlaufen.

Die Septembermorde erklärte Robespierre mit der Situation und der psychischen Verfassung der Masse. Sie seien ein

192

notwendiger Akt der revolutionären Justiz. In ganz ungewohnter Weise ging dieser sonst so vorsichtige Jurist aus sich heraus: "Warum machen Sie der Munizipalität und der Wahlversammlung, den Sektionen von Paris, den Primärversammlungen der Kantone und allen denen, die unserer Anregung gefolgt sind, nicht den Prozeß? Denn alle diese Dinge waren ungesetzlich, ebenso ungesetzlich wie die Revolution, wie der Umsturz des Thrones und die Erstürmung der Bastille, ebenso ungesetzlich wie die Freiheit selbst!"[45] "Bürger, wollt ihr eine Revolution ohne Revolution?"[46]

Robespierre hat die blutigen Ereignisse der Revolution bis zum Herbst 1792 nicht inspiriert, erst recht nicht aktiv gefördert. Er hat sie stets nachträglich gedeutet und als notwendig verteidigt. Das ging nicht ohne Preisgabe des einen oder anderen seiner Grundsätze. Nicht *er* trieb das revolutionäre Geschehen an; er war selbst ein vom Geschehen Getriebener. Er mußte das nicht sein; er hätte ja an seinen Grundsätzen festhalten können.

Nachdem der Konvent Frankreich zur Republik erklärt hatte, verhandelte er über das Los des Königs, der im Turm des alten Tempelritterhauses gefangen saß. Robespierre schlug die Hinrichtung vor. Als man ihn darauf hinwies, daß er sich in der Constituante gegen die Todesstrafe ausgesprochen habe, erwiderte er, eine Nation im Kriege müsse anders handeln als eine Nation im Frieden. Der König sei bereits am 10. August durch das Volk gerichtet worden. Dem Konvent bleibe nichts anderes übrig, als den Willen des Volkes auszuführen; und zwar nicht durch eine juristische, sondern durch eine politische Maßnahme. Von einem Prozeß zu reden, hieße annehmen, daß Ludwig möglicherweise unschuldig sei und das Volk vom 10. August Unrecht habe.

Als man beantragte, die Entscheidung den Urversammlungen zu überlassen, wurde die Sache für Robespierre schwierig. Eigentlich stimmte eine direkte Befragung mit seiner Ansicht von Volkssouveränität überein. Hier aber war der Ausgang einer solchen Befragung zweifelhaft. Die Provinzen waren royalistisch beeinflußt. Also sprach Robespierre gegen den Antrag. Das eigentliche Volk habe keine Zeit, Versammlungen zu besuchen, diese würden daher von Gegenrevolutionären beherrscht. Wozu habe das Volk den Konvent gewählt, wenn nicht dazu, daß die Abgeordneten entscheiden, damit es selbst ungestört seiner Arbeit nachgehen könne. "In diesem Augenblick, wo Robespierre nicht mehr sicher sein konnte, ob das Volk im revolutionären, das heißt in seinem Sinne stimmt, rückte er aus Opportunitätsgründen von seiner klassischen Konzeption der Volkssouveränität ab... Um die Revolution nicht in Gefahr zu bringen, wich er in einer prinzipiellen Frage zurück."[47]

*

Mit der Hinrichtung des Königs waren die sozialen Probleme nicht gelöst. Was nützte die Republik, wenn das Volk hungerte? Korn war knapp, der Kornpreis erhöht. Auch an anderen Lebensmitteln mangelte es. Im Februar 1793 tobte an verschiedenen Stellen in Paris der Aufruhr. Waschfrauen stürmten die Bäckereien. Für diese Krawalle hatte Robespierre kein Verständnis: "Ich bin für jede notwendige und wohlüberlegte Erhebung gegen Despotismus, aber nicht für Randale wegen des hohen Zuckerpreises."[48] Ein Aufstand müsse ein würdiges Ziel haben, und das sei nicht ein Korb mit Lebensmitteln, sondern die Freiheit. Zu solchen Vorstellungen gelangt man, wenn man fehlende wirtschaftliche Kenntnisse durch Moral ersetzt.

Die Wortführer der Hungerleidenden wurden verächtlich *enragés*, die Tollen, genannt. Hier, in diesen rohen Gesellen und Weibern mit ihren vulgären Ausdrücken hatte Robespierre etwas anderes vor sich als das "Volk" seiner Gedanken und Träume; diese respektlosen Unruhestifter waren ihm zuwider.

194

Was ist "das Volk"? Wer gehört dazu, wer nicht? Wer unterscheidet das? Aufgrund welcher Kriterien? Erst wenn diese Fragen verbindlich beantwortet sind, läßt sich feststellen, was der "wahre Volkswille" ist.

Für Robespierre war die Sache klar: Die "Horde Weiber", die Brot raubte, gehört nicht zum Volk, denn diese Aufrührer wurden von Emigranten irregeleitet. Die Bauern der Vendée, die sich in Massen erhoben, gehören ebenfalls nicht zum Volk, denn sie wurden von Pfaffen und Aristokraten aufgehetzt. Stimme des souveränen Volkswillen wollte er, Maximilien Robespierre, allein sein. Also doch Diktator?

*

Der Vorwurf, Robespierre trachte nach der Diktatur, wurde von verschiedenen Seiten erhoben und in der gesetzgebenden Nationalversammlung immer wieder einmal vorgebracht. War der Vorwurf berechtigt? Die Frage ist weder mit Ja noch mit Nein zu beantworten.

Wenn man den Menschen Robespierre betrachtet, so findet man, daß dieser im Grunde unpolitische Schwärmer weder die Fähigkeit noch die Neigung hatte, eine Partei oder gar einen Staat diktatorisch zu führen. Seine Taten waren seine Reden, und in seinen Reden hat er den Gang der Revolution ausgedrückt, aber nicht bestimmt.[49] Er führte nicht, er gab nach.[50]

Im Frühjahr 1793 schildert Mme. Jullien den Abgeordneten Robespierre mit diesen Worten: "Er eignet sich ebensowenig dazu, eine Partei zu führen, wie den Mond mit seinen Zähnen einzufangen. Er ist zerstreut wie ein Denker, trocken wie ein Mann, der den ganzen Tag im Studierzimmer hockt, aber sanft wie ein Lamm und melancholisch wie Young. Ich kann sehen, daß er nicht unser Zartgefühl hat, aber ich glaube gern, daß er das Wohl der Menschheit wünscht - mehr aus Gerechtigkeit als aus Liebe. Man muß ihm nah ins Gesicht geschaut haben: Solche sanften Züge gibt die Natur nur einer edlen Seele."[51] Ähnlich urteilte damals Marat: "Robespierre ist als Parteichef ungeeignet, denn er geht jeder streitenden Gruppe aus dem Weg und erblaßt beim Anblick eines Säbels."[52]

Diesen Wesenszügen Robespierres entspricht sein praktisches Verhalten. Er lehnte es ab, Bürgermeister von Paris zu werden[53] und ging auf das Angebot eines Ministeriums nicht ein; ein Volksvertreter stehe "unendlich über einem Minister".[54] Daß er es vermied, ein Amt zu übernehmen, besagt keineswegs, wie man gemeint hat,[55] er habe nicht nach der Diktatur gestrebt; es kann auch bedeuten, daß er die mit einem Amt verbundene Verwaltungsarbeit scheute. In der Tat hatte er über administrative oder ökonomische Fragen nicht viel zu sagen. Solche Dinge überließ er ebenso wie revolutionäre Agitation oder Aktion lieber anderen.

Aber auch manche seiner programmatischen Äußerungen weisen in eine Richtung, die nicht zur Diktatur führt. Man mag lächeln über den Wunschtraum, den er dem Konvent vortrug; aber nach Diktatur klingt das nicht: "Die ganze Nation hat das Recht, das Verhalten ihrer Beauftragten zu kennen. Wenn es möglich wäre, müßte die Versammlung der Abgeordneten des Volkes in Gegenwart des gesamten Volkes ihre Beratungen abhalten. Ein großes und majestätisches Gebäude, das zwölftausend Zuschauer faßt, sollte der Sitzungsraum der legislativen Körperschaft sein. Unter den Augen einer so großen Anzahl von Zeugen würden weder Korruption noch Intrige noch Verrat sich zu zeigen wagen; nur der allgemeine Wille würde zu Rate gezogen, und nur die Stimme der Vernunft und des allgemeinen Interesses würde gehört."[56]

Gegen die Neigung, alle Macht zu zentralisieren, verfocht Robespierre bereits das, was man später das Subsidiaritätsprinzip genannt hat und das man, auch heute noch, nicht genug unterstreichen kann: "Meidet die alte Sucht der Regie-

196

rungen, zu viel regieren zu wollen! Laßt den Einzelnen, den Familien das Recht, das zu tun, was keinem andern schadet! Laßt den Gemeinden die Macht, ihre eigenen Angelegenheiten selbst zu regeln, soweit es nicht Sachen sind, die der allgemeinen Verwaltung des Staates obliegen"[57]

Es wäre gut gewesen, wenn Robespierre sich in den letzten Jahren seines Lebens an manches seiner goldenen Worte erinnert hätte. Am 10. Mai 1793 sagte er vor dem Konvent: "Verliert niemals aus den Augen, daß es der öffentlichen Meinung zusteht, die regierenden Männer zu überwachen, und daß es nicht diesen regierenden Männern zukommt, die öffentliche Meinung zu beherrschen und zu beeinflussen."[58]

Die Verfassung von 1793, die aus der Feder Robespierres stammt, garantiert jedem unbeschränkte Pressefreiheit. Aber schon am 19. April 1793 erklärt Robespierre: "Das Interesse der Revolution kann gewisse Maßnahmen treffen, die eine Verschwörung, welche sich auf die Pressefreiheit stützt, unterdrücken." Und am 16. Juni 1793 verlangte Robespierre, Schriftsteller, die "im Solde der Reichen stehen" und gegen die Sache des Volkes schreiben, zum Schweigen zu bringen: "Man muß diese Schriften als die gefährlichsten Feinde des Vaterlandes verbannen."[59]

Robespierre forderte Einschränkung der Regierungsmacht: "Die Regierung ist eingesetzt worden, um dem allgemeinen Willen Achtung zu verschaffen; aber die Menschen, die die Regierung führen, haben einen individuellen Willen, und jeder Wille ist bestrebt, das Übergewicht zu erlangen. Wenn sie zu diesem Zweck die öffentliche Macht gebrauchen, mit der sie ausgestattet sind, dann ist die Regierung nur eine Geißel der Freiheit. Wir müssen daraus schließen, daß das erste Ziel einer jeden Verfassung darin bestehen muß, die öffentliche und die individuelle Freiheit gegen die Regierung selbst zu verteidigen... Die Korruption der Regierungen hat ihre Quelle in ihrer übermäßigen Macht und in ihrer Unabhängigkeit gegenüber dem Souverän. Helft diesem doppelten Mißstand ab! Beginnt damit, die Macht der Magistrate einzuschränken!"[60] Wenige Monate später tat Robespierre alles, um die Regierungsmacht zu erweitern.

Er sagte: "Bislang bestand die Kunst zu regieren nur in der Kunst zu plündern und die Mehrheit zugunsten der Minderheit zu knechten; die Gesetzgebung war nur ein Mittel, diese Machenschaften in ein System zu bringen. Die Könige und die Aristokraten haben ihr Geschäft sehr gut verstanden. Es liegt nun an euch, das eure zu tun, das heißt, die Menschen durch Gesetze glücklich und frei zu machen."[61] Robespierre wollte also den Menschen Freiheit und Glück bringen; aber er bewirkte, daß die Menschen Tod und Entsetzen erhielten.

Daß er gegen Ende seines Lebens das Gegenteil seiner liberalen Ideen praktizierte und statt Freiheit Tyrannei einführte, ja, daß er tatsächlich so etwas wie ein geistiger Diktator wurde, lag an seiner utopischen Philosophie, die mit der Realität heftig zusammenstoßen mußte. "Robespierres politische Lehre stimmt genau mit seinem höchst unpolitischen Charakter überein, es ist eine Politik der Gesinnung, und die Gesinnung anderer ist seine Hauptsorge. In der unaufhörlichen Überwachung und Ausforschung fremder Gesinnungen erschöpft er seine besten Kräfte."[62]

Das Volk war befreit, alle Instanzen des alten Regimes waren hinweggefegt, und doch war die ideale Demokratie nicht eingetreten. Die Menschen waren eben nicht von Natur aus so gut, wie Robespierre sich das aus seiner Bücherweisheit vorgestellt hatte. Er ließ sich nicht entmutigen. Man mußte dem Fortschritt nachhelfen.

Mit einer Konsequenz, die über Leichen ging, versuchte Robespierre, eine Philosophie in Politik zu übersetzen, eine Utopie Wirklichkeit werden zu lassen: Die vollkommene Gesellschaft, den Staat als Gesellschaftsvertrag, dem alle Bürger zustimmen. Den Verzicht jedes Partners auf seine Rechte, deren Übertragung auf die Gesellschaft und die Unterwerfung unter den Allgemeinen Willen mag, wer will, Demokratie nennen, aber liberal ist das nicht. Zumal Robespierre erläutert, der Allgemeine Wille sei nicht der Wille der

Mehrheit, sondern der Wille der Tugendhaften, die im Besitz der Wahrheit sind. Es sei der Wille, den alle Menschen hätten, wenn sie nicht durch Zivilisation und Mode irregeleitet worden wären. Die Verwalter des Allgemeinen Willens, die Jakobiner, bestimmen, was gut und böse ist, das heißt, letztlich Robespierre als Haupt der Jakobiner.

Dies ist seine Lehre: "Der größte Dienst, den der Gesetzgeber den Menschen erweisen kann, besteht darin, sie zu zwingen, ehrenhafte Leute zu werden."[63] Und wenn die Menschen sich weigern? Dann muß man diese Bösen ausrotten. Nicht mehr Bruch der Gesetze, sondern abweichende Gesinnung wird bestraft.

Tugend und Terror

Am 10. März 1793 wurde das Revolutionstribunal geschaffen: ein Geschworenengericht, das fast nur die Todesstrafe verhängen konnte und gegen dessen Urteil es keine Berufung gab. Robespierre hatte noch am 27. Februar gegen die Einrichtung des Revolutionstribunals gestimmt. Aber als es gegen seine politischen Gegner, die Girondisten, losging, beantragte er im Konvent, das Gerichtsverfahren zu vereinfachen, um die Beredsamkeit des sich verteidigenden Angeklagten abzuschneiden und kurzen Prozeß zu machen.

Vor den Jakobinern rief er täglich zur Wachsamkeit gegen Verschwörer und Konterrevolutionäre auf. "Man muß aus unseren Sektionen mitleidlos alle verjagen, die durch eine gemäßigte Haltung aufgefallen sind; man muß nicht nur die Adligen und die Pfaffenknechte entwaffnen, sondern auch alle verdächtigen Bürger, alle Intriganten und all jene, die uns Beweise für ihre Staatsfeindlichkeit geliefert haben... Das bedrohte Paris muß sich verteidigen; niemand kann sich diesen Maßnahmen widersetzen, ohne sich als ein schlechter Bürger zu erkennen zu geben."[64]

Nach der militärischen Niederlage in Belgien und dem Verrat des Generals Dumouriez warf Robespierre in einer Rede vor der Nationalversammlung den Girondisten vor, die Revolution unwirksam zu machen: Sie regierten durch und für ihre Elite, wollten eine konstitutionelle Monarchie errichten, förderten den Föderalismus und hetzten die Provinz gegen Paris auf, was die Erhebungen in der Vendée und in Lyon, Marseille und Toulon belegten. Ebenso bezichtigte Robespierre in seiner neuen Zeitung *Briefe an seine Wähler* die Girondisten der Konterrevolution.[65]

Sein Haß gegen die Girondisten ging so weit, daß er vor illegalen Schritten nicht zurückschreckte, ja, eine Entmachtung des Konvents in Kauf nahm. Zwar hatte er noch am 1. April 1793 vor den Jakobinern beteuert: "Ich sage Ihnen, aus meinem Herzen, daß es die verhängnisvollste aller Maßnahmen wäre, die nationale Repräsentation zu verletzen."[66] Aber im Mai verkündete Robespierre, er sei nicht imstande, dem Volk die Maßnahmen zu seiner Rettung vorzuschreiben, und gab dem aufgebrachten Mob andeutungsweise grünes Licht zur Gewalt gegen die gewählten Volksvertreter. Am 31. Mai 1793 läuteten die Sturmglocken. Scharen von Delegationen aus allen Bezirken von Paris drangen mit Bittschriften ins Parlament. In diesem Tumult forderte Vergniaud, das Haupt der Girondisten, die Abgeordneten auf, den Saal, von dem der Pöbel Besitz ergriffen hatte, geschlossen zu verlassen. Aber die Abgeordneten rührten sich nicht.

Wie stets bei einem Aufstand, zögerte Robespierre anfangs und vertrat den entgegengesetzten Standpunkt. Dann, wie stets, bestieg er die Tribüne, um das Ereignis zu deuten, dem illegalen Vorgehen den Anschein der Legalität zu geben und es sich zu eigen zu machen. Als Vergniaud ihn erregt aufforderte, seine Rede zu beenden, entgegnete Robespierre: "Ja, ich ende, und zwar gegen euch..." Und er brachte eine Anklage vor gegen alle, die von den Bittstellern bezeichnet wurden, und beantragte, die Girondisten zu verhaften. Aber die Mehrheit ließ sich noch nicht einschüchtern und lehnte den Antrag ab.

Jetzt spielte Robespierre seine letzte Karte aus. An die Nationalgarde erging der Befehl, den Konvent zu umzingeln, damit, falls die Abgeordneten den Forderungen der Bürger von Paris nicht nachgäben, die Führer der Girondisten verhaftet werden könnten. Mindestens 10.000 (einige schätzen bis zu 30.000) Bewaffnete waren unterwegs, Infanterie, Kavallerie und Artillerie. Von allen Seiten wurden Kanonen gegen die Assemblée in Stellung gebracht. Unter diesem Druck wurden die Girondisten geächtet. Durch Verletzung der Unabhängigkeit des Parlaments hatte Robespierre endlich sein Ziel erreicht und seine Feinde ans Messer geliefert.

"Der Tod der Girondisten kann Robespierre zur Last gelegt werden, aber nicht ihm allein. Eine der traurigen Tatsachen der Revolution ist, daß eine loyale Opposition institutionell nicht vorgesehen war; es gab nur Sieg oder Tod."[67]

*

Im Laufe des Sommers 1793 wurde die Lage für die französische Revolutionsregierung innen wie außen immer bedrohlicher. Mainz wurde vom Feind erobert, die französischen Armeen wurden überall zurückgeworfen. Royalistische Revolten in Marseille, Nîmes, Toulouse, Bordeaux, Lyon und in der Vendée konnten nur drakonisch niedergeschlagen werden. Der im April gegründete Wohlfahrtsausschuß erhielt im August diktatorische Vollmachten. Seine zwölf monatlich vom Konvent zu wählenden Mitglieder bildeten jetzt die tatsächliche Regierung.

Robespierre wurde am 17. Juli in diesen Ausschuß gewählt. Weil er die Pariser Kommune und die Jakobiner hinter sich hatte, war sein Gewicht in diesem Entscheidungsgremium bedeutend. Zu den ersten Maßnahmen, die er durchsetzte, gehörte, daß die Verfassung, in die er seine schönsten Formulierungen der Bürgerfreiheit eingebracht hatte und die erst vor wenigen Wochen vom Konvent beschlossen worden war, nicht in Kraft trat; ferner, daß die Deklaration der Menschenrechte von 1789 für die Zeit des Krieges außer Kraft gesetzt wurde. Gegenüber der *volonté générale* dürfe das Individuum ohnehin kein eigenes Recht geltend machen, und in stürmischen Zeiten könne man die freiheitlichen Grundsätze nicht anwenden. Also müsse die Regierung bis zum Kriegsende revolutionär bleiben. Sie stehe ja im Kampf gegen "all jene Schurken, die sich zusammengefunden haben, um das französische Volk zu knechten".[68]

Um der äußeren Feinde Herr zu werden, ließ man ein paar unzuverlässige Generäle erschießen. Die allgemeine Wehrpflicht wurde eingeführt, die *levée en masse* ausgerufen und organisiert. Die inneren Feinde wurden durch in die Provinzen geschickte Kommissare mit Terror bekämpft. Besser wären vernünftige Wirtschafts-Gesetze gewesen, denn der rasende Widerstand kam weniger aus royalistischen oder reaktionären Überzeugungen; das Volk empörte sich vor allem, weil Lebensmittel knapp waren und alle Gebrauchswaren vom Markt verschwanden. Die Brotkarte, die zur Rationierung eingeführt wurde, konnte keine Brotvermehrung bewirken. Tausende von Bauern und Händlern kamen ins Gefängnis und aufs Schafott. In den Provinzstädten wurden Scharen von Leuten, die Widerstand leisteten, erschossen, enthauptet oder ertränkt.

Damit nicht genug. Am 17. September 1793 wurde ein Gesetz beschlossen, das sich nicht nur gegen Menschen richtete, welche die Revolution aufgehalten hatte, sondern auch gegen jene, die sie nicht gefördert haben. In Frankreich wurden 21.000 Überwachungsausschüsse gebildet, und zwar aus solchen *citoyens*, die sich durch Eifer für die Sache der Revolution hervorgetan hatten. Jeder mußte fortan den Bürgerausweis bei sich tragen, der dem Inhaber seine republika-

202

nische Gesinnung bescheinigte und der nach einem Gutachten der örtlichen Jakobiner und nach einem bestandenen Examen vor dem Generalrat der Kommune ausgestellt wurde. Jeder Bürger hatte das Recht, einen Verdächtigen nach diesem Ausweis zu fragen und ihn festnehmen zu lassen, falls er ihn nicht vorweisen konnte. Später mußte der Ausweis beim Einkauf von Brot und Lebensmitteln gezeigt werden. Eine Reihe von Berufen durfte nur von Inhabern des Ausweises ausgeübt werden. Wer den Ausweis nicht hatte, war rechtlos; um ihn zu haben, mußte man den Eifrigen des Überwachungsausschusses genehm sein.

"Die Eifrigen sind freilich zum Verdruß Robespierres nicht immer die besten Elemente, sondern häufig Leute, die bisher schlecht in die Gesellschaft der ordentlichen Leute gepaßt haben und nun ihre politische Macht gern dazu benutzen, persönliche Rache zu üben, Gläubiger und lästige Zeugen aus der Welt zu schaffen und geschäftliche Konkurrenten loszuwerden. Die politische Verdächtigung wird zur tödlichen Waffe."[69]

Das Gesetz, das jeden mit Strafe bedrohte, der nicht beständig seine Anhänglichkeit an die Revolution bekundete, führte zu einer Heuchlei ohnegleichen. Man trug die Kokarde am Hut, eine Rosette auf dem Rockaufschlag; man hängte die Trikolore aus dem Fenster; man kämmte sich nicht und sprach den derben Jargon des Volksfreunds, duzte jeden, nannte die Hingerichteten Schurken und Verräter und grüßte nicht mit "Guten Tag", sondern mit "Heil". Das alles, um nur ja nicht aufzufallen und in Verdacht zu kommen, das falsche Bewußtsein zu haben. Das konnte das Leben kosten.

Robespierre wußte natürlich, daß viele sich mit diesen Äußerlichkeiten als "Patrioten" tarnten, die in Wirklichkeit die Revolution haßten, und er sagte das auch. Infolgedessen waren selbst die beflissenen Kokardenträger verdächtig. Jeder mißtraute jedem.

"Die Tugend der Revolution ist eine öffentliche Eigenschaft, über deren Besitz man sich nicht mit seinem Gewissen, sondern mit dem Überwachungsausschuß auseinanderzusetzen hat."[70] Denunzianten wurden belohnt und in Ehren genannt. "Und da der Konvent für Römertugenden schwärmt, ist der Beifall für den Denunzianten doppelt groß, wenn angenommen werden kann, daß ihn seine patriotische Tat einige Selbstüberwindung gekostet hat, also wenn der Angezeigte ein Freund oder Verwandter oder Wohltäter ist."[71]

Obwohl die Anzeige wegen falscher Gesinnung gewöhnlich die Todesstrafe zur Folge hatte, bereitete Denunziation echten Revolutionären keine Gewissensbisse. Denn erstens machte das Gesetz sie zur staatsbürgerlichen Pflicht, und zweitens hatte Robespierre erklärt, außerhalb der Republik sei keine Tugend möglich; die Republik sei die einzige sittliche Ordnung, und ein dem Staat übergeordnetes und für alle Menschen geltendes Sittengesetz gebe es nicht. Schon Mirabeau hatte, ohne Ironie, verkündet: "Denunziation ist die bedeutsamste unserer neuen Tugenden!" Aber erst Robespierre hat die Denunziation durchdacht und in sein revolutionäres Tugendsystem eingefügt.

Drastisch kommt Robespierres Moralisierung der Politik zum Ausdruck in der von ihm Dezember 1793 verfaßten *Antwort des Nationalkonvents auf die Manifeste der Könige, die sich gegen die Republik Frankreich verbündet haben*: "Die Moral stand nur in den Büchern der Philosophen; wir haben sie in die Regierung der Nationen eingeführt."[72] Und zwar durch eine simple Scheidung zwischen guten und bösen Menschen: "Alle vernünftigen und hochherzigen Männer gehören zur Partei der Republikaner; alle treulosen und korrupten Individuen sind Parteigänger eurer Tyrannen."[73]

In einer Rede vor dem Konvent begründete Robespierre die Notwendigkeit des Terrors: "Das Ziel der konstitutionellen Regierung besteht darin, die Republik zu erhalten; das Ziel der revolutionären Regierung ist es, die Republik zu begründen. Die Revolution ist der Krieg der Freiheit gegen ihre Feinde; die Verfassung ist die Herrschaft der siegreichen und friedlichen Freiheit. Die revolutionäre Regierung muß daher außerordentlich aktiv sein, denn sie führt einen Krieg. Sie ist nicht einheitlichen und starren Regeln unterworfen, denn die Umstände, in denen sie sich befindet, sind stürmisch und bewegt, und sie ist ständig genötigt, neue und wirksame Kräfte gegen neue und dringende Gefahren zu entfalten."[74] "Wenn die revolutionäre Regierung in ihrer Arbeit aktiver und freier sein muß als die gewöhnliche Regierung, ist sie deshalb weniger gerecht und weniger legitim? Nein, sie stützt sich auf das heiligste aller Gesetze, nämlich auf das Wohl des Volkes, und auf die unbestreitbarste aller Vollmachten, nämlich auf die Notwendigkeit. Auch ihre Regeln basieren auf Gerechtigkeit und öffentlicher Ordnung. Mit Anarchie und Unordnung hat sie nichts gemein... Sie hat nichts mit Willkür gemein, denn es sind keine persönlichen Leidenschaften, die sie leiten sollten, sondern das öffentliche Interesse... Ihre Kraft muß sich nach der Kühnheit und der Perfidie ihrer Feinde richten. Je grausamer sie gegenüber böswilligen Menschen auftritt, desto günstiger ist sie für die guten Bürger."[75]

Robespierres verstiegener Moralismus kam in einer Rede zum Ausdruck, die er vor dem Konvent über die Grundsätze der revolutionären Innenpolitik hielt: "Wir wollen die Dinge so ordnen, daß alle niedrigen und grausamen Leidenschaften im Zaum gehalten und alle wohltätigen und edlen Leidenschaften durch die Gesetze geweckt werden... Wir wollen in unserem Lande die Moral gegen den Egoismus ... eintauschen, das heißt alle Tugenden und alle Wunder der Republik gegen alle Laster und alle Lächerlichkeiten der Monarchie... Wir wollen ... das Versprechen der Philosophie halten und die Vorsehung von der langen Herrschaft des Verbrechens und der Tyrannei befreien. Frankreich ... soll zu einem Musterbeispiel der Natur, zum Schrecken der Unterdrücker, zum Trost der Unterdrückten und zur Zierde der Welt werden; und während wir unser Werk mit unserem Blut besiegeln, können wir zumindest die Morgenröte des universellen Glücks erstrahlen sehen... Welche Regierungsform kann diese Wunder vollbringen? Nur die demokratische und republikanische Regierung! ... Was ist das grundlegende Prinzip der demokratischen Regierung, das heißt, was ist die wichtigste Kraft, die sie unterstützen und antreiben soll? Es ist die Tugend! Und ich meine damit die öffentliche Tugend, die in Griechenland und Rom so viele Wunder vollbracht hat und die noch weit Erstaunlicheres im republikanischen Frankreich vollbringen soll. Ich meine jene Tugend, die nichts anderes ist als die Liebe zum Vaterland und zu seinen Gesetzen... Die Tugend ist nicht nur die Seele der Demokratie, sondern sie kann auch nur unter einer demokratischen Regierung existieren."[76]

"Im System der Französischen Revolution ist das Unmoralische unpolitisch und die Korruption konterrevolutionäre Schwäche; Laster und Vorurteile sind der Weg des Royalismus."[77] Kein Wunder, daß "alle lasterhaften Menschen sich gegen uns vereinigen ...; daher die Abtrünnigkeit so vieler ehrgeiziger oder habgieriger Männer, die uns seit Beginn unseres Marsches unterwegs verlassen haben."[78]

In einer apokalyptischen Vision sah Robespierre die Französische Revolution in kosmischen Zusammenhängen. Er verkündete, "daß der gute und der böse Geist, die sich um die Herrschaft in der Natur streiten, in dieser großen Epoche der Menschheitsgeschichte darum kämpfen, das Schicksal der Welt unwiderruflich festlegen zu können, und daß Frankreich der Schauplatz dieses furchtbaren Kampfes ist. Von außen werden wir von allen Tyrannen umzingelt, im Innern konspirieren alle Freunde der Tyrannen gegen uns."[79]

Im Ton eines Propheten und Missionars fuhr Robespierre fort: "Wenn in friedlichen Zeiten der Kraftquell der Volksregierung die Tugend ist, so sind es in Zeiten der Revolution Tugend und Terror zusammen. Ohne die Tugend ist der Terror verhängnisvoll, ohne den Terror ist die Tugend machtlos. Der Terror ist nichts anderes als die unmittelbare, strenge und unbeugsame Gerechtigkeit."[80]

206

"Wie lange noch soll die Wut der Despoten Gerechtigkeit, und die Gerechtigkeit des Volkes Barbarei und Rebellion genannt werden? ... 'Nachsicht für die Royalisten!' rufen bestimmte Leute, 'Mitleid mit den Verbrechern!' Nein: Mitleid mit der Unschuld, Mitleid mit den Schwachen, Mitleid mit den Unglücklichen, Mitleid mit der Menschheit! ... In der Republik sind nur die Republikaner Bürger. Die Royalisten und die Verschwörer sind für die Republik nichts als Fremdlinge oder vielmehr Feinde."[81]

Pathetisch rief Robespierre: "Wehe dem, der es wagt, das Volk selbst mit Terror zu regieren; der Terror darf sich nur gegen seine Feinde richten! ... Verderben soll der Schurke, der den heiligen Namen der Freiheit oder die fürchterlichen Waffen mißbraucht, die die Freiheit ihm anvertraut hat, und der damit Unglück und Tod über die Patrioten bringt."[82]

Es ist zum Weinen und zum Lachen! Merkte Robespierre nicht, daß dies exakt auf ihn selbst zutraf? Sein moralisches Terrorregime bietet selbst einen Beleg für die Wahrheit seines Satzes: Die Demokratie kann "zugrundegehen durch die Überheblichkeit derer, die sie regieren".[83]

*

Die Überheblichkeit Robespierres spottet aller Beschreibung. Man kann sie nur paradox ausdrücken: "Um der Sittlichkeit zum Triumph zu verhelfen, setzt er die Sittengesetze außer Kraft... Das Gesetz wurde so vollständig zum Götzen, daß die Gesetze unaufhörlich gebrochen und durch neue ersetzt werden. Um das Recht zu brechen, genügte ein rechtskräftiges Dekret."[84] Robespierre brachte jeden seiner Rechtsbrüche sofort in Gesetzesform.

Mit dem besten Gewissen der Welt, in juristischer und moralischer Tadellosigkeit, vernichtete Robespierre alle seine Gegner: Am 31. Oktober 1793 wurden die Girondisten hingerichtet; am 24. März 1794 starben Hébert und seine An-hänger durch Henkershand; am 5. April fielen Danton und andere Dissidenten unter dem Fallbeil; am 10. April kam Chaumette, der Kommunist und Apostel der Göttin Vernunft, aufs Schafott. Polizei, Gericht und Sicherheitsausschuß tanz-ten nach Robespierres Pfeife.

Daß Robespierre auch seine persönlichen Freunde nicht vor der Guillotine verschonte, rechnete er sich wohl als Verdienst an. Camille Desmoulins, sein alter Schulfreund, der inzwischen der Journalist der Revolution geworden war, hatte in seiner Zeitung ihm ein Wort zugeschrieben, das er nie gesagt hatte. Robespierre forderte ihn in einem scharfen Brief auf, die Sache richtig zu stellen; dabei redete er ihn nicht wie sonst mit Vornamen an, sondern mit "Monsieur". Desmoulins antwortete: "Du bist mit Recht stolz auf Deinen Senatorenrang, aber Du dürftest einen alten Kameraden wenigstens mit einem leichten Nicken grüßen. Ich liebe Dich deshalb nicht weniger, denn Du bist treu den Grundsätzen, wenn auch nicht treu der Freundschaft." Nicht treu der Freundschaft - das konnte man wohl sagen. Robespierre hat zwar manchesmal Desmoulins verteidigt; er war Trauzeuge, als Camille und Lucile Duplessis heirateten; auch besuchte er gern das junge Paar, nahm ihren kleinen Sohn auf die Knie und spielte mit ihm; aber als die junge Mutter ihn am Vorabend ihres Todes an dieses häusliche Idyll erinnerte, nutzte das nichts. Die Grundsätze hatten Vorrang, und beide, Lucile und Camille, wurden geköpft.

Auch den skrupellosen Danton, der gewiß kein Ausbund an Tugend war und dessen Wesen sich völlig von seinem unterschied, hat Robespierre manches Mal im Konvent ver-teidigt; und als Dantons Frau an einer Krankheit gestorben war, schrieb er ihm einen warmherzigen Beileidsbrief. Trotz-dem - auch seinen Kameraden Danton hat Robespierre eines Tages geopfert.

Die Göttin Vernunft und das Höchste Wesen

Der Eindruck, Robespierre habe die Tugend durch negative Maßnahmen, durch Ausrottung der Lasterhaften, zum Siege führen wollen, ist gewiß nicht abwegig. Die Schurken aufzuspüren und zu vernichten, das war seine Spezialität, und darauf konzentrierte sich der größte Teil seiner Arbeit.

Er wollte aber die Tugend der Franzosen auch positiv fördern. Er hielt einen langen Vortrag über die Erziehung der Kinder und Jugendlichen zu guten Staatsbürgern. Sein Freund Saint-Just arbeitete ein Gesetz aus, das den Senat ermächtigte, alle Kleinkinder zu beschlagnahmen und sie staatlich zu erziehen. Sein Freund David entwarf eine Uniform für die französischen Bürger und vor allem Dekorationen, Liturgie und Choreographie für die Feier des Höchsten Wesens, die der republikanischen Sittlichkeit das metaphysisch-religiöse Fundament verleihen sollte.

Denn Robespierre, der Priesterschüler, der vom katholischen Glauben abfiel, konnte ohne Gott nicht leben. Er konnte aber auch nicht beten. So hielt er sich an eine Mischung von deistischem Vernunftglauben und rousseauscher Gefühlsreligion, die seine metaphysischen Bedürfnisse befriedigte, ohne ihn mit kultischen Verpflichtungen und ethischen Ansprüchen zu belasten, und die ihm auch politisch für die Republik dienlich zu sein schien.

Daß die meisten Revolutionäre Atheisten waren, daß einige von ihnen Christentum und Kirche verhöhnten und bekämpften, hielt Robespierre für politisch unklug. Trotz der in der Verfassung festgelegten Religionsfreiheit wurden von den Revolutionären, vor allem von Hébertisten und Girondisten, die gläubigen Katholiken verfolgt. Auch Pfarrer, die den Eid auf die Verfassung geschworen hatten, wurden schikaniert; mit Terror wurden mehrere Bischöfe und viele Priester gezwungen, dem Glauben abzuschwören; Kirchen wurden geschlossen, Sakramente verboten; wer zur Messe ging, verübte schon ein Staatsverbrechen.[85] Mehrere Hundert Priester und Ordensfrauen starben den Märtyrertod.

Ein äußeres Zeichen der Entchristianisierung war der neue Kalender. Vom 22. September 1792 an sollten die Jahre nicht mehr nach Christi Geburt, sondern nach der Revolution gezählt werden; die Woche wurde abgeschafft und durch die Dekade ersetzt; an die Stelle der christlichen Feste traten Feiern der Nation, an die Stelle des Sonntags der erste Tag jeder Dekade als republikanisches Fest. Robespierre hat sich dieser Neuerung, wenn auch vergeblich, widersetzt.

Ihren Höhepunkt fand der Kampf gegen die Religion, als der Konvent am 7. November 1793 das Christentum für abgeschafft erklärte und die Kathedrale Notre-Dame zum Tempel der Göttin Vernunft weihte. Dort wurde am 10. November in Gegenwart des Konvents mit blasphemischem Pomp das Fest der Vernunft gefeiert. Robespierre wandte sich angewidert von dieser Szene ab. In anderen Pariser Kirchen tobten an diesem Tage wilde Orgien. Der Pöbel betrank sich aus Meßkelchen, verbrannte Heiligenbilder und Kruzifixe auf Scheiterhaufen, die eine Schar von Prostituierten in Meßgewändern umtanzten. Am 17. November verfügte die Kommune, sämtliche Kirchen in Paris zu schließen. Jedem Priester, der noch eine religiöse Zeremonie vornahm, wurde die Todesstrafe angedroht.

Robespierre verachtete zwar die katholische Religion als abgelebten Aberglauben; aber das Bemühen, sie mit Gewalt auszurotten, hielt er für unvereinbar mit der Religionsfreiheit. Er hoffte, daß dieser alte Zauber allmählich von selbst aussterbe. Die entstehende Lücke müsse allerdings ausgefüllt werden; freilich nicht mit dem albernen Kult der Göttin Vernunft.

So ließ er am 7. Mai 1794 vom Konvent die Existenz des Höchsten Wesens und die Unsterblichkeit der Seele dekretieren und begründete dies in einer Rede vor der Assemblée: "Die einzige Grundlage der bürgerlichen Gesellschaft ist die Moral. Alle Kriegsbündnisse gegen uns beruhen auf dem

Verbrechen. Sie sind vor den Augen der Wahrheit nur von Horden gesitteter Wilder und disziplinierter Briganten gestiftet."[86] Grundlage und Garant der Moral ist der Glaube an Gott und Unsterblichkeit. "Wenn die Existenz Gottes und die Unsterblichkeit der Seele nur ein Wahn wären, so wären sie doch die schönsten aller Schöpfungen des menschlichen Geistes." Deshalb hält Robespierre es für richtig, "den Atheismus als eine nationale Erscheinung zu betrachten, die an eine systematische Verschwörung gegen die Republik gebunden ist".[87] "Der Gedanke an das Höchste Wesen und an die Unsterblichkeit der Seele ist eine ständige Mahnung an die Gerechtigkeit; dieser Gedanke ist also sozial und republikanisch... Was der Unzulänglichkeit der menschlichen Autorität abhilft, ist das religiöse Gefühl, das in den Seelen die Vorstellung erzeugt, eine über den Menschen stehende Macht könne die Vorschriften der Moral sanktionieren."[88] "Wenn dieser Gedanke an einen Schöpfer in einem Volk einmal gelebt hat, so ist es gefährlich, ihn zu zerstören. Denn die Motive der Pflichten und die Grundlagen der Moral sind notwendigerweise mit diesem Gedanken verbunden, und ihn auslöschen hieße, das Volk zu demoralisieren."[89]

Bei den Deputierten löste diese Rede keine Begeisterung aus. Aber das Volk von Paris machte freudig mit, als am 8. Juni 1794 das "Nationalfest des Höchsten Wesens" offiziell gefeiert wurde. Das Wetter war strahlend schön, Straßen und Plätze prangten im Schmuck von Blumen und Fahnen. David hatte die Kostüme und Dekorationen entworfen, die Aufmärsche, Chöre, Texte und Musik arrangiert.

Robespierre muß das Ereignis als den Gipfel seines Lebens genossen haben. Da er wenige Tage vorher zum Präsidenten des Nationalkonvents gewählt worden war, schritt er im himmelblauen Frack, mit einer Schärpe in den Farben der Trikolore, einen Strauß mit Feldblumen und Ähren in der Hand, im Festzug den Abgeordneten voran, bestieg ein Podium und fungierte als Pontifex des neuen Kults. Nach seiner Ansprache erscholl ein tausendstimmiger Chor. Dann ergriff

Robespierre eine Fackel und zündete das Standbild des Atheismus an. Nach Davids Programm sollte es so weitergehen:
"Die Gruppe geht in Flammen auf... Aus ihren Trümmern
erhebt sich die Weisheit mit ruhiger und lauterer Stirn. Bei
ihrem Anblick fließen Tränen der Freude und Dankbarkeit
aus allen Augen."

Ach, es ging nicht ganz nach Wunsch. Der Atheismus verbrannte nur mühsam, und die zum Vorschein kommende
Weisheit war von Ruß geschwärzt. Die Abgeordneten grin-
sten unverhohlen. Sie sparten nicht mit sarkastischen Bemerkungen, Witzeleien und Flüchen.

Ein Autor des 20. Jahrhunderts meinte, Robespierre sei
"überhaupt kein Politiker gewesen, sondern ein verunglückter
Priester, der am Objekt Frankreich Rousseausche Religion
praktiziert hat"[90]. Novalis, der ein junger Mann war, als im
fernen Paris der Revolutionär sein Fest des Höchsten Wesens
zelebrierte, schüttelte verwundert den Kopf und schrieb:
"Historisch merkwürdig bleibt der Versuch jener großen
eisernen Maske, die unter dem Namen Robespierre in der
Religion den Mittelpunkt und die Kraft der Republik suchte".[91]

Robespierres Höchstes Wesen steht dem lebendigen Gott
des Christentums weit ferner als das Nichts der Atheisten.
"Dieser Gott ist ein papierenes Idol, den seine Logik brauchte, um das System zu schließen. Daß er vor diesem Gott
immer recht bekommen mußte, da er ja alles, was ihn be-
seelte, in seinen Begriff hatte eingehen lassen, ließ ihn zu
jenem Unbeirrten werden, zum einzig Reinen unter lauter
Verrätern, Eigensüchtigen und Verderbten."[92]

Gipfel und Sturz

Zwei Tage nach dem Fest des Höchsten Wesens erging das
entsetzliche Gesetz des 22. Prairial, das im Auftrag des
Wohlfahrtsausschusses von Robespierre und Couthon verfaßt

212

worden war. Nach dem Vorbild des Revolutionstribunals von Orange, für das Robespierre persönlich am 10. Mai 1794 die Instruktionen geschrieben hatte, sollte das Pariser Revolutionstribunal reorganisiert werden. Selbst Ernest Hamel, der in seiner dreibändigen monumentalen Biographie erklärtermaßen den vielgeschmähten Robespierre reinwaschen will, gibt zu, daß dieses furchtbare Gesetz "auf seinem Andenken einen unauslöschlichen Schandfleck hinterläßt".[93]

Gleichwohl kann man verstehen, wie Robespierre dazu kam, etwas so Schreckliches zu verfassen. Im Laufe von fünf Jahren Revolution war seine Politik so oft von anderen angefochten worden, daß er sich daran gewöhnt hatte, überall Feinde zu wittern, selbst dort, wo keine waren. Er wollte das erhabene Werk der Revolution, das ihm heilig war und das zu einem großen Teil *sein* Werk war, nicht kampflos zerstören lassen. Um die Revolution zu retten, mußte er die Feinde, *alle* Feinde vernichten. Die Feinde existierten nicht nur in seiner Einbildung. Es *gab* Verräter, die mit den geflüchteten Bourbonen oder ausländischen Regierungen in Verbindung standen, und Verschwörer, die Komplotte schmiedeten, den Dauphin zu befreien. Es *gab* Spekulanten, die am Hunger des Volkes Vermögen verdienten, Kriegsgewinnler und Korrupte. Es *gab* entschlossene Männer und Frauen, die ihre Messer wetzten. In seiner Rede für dieses Gesetz des 22. Prairial erinnerte Robespierre selbst daran, daß der Konvent seit Jahren unter den Dolchen von Attentätern stand. LePeletier und Marat waren schon ermordet, und erst kürzlich waren Attentate versucht worden auf Collot und auf ihn selbst. Verstehen kann man ihn schon.

Aber nichts entlastet ihn. Er trägt die Verantwortung für diese Ungeheuerlichkeit. Er selbst forderte mit Schärfe im Konvent die einstimmige Annahme dieses Gesetzes, bekämpfte erfolgreich den Antrag, seine Dekretierung zu vertagen, und setzte es durch, daß man keine Ausnahmeregelung zuließ.[94]

Warum war denn das Gesetz vom 22. Prairial so fürchterlich? Weil es allen Vorstellungen von Recht, Gerechtigkeit, Menschenwürde und Bürgerfreiheit, die Robespierre einst doch selbst gepredigt hatte, ins Gesicht schlug. Damit das Revolutionstribunal mit der Bestrafung der Volksfeinde schneller vorankam, wurde das Verfahren vereinfacht. Es genügte, daß jemand als verdächtig denunziert wurde, "den Gang der Revolution zu stören und die Festigung der Republik zu hindern". Der Begriff "Volksfeind" wurde so verschwommen definiert, daß praktisch jeder verdächtigt werden konnte. Die Liste der Merkmale, an denen man "die Feinde des Volkes" erkennen kann, kommt uns nicht unbekannt vor: Schuldig oder verdächtig ist, wer eine abweichende politische Meinung äußert, wer falsche Nachrichten und Pessimismus verbreitet, wer versucht, die öffentliche Meinung irrezuführen, die Sitten zu zersetzen oder die Reinheit der republikanischen Grundsätze zu trüben. Anderthalb Jahrhunderte später gab es auch in Deutschland Gesetze gegen "Heimtücke", "Volksverhetzung", "Defätismus" und "Zersetzung der Wehrkraft", und mancher starb, nur weil er einen politischen Witz erzählt hatte.

Nach dem Gesetz vom 22. Prairial galt jede Art von Auskunft als Beweis. Zeugen wurden nicht mehr vernommen. Verteidiger oder Rechtsbeistand blieben dem Angeklagten verwehrt. Zur Verurteilung genügte, daß der Gerichtshof erklärte, er sei von der Schuld "moralisch überzeugt". Als einzige Strafe gab es Tod. Die Geschworenen des Tribunals wählte Robespierre aus: Nur zuverlässige Anhänger seiner Grundsätze kamen in Betracht. Fortan war es ihm möglich, die Todesstrafe sozusagen auf dem Verordnungswege zu verhängen, nach einem Wimpernschlag, mit einem Federstrich.

Seit die Maschinerie der Unterdrückung zentralisiert war und Robespierre an ihrer Spitze stand, hatten die Henker an der Guillotine mehr denn je zu tun. Die letzten sechs Wochen vor dem 8. Thermidor fällte das Tribunal 1285 Todesurteile. Oft wurden fünfzig Personen in einer halben Stunde in den Tod geschickt. Robespierre war mürrischer denn je.

"Die einzige Spaltung", so verkündete er, "die es im Konvent noch gibt, ist die zwischen den Tugendhaften und den Bösen."[95] Das war schlimm, denn die Bösen mußten geköpft werden; Immunität für Abgeordnete gab es ja nicht mehr.

In einer Sitzung bringt Robespierre die Kollegen gegen sich auf. Es geht um die Ausführung der Terrorgesetze. Da schreit er so laut, daß die Bürger draußen stehen bleiben und man innen die Fenster schließt. Er beschuldigt andere Mitglieder, gegen ihn zu konspirieren. "Ich weiß, es gibt eine Fraktion in der Versammlung, die mich vernichten will." Worauf Billaud antwortete: "Sie geben also zu, daß Sie Ihr Gesetz verwenden wollen, den Konvent zu guillotinieren." Robespierre bricht in Tränen aus, und fortan fehlt er in mancher Sitzung des Ausschusses und des Konvents.

Indessen setzt er seine Arbeit auf dem Polizeibüro unentwegt fort. Aber öfter denn je überkommt ihn Mattigkeit. Seit fast einem Jahr nimmt er jetzt an der Regierung teil, rackert sich ab, kümmert sich um alle möglichen Dinge, vor allem natürlich um das Beseitigen der Konterrevolutionäre. Die Anstrengung hat ihn erschöpft, seine Wangen ausgehöhlt. Er sieht weit älter aus als er ist. Depressionen, Überdruß und Müdigkeit suchen ihn heim. Manchmal möchte er verzweifelt alles hinwerfen und sich an einen stillen Ort zurückziehen. Wenn die Lage besonders kritisch wird, legt er sich krank hin - vielleicht eine Art Flucht.

Aber dann mahnt wieder die Pflicht. Am 21. Juli 1794 unterschreibt er eine Note an Herman, der so etwas wie Chef des Innenministeriums ist: "Vielleicht sollten wir die Gefängnisse mit einem einzigen Schlag säubern und den Boden der Freiheit von diesem Abschaum reinigen, diesem Auswurf der Menschheit."[96]

Wieder ein paar Tage später findet er, "nur noch fünf bis sechs Schurken" seien aus der Welt zu schaffen, dann könne das Leben im Paradies, in der Gemeinschaft aller tugendhaften Bürger, beginnen.

In der Ausschußsitzung vom 5. Thermidor, an der er teilnimmt, bemüht man sich, den Verstimmten zu versöhnen, gibt nach, baut ihm eine Brücke. Saint-Just macht seinerseits ein Zugeständnis, das Robespierre aber nicht paßt. Der Unbestechliche fühlt sich nun auch von diesem Paladin verlassen, wird zornig und unversöhnlich.

Nur noch einen Wunsch hat Robespierre: jene Kommissare und Komitee-Mitglieder vor Gericht zu bringen, die sich durch Exzesse bei der Bevölkerung der Provinz verhaßt gemacht haben. Terror gegen die Terroristen! Fouché und seine Mitarbeiter müssen dies als eine persönliche Bedrohung ansehen. Spannung und heftige Wortwechsel zwischen den Mitgliedern der Ausschüsse und des Konvents sind die Folge. Mißtrauen und Haß vergiften die Luft.

Am 26. Juli 1794 hält Robespierre eine große Rede. Er spürt, daß es seine letzte sein wird, und erklärt sie als sein Testament. "Wir müssen jeden streng bestrafen, der die revolutionären Grundsätze mißbraucht, um die Bürger zu quälen."[97] Aber ist dies nicht genau das, was Robespierre seit geraumer Zeit tut: die revolutionären Grundsätze mißbrauchen, um die Bürger zu quälen? Nein, Absicht steckt nicht dahinter; Robespierre ist kein Sadist. Aber was er unternimmt, läuft auf Quälerei hinaus.

So sieht er die Lage: "Man machte die revolutionäre Regierung verhaßt, um ihre Zerstörung vorzubereiten... In wessen Händen sind heute die Armeen, die Finanzen und die innere Verwaltung der Republik? In den Händen der Koalition, die mich verfolgt... Die Intrige und das Ausland sind es, die triumphieren. Alles wird verheimlicht, verschleiert und vertuscht. Überall wird konspiriert... Auf diese Weise wollen uns die Schurken zwingen, das Volk zu verraten oder Diktatoren genannt zu werden... Wir müssen das Volk verteidigen, auch auf die Gefahr hin, für Diktatoren gehalten zu werden."[98]

216

Die Welt ist immer noch von Halunken, Narren, Verrätern und Verschwörern bevölkert. Ist das der Erfolg seines Mühens? "Solange die Horde der Schurken regiert, werden die Verteidiger der Freiheit geächtet sein."[99] Er kommt sich schon wie ein Märtyrer vor. Er ist todmüde. Aber noch einmal rafft er sich auf und fordert, die Verräter im Konvent und in den Ausschüssen zu bestrafen.

Die Zuhörer sitzen erstarrt. Robespierre will also neue Opfer. Auf einige hat er nur angespielt, wollte keine Namen nennen, tat geheimnisvoll. Will er alle treffen? Einige? Wen? Jetzt wehren sich die Abgeordneten. Einer springt auf, schüttelt die Faust gegen Robespierre und ruft: "Ein einziger Mann hat den Willen des Konvents gelähmt. Das ist der Mann, der eben diese Rede gehalten hat, das ist Robespierre!"

Ein anderer schreit; "Wenn man sich rühmt, den Mut zur Tugend zu haben, muß man auch den Mut zur Wahrheit haben. Nenne die Leute, die du beschuldigst, beim Namen!" Wilder Beifall, aber Robespierre schweigt.

Jeder Abgeordnete fühlt sich bedroht. Fouché organisiert den Sturz Robespierres. Der geschieht im Nu. Am 27. Juli, dem 9. Thermidor, wird Robespierre im Konvent verhaftet. Am 28. Juli fällt sein Kopf in den Korb.

Ein tugendstolzer Weltverbesserer

Den teuflischen Ruf verdankt Robespierre weniger seinen Taten, die bei weitem nicht so scheußlich waren wie die vieler seiner Kollegen, sondern seinen Worten. "Er sprach so oft, so gut und so heftig über den Terror, daß er damit seine eigene Verurteilung vorbereitet hat."[100] Mehrere Male geschah es, daß andere ein entsetzliches Blutbad verursachten; aber er war dann derjenige, der es nachträglich beredt bejahte. Und zweifellos war er es, der zur erbarmungslosen Vernichtung aller Konterrevolutionäre aufrief.

Wie ist es möglich, daß ein Mensch, der als Knabe Tränen über einen verendeten Vogel vergoß, später Tausende enthaupten ließ? Robespierre war kein Sadist, auch kein blutdürstiger Mensch. Er ekelte sich vor Blut. Angesichts der roten Lachen unter dem Schafott und dem Dunst, der davon aufstieg, wäre er wohl ohnmächtig geworden. Nie hat er einer Hinrichtung beigewohnt. Eine Guillotine sah er zum ersten Mal in der letzten Stunde seines Lebens.

Wie ist es möglich, daß ein sanfter, humaner Mensch wie Robespierre, der sich in den ersten Jahren der Revolution gegen die Todesstrafe, gegen den Krieg und gegen die Zentralisation der Macht geäußert hatte, ein solch scharfes repressives System, wie es die *terreur* war, theoretisch und praktisch massiv unterstützte?

Man hat geltend gemacht, daß Robespierre etliche Male die Integrität von Abgeordneten-Kollegen verteidigte, selbst wenn er mit ihrer Politik nicht einverstanden war;[101] daß er viele vor dem Fallbeil gerettet hat, zum Beispiel einen großen Teil der verhafteten Girondisten; daß er die Repression auf das unbedingt Notwendige zu beschränken bemüht war; daß er mehrere blutrünstige Prokonsuln aus den Provinzen abberief und ihnen ihre Metzelei vorwarf; daß er auf einer Sitzung des Wohlfahrtsausschusses eine Liste mit vierzehn zu verhaftenden Personen ablehnte und erklärte, er wolle nicht mehr mit Henkern zusammensitzen; daß er die fünf oder sechs Abgeordneten, von denen er in seiner letzten Rede sprach, nicht verhaften lassen, sondern lediglich aus ihrem Amt entfernen wollte; ja, daß diejenigen, die ihn stürzten, ihm nicht zu große Härte, sondern zu große Milde vorwarfen.[102] Diese Fakten wurden von manchen Beurteilern zu wenig berücksichtigt.

Als ein Jakobiner die Verhaftung des in der Tat fragwürdigen Julien de Toulouse forderte, entgegnete Robespierre: "Was soll all dieses Reden von der Guillotine? ... Man versucht, die Revolution durch Übertreibungen zu vernichten... Wenn ich einen Fehler verurteilte, war ich weit davon ent-

fernt, die Ächtung des Mannes zu fordern, der ihn beging...
Wir wollen doch nicht die Reihen der Schuldigen aufblähen.
Exekutieren wir die Witwe des Tyrannen und die Führer der
Verschwörung; aber nach diesen notwendigen Exempeln
wollen wir Blutvergießen vermeiden. Man wird mich des
Moderantismus beschuldigen, aber vergeßt nicht, daß wir
stets in Einklang mit dem handeln müssen, was für die Re-
volution nützlich ist."[103]

Robespierre konnte keineswegs immer so handeln, wie er
wollte. Als Politiker mußte er lavieren zwischen der extremen Linken und der extremen Rechten im Konvent. Er
konnte "ein sehr gewitzter politischer Taktiker" sein; nur
spielte ihm manchmal seine naive Leichtgläubigkeit und sein
Eigensinn einen Streich.[104] Weder mit den Ultra-Revolutionä-
ren, den *exagérés*, noch mit den Gemäßigten, den *indulgents*,
den Anhängern des *modérantisme*, wollte er sich in allen
Punkten identifizieren. Wer bei dem Streit, ob man hundert
Köpfe abschneiden soll, oder ob man es bei zwanzig Köpfen
bewenden lassen darf, für dreißig plädiert, gilt bei der Nachwelt schon als Unmensch. Daß in der politischen Situation
die Stellungnahme "kein einziger Kopf" ausgeschlossen, da
nicht zu realisieren, war, weiß die Nachwelt nicht. Robespierre war, nachdem er sich einmal in die Französische Revolution eingelassen hatte, in ihr gefangen. Er glaubte zu
schieben, doch er wurde geschoben.

Deshalb ist Michelets Behauptung, Robespierres Macht sei
größer gewesen als die Ludwigs XIV. oder Napoleons,[105]
ebenso irrig wie die eines amerikanischen Historikers, der
Robespierre "den ersten modernen Diktator" nannte.[106]
Robespierres Macht war zwar sehr ausgedehnt, aber nicht
unbeschränkt. Sie beruhte weniger auf seiner amtlichen Stellung, mehr auf seinem Prestige, seinem Einfluß auf die Jakobiner, die Kommune, das Volk von Paris und das französische Volk. Im Wohlfahrtsausschuß hatte er keineswegs die
Mehrheit stets auf seiner Seite; nur Saint-Just und Couthon waren seine Freunde und Parteigänger. Gleichwohl war

Robespierre "das wahre Haupt des Ausschusses",[107] keine absolut unbestrittene Autorität in diesem arbeitsteiligen und kollegialen Gremium, sondern *primus inter pares*. Oft wurde er überstimmt. Auch im Sicherheitsausschuß konnte er sich nur auf David und Lebas verlassen.

Schon am 11. August 1793 fragte er sich, ob er noch weiter in der Regierung bleiben solle. "Gegen meinen Willen in den Wohlfahrtsausschuß berufen, habe ich dort Dinge gesehen, die zu argwöhnen ich nie gewagt hätte. Auf der einen Seite habe ich patriotische Mitglieder gesehen, die vergeblich versuchten, das Wohl ihres Landes zu fördern, und auf der anderen Seite Verräter, die im Herzen des Ausschusses selbst sich gegen die Interessen des Volkes verschworen."[108]

Wiederholt erklärte Robespierre, seine Berufung sei nicht, selbst zu regieren, sondern die Regierenden zu kritisieren und zu korrigieren. Diese Selbsteinschätzung scheint mir richtig zu sein. Die Grenzen seiner Begabung kennend, hat Robespierre nicht nach Macht im Sinne von Exekutivgewalt gestrebt. Ich habe sogar den Eindruck, daß er die Arbeit im Ausschuß keineswegs mit Lustgefühlen tat. Sie scheint ihn oft geradezu angewidert zu haben. Trifft der zweite Teil von Korngolds Urteil wirklich das Wesen Robespierres? "Demokrat aus Überzeugung, hatte er das Temperament eines Autokraten."[109] Näher an den Kern dieses Menschen kommt wohl Gallo, der meint, Robespierre sei "ein Intellektueller mit begrenzten menschlichen Erfahrungen, der nur seine eigene Geschichte und die Geschichte an sich kennt und sich immer dazu verführen läßt, entweder von der einen oder von der anderen zu sprechen und beide häufig verwechselt, indem er aus seiner Geschichte Geschichte macht."[110]

*

Was an Robespierres Charakter, wie er sich uns in seinen eigenen Reden kundtut, am meisten auffällt, ist seine Egozentrik. Er "ist immer mit sich selbst beschäftigt".[111] In seinen Reden sprach er viel über sich selbst - nicht über sein Privatleben oder über die ersten dreißig Jahre seines Lebens, sondern über seine politische Laufbahn seit 1789, über seine Rolle in der Französischen Revolution und über seine Verdienste um die Republik. Das war gelegentlich berechtigt, wenn er sich gegen Vorwürfe zu verteidigen hatte. Aber statt des vielen Selbstlobs über seine Tugend, seine Beständigkeit und seine Opferbereitschaft hätte man lieber von ihm gehört, wie er sich konkret die Gestaltung der Republik vorstellte. Über sehr abstrakte und triviale Ideen kam er selten hinaus, und schnell war er wieder bei seinen eigenen Tugenden, die er melodramatisch oder pathetisch schildern konnte.

Offensichtlich hatte Robespierre mit seiner Selbstdarstellung beträchtlichen Erfolg. Ein Gegner und Rivale, Billaud-Varenne, antwortete auf die Frage, wie Robespierre einen so großen Einfluß auf die öffentliche Meinung haben konnte: "Er stellte die strengsten Tugenden zur Schau, die vollständigste Hingabe und die reinsten Grundsätze."[112] Daß man Robespierre oft den "Unbestechlichen" nannte, ist nicht zuletzt auch ein Ergebnis seiner propagandistisch wirkenden autobiographischen Selbststilisierung.

Er behauptet, niemand könne ihm etwas vorwerfen. Seine Gegner sind Lügner, Bösewichte; er aber ist zum Martyrium bereit. Er ist sicher, daß man nach seinem Tode seiner gedenkt als eines Mannes, "der recht behalten hat". Seine Sache ist "heilig", seine Person untadelig und mit seiner Mission untrennbar verbunden. Er wirkt für die "Ewigkeit" unter dem Segen der "Vorsehung".

Dieses religiöse Vokabular, das Robespierre ständig im Munde führte, ging den Abgeordneten des Konvents oft genug auf die Nerven. "Hymnen brauchen wir nicht", unterbrach ihn ein Zwischenrufer, und bei einer anderen Gelegenheit rief ihm ein Abgeordneter zu: "Keine Kapuzinerpredigten!"

Zwischen den Reden Robespierres und den Briefen des Apostels Paulus, die Robespierre in seinen kirchlichen Schulen zweifellos gelesen und in der Messe oft gehört hat, besteht eine auffallende Parallele: Beide wollen mit rhetorischem Schwung eine Gruppe von Menschen von einer Wahrheit überzeugen und setzen dabei die Darstellung ihres eigenen Lebenslaufs und ihrer eigenen Tugenden als Zeugnis ein. Beider Schriften sind weithin autobiographisch.

Auch der heilige Paulus hat, im Bewußtsein seiner Sendung, sich gerühmt, sich als Vorbild hingestellt und mit seinen Gegnern abgerechnet.[113] Auch er sprach von seinem kommenden Märtyrertod.[114] Paulus verbreitete sich aber nicht nur über seine Verdienste, sondern auch über seine Fehler und Sünden.[115] Das tat Robespierre nie, denn er glaubte, keine Fehler und Sünden zu haben. Hier ist der entscheidende Unterschied zwischen Robespierres Reden und den paulinischen Briefen: Paulus hat, im Gegensatz zu Robespierre, sich nie mit einer "weißen Weste" gebrüstet; er hat nie behauptet, seine Vergangenheit sei makellos.

Robespierre, "der Tugendhafte", - war er denn wirklich so tugendhaft? Gewiß, er war mäßig, fleißig, uneigennützig, opferbereit, unbestechlich, keusch (abgesehen von gelegentlichen Zugeständnissen an seinen Geschlechtstrieb); er lebte in bescheidenen Verhältnissen, fast arm; Habgier kann man ihm ebensowenig vorwerfen wie Feigheit. Aber daß er sich wegen dieser Eigenschaften einbildete, ein Muster ethischer Vollkommenheit zu sein, war schon ein Laster. Und dieses Laster gebar eine ganze Reihe unangenehmer Eigenschaften: Er war im Umgang mit anderen betont herablassend oder arrogant. Die anderen Abgeordneten bezeichnete er als Nullen, als kleine Geister oder erbärmliche Wichte. Er war hochgradig empfindlich und verzieh keinem, der seine Eigenliebe verletzt hatte. Alles wußte er besser, Widerspruch duldete er nicht, und niemals gab er eigene Fehler oder Irrtümer zu. Auf Kritik reagierte er manchmal hysterisch-schrill.

Jeden, der etwas gegen ihn vorbrachte, schimpfte er einen "Verleumder"; daß er selbst immer häufiger andere Menschen verleumdete, war seiner Meinung nach natürlich etwas anderes: Demaskierung von Bösewichten. Seine politischen Gegner nannte er samt und sonders "Verräter", "niederträchtige Halunken", "Schurken", "Verbrecher", "Intriganten", "Ehrgeizlinge", "Spione", "Korrupte", "Betrüger", "Feiglinge", "Heuchler", "Mörder". Wer aber ihn politisch unterstützte, dem verzieh er fragwürdige Geschäfte, und er war bereit, eine dunkle Vergangenheit mit dem Mantel des Schweigens zu bedecken.

Was ihm völlig fehlte, das war Demut, Gerechtigkeit gegen Mitmenschen und vor allem die Liebe. Daher die Eiseskälte, die von ihm ausging; daher sein Mangel an Humor. Er konnte sentimental werden, aber nur aus Selbstmitleid. Doch so hellsichtig er zuweilen seine Gegner und die politische Lage beurteilte, sich selbst gegenüber war er blind. Diese Blindheit war eine weitere Folge seines Hauptlasters: Stolz, *superbia*.

Wir tun gut daran, das Bild vom blutrünstigen, machthungrigen Ungeheuer, das Robespierre gewesen sein soll, zu verabschieden und in ihm lediglich das zu sehen, was er, verführt von einer verkehrten Philosophie, in seinen Reifejahren wurde und was, im Hinblick auf die Folgen, schlimm genug war: ein tugendstolzer Weltverbesserer.

Jossif Wissarionowitsch Stalin

(1879 - 1953)

Erst vergöttert, dann verdammt

Keines Menschen Name wurde so oft gedruckt, keines Menschen Bild so häufig vervielfältigt. Niemandem wurden zu Lebzeiten so viele Loblieder gesungen. Seit 1929 erschienen zu Stalins runden Geburtstagen dicke Anthologien mit preisenden Gedichten.

In der Sowjetunion verherrlichte man ihn als "unseren teuren und vielgeliebten Führer und Lehrer", "den größten Führer aller Zeiten und aller Völker". Scholochow verfaßte 1953 eine schwülstige byzantinistische Huldigung für Stalin, "den lieben und bis zum letzten Atemzug geliebten Vater".

Man glaube nicht, diese Tausende von Hymnen seien samt und sonders befohlene oder gar erzwungene Pflichtübungen gewesen, Lippenbekenntnisse Verängstigter, die um ihr Leben bangten, oder Speichelleckerei kriecherischer Pfründenjäger. Trotz des gerade für das kommunistische Rußland zu beachtenden Unterschieds zwischen öffentlicher und veröffentlichter Meinung bleibt die Tatsache: Sehr viele Menschen in der Sowjetunion hatten zu Stalin ein Verhältnis wie in früheren Zeiten Menschen zu dem von ihnen angebeteten Gott; ihm gegenüber empfanden sie ein Gefühl, in dem sich Furcht mischte mit Liebe. Man hat Stalin wirklich geliebt, hat ihm geglaubt; und als er starb, flossen viele Tränen.

"Alles, was Stalin sagte, war unerschütterlich, wahr und bedurfte keines Beweises. Mit anderen Worten: Stalin war ein Halbgott. Schließlich wurden diese Mythen, die zur Grundlage des gesellschaftlichen Lebens geworden waren, zu zwei einfachen Postulaten zusammengefaßt: 1. Der Führer der Partei und des Volkes - das ist in höchstem Maße ein weiser Mensch. Die Kraft seines Geistes ist in der Lage, auf alle Fragen der Vergangenheit zu antworten, sich in der Gegenwart zurechtzufinden und in die Zukunft vorauszuschauen... 2. Der Führer der Partei und des Volkes - das ist die vollständige Verkörperung des Guten, der Sorge um jeden Menschen. Er verneint das Böse, die Unwissenheit, die Treulosigkeit, die Grausamkeit, er ist ein lächelnder Mensch mit einem Schnurrbart, der ein kleines Mädchen mit einer roten Flagge auf den Armen hält."[1]

Es waren keineswegs nur die von Stalin Beherrschten, die sich am Stalinkult beteiligten. Es waren berühmte Schriftsteller westlicher Länder, die dem Führer der Sowjetunion ihren Weihrauch streuten, darunter Hemingway und Shaw, Malraux und Gide. H. G. Wells schrieb 1934 über Stalin: "Nie bin ich einem ehrlicheren, faireren und gerechteren Mann begegnet." Henri Barbusse veröffentlichte 1935 einen Panegyrikus auf Stalin, der jede russische Lobhudelei auf den Despoten übertrifft: "Stalin, der Mensch, durch den eine neue Welt offenbart wird". Ohne Ironie schrieb Louis Aragon 1936 in *Commune*: "Im gewaltigen Schatz der menschlichen Kultur: nimmt da nicht die neue Stalinsche Verfassung den ersten Platz ein, vor den königlichen Werken der Phantasie, vor Shakespeare, Rimbaud, Goethe, Puschkin? Diese prachtvollen Seiten, geschrieben ... mit dem bolschewistischen Genie, der Weisheit der Partei und ihres Chefs, des Genossen Stalin, eines Philosophen nach Marxschen Vorbild."[2]

Paul Éluard widmete ihm 1949 zu seinem siebzigsten Geburtstag ein Liebeslied:

Und Stalin ist morgen für uns zugegen,
Und Stalin fegt heute das Unglück hinweg.
Vertrauen ist die Frucht seines liebenden Gehirnes,
Denn so vollkommen ist die Traube seiner Vernunft.

Wir leben und kennen, dank ihm, keinen Herbst,
Unter Stalins Horizont blüht immer neues Leben.
...
Denn das Leben und die Menschen haben Stalin erkoren,
Um grenzenlose Hoffnung auf Erden zu erfüllen.[3]

Bertolt Brecht hatte 1950 keine Bedenken, in "Josef Stalin ...
des Sowjetvolkes großen Ernteleiter" zu sehen.[4]
1953 rühmte die Deutsche Akademie der Künste Stalin als
den "großen Lehrer der Kunstschaffenden Deutschlands":
"Wir Kunstschaffenden Deutschlands geloben, in unserer
Arbeit die Lehren Stalins zu verwirklichen und ihm, dem
Genius des Friedens, die Treue zu halten." Unterschrieben
wurde dieses Dokument unter anderen von Bertolt Brecht,
Anna Seghers und Arnold Zweig.[5] In einer unwahrscheinlich
kitschigen Eulogie sang Johannes R. Becher: "Gedenke,
Deutschland, deines Freundes, des besten. / O danke Stalin,
keiner war wie er / So tief verwandt dir."[6] Stephan Hermlin
schwärmte davon, daß er zwanzig Jahre hindurch Stalin
befragen konnte: "Lautlos, in der eigenen Brust, antwortete
er, hieß er gut, tadelte und tröstete er... Er starb für mich, für
dich, für uns..."[7] Peter Huchel sprach in seinem Nachruf auf
Stalin von der "Größe seines Gewissens", der "Größe seines
Genies".[8] Den Ruhm berühmter Menschen erklärt, wie Georg
Christoph Lichtenberg schrieb, oft nur die Kurzsichtigkeit
jener, die sie verehrten.
Aber hat Stalin nicht zu Recht einiges Lob verdient? Ist es
nicht die Leistung seiner dreißigjährigen Herrschaft, daß in
dieser Zeit Sowjetrußland zur größten Weltmacht neben den
Vereinigten Staaten von Amerika aufstieg? Gewiß, Rußland
zählt aufgrund von Stalins Politik zu den stärksten Industrie-

nationen der Welt. Stalin ist, wenigstens teilweise, sein Vorhaben gelungen, auf technischem Gebiet Amerika einzuholen und zu überrunden. Aber die forcierten Errungenschaften waren kostspielig und fragwürdig: Rußland hatte 1953 die Wasserstoffbombe, 1957 den ersten Satelliten; aber Verbrauchsgüter für die Bevölkerung waren knapp und schlecht. Ohne die Kredite kapitalistischer Staaten, ohne das Knowhow westlicher Ingenieure und ohne die Sklavenarbeit von zwanzig Millionen inhaftierter Sowjetbürger wäre die Industrialisierung nicht in diesem Maße möglich gewesen.

Stalin hat das Analphabetentum beseitigt, das stimmt. Er hat aber dafür gesorgt, daß seine Untertanen nichts anderes zu lesen bekamen als desinformierende Propaganda. Ein großer Teil der Weltliteratur und selbst der russischen Literatur war verboten; das Geistesleben verödete.

*

1961, acht Jahre nach dem Tode des vergötterten Stalin, wurden in der Sowjetunion und in den anderen kommunistischen Ländern die Denkmäler des Diktators vom Sockel gestürzt. Sein einbalsamierter Leichnam, den täglich Tausende als eine heilige Reliquie besucht und verehrt hatten, wurde aus dem Mausoleum vor dem Kreml entfernt. Alle Städte, Werke und Betriebe, die Stalins Namen trugen, beeilten sich, ihren Namen zu ändern. Fortan wollte kein Mensch mehr, auch nicht der fanatischste Kommunist, etwas mit Stalin zu tun haben. Die Fallhöhe dieses Sturzes bricht alle Rekorde.

Die fast 1500 Delegierten des XX. Kongresses der Kommunistischen Partei der Sowjetunion saßen erstarrt, und manche fielen in Ohnmacht, als Chruschtschow in seiner Geheimrede am 25. Februar 1956 auspackte und vier Stunden lang über Verbrechen Stalins sprach.[9] Natürlich war diese Rede bald nicht mehr "geheim", und es stellte sich allmählich heraus, daß mit ihrer Schilderung stalinschen Terrors nur die Spitze eines Eisbergs sichtbar geworden war. Chruschtschows Enthüllungen enthielten nur eine winzige Auswahl der Schreckenstaten. Der neue Chef hütete sich, außer der blutigen Säuberung der Partei noch andere Verbrechen aufzudecken, denn das hätte ihn und die Bonzen, die jetzt an der Macht waren, kompromittiert.

Auf dem XXII. Parteikongreß 1961 stellte nicht mehr allein Chruschtschow den Verbrecher Stalin an den Pranger; auch Breschnew, Podgorny, Suslow, Mikojan und viele andere Prominente schlugen auf den Mann ein, dem sie ihre Karriere verdankten. Die Abrechnung füllt im offiziellen stenographischen Protokoll 1800 Seiten; und auch sie ist nicht vollständig. Seit 1961 hat die historische Forschung noch weitere Greuel ans Licht gebracht, die - oft geraume Zeit später - von offiziellen Stellen der Sowjetunion auch zugegeben wurden.

Hier eine summarische Übersicht über die Opfer des stalinschen Terrors:[10] Von 1929 bis 1933 wurden nach vorsichtigen Schätzungen 9,5 Millionen Kulaken (das sind Bauern, die mehr als vier Kühe haben) ausgerottet; Stalin selbst sprach Churchill gegenüber von zehn Millionen. Während der "Säuberungen" von 1936 bis 1938 wurden 5,5 Millionen umgebracht; allein 60.000 Offiziere wurden erschossen.[11] Zwischen den beiden Wellen, die um 1930 und um 1937 rollten, wurden eine Million Menschen verhaftet. 350.000 Juden aus Ostpolen ließ der Antisemit Stalin in die Gebiete an der persischen Grenze transportieren, wo Tausende durch Hunger und Kälte umkamen. So wurden innerhalb der Sowjetunion ganze Völkerschaften deportiert und dezimiert. Daß bei Katyn und anderswo 15.000 kriegsgefangene polnische Offiziere ermordet wurden, hat die Sowjetunion 1990 amtlich zugegeben. Und die Katyns der Stalinisten in Mitteldeutschland mit ihren vielen Tausend Leichen kommen seit 1990 nach und nach ans Licht. Nach 1947 verschwänden 6,5 Millionen Menschen, oft auf Nimmerwiedersehen, in den

Lagern. Von der Christenverfolgung unter Stalin, der größten der ganzen Kirchengeschichte, wird noch die Rede sein. Insgesamt wurden von 1929 bis 1953 rund 23 Millionen Menschen Opfer stalinscher Tyrannei. Hinzu kommen elf Millionen der zweiten großen Hungersnot und 28 Millionen Kriegsopfer, von denen viele zu Lasten von Stalins Fehlentscheidungen gehen.[12] Das sind 62 Millionen Tote. Weit größer ist die Zahl der Menschen, die auf Stalins Geheiß an Leib, Seele oder Geist verstümmelt wurden. Von denen, die Stalins Todesmaschinerie entkamen, verbrachte jeder zehnte einen beträchtlichen Teil seines Lebens im Gefängnis oder im Lager. Stalins Herrschaft, der "knuto-sowjetische Staat", hat, wie Souvarine ausführlich belegte, alle Übel und Mißstände der Zarenzeit beibehalten und ihnen viele hinzugefügt.

Angesichts dieser schier unfaßbaren Verbrechen fragen wir uns bestürzt: Wie war es möglich, daß dieser Mann mehr als dreißig Jahre lang unangefochten über ein Riesenreich herrschen konnte? Wie war es möglich, daß diesem Erzlügner viele Millionen Menschen geglaubt haben? Wie war es möglich, daß dieser Verbrecher - auch von vielen, die nicht von ihm abhingen - verehrt und geliebt wurde?

Um diese Fragen zu beantworten, werden wir vor allem zwei Phänomene ins Auge fassen müssen. Das eine ist die zielstrebige Energie eines machthungrigen, listigen und amoralischen Mannes. Das andere ist die ideologische Verblendung vieler Intellektueller und der auf sie hörenden Massen.

Glaubenswechsel im Priesterseminar

Als Stalin seine alte Mutter kurz vor ihrem Tode 1936 in Georgien besuchte, sagte sie ihm: "Wie schade, daß du nicht doch Geistlicher geworden bist."[13]

Will man den Weg Stalins verstehen, so kann man nicht scharf genug diese Tatsache erfassen: Stalin wurde in der orthodoxen Kirche getauft, wuchs in der Obhut zuerst seiner

230

tieffrommen Mutter, dann kirchlicher Schulen heran, war zuerst gläubiger Christ und wollte Priester werden - er, der Atheist wurde, Leninist und der größte Christenverfolger der Geschichte.

Daß die Bolschewiki, sobald sie in der Oktoberrevolution die Macht ergriffen hatten, sofort den Vernichtungskampf gegen die Kirchen begannen, entsprach der Lehre Lenins. Schon im Dezember 1917 wurde die orthodoxe Kirche ihrer sämtlichen Immobilien beraubt, und jeder öffentliche Religionsunterricht wurde verboten. Im Januar 1918 wurde Metropolit Wladimir von Kiew ermordet, im Mai 1922 Patriarch Tichon ins Gefängnis geworfen, im August 1922 Metropolit Wenjamin von Petrograd mit seinen Mitarbeitern hingerichtet. Die Gläubigen wurden in den Untergrund oder in die Emigration getrieben.

Stalin setzte die leninsche Christenverfolgung fort. 1927 forderte er, die Geistlichkeit zu vernichten und die Religion auszurotten. Während der großen Säuberung von 1935 bis 1939 wurden Episkopat und Klerus liquidiert oder verschleppt, die 52.000 orthodoxen Kirchen bis auf 400 zerstört, geschlossen oder zweckentfremdet. Von den 1025 Klöstern, die es 1914 in Rußland gab, waren bei Stalins Tod kaum ein Dutzend übrig. Das kirchliche Leben war fast erstorben.[14] Wohl nie hat ein Renegat das, was er einst angebetet hatte, mit solchem Erfolg verbrannt.

*

Von den führenden Männern der bolschewistischen Revolution war Stalin der einzige, der aus der Proletarierschicht stammte; die anderen kamen aus dem Landadel, dem Bürgertum und der Intelligentsia und hatten das Arbeitermilieu nie aus eigener Anschauung kennengelernt. Andererseits hat Stalin nie als Arbeiter für kargen Lohn schuften müssen, denn er war ja Student, dann Berufsrevolutionär, schließlich bezahlter Parteifunktionär; aber in seiner Kindheit erfuhr er, wie das Leben der Armen war, und diese Erfahrung dürfte dazu beigetragen haben, daß er als junger Mann Sozialist wurde.

Stalins Vater Wissarion Dschugaschwili kam als Sohn georgischer Bauern zur Welt, die ein paar Jahre vorher noch Leibeigene waren. Mann geworden, verließ er sein Heimatdorf und gründete in der zehntausend Einwohner zählenden Kreisstadt Gori eine bescheidende selbständige Existenz als Flickschuster. Dort heiratete er die fünfzehnjährige Jekaterina Geladse, Tochter eines Leibeigenen und Analphabetin. Sie gebar ihm drei Kinder, die alle bald nach der Geburt starben. Endlich, am 21. Dezember 1879, kam ihr viertes Kind, das Jossif getauft wurde und am Leben blieb. Es sollte einer der verhängnisvollsten Despoten der Geschichte werden.

Es heißt, der Vater sei ein Säufer und Schläger gewesen und habe seinen Sohn oft geprügelt. Ein Stalin-Biograph schildert die Folgen für das Kind so: "Seine Abwehrhaltung gegen die Lieblosigkeit des Vaters waren Mißtrauen, scharfsinnige Vorsicht, Wendigkeit, Unaufrichtigkeit und Ausdauer."[15] Vielleicht hat hier, da es an Fakten fehlt, die Phantasie zuviel ergänzt. Stalin selbst hat 1931 versichert: "Meine Eltern waren ungebildet, aber sie haben mich in keiner Weise schlecht behandelt."[16]

Tatsache ist, daß der Vater mit seiner Flickschusterei so wenig verdiente, daß die Mutter sich als Wäscherin und Putzfrau verdingen mußte, um das tägliche Brot auf den Tisch zu schaffen. An Spannungen zwischen den Eltern wird es nicht gefehlt haben. Schließlich kam es zum Bruch. Der Vater konnte seine berufliche Selbständigkeit nicht behaupten, ging in die 76 Kilometer entfernte Stadt Tiflis und ließ Frau und Kind allein in Gori zurück. Nach einer Version habe er in Tiflis in einer Schuhfabrik gearbeitet, nach einer anderen Version sei er Landstreicher geworden. Jedenfalls kam er bei einer Wirtshausschlägerei ums Leben, als Jossif gerade elf Jahre alt war.

Ungleich stärker als der Vater muß die Mutter auf den kleinen Jossif gewirkt haben. Sie konnte kaum ihren Namen kritzeln, wußte aber, was sie wollte. Ihr Mann wünschte, daß Jossif Schuster wurde wie er selbst; sie aber war dagegen.[17] Sie wollte, daß der Sohn es weiterbringe als die Eltern, deshalb gab sie ihn nicht einem Handwerker in die Lehre, sondern schickte ihn auf die beste der vier Schulen in Gori, nämlich auf die orthodoxe Kirchenschule. Warum sollte ihr Junge nicht Pfarrer werden? Das war, neben dem Offizier, der angesehenste Beruf. Ihr selbst schien die Würde eines Priesters höher zu sein als die des Zaren.

Ihre Enkelin schreibt: "Sie war sehr fromm und träumte davon, daß ihr Sohn einmal Geistlicher werden würde. Sie blieb religiös bis ans Ende ihrer Tage." Die Stellung ihres Sohnes als absoluter Herrscher über die hundert Völker der Sowjetunion machte auf sie keinen Eindruck, und sie zeigte ihm "ihre Gleichgültigkeit gegenüber allem, was er erreicht hatte, ihre Verachtung für jeden irdischen Ruhm und alles irdische Getriebe".[18]

Der junge Jossif hatte seine eigenen Gründe, dem frommen Ehrgeiz seiner Mutter zu entsprechen. Er war doppelt gezeichnet: Sein Gesicht entstellt durch Narben von den Pocken, an denen er mit sieben Jahren erkrankt war; sein linker Arm verkrüppelt durch einen Unfall, den er mit elf Jahren erlitten hatte. Hinzu kam die Erfahrung, daß die meisten Mitschüler als Söhne wohlhabender Wein- und Getreidehändler auf ihn, den pockennarbigen armen Schlucker, verächtlich herabblickten. Ihnen wollte er es zeigen. Schnell eignete er sich die Unterrichtssprache Russisch an, für ihn als Georgier eine Fremdsprache, und wurde einer der besten Schüler der Klasse.

Ein Schulkamerad schilderte den jungen Stalin: Unfreundlich, kurzangebunden, die Augen kühn und lebhaft, aber nicht vertrauenerweckend, ohne Mitgefühl für Tiere und

Menschen. Körperlich kräftiger als die anderen, war er der typische Klassentyrann.[19] Nach sechs Jahren verließ er die Kirchenschule mit Auszeichnung und den besten Noten.

*

Mit einem Stipendium, das ihm Schulrektor und Pope in Gori verschafft hatten, trat der Fünfzehnjährige 1894 in das orthodoxe Theologische Seminar in Tiflis ein und blieb dort bis 1899. In diesem Gebäude, das eine Mischung von Kloster und Kaserne war, und in der kaukasischen Hauptstadt, die damals 160.000 Einwohner aus verschiedenen Völkern und Religionen zählte, verbrachte er die für seine geistige Entwicklung entscheidenden Jahre.

Das Priesterseminar in Tiflis galt als "die wichtigste höhere Schule in Georgien und darüber hinaus im ganzen Kaukasus".[20] In den ersten Jahren dort bemühte sich Stalin, als ein Muster von Fleiß, Aufmerksamkeit und Gehorsam zu erscheinen. "Die Bücher des Alten und Neuen Testaments haben sein ungeteiltes Interesse genossen."[21] Die Texte der Liturgie beeindruckten ihn so sehr, daß sie noch ein halbes Jahrhundert später den Stil seiner Reden beeinflußten. Die religiösen Dogmen nahm er zuerst gläubig an. Später verwarf er sie.

Wann geschah die Wende? Das ist schwer zu datieren. Anscheinend hat Stalin im vorletzten seiner fünf Seminarjahre den christlichen Glauben weggeworfen. Im Frühjahr 1898 war er schon überzeugter Atheist.[22] Daß er im Juni 1904 in der Kirche des heiligen David seine erste Frau Jekaterina Swanidse heiratete, besagt im Hinblick auf seinen Glauben nichts, da es die Ziviltrauung als Alternative zur kirchlichen Trauung in Georgien damals nicht gab.

Der Umstand, daß Stalin ausgerechnet im Priesterseminar den Glauben verlor, ist nicht sehr erstaunlich (schon manchem frommen Jungen, der Priester werden wollte, erging es so). Es ist um so weniger erstaunlich, als das Theologische Seminar in Tiflis neben der juristischen Fakultät in St. Petersburg, an der Lenin sein Examen machte, die wichtigste Brutstätte der Revolution war, "ein Zentrum der politischen Opposition. Viele der Männer, die später, nicht nur in Georgien, sondern in Rußland überhaupt, im öffentlichen Leben eine Rolle spielen ... sollten, haben ihre Werdejahre hinter diesen grauen Mauern in Tiflis verbracht".[23]

Den Seminaristen wie einem Teil der Professoren war der Moskauer Zentralismus verhaßt. Gegen die zaristischen Russifizierungspolitik vertrat man georgischen Nationalismus, voll Stolz auf die eigene Kirche, die eigene Schriftsprache und die eigene Kultur des ältesten christlichen Volkes im Zarenreich. Daß der sechzehnjährige Seminarist Stalin als Pseudonym den Namen eines georgischen Helden wählte, ist in diesem Zusammenhang zu sehen. "Koba", das heißt der Unbeugsame, Heros eines grusinischen Räuberromans, war Stalins frühes Vorbild, und noch als Berufsrevolutionär benutzte Stalin "Koba" als einen seiner Decknamen.

Neben nationalistischen drangen auch marxistische Ideen und atheistische Schriften in das Seminar. Im November 1896 wurde Stalin erstmals wegen Lektüre verbotener Bücher von der Seminarleitung bestraft. Das wiederholte sich noch oft. Gewöhnlich waren es atheistische Autoren, über denen man den Alumnus Stalin ertappte. Im August 1898 trat er der sozialdemokratischen Gruppe Transkaukasiens bei, die von einem Absolventen des Seminars geleitet wurde. Die Behörden duldeten sie als gesetzlich anerkannte Organisation. Schon der Theologiestudent Stalin betätigte sich als Propagandist in Versammlungen Tifliser Eisenbahnarbeiter, während Streiks die Stadt beunruhigten.

Ein halbes Jahrhundert später sagte Stalin, auf seine geistliche Ausbildung zurückblickend: "Das Wichtigste, was einen die Popen lehren können, das ist, die Menschen zu verstehen."[24] Wahrscheinlich hat Stalin das zynisch gemeint: die

Schwächen der Menschen zu verstehen, um die Menschen besser manipulieren zu können.

Man hat darauf hingewiesen, daß der Stalinismus, das heißt Theorie und Praxis des von Stalin begründeten Herrschaftssystems, formal sehr viel dem kirchlichen Christentum verdankt, wie es Stalin während seiner theologischen Studien kennengelernt hat. Die Parallelen drängen sich dem an der Oberfläche haftenden Blick sofort auf: Hier wie dort, bei völlig verschiedenen Inhalten, ein heilsnotwendiger Glaube, eine daraus entwickelte Dogmatik, eine ihr entsprechende Disziplin und ein ihr entsprechender Kult.

Richtig ist, daß Stalin seine Glaubenskraft vom theologischen Gebiet, wo Glaube als Erkenntnisquelle berechtigt ist, auf das Gebiet von Gesellschaft, Staat, Wirtschaft und Politik übertrug, wo Glaube abwegig, ja gefährlich ist, da hier allein die Rationalität zählt. Ich bin nicht der weitverbreiteten Meinung, Stalin sei einzig auf seine persönliche Macht um der Macht willen erpicht gewesen, und er habe keinen über seine Person hinausreichenden Zweck angestrebt. Ich bin im Gegenteil davon überzeugt, daß Stalin, einst ein Glaubender des Christentums, ein Glaubender des Leninismus wurde, freilich einer ganz persönlichen Auffassung von Leninismus, die er zum allgemein verbindlichen Dogma erhob.

Was die Dogmentreue betrifft, so muß man - schon in der Geschichte der Kirche, aber auch anderswo - zwei Arten von Dogmentreue unterscheiden. Die eine Art ist die Dogmentreue, die ihr Augenmerk nicht auf die Wahrheiten der Lehre richtet, sondern auf alles, was von der Lehre abweicht, und die jeden Irrtum bekämpft, vielleicht nicht nur den Irrtum, sondern auch die Menschen, die diesen Irrtum vertreten. Dieser Dogmatismus führt von der Zensur, der Bespitzelung und dem Verbot unerwünschter Literatur bis zu den Scheiterhaufen der Inquisition oder den Folterkellern des NKWD. Offensichtlich hat Stalin im Priesterseminar von Tiflis diese

Art von Dogmentreue kennengelernt, die er dann für seinen neuen weltlichen Glauben nachahmte.

Es gibt aber auch eine Dogmentreue, die ihr Augenmerk nicht auf mögliche Irrtümer, sondern auf die Wahrheiten richtet und aus der Wahrheit lebt und liebt. Hätte Stalin im Seminar zu Tiflis nicht jenen Dogmatismus des Hasses, sondern diese Dogmentreue der Liebe kennengelernt, und sei es nur in der Person eines von Heiligkeit und Güte strahlenden Lehrers, so hätte er sich vielleicht daran ein Beispiel genommen, und die Geschichte des 20. Jahrhunderts wäre anders verlaufen.

Unter den vom Seminarleiter angewandten Methoden der Überwachung, Bespitzelung und geistigen Bevormundung hat Stalin, wie er später sagte, sehr gelitten. Warum hat er dann später seinerseits diese Methoden seinen Untertanen gegenüber angewandt, wohl wissend, daß das weh tut? Da öffnen sich Abgründe der menschlichen Natur, und man hat, wohl mit einiger Berechtigung, von Stalins Sadismus gesprochen, von seiner Wollust, andere zu unterjochen.

Sadismus mag hineingespielt haben, aber auch die Dogmentreue: die von Dostojewskis Großinquisitor geäußerte Überzeugung, daß man die Menschen zu ihrem Glück zwingen muß. Die Doktrin durchzusetzen, erforderte eben harte Methoden. Und "Dschugaschwili hat sein Leben lang an Postulate geglaubt: zunächst an christliche und später an marxistische".[25]

Man weiß, daß Stalin die Werke Lenins immer wieder gelesen und mit Randbemerkungen versehen hat.[26] Er zitiert sie in seinen eigenen Schriften und Reden mit der gleichen Häufigkeit, wie ein christlicher Prediger die Bibel. Er hielt seine eigene Interpretation Lenins für die einzige richtige, und mit einem fanatischen Dogmatismus sah er in allen, die auch nur ein wenig davon abwichen, nicht nur Irrende und Abweichler, sondern Feinde, die im Interesse der Sache zu vernichten sind.

Die heutige Stalin-Forschung bestätigt, was Chruschtschow 1956 am Ende seiner Abrechnung mit Stalins Verbrechen feststellte: "daß Stalin nach Lenins Tod und den ersten Jahren danach aktiv für den Leninismus eintrat und ihn gegen die Feinde der leninistischen Lehre und gegen Abweichler verteidigte".[27] "Stalin war überzeugt, daß dies alles (seine Verbrechen) im Interesse der Verteidigung der Arbeiterklasse gegen die Angriffe des imperialistischen Lagers notwendig gewesen sei. Er betrachtete diese Dinge unter dem Gesichtspunkt ... der Interessen der Werktätigen, des Sieges des Sozialismus und Kommunismus. Wir dürfen nicht sagen, daß dies Handlungen eines vom Schwindel befallenen Despoten gewesen seien. Nach seiner Ansicht lagen diese Handlungen im Interesse der Partei, der werktätigen Massen, der Sicherung der Errungenschaften der Revolution."[28]

Daß Stalin sein Handeln auf feste Überzeugungen gründete, spricht für ihn. Es spricht freilich nicht für diese Überzeugungen. Heute, wo wir das endgültige Scheitern von 73 Jahren bolschewistischer Herrschaft erleben und den Zusammenbruch des Sozialismus in allen Ländern, in denen er die Macht ausübte, fühlt ein Blinder mit dem Stock, daß nicht nur der Stalinismus, sondern auch der Leninismus, auch der Marxismus falsch ist; daß ein moderner Staat, der nach sozialistischen Grundsätzen organisiert ist, nicht funktionieren kann. Aber damals glaubten das viele. Noch hatte nicht die massive Realität die utopische Hoffnung dieses Glaubens widerlegt. Es war, wie auch Stalin meinte, der Glaube der Zukunft.

*

Im Mai 1899, ein Jahr vor dem Abschluß des Studiums, wurde Jossif Dschugaschwili relegiert. Als Grund für den Hinauswurf aus dem Priesterseminar wurde offiziell angegeben, daß er einer Zwischenprüfung ferngeblieben war. Die eigentliche Ursache dürfte die Einsicht des Vorstands gewesen sein, daß dieser Student geistig nicht mehr zur Kirche gehörte.

Stalin hielt sich die nächsten Monate mit Stundengeben über Wasser. Ende 1899 bekam er einen kärglich bezahlten Posten als Hilfskraft bei der Buchhaltung und Wetterbeobachtung am Geophysikalischen Observatorium in Tiflis. Bei der Maidemonstration 1900 sprach er zum erstenmal öffentlich. Im März 1901 wurde sein Arbeitsplatz von der Polizei durchsucht. Eine Woche später wechselte er den Wohnort und ging für sechzehn Jahre in den Untergrund.

Berufsrevolutionär

Von 1901 bis 1917 war Stalin Berufsrevolutionär. "Stalins Leben in jenen sechzehn Jahren vollzog sich im ständigen Wechsel zwischen Flucht und Verhaftung, der die Verbannung in immer entferntere Regionen Rußlands folgte ... insgesamt sechsmal ... Immer wieder mit einem anderen falschen Paß, ständig mit Decknamen getarnt, mit Bart, ohne Bart, einmal sogar in Frauenkleidern, lernte Stalin (bis auf das Fachwissen) alles, was er für seinen späteren Aufstieg, für das Ausschalten seiner Gegner und für das Überleben an der Macht brauchte ...: Mißtrauen, Prinzipienlosigkeit, Große Lüge und Vorsicht."[29]

Edward Ellis Smith führte einen Indizienbeweis, daß Stalin, der sozialdemokratische Agitator, zugleich Agent der Ochrana war, der zaristischen Geheimpolizei.[30] Den Verdacht hatten damals schon Genossen Stalins geäußert. Wegen seiner Intrigen wurde Stalin aus der Tifliser Organisation der Sozialdemokratie ausgeschlossen.

Von seinem 21. Lebensjahr an entwickelte Stalin die Fähigkeit, andere heimlich zu Taten anzutreiben und während deren Ausführung sich selbst beiseite zu halten. Er war bald ein Mensch, der vor nichts zurückschreckte, sich aber jeder Rechenschaft und Verantwortung entzog.[31] 1901 stachelte er die Fabrikarbeiter in Tiflis zu einer Massendemonstration an, bei der viele Teilnehmer von Polizisten zusammengeschlagen und verhaftet wurden. Er flüchtete und versteckte sich in Gori.

In einem Artikel in einer illegalen georgischen Zeitung empfahl er Massendemonstrationen: So würden Neugierige angelockt und durch die Peitschenschläge der Kosaken "revolutioniert". In diesem Sinne agitierte Stalin in Batum, wo am 9. März 1902 bei einer Demonstration fünfzehn Arbeiter getötet, 54 verwundet und über 400 verhaftet wurden. Er selbst wurde am 18. April festgenommen und kam für anderthalb Jahre ins Gefängnis.

Als die Partei sich 1903 in Bolschewiki und Menschewiki spaltete, hielt er sich zur radikalen Gruppe der Bolschewiki unter Lenin. Von 1904 bis 1905 wirkte er als Agitator in Batum und Tiflis. 1906 wurde er Mitglied des von Lenin gegründeten Ausschusses der Bolschewiki. Um der Partei Lenins das nötige Geld zu verschaffen, organisierte Stalin mit Banditen bewaffnete Raubüberfälle auf Banken und Geldtransporte. Die Komplizen nannten das "Expropriation der Expropriateure". Der sensationellste Coup war der Überfall auf einen Geldtransport am hellichten Tage mitten in Tiflis 1907: Nachdem sich der Rauch der Bomben verzogen hatte, lagen mehrere Tote und über fünfzig Schwerverletzte auf dem Straßenpflaster. Auch hier war Stalin nicht unmittelbar beteiligt, sondern der Drahtzieher im Hintergrund.

Der keineswegs von Skrupeln geplagte Lenin zeigte sich dankbar für Stalins kriminelle Aktivität und wollte ihn gern ins Zentralkomitee der Partei aufnehmen. Die Delegierten freilich hätten sich seiner Wahl widersetzt und gesagt, es sei ja schön und gut, daß Stalin der Partei Geld beschaffe, aber das sei keine Qualifikation für eine leitende Stellung im Apparat. Lenin wußte sich zu helfen: 1912 wurde der abwesende Genosse Stalin den Mitgliedern des Zentralkomitees ohne Wahl "kooptiert". Dann verschwand Stalin in der Verbannung in Sibirien.

1913 zeichnete er zum erstenmal einen Zeitungsartikel mit dem Namen "Stalin", der Stählerne. Es handelte sich um einen Angriff gegen Trotzki, der sich als einer der maßgebenden kommunistischen Führer zu profilieren begann. Im Vergleich zu diesem brillanten Intellektuellen war Stalin geistig unbedeutend. Die Parteigenossen ließen Stalin allenfalls als Organisator gelten, fanden ihn ansonsten eher unangenehm. Man munkelte, er habe Mitgefangene denunziert, und hielt ihn für verschlagen, ungesellig, boshaft, zynisch, grob, rücksichtslos, unzuverlässig, hinterhältig, heimtückisch und rachsüchtig. "Fast jeder, der Stalin vor 1917 kannte, welcher politischen Richtung er auch angehören mochte, hatte eine Abneigung gegen ihn... Man mied ihn, soweit es möglich war."[32]

Morgenluft witterte Stalin, als ihn 1917 die Nachricht von der Februar-Revolution erreichte. Eine spontane Massenbewegung in Petrograd hatte den Zaren abgesetzt. Sofort verließ Stalin seinen Verbannungsort am Polarkreis und fuhr nach Petrograd. Dort traf er drei Wochen eher ein als Lenin. Die Lage, die er vorfand, war verworren, die Machtverhältnisse unklar: Hier die Sowjets, die Arbeiter- und Soldatenräte, dort eine merkwürdig zusammengesetzte Koalitionsregierung; die sozialistischen Parteien zerstritten, selbst die Bolschewiki alles andere als einig.

Stalin betrachtete sich als das rangälteste Mitglied der Partei Lenins und beanspruchte die leitende Stellung. Doch die führenden Genossen trauten ihm nicht. Im Bericht über die Sitzung vom 12. März 1917 heißt es: "Was Stalin betraf, so wurde zu erwägen gegeben, daß er 1912 Mitglied des Zentralkomitees gewesen war und es daher wünschenswert sei, ihn wieder im Büro des Zentralkomitees zu haben, aber in Anbetracht gewisser persönlicher Eigenschaften, die für ihn charakteristisch waren, zog das Büro des Zentralkomitees es vor, ihn auf den Status eines beratenden Mitglieds zu beschränken."[33]

Die später von Stalin selbst fabrizierte und propagierte Legende behauptet, Stalin sei neben Lenin der entscheidende Mann der Russischen Revolution gewesen. In Wirklichkeit war seine Rolle eher kümmerlich. In den führenden Gremien der Revolutionäre lavierte er opportunistisch zwischen den verschiedenen Richtungen. Ebenso übten die Artikel, die er als Redaktionsmitglied der *Prawda* schrieb, stetiges Sich-anpassen. Als Lenin endlich in Petrograd eintraf, war sein erstes Wort: "Was wird bei euch in der *Prawda* geschrieben? Wir haben einige Nummern gesehen und tüchtig auf euch geschimpft."[34]

Von März bis Oktober 1917 verfaßte Stalin sechzig Beiträge für *Prawda* und andere Blätter, meist kurze Mitteilungen und Bemerkungen zu Alltagsfragen. Sein Stil war trocken und primitiv. Diese langweiligen Artikel hinterließen keinen Eindruck im gesellschaftlichen Bewußtsein. Ebensowenig war es Stalin gegeben, auf Versammlungen und Kundgebungen zu reden. Als die anderen Revolutionäre während des Jahres 1917 in die Fabriken und Kasernen gingen, um zündende Ansprachen zu halten, zog es Stalin nicht zu den Massen. Ungern stand er auf der Tribüne. Den ganzen Tag saß er im Büro. Er war ein Mann der Verwaltungsarbeit und der Komiteesitzungen.

Aber selbst in den Ausschüssen war Stalin der große Schweiger. Als Mitglied des Zentralkomitees, des Politbüros und des Zentralexekutivkomitees der Sowjets hielt er sich bei den Diskussionen abwartend im Hintergrund, um seine Machtchancen nicht zu gefährden. Bei wichtigen Sitzungen war er nicht anwesend. Am Tag der Oktober-Revolution tauchte er erst auf, als alles zugunsten der Bolschewiki entschieden war.

Als sofort nach der Oktober-Revolution Lenin vorschlug, Stalin zu einem Mitglied der ersten Sowjetregierung zu machen, folgte der Gegenvorschlag eines Zentralkomitee-Mitglieds, das betonte, wie gescheit und tüchtig sein Kandidat für die Aufgabe sei. Lenin unterbrach ihn: "Na, dort brauchen wir keinen Gescheiten; dort schicken wir Stalin hin."[35]

Die beiden Ministerien, Volkskommissariate genannt, deren Chef Stalin 1917 wurde, waren von Lenin nur als Provisorium gedacht und sollten bald wieder aufgelöst werden. Lenin und später Sinowjew und Kamenew hielten Stalin für einen nützlichen Gehilfen, aber eine politische Null. Nie sahen sie in ihm einen Nebenbuhler. Ein Historiker urteilt: "Stalins Funktion war bis 1922 zwar nicht unwichtig, jedoch von sekundärer Bedeutung."[36] Das stimmt, doch gaben die Ämter, die Stalin in den ersten Jahren nach der Revolution bekleidete, ihm die Möglichkeit, nach und nach den ganzen Parteiapparat in die Hand zu bekommen und mit ihm die Macht.

Im Bürgerkrieg spielte Stalin nur eine Nebenrolle als politischer Kommissar und machte keine gute Figur. Er betätigte sich als Quertreiber gegen Trotzki, den Schöpfer der Roten Armee. Aus eigener Machtvollkommenheit entfesselte Stalin 1918 in Zarizyn einen beispiellosen Terror, indem er eine Menge Genossen erschießen ließ. Dabei bediente er sich der "Außerordentlichen Kommission zur Bekämpfung von Konterrevolution, Sabotage und Spekulation" (abgekürzt Tscheka), die Lenin gegründet hatte.

Im Februar 1921 drangen auf Stalins Befehl Sowjettruppen in Georgien ein, das unter einer menschewistischen Regierung unabhängig war. Lenin rügte Stalins großrussische Politik, akzeptierte aber den "Anschluß" Georgiens. Die georgisch-nationalen Gesinnungen seiner Jugendjahre hatte Stalin längst hinter sich geworfen. Als Volkskommissar für

Nationalitätenfragen bemühte er sich jetzt, eine zentralistische Sowjetunion zu schaffen, in der Ukrainer, Georgier und die übrigen Nationalitäten russifiziert werden sollten. Stalins Entwurf einer Verfassung wurde, mit einigen Änderungen, vom Zentralkomitee bestätigt.

Noch wichtiger für Stalins Aufstieg war sein zweites Ministerium: Als Volkskommissar für Arbeiter- und Bauern-Inspektion überwachte Stalin alle russischen Behörden, Ämter und Betriebe. Als Chef zweier Ministerien, die es vorher nicht gab, hatte er diese beiden Apparate erst einmal aufzubauen. Er wählte sämtliche Mitarbeiter selbst aus, lauter ihm ergebene junge Leute, und blähte die Verwaltung dermaßen auf, daß allein die Arbeiter- und Bauern-Inspektion 1922 schon 1548 Mann in der Zentrale zählte und 12.000 Inspektoren im Außendienst. Als 1923 die Zentrale Kontrollkommission, welche die Arbeit der Parteigenossen überwachte, mit der Arbeiter- und Bauern-Inspektion vereinigt wurde, befehligte Stalin das gefürchtetste Machtorgan der Sowjetunion: Es stand noch über der Regierung, über der Partei. Es konnte selbstherrlich den Ausschluß aus dem Zentralkomitee oder aus dem Politbüro beschließen. Nichtzugehörigkeit zum Zentralkomitee machte Teilnahme an der Regierung unmöglich. Wer ausgeschlossen wurde, verlor Existenz, Freiheit, oft das Leben. Einspruch dagegen gab es nicht, auch nicht durch Gerichte. Vollstreckt wurden die Beschlüsse durch die GPU, die Staatspolizei, die Nachfolgerin der Tscheka war und an deren Spitze Jagoda stand, ein Stalin-Protegé.

Vergessen wir nicht, daß Stalin außerdem Mitglied des Politbüros und des Organisationsbüros war. In allen Gremien saßen seine Anhänger und sicherten ihm die Stimmenmehrheit. Diese Personalpolitik, auf die Stalin alle seine Energien konzentrierte, hatte zur Folge, daß er am 3. April 1922 vom Plenum des Zentralkomitees der Kommunistischen Partei zum Generalsekretär gewählt wurde.

Auch dieses Amt hatte es vorher nicht gegeben. Wieder konnte Stalin einen neuen Apparat aufbauen, natürlich mit seinen Leuten. Da Lenin alle innerparteiliche Opposition verboten hatte, war Stalins Stellung unangreifbar. Die 25 Mitglieder des Zentralkomitees ahnten nicht, daß Stalin den Stuhl, auf den sie ihn gehoben hatten, niemals räumen, sondern 31 Jahre lang behalten würde, und daß der, den sie da gewählt, siebzehn von ihnen ermorden lassen oder zum Selbstmord treiben würde.

Stalin wählte als seine engsten Mitarbeiter Molotow und Kaganowitsch. Beide waren tüchtig und fleißig, dienten Stalin mit hündischer Ergebenheit, unterschrieben gehorsam alle seine Vernichtungslisten und hielten ihm die Treue über den Tod hinaus. Die lokalen Parteifunktionäre wurden vom Zentralkomitee-Sekretariat, also von Stalin, ernannt. Sie bildeten die lokalen Parteitage, welche die Delegierten zum Gesamtparteitag in Moskau stellten. Der Parteitag wählte das Zentralkomitee. Das Zentralkomitee wählte Stalin zum Generalsekretär. "In letzter Konsequenz wählte er sich also immer selbst."[37]

*

Als Lenin im Mai 1922 einen Schlaganfall erlitt und es deutlich wurde, daß er nicht mehr lange zu leben hatte, entbrannte unter den Bolschewiki der Kampf um die Nachfolge. Lenin selbst machte sich Gedanken darüber, wer geeignet sei, nach seinem Tod die Leitung der Partei zu übernehmen. Stalins wachsende Macht bereitete ihm Sorgen, und er suchte sie zu beschneiden. In diesem Sinne diktierte er einen Brief an den XII. Parteikongreß; Stalin ließ ihn verschwinden. In einem Zusatz zu seinem Testament riet Lenin der Partei, Stalin abzusetzen, da er brutal und launisch sei und seine Macht mißbrauche. Er versiegelte das ganze mit der Auflage, es erst nach seinem Tod zu öffnen.

März 1923 beschimpfte Stalin die Krupskaja, Lenins Frau, derart, daß sie weinend zu ihrem Mann lief. Dieser diktierte empört einen Brief an Stalin, in dem er ihm alle persönlichen Beziehungen aufkündigte. Dabei erregte er sich und erlitt seinen dritten Schlaganfall, durch den er Sprache und Bewußtsein verlor.[38]

Als der todkranke Lenin von der politischen Bühne verschwunden war, übernahm eine Troika die Macht. In diesem Dreigespann oder Triumvirat zählte Stalin als Nummer drei. Die beiden ersten Männer waren Sinowjew und Kamenew. Die drei verband ihre Entschlossenheit, Trotzki und dessen Anhänger auszuschalten. Stalins Hauptbestreben im Jahre 1923 war, alles zu tun, um für sich eine Mehrheit zu gewinnen.

Am 21. Januar 1924 starb Lenin. Stalin "freute sich über Lenins Tod, war er doch eins der Haupthindernisse auf seinem Weg zur Macht. In seinem Arbeitszimmer und in Anwesenheit der Sekretäre aber trug er eine tragisch bekümmerte, heuchlerische Miene zur Schau, hielt falsche Reden und schwur Lenin pathetisch Treue und Ergebenheit." Stalins Sekretär dachte bei seinem Anblick: "Was für ein Schurke du doch bist!"[39]

Einige Tage vor der Eröffnung des XIII. Parteitags entsiegelte die Krupskaja Lenins Testament und schickte es dem Zentralkomitee. Als Stalin hörte, Lenin habe geraten, ihn abzusetzen, beschimpfte er die Witwe Lenins mit unflätigsten Worten und stürzte davon, um sich mit Sinowjew und Kamenew zu beraten. Damals brauchte er die beiden noch, und sie ihn, denn zuerst mußte Trotzki und dessen Anhang geschlagen werden. Sinowjew und Kamenew beschlossen, Stalin zu retten. Einen Tag vor dem Kongreß, am 21. Mai 1924, wurde eine außerordentliche Vollversammlung des Zentralkomitees einberufen zur Bekanntgabe von Lenins Testament. Sinowjew schlug vor, Stalin zum Generalsekretär wiederzuwählen. Die Mehrheit stimmte dafür. Stalin blieb in seiner Schlüsselstellung. "Sinowjew und Kamenew hatten

246

gewonnen, ohne zu wissen, daß sie sich damit ihren Genick-schuß eingehandelt hatten."[40]

Noch in demselben Jahre 1924 begann die Entmachtung Trotzkis: Er mußte das Kriegskommissariat räumen. Aber mit Trotzki stürzte Stalin auch seine Troikagefährten Sinojew und Kamenew. Sie wurden 1926-27 aus dem Politbüro und aus der Partei ausgestoßen. Sinowjew sagte in Erinnerung an jene Sitzung des ZK-Plenums, auf der es ihm und Kamenew gelungen war, Stalin vor dem Sturz ins politische Nichts zu bewahren, erbittert: "Weiß Genosse Stalin, was Dankbarkeit ist?" Stalin nahm die Pfeife aus dem Mund und antwortete: "Na, gewiß weiß ich das. Das ist so eine Hunde-krankheit."[41]

*

Als Boris Baschanow 1923 Sekretär des Politbüros geworden war, kam er anfangs täglich ein Dutzend Mal zu Stalin, um über eingereichte Papiere zu berichten. Wichtigere und eiligere Angelegenheiten gab es nicht. Deshalb hatte er das Recht, unangemeldet bei Stalin einzutreten, gleichgültig, wer bei ihm war oder was er gerade tat, und ihn zu unterbrechen. Bald machte Baschanow zwei merkwürdige Entdeckungen. Hören wir ihn selbst:

"Ich merkte sehr bald, daß Stalin weder der Inhalt noch das Schicksal dieser Papiere interessierten. Wenn ich frage, was in dieser oder jener Frage zu tun sei, antwortete er: 'Na, was ihrer Ansicht nach eben zu tun ist.' Ich antwortete: 'Meiner Ansicht nach das und das...' Stalin war sogleich einverstanden. 'Gut, machen Sie es so.' Ich kam schnell zu der Überzeugung, daß ich vergeblich zu ihm ging und mehr Initiative entwickeln mußte. In seinem Sekretariat erklärte man mir, daß Stalin kein einziges Papier lese und sich für keinerlei Geschäfte interessierte. Darauf begann mich die Frage zu interessieren, *was* ihn denn interessierte."

"Schon einige Tage später bekam ich auf diese Frage eine ganz unerwartete Antwort. Wie immer ging ich in irgendeiner eiligen Sache zu Stalin, ohne gemeldet zu sein. Er telephonierte gerade. Das heißt, er hielt den Hörer ans Ohr und schwieg. Ich wollte ihn nicht unterbrechen, meine Angelegenheit duldete aber keinen Aufschub; also wartete ich höflich, bis er aufhörte. Aber das dauerte einige Zeit. Stalin lauschte immer nur und sprach kein Wort. Ich stand da und wartete. Schließlich bemerkte ich erstaunt, daß bei allen vier Telefonapparaten auf seinem Schreibtisch die Hörer auf ihrer Gabel lagen, während er den Hörer irgendeines seltsamen und mir verborgenen Telefons ans Ohr hielt, dessen Schnur in seine Schreibtischlade führte... Ich brauchte nur ein paar Sekunden, um zu begreifen, daß sich in seinem Schreibtisch eine Zentralstation befinden mußte, mit deren Hilfe er jedes beliebige Gespräch abhören konnte, einschließlich der über die automatische Anlage geführten. Die Regierungsmitglieder, die über diesen Selbstanschluß sprachen, waren fest davon überzeugt, daß man sie nicht abhören konnte, und redeten daher völlig offen, so daß man alle ihre Geheimnisse erfuhr."

"Stalin hob den Kopf und schaute mir mit einem schweren, starren Blick in die Augen. Begriff ich, was ich entdeckt hatte? Natürlich begriff ich - und Stalin bemerkte es... Stalins Blick fragte mich, ob ich auch verstünde, welche Folgen sich aus dieser Entdeckung für mich persönlich ergaben. Natürlich verstand ich. In Stalins Kampf um die Macht war dieses Geheimnis eines seiner wichtigsten... Begreiflich, daß mich Stalin für das kleinste Wort über sein Geheimnis augenblicklich vernichten würde."[42]

Der Techniker, der die Anlage in Stalins Schreibtisch installierte, wurde übrigens, sobald er diese Arbeit erledigt hatte, wegen einer erfundenen Anschuldigung unverzüglich von der GPU erschossen.

*

Am 26. November 1923 wurde verfügt, daß das Lenin-
Institut die einzige Sammelstelle aller handschriftlichen
Materialien Lenins werden sollte; die Parteimitglieder wurden aufgrund der Parteidisziplin unter Androhung von Strafen verpflichtet, alle in ihrem persönlichen Besitz oder in
amtlichen Archiven befindlichen Notizen, Briefe, Resolutio-
nen und übrigen Materialien, soweit sie von Lenins Hand
stammten, dem Lenin-Institut zu übergeben. Dort ließ ein
treuer Diener Stalins alle für Stalin ungünstigen Handschrif-
ten für immer verschwinden, während er die für alle übrigen
Genossen ungünstigen Bemerkungen Lenins sorgfältig sammelte und nach Namen ordnete. Je nach Bedarf konnte künftig jederzeit über jede beliebige Parteigröße irgendeine abfäl-
lige Bemerkung vorgelegt werden.[43]
Ende 1923 setzte die GPU das Politbüro davon in Kenntnis, daß in einem großen Teil der Parteiorganisationen die
Mehrheit nicht mehr auf Seiten des Zentralkomitees sei, auch
nicht in der wichtigsten von allen, der Moskauer. Auf einer
Sitzung der Troika wirkte dieser Bericht als ein furchtbarer,
unerwarteter Schlag. Sinowjew und Kamenew hielten lange
Reden voller marxistisch-leninistischer Phrasen. "Während
all dieser rhetorischen Höhenflüge schwieg Stalin und sog an
seiner Pfeife. Im übrigen war seine Meinung für Sinowjew
und Kamenew völlig uninteressant: Sie waren überzeugt, daß
er in Fragen der politischen Strategie nichts zu bieten habe.
Kamenew war aber ein höflicher und diplomatischer Mann,
also fragte er: 'Und Sie, Genosse Stalin, was denken Sie
über diese Fage?' - 'Ha', erwiderte Stalin, 'über welche
Frage denn?' Tatsächlich hatte man viele Fragen angeschnit-
ten. Kamenew bemühte sich, auf Stalins Ebene hinabzustei-
gen und sagte: 'Na, über die Frage, wie die Mehrheit in der
Partei zu gewinnen ist.' - 'Wißt ihr, Genossen', sagte Stalin,

'was ich über diese Frage denke? Ich meine, daß es völlig unwichtig ist, wer und wie man in der Partei abstimmen wird. Überaus wichtig ist nur das eine, nämlich wer und wie man die Stimmen zählt.' Sogar Kamenew, der Stalin schon kennen mußte, räusperte sich vernehmlich."

"Am folgenden Tag ließ Stalin seinen Duzfreund Nasaretjan zu sich ins Arbeitszimmer kommen und beriet sich lange mit ihm. Nasaretjan kam ziemlich sauer heraus. Er war aber ein gehorsamer Mann. Noch am selben Tag wurde er ... zum Leiter der Parteiabteilung in der *Prawda* ernannt und machte sich an die Arbeit. In der *Prawda* erschienen Berichte über Versammlungen der Parteiorganisationen und die Abstimmungsergebnisse, besonders in Moskau. Nasaretjans Arbeit war sehr einfach. Auf der Versammlung irgendeiner Parteizelle stimmten für das Zentralkomitee - sagen wir - 300 Genossen, gegen das Zentralkomitee 600. Nasaretjan korrigierte: dafür 600, dagegen 300. So wurde es auch in der *Prawda* [das Wort bedeutet "Wahrheit"] gedruckt. Und so ging es mit allen Organisationen. Natürlich riefen die betreffenden Parteizellen in der *Prawda* an, als sie die falschen Abstimmungsergebnisse lasen, und fragten sich zur Abteilung Parteileben durch. Nasaretjan antwortete höflich und versprach der Sache unverzüglich nachzugehen. Nach der Prüfung antwortete er ihnen: 'Sie haben völlig recht, es ist ein ärgerlicher Fehler passiert, eine Verwechslung in der Druckerei. Wissen Sie, die Leute sind überlastet. Die Redaktion wird eine Berichtigung bringen.' Jede Parteizelle meinte, daß dieser Fehler der einzige und nur ihr widerfahren sei, ohne zu ahnen, daß es dem größten Teil aller Zellen so erging. Mittlerweile schälte sich langsam das allgemeine Bild heraus, daß das Zentralkomitee auf der ganzen Linie am Gewinnen sei. Die Provinz wurde vorsichtiger und schloß sich wieder Moskau, das heißt dem Zentralkomitee an... Nasaretjan war ein sehr ordentlicher Mann. Er verbesserte nicht nur die Abstimmungsergebnisse der Organisationen, sondern schickte Stalin, damit sich der ein richtiges Bild vom wahren

Stand der Dinge machen konnte, auch Aufstellungen darüber, wie man tatsächlich gestimmt und wie er's für die *Prawda* zurechtgebogen hatte..." Nasaretjans Aufstellungen lagen auf dem Schreibtisch und wurden von einem Trotzkisten geschnappt. Trotzki schlug auf der Sitzung des Politbüros Krach. "Die Mitglieder des Politbüros gaben sich den Anschein, als teilten sie Trotzkis gerechte Empörung - Stalin als erster. Er versprach, unverzüglich eine Untersuchung einzuleiten. Diese Untersuchung dauerte eine Woche. Dann war das nötige Resultat der Abstimmung erreicht: Die Mehrheit ging auf das Zentralkomitee über, die Opposition hatte die Schlacht verloren."[44]

Stalin berichtete dem Politbüro, die Untersuchung habe die persönliche Schuld Nasaretjans ergeben, der sofort abberufen und aus dem Sekretariat entfernt worden sei. Nasaretjan wurde tatsächlich auf einen kleinen Posten im Ural abgeschoben.

Die Ausrottung der Bauern

Nach den Verlusten, die durch Krieg, Revolution und Bürgerkrieg entstanden waren, hatte Rußland 1927 fast wieder das wirtschaftliche Niveau der Vorkriegszeit erreicht. Man fragte sich, welchen Sinn die Oktober-Revolution hatte, wenn das Land nach zehn Jahren Sowjetmacht nicht weitergekommen war als das ärmliche, rückständige Zarenreich 1913. Ein Fünfjahresplan zur Entfaltung der russischen Ökonomie, eine riesige "Produktionsschlacht", sollte Wandel schaffen.

Im Dezember 1927 wurde der Entschluß gefaßt, durch forcierte radikale Industrialisierung in zehn Jahren aus dem Agrarstaat eine Industrienation zu schaffen. Bevorzugt wurden Grundstoffe, Investitionsgüter und Rüstung, vernachlässigt Konsumgüter und Wohnungsbau. Der Aufbau der Schwerindustrie wurde ermöglicht durch umfangreiche Kredite von seiten kapitalistischer Staaten.

Gleichzeitig wurde im Eiltempo und mit Gewalt die Kollektivierung der Landwirtschaft durchgeführt. Aus Unkenntnis wirtschaftlicher Zusammenhänge und aus ideologischen Zwangsvorstellungen wurden der Bevölkerung furchtbare Opfer abverlangt. Mit gigantischer Sturheit suchte Stalin das Ziel zu erreichen, koste es was es wolle. Wenn etwas nicht klappte, dann war der Klassenfeind schuld daran: Saboteure, Schädlinge, Konterrevolutionäre, Linksabweichler oder Rechtsabweichler. Wenn diese erst einmal ausgerottet wären, sähe alles anders aus.

Die Industrialisierung führte dazu, daß die Arbeiter noch stärker ausgebeutet wurden als zuvor; die Kollektivierung führte dazu, daß die Landarbeiter und Kleinbauern noch mehr versklavt wurden. Beides ist Stalins Schuld, denn er hatte inzwischen die totale Macht.

Von einem kollektiven Führungsstil konnte keine Rede mehr sein. "Seit 1929 traf Stalin seine Entscheidungen stets allein. Er stellte die Führungsgremien jedesmal vor vollendete Tatsachen und verlangte von ihnen nur noch die Bestätigung und Durchführung seiner Politik."[45] Freie Debatten und Abstimmungen gab es nicht mehr. Der Diktator hörte sich die Ausführungen der einzelnen Mitglieder des Politbüros schweigend an, äußerte am Schluß knapp seine Meinung, und damit basta. Er hatte das letzte Wort. Niemand, der leben wollte, wagte es, ihm zu widersprechen. Alle Funktionäre, auch die höchsten, zitterten in ständiger Angst vor ihm.

Bald wurden Stalins Entscheidungen als Beschlüsse der Partei angesehen. Was er entschied, wurde als Beschluß des Politbüros oder des Zentralkomitees ausgegeben. Die Mitglieder dieser Gremien beschränkten sich aufs Jasagen und fügten sich widerspruchslos in die ihnen vom Diktator zugewiesene Rolle. Selbst Stalin wurde die servile einmütige

Zustimmung einmal zu viel, als man sich über seinen Bericht für den bevorstehenden XVIII. Parteitag äußerte. "Wie im Chor begannen alle Stalin zu loben. Der hörte sich das an und warf dann hart ein: 'So, ich habe euch eine Variante gegeben, die ich aussortiert hatte, und ihr singt Halleluja. Die Variante, mit der ich auftreten werde, ist völlig anders!' Allen stockte der Atem. Berija fand als erster die Fassung zurück: 'Wenn Sie sogar diese Variante verändert haben, so kann man sich vorstellen, wie stark Ihr Bericht sein wird!'"[46]

Zu seinem fünfzigsten Geburtstag am 21. Dezember 1929 wurde Stalin überschwenglich als der "geniale Führer" gefeiert. Sechs Tage später sprach er auf einer Konferenz von der "Politik der Liquidierung des Kulakentums als Klasse". Er hatte mit seinem gigantischen Massaker an den Kulaken soeben begonnen. Im Zuge der gewaltsamen Kollektivierung wurden Millionen Bauernfamilien mit unvorstellbarer Grausamkeit in die Vernichtungslager getrieben.

Um die Industrialisierung zu finanzieren, preßte der Staat die Bauern aus. Die Folge war, daß die Bauern weit weniger produzierten als früher und daß eine Hungersnot drohte. Rußland, das vor dem Ersten Weltkrieg bis zu zwölf Millionen Tonnen Getreide jährlich und in den späteren Jahren von Lenins Neuer Ökonomischer Politik durchschnittlich zwei Millionen Tonnen exportiert hatte, mußte 1929 Getreide importieren und das Brot rationieren, um die Bevölkerung dürftig ernähren zu können.

Trotzdem erklärte Stalin in einer Rede, er werde seine Grundsatzpolitik nicht ändern. Mit brutaler Offenheit sprach er darüber, wie die Kulaken auch in Zukunft gepreßt werden sollten, und verkündete gleichzeitig, daß "der sozialistische Staat eine Ausbeutung der Bauernschaft ausschließt". Man hatte den Eindruck, dies sei "ein böser Traum oder ein surrealistisches Theaterstück, in dem der Hauptdarsteller soeben kundgetan hat, der Bauer werde nicht 'ausgebeutet', auch wenn man ihm bei lebendigem Leib die Haut abzöge".[47]

Die Bauern schlachteten lieber ihr Vieh, verzehrten oder verschenkten es, als daß sie es dem Kolchos überließen. Infolgedessen schrumpfte der Viehbestand auf die Hälfte. Aufstände mußten durch Truppen niedergeworfen werden. Überall herrschte Chaos.

Angesichts der Katastrophe, die für Partei und Regierung bedrohlich wurde, schrieb Stalin für die *Prawda* einen Artikel, der alles überbot, was er sich bisher an Verlogenheit und Heuchelei geleistet hatte. Es hätten sich, so erklärte er mit treuherzigem Tonfall, unbeschadet des enormen Erfolgs der Kollektivierung einige Mißstände eingeschlichen. Viele "lokale" Parteigenossen hätten jetzt, "vor Erfolgen vom Schwindel befallen" (so die Überschrift des Artikels), das Gefühl fürs Maß verloren. Vor allem hätten sie das leninistische Prinzip außer acht gelassen, auf dem die Kollektivierung beruhen sollte: das Prinzip der Freiwilligkeit. Er habe jüngst gehört, man habe Bauern gezwungen, den Kolchosen beizutreten. Diese Verzerrungen nützten nur den Feinden. Die Schuld an den Folgen der Maßnahmen, die Stalin selbst angeordnet hatte, schob er auf andere.

Für einige Monate machte Stalin ein paar Zugeständnisse an die Bauern, um ihnen eine kurze Atempause zu gönnen. Aber im Herbst 1930 setzte er die Kollektivierung mit größerer Grausamkeit fort. Das Zentralkomitee stimmte allem zu, ja nannte die Kollektivierung eine kluge und wohltuende Politik; ebenso der XVI. Parteikongreß. Kein einziger der 2100 Delegierten spielte auch nur darauf an, daß Rußland sich in einer höchst gefährlichen Krise befand. Stalins unverschämte Worte über die Erfolge seiner Agrarpolitik erhielten stürmischen Beifall.

Obwohl die Bauern schon am Verhungern waren, wurden 1932 anderthalb Millionen Tonnen Getreide exportiert. Diese Menge hätte ausgereicht, zu verhindern, daß 1933 vier Millionen Bauern den Hungertod starben. Als Opfer von Stalins unvernünftiger Politik sind 1932 bis 1934 insgesamt elf Millionen Menschen verhungert.

*

Damals studierte Stalins zweite Frau Nadja an der Industriellen Akademie, deren Hörer aus dem ganzen Land kamen und mit eigenen Augen die schreckliche Zerschlagung des Bauerntums und der Dörfer miterlebt hatten. Von ihnen vernahm Nadja, was im Lande tatsächlich vor sich ging. Bisher kannte sie nur die verlogenen, bombastischen Berichte in den sowjetischen Zeitungen über "die glänzenden Siege an der landwirtschaftlichen Front". Entsetzt eilte Nadja nach Hause, um Stalin ihre Informationen mitzuteilen. Stalin erkundigte sich nach den Kritikern, damit man den Dingen auf den Grund gehen könne. Arglos nannte Nadja die Namen ihrer Gesprächspartner. Sie alle wurden verhaftet und erschossen. Nadja begriff, mit wem sie ihr Leben teilte, und erschoß sich.[48]

Vor ihrem Selbstmord schrieb die Einunddreißigjährige einen Abschiedsbrief voller Anklagen und Vorwürfe. Stalins Tochter berichtet darüber: "Es war kein rein persönlicher Brief, sondern ein teilweise politisches Schreiben. Und Vater mußte, nachdem er den Brief gelesen hatte, annehmen, daß Mama nur zum Schein neben ihm gelebt, in Wirklichkeit aber auf seiten der damaligen Opposition gestanden habe. Das erschütterte und erzürnte ihn, und als er zur offiziellen Trauerfeier kam, um Abschied von der Toten zu nehmen, trat er für einen Augenblick an den Sarg, stieß ihn plötzlich mit den Händen von sich, wandte sich ab und ging fort. Er kam auch nicht zum Begräbnis... Nicht ein einziges Mal besuchte er Mamas Grab ..., und er hielt daran fest, daß Mama als seine persönliche Gegnerin von ihm gegangen war."[49]

"Ich glaube, daß Mamas Tod ihm einen schrecklichen Schlag versetzte; er hat seinen Glauben an die Menschen und an die Freunde vernichtet, ausgelöscht. Er hatte Mama stets für seinen nächsten und besten Freund gehalten, er betrachtete ihren Tod als Verrat, als Dolchstoß in den Rükken. Er wurde verbittert."[50]

Ist das, gewollt oder ungewollt, eine weitere Stalin-Legende? Oder sollte Stalin sich über sich selbst und über seine Verantwortung für das Elend des Volkes getäuscht und in die eigene Tasche gelogen haben?

Der Massenmord der Großen Säuberung

Im Oktober 1932 wurde Rjutin verhaftet, der mit einigen Gesinnungsgenossen die Entfernung Stalins und eine Auflösung der Kollektivwirtschaften gefordert hatte. Stalin verlangte seine Erschießung. Da erhob sich im Politbüro und im Zentralkomitee unter Führung Kirows eine Mehrheit gegen Stalin. Die Hoffnungen vieler Kommunisten richteten sich augenscheinlich auf Kirow. Stalin saß nicht mehr fest im Sattel.

Auf dem XVII. Parteitag 1934 erlebte er die Überraschung, daß bei einer geheimen Abstimmung von 1225 Delegierten 300 gegen ihn stimmten. Als Kaganowitsch ihm das Ergebnis mitteilte, wurde schnell folgendes beschlossen: Man beließ von den 300 Stimmen gegen Stalin nur drei und vernichtete die übrigen. Wäre das Wahlergebnis allgemein bekannt geworden, so hätte Stalins Glanz einige Kratzer bekommen. Ein paar alte Bolschewiki, die von dem Wahlergebnis erfuhren, schlugen Kirow vor, für das Amt des Generalsekretärs zu kandidieren; Kirow lehnte dies ab und informierte Stalin über den Vorgang.[51]

Stalin merkte sich: Jeder vierte Delegierte des Parteitags stand insgeheim gegen ihn, und auch Kirow war sein potentieller Gegner. Nach außen hin sah das freilich anders aus. Offensichtlich wendeten viele Genossen, nach Stalins Vorbild, jetzt das Mittel der Heuchelei an. Jedenfalls wurde Stalin von sämtlichen Delegierten des XVII. Parteitags in den Himmel gehoben. Er hörte devote Huldigungen ohne Ende, wurde verehrt wie ein Gott. Der Kongreß beschloß, "daß alle Parteiorgane sich bei ihrer Arbeit von den Vorschlägen und Aufgaben leiten lassen sollten, die Genosse Stalin in seiner Rede dargelegt hat".

"Damit wurden auf Stalin praktisch alle Machtbefugnisse und Attribute des Kongresses übertragen, des höchsten Organs der KPdSU. Und wenn man sich vorher schon kaum hätte vorstellen können, daß das Zentralkomitee ihn abwählte, so wurde es jetzt undenkbar: Selbst theoretisch war er nicht mehr sein Diener, sondern sein Herr."[52]

Die Lobhudelei hat den 1966 Delegierten des XVII. Parteitags 1934, die einmütig Stalin rühmten, nichts genutzt. In den folgenden Jahren wurden von ihnen 1108 Personen auf Befehl Stalins hingerichtet. Von den 139 Mitgliedern, die 1934 ins Zentralkomitee gewählt wurden, mußten 98 sterben. Dazu kommen mehrere Hunderttausend Menschen, die während der Großen Säuberung der Jahre 1935 bis 1938 umgebracht wurden, und die Millionen, die in Zwangsarbeitslagern verschwanden. •

Der erste, der dran glauben mußte, war Kirow. Er wurde am 1. Dezember 1934 von einem Studenten ermordet. Stalin spielte flammende Entrüstung, obwohl er die Drähte gezogen hatte. Das Attentat erledigte nicht nur den Nebenbuhler, sondern bot ihm den willkommenen Anlaß, andere Personen, die ihm schon lange nicht gefielen, durch seine Helfershelfer in diese Affäre verwickeln zu lassen. Es wurde ein Prozeß begonnen gegen Sinowjew, Kamenew und siebzehn "Komplizen", die schließlich "gestanden", für Kirows Ermordung moralisch verantwortlich zu sein. Sie wurden zu Gefängnisstrafen verurteilt. Sinowjew erhielt zehn Jahre Haft, Kamenew fünf Jahre. Das war nur die vorläufige Abrechnung Stalins mit seinen alten Kameraden. Die endgültige kam 1936, als Sinowjew und Kamenew nach einem Schauprozeß hingerichtet wurden. "Die Urteile waren mit Stalin abgesprochen worden. Dies war der erste Fall, in dem politische

Ansichten, die von der offiziellen Linie abwichen, einer Straftat gleichgesetzt wurden."[53]

Am 8. April 1935 wurde die Todesstrafe für Kinder ab zwölf Jahren eingeführt. Und von 1936 bis 1938 rollte die Serie der Schauprozesse ab. Alle Angeklagten wurden beschuldigt, sie hätten Stalin oder andere Mitglieder des Politbüros ermorden und den Kapitalismus in Rußland wiederherstellen wollen, hätten für ausländische Mächte Spionage getrieben und die Abtretung sowjetischen Territoriums an Deutschland und Japan geplant. Die Anklagen wurden schamlose Erfindungen, Beweise wurden nicht vorgelegt. Generalstaatsanwalt Wyschinski schloß in jedem Falle seine Anklage mit dem Satz: "Knallt die tollen Hunde nieder!"

In den Folterkammern der Staatspolizei wurden die Angeklagten auf Stalins Anweisung so lange mit physischen Torturen gequält oder mit der Drohung, man werde ihre Frauen und Kinder erschießen, bis sie zermürbt Geständnisse unterschrieben und sich öffentlich in den absurdesten Selbstbezichtigungen überboten. Und wie bei den Hexenprozessen des 17. Jahrhunderts wurden jedem Gefolterten Reihen von Namen angeblicher Komplizen erpreßt, so daß die Gefängnisse trotz massenhafter Exekutionen nie mehr leer wurden.

Die Verlogenheit der Schauprozesse wurde von Trotzki in einem 1938 erschienen Artikel sarkastisch enthüllt: "In dieser verbrecherischen Tätigkeit erhalten die Volkskommissare, Marschälle, Botschafter, Sekretäre unentwegt Befehle von einer Instanz, nicht von ihrem offiziellen Führer, sondern vom Vertriebenen. Es genügt, wenn Trotzki ihnen zublinzelt, und die Veteranen der Revolution werden zu Agenten Hitlers oder des Mikado. Nach Trotzkis 'Instruktionen', die vom besten Korrespondenten der TASS überbracht werden, zerstören die Leiter der Industrie, der Landwirtschaft und des Transportwesens die Produktionsressourcen des Landes. Auf Befehl des 'Volksfeindes Nummer 1', der aus Norwegen oder aus Mexiko erteilt wurde, stören die Eisenbahner die Militärtransporte im Fernen Osten, und hochgeschätzte Ärzte

258

vergifteten ihre Patienten im Kreml. Dieses erstaunliche Bild malt Wyschinski, aber dabei entsteht eine Schwierigkeit. Im totalitären Regime schafft der Apparat eine Diktatur. Nun, wenn meine Söldlinge alle Schlüsselposten im Apparat eingenommen haben, warum sitzt dann Stalin im Kreml und ich in der Verbannung?"[54]

Wozu veranstaltete Stalin dieses gespenstisch-makabre Schauspiel? Er war fest entschlossen, alle Männer zu vernichten, die imstande waren, eine andere Regierung zu bilden und ihn abzulösen, ferner alle Männer, die zuviel über ihn wußten; das heißt alle, die zu Lenins Zeiten Mitglieder des Politbüros waren, alle Kameraden seiner frühen Jahre, die ganze alte Garde.

Vor dem Zentralkomitee-Plenum am 3. März 1937 führte Stalin aus, fremde Agenten hätten sich nicht nur in die niederen Ränge, sondern auch in führende Stellungen eingeschlichen und fügten fast allen Institutionen in der Wirtschaft, der Partei und der Verwaltung Schaden zu. Stalin warf den Genossen vor, sie seien wegen ihrer Nachlässigkeit, Gleichgültigkeit und Naivität unfähig dazu gewesen, die Schädlinge, Spione und Mörder zu demaskieren. Über den Erfolgen der UdSSR hätten sie vergessen, daß es, solange kapitalistische Staaten bestehen, Spione und Schädlinge geben werde. Je mehr man sich dem Sozialismus nähere, desto erbitterter werde der Klassenkampf. Viele glaubten, der Schädling sei schlicht ein Mensch, der Sabotage treibe. Doch ein kluger Schädling werde von Zeit zu Zeit gute Arbeit leisten, um Vertrauen zu gewinnen und seine Schädlingsarbeit fortzusetzen. Und der ganz schlaue Schädling betreibe überhaupt keine Schädlingsarbeit! Er erfülle und übererfülle sein Plansoll und warte auf den Krieg, in dem er nach Herzenslust Schaden stiften könne. Stalin sagte den sowjetischen Führern hier ganz offen, was er für sie in petto hatte: Er plante, Zweidrittel des Parteiapparats zu liquidieren (was er dann ja auch tat).[55] Und die Anwesenden applaudierten dazu, jeder im Stillen voll Angst, eines Tages zu den Opfern zu zählen, und voll Hoffnung, mit seinem Beifallklatschen eine Überlebenschance zu bekommen.

Massenterror war jetzt fester Bestandteil von Stalins Herrschaftstechnik. Mit einer Rabiatheit sondergleichen wurden alle Instrumente der Macht gesäubert und umgestaltet: die Partei, die Armee, die Sicherheitsorgane, die geistige und künstlerische Elite, die Diplomatie. Vom NKWD, der Nachfolgeorganisation der GPU, erwartete Stalin, daß er ein "Soll" an "Volksfeinden" zur Strecke bringe. Die Funktionäre des NKWD arbeiteten unter Zwang; jeder wußte, daß er selbst geliefert sein konnte. Und tatsächlich wurden schon ziemlich am Anfang Jagoda erschossen, eine Weile später dessen Nachfolger Jeschow, der alle Prozesse organisiert hatte. Ihm folgte der Bluthund Berija.

Stalin ließ die Frauen selbst seiner engsten Mitarbeiter Molotow, Kaganowitsch, Kalinin, Poskrebyschew und vieler anderer verhaften, weil er die Männer prüfen wollte, ob sie ihm wirklich treu ergeben waren. Und sie blieben ihm ergeben und ließen in ihrem Verhalten nicht einmal ahnen, daß sich in ihren Familien Katastrophen ereignet hatten. Auf alle Bitten seines ersten Sekretärs Poskrebyschew, seine Frau zu retten, gab Stalin nur die verlogene Antwort: "Das hängt nicht von mir ab. Ich kann da nichts tun. Im NKWD wird man schon richtig entscheiden." Stalin kannte die Frau persönlich und wußte, daß die Beschuldigung der Spionage keinerlei Grundlagen hatte. Ihr Bruder war ins Ausland gefahren, um medizinisches Gerät zu kaufen; das genügte, um ihn zu erschießen und seine Schwester zu verhaften. Die arme Frau, Mutter zweier Kinder, wurde drei Jahre im Gefängnis festgehalten und dann erschossen. Der Vater dieser Kinder arbeitete weiterhin Tag für Tag vierzehn bis sechzehn Stunden an Stalins Seite."[56]

Die umfassendste Säuberung erlitt die Armee, besonders in den oberen Rängen. 38 Generäle wurden erschossen; oft wurden ihre Familienangehörigen durch drei Generationen ebenfalls liquidiert. Ein Viertel des Offizierskorps wurde verhaftet, mehrere Tausend Offiziere erschossen.

Stalins Tochter suchte später ihren Vater zu entlasten, indem sie schrieb, er sei von dem satanischen Berija betört und gegängelt und zu den mörderischen Exzessen stimuliert worden.[57] Aber alle Maßnahmen gegen die Opfer wurden von Stalin persönlich veranlaßt. Erst nachdem der Despot 1937 und 1938 insgesamt 383 lange Listen mit Namen Hinzurichtender unterschrieben hatte, wurde er dieser Beschäftigung müde und gab den Tribunalen das Recht, ohne seine Genehmigung zu entscheiden.[58]

*

Kaum waren die letzten von den vielen Tausend, die man der Zusammenarbeit mit den Nazis angeklagt hatte, erschossen, da schloß Stalin, zur Verblüffung der Sowjetbürger und zur Konsternation der Kommunisten in aller Welt, einen Pakt mit Hitler.

Hitler selbst hatte dazu gedrängt. Anderseits waren Stalins Verhandlungen mit England und Frankreich in eine Sackgasse geraten. Und Stalin hegte die Furcht, die Westmächte könnten mit Deutschland eine antisowjetische Koalition bilden. Über Hitler gab er sich keinen Täuschungen hin. Drei Tage bevor er Ribbentrop empfing, ließ er sich alle vorhandene Literatur über Hitler bringen. "Lang blätterte er in der Übersetzung von Hitlers Buch *Mein Kampf* herum. Zwei Passagen, die sich mit dem 'Lebensraum im Osten' befaßten, den Deutschland angeblich brauche, unterstrich Stalin mit Bleistift. Während er las, überzeugte er sich noch einmal davon, daß dieser Abenteurer vor nichts und niemandem haltmachen würde. Es gab nur eine Frage: Wann?"[59]

Stalin zweifelte nicht, daß Hitler eines Tages die Sowjetunion angreifen würde; er glaubte aber, der Nichtangriffspakt mit Hitler gäbe ihm noch drei Jahre Zeit für die nötige Aufrüstung.

Ein deutscher Diplomat bezeugt: "Im persönlichen Verkehr mit Stalin war deutlich zu spüren, daß ihn gewisse Charakterzüge und Handlungen Hitlers stark beeindruckten. Dabei imponierten ihm in erster Linie gerade die Aktionen Hitlers, die jeder rechtliche und anständig denkende Mensch verabscheute, wie Hitlers Mordtaten vom 30. Juni 1934. Stalins Äußerungen über Japan verrieten Haß und sadistische Neigungen, wenn er zum Beispiel im Zusammenhang mit den Kämpfen zwischen sowjetischen und japanischen Truppen an der mandschurischen Grenze mit der größten Genugtuung davon sprach, daß bei einer Gelegenheit 'die Rotarmisten nicht weniger als 20.000 Japaner niedergemetzelt' hätten. 'Das ist die einzige Sprache, die diese Asiaten verstehen', sagte er und fügte mit satanischem Grinsen hinzu: 'Im übrigen bin ich selbst einer und weiß, was ich sage.'"[60]

Der Deutsch-Sowjetische Nichtangriffspakt vom 23. August 1939 legte die Grenzen der deutschen und der sowjetischen Einflußsphären in Osteuropa fest. Er gab Hitler freie Hand, acht Tage später den Krieg gegen Polen zu beginnen. Aufgrund eines geheimen Zusatzprotokolls rückte die Rote Armee in Ostpolen, Estland, Lettland und Litauen ein. Die baltischen Staaten wurden nach kommunistischen Staatsstreichen der Sowjetunion einverleibt. Finnland dagegen widersetzte sich erfolgreich Stalins Versuch, es zu erobern. Der Finnisch-Sowjetische Winterkrieg verriet, wie sehr die Rote Armee durch die Hinrichtung ihrer tüchtigsten Marschälle und Generäle geschwächt worden war.

Einen zweiten Vertrag mit Hitler schloß Stalin bereits am 28. September 1939. Dieser Deutsch-Sowjetische Grenz- und Freundschaftsvertrag irritierte die Antifaschisten in aller Welt noch stärker als der Pakt fünf Wochen vorher.

Stalin tat alles, um die vertraglichen Verpflichtungen Deutschland gegenüber zu erfüllen. Ihn beherrschte die Vorstellung, wenn man Hitler nicht provoziere, werde er nicht angreifen. Jedenfalls nicht die nächsten drei Jahre.

Generalissimus

Als Stalin am 22. Juni 1941 die Nachricht erhielt, daß deutsche Truppen die Grenze der Sowjetunion in voller Breite überschritten hatten und bereits tief ins Land eingedrungen waren, erlitt er einen Schock, der ihn für eine Weile paralysierte. Er, der "weise Staatsmann", hatte sich verkalkuliert. Er, der "Listige", war von Hitler übertölpelt worden. Stalin war wie vor den Kopf geschlagen.

Von mehreren Seiten hatte er Fingerzeige erhalten über das, was ihm blühte. Schon im April hatte Churchill ihm mitgeteilt, daß nach seinen Informationen Hitler entschlossen sei, die Sowjetunion am 22. Juni anzugreifen. Auch von seiten der USA erhielt Stalin diesen Wink. Das Datum stimmte genau. Es war derselbe Tag, an dem Napoleon Rußland angegriffen hatte.

Aber Stalin glaubte den Warnungen nicht, obwohl er seit zehn Jahren den Krieg mit Hitler kommen sah. Er glaubte nicht, daß der Krieg schon jetzt begänne. Seine Schuld war es, daß die sowjetische Verteidigung nicht vorbereitet war. Die russischen Grenztruppen waren völlig überrascht und wurden im Nu überrannt. Am ersten Tag verlor die Rote Armee 1800 Flugzeuge, von denen 1400 am Boden zerstört wurden.

Als Stalin ein paar Tage später das ganze Ausmaß der Katastrophe erkannte, verlor er für einige Zeit die Selbstbeherrschung. Wutanfälle wechselten mit äußerster Niedergeschlagenheit. Zeitweise war er so fassungslos, daß er keine Entscheidungen treffen konnte. Die Lage schien jede Hoffnung zu verbieten. Als die Politbüromitglieder zu ihm kamen, dachte er, sie wollten ihn absetzen oder gar verhaften. Ein Sündenbock mußte her: Also beschuldigte Stalin mit derben Flüchen die Generäle und machte sie für alles verantwortlich. Zornig rief er: "Lenin hat unseren Staat geschaffen, und wir haben ihn verschissen."[61]

Den Tiefpunkt erreichte Stalins psychischer Zustand an dem Morgen, als er die Nachricht erhielt, daß der Feind Minsk erobert hatte. Stalin begab sich auf seine Datscha und ließ sich den ganzen Tag im Kreml nicht mehr blicken. Molotow und Berija fuhren zu ihm, und die drei erwogen die Kapitulation. Sie waren bereit, Hitler einige Territorien abzutreten, und versuchten durch den bulgarischen Botschafter Verbindung mit der deutschen Regierung aufzunehmen; der Bulgare aber lehnte das ab und meinte, Rußland werde, selbst wenn es seine Truppen zunächst bis zum Ural zurückziehen müsse, den Krieg gewinnen.[62]

Erst am 3. Juli 1941 raffte sich Stalin dazu auf, über den Rundfunk zur Bevölkerung zu sprechen. Wolfgang Leonhard, der als deutscher Emigrant in Moskau lebte, schildert den Eindruck, den Stalins Rede auf ihn machte: "Ich hatte ihn schon früher mehrmals gehört. Diesmal erkannte ich seine Stimme kaum wieder. Voller Staunen hörte ich den Anfang seiner Rede. Statt der üblichen Anrede 'Genossinnen und Genossen' begann er diesmal mit den Worten 'Genossen! Bürger! Brüder und Schwestern! Kämpfer unserer Armee und Flotte! An euch wende ich mich, meine Freunde!' Es klang fast beschwörend. Schon nach diesen wenigen Worten fühlte ich, daß die Situation viel ernster sein mußte, als den Frontkommuniqués entnommen werden konnte... Ich wußte, daß Stalin kein mitreißender Redner war, sondern stets langsam, abgewogen, sachlich und ruhig sprach. Als wir diesmal seine Rede hörten, schauten wir uns erschreckt an: so unsicher und stockend hatte Stalin noch nie gesprochen."[63]

In wenigen Monaten stießen die deutschen Panzerkeile so weit vor, daß Leningrad und Moskau unmittelbar bedroht waren und bereits unter deutschem Artilleriebeschuß lagen. Rostow am Don wurde von Deutschen besetzt, die Erobe-

264

rung des Kaukasus war nur noch eine Frage der Zeit. Bis zum 1. November 1941 gerieten 2.053.000 Soldaten der Roten Armee in Gefangenschaft. Stalin sah sich am Rand einer vernichtenden Niederlage.

In Moskau wurde die Lage chaotisch. Die sowjetische Regierung setzte sich nach Kuibyschew ab. Stalin aber blieb im Kreml, entschlossen, die Hauptstadt zu verteidigen. Am Jahrestag der Oktober-Revolution hielt er wie im Frieden auf dem Roten Platz die Truppenparade ab. Man hörte den Donner der deutschen Geschütze, und die Divisionen, zu denen Stalin sprach, marschierten direkt an die nur siebzehn Kilometer entfernte Front.

Im Dezember 1941 kamen zwei Ereignisse Stalin zu Hilfe. Sie brachten die Wende. Der Einbruch des Winters hielt den feindlichen Vormarsch auf, und der Eintritt der Vereinigten Staaten von Amerika in den Krieg sowie der sofort wirksame Pacht- und Leihvertrag mit den USA nahm Stalin einige Sorgen ab. Amerika lieferte in den Kriegsjahren für 11,2 Milliarden Dollar Waffen, Ausrüstung, Kleider, Rohstoffe und Medikamente an die Sowjetunion.[64]

Daß Stalin während des Krieges, als Vorsitzender des Staatlichen Verteidigungskomitees, die gesamte politische und militärische Macht in seiner Hand vereinigte, hatte Vorteile. Aber viele Beschlüsse Stalins waren "impulsiv, voreilig, widersprüchlich, inkompetent".[65] Nicht selten gab es scharfe Auseinandersetzungen zwischen Stalin und seinen Generälen, vor allem in der ersten Hälfte des Krieges. Wenn ihm eine Niederlage oder ein Rückzug gemeldet wurde, geriet er in Wut oder verfiel in Apathie. Die Uniform eines Marschalls, später des Generalismus, die Stalin trug, konnte nicht darüber hinwegtäuschen, daß er als Kriegsführer kein Fachmann war. Übrigens sah man ihn während des ganzen Krieges kein einziges Mal an der Front.

Stalins Fehler wurden durch die Fehler der deutschen Führung mehr als ausgeglichen. Die Deutschen, anfangs in der Ukraine, im Baltikum und in Weißrußland von der Bevölkerung als Befreier begrüßt, hatten sich nach ein paar Monaten dermaßen verhaßt gemacht, daß die Stimmung umschlug. In der Erkenntnis, daß man vom Regen in die Traufe gekommen war, bildeten sich Partisanengruppen, die in erbittertem Kleinkrieg die Besatzungstruppen in Atem hielten.

Sowohl auf die Sowjetbürger als auch auf die westlichen Verbündeten machten drei Maßnahmen Stalins, die ideologisch brisant, taktisch aber geschickt waren, den besten Eindruck. Er gab bekannt, er führe den Krieg nicht für die Weltrevolution, sondern für die Demokratie gegen den Faschismus, und erklärte ihn zum "vaterländischen Verteidigungskrieg". Er empfing 1943 den Metropoliten Sergius, verfügte die Wiedereinführung des Heiligen Synods, löste die "Liga der Gottlosen" auf und schloß antireligiöse Museen. Er löste in demselben Jahre 1943 die Kommunistische Internationale auf, um die Westmächte über seine zu erwartende Nachkriegspolitik zu täuschen. So gewann er ein Image, das es ihm erleichterte, auf den Konferenzen von Teheran, Jalta und Potsdam viele Vorteile für die Sowjetunion herauszuschlagen. Unbedarfte Verhandlungspartner wie Truman und Attlee waren der geschickten Diplomatie und Schauspielerkunst Stalins nicht gewachsen, aber auch Churchill und Roosevelt wurden von ihm eingewickelt.

Als die Rote Armee in Jugoslawien einmarschierte, geschahen so viele Plünderungen und so viele Vergewaltigungen mit anschließendem Mord, daß Tito und Djilas sich darüber bei den Russen beschwerten. Schroff wurde die Klage als Beleidigung der Roten Armee zurückgewiesen. Schließlich versammelte Stalin die ganze Delegation im Kreml und "traktierte sie mit dem üblichen Festessen wie auch mit einer Szene, wie man sie sonst nur bei Shakespeare findet... Er sprach erregt von den Entbehrungen der Roten Armee und den Schrecken, durch die sie hatte gehen müssen, als sie sich durch Tausende von Kilometern verheertes Land vorkämpfte. Er weinte und rief aus: 'Und eine solche

Armee ist ausgerechnet von Djilas beleidigt worden! Von Djilas, von dem ich das am wenigsten erwartet hätte, einem Mann, den ich so freundlich empfangen habe! ... Kann er es nicht verstehen, wenn ein Soldat, der Tausende von Kilometern durch Blut und Feuer und Tod gegangen ist, an einer Frau seine Freude hat oder eine Kleinigkeit mitgehen läßt?' Er brachte viele Trinksprüche aus, schmeichelte dem einen, scherzte mit dem anderen, hielt einen dritten zum besten, küßte meine Frau, weil sie Serbin war, und vergoß abermals Tränen über die Leiden der Roten Armee und die jugoslawische Undankbarkeit... Der Zenit seiner Laune war gekommen, als er, meine Frau küssend, ausrief, er mache diese Geste der Zuneigung auf die Gefahr hin, daß man ihn der Vergewaltigung beschuldige."[66] Bei einer späteren Gelegenheit nötigte Stalin Djilas, auf die Rote Armee zu trinken, und sagte, was denn schon dabei sei, wenn ein Soldat nach langen Kämpfen über die Stränge schlüge.[67] Auch als Stalin hörte, daß die Rote Armee auf ihrem Marsch durch Ostpreußen mit ihren Panzern alle flüchtenden deutschen Zivilisten niederwalzte und Frauen und Kinder tötete, lehnte er es ab, etwas dagegen anzuordnen.[68]

Nachdem Stalin den Krieg gewonnen und sein Territorium vergrößert hatte, schob er die Marschälle und Generäle ab in die Ecke. Was Schukow und andere Heerführer geleistet hatten, war zweitrangig. Sie führten ja nur den Plan aus, den Stalin, der größte Feldherr der Weltgeschichte, ausgedacht hatte. Und die Niederlagen von 1941 und 1942? Die gehörten zum großen Plan des genialen Strategen. Stalin selbst schrieb das in einem Brief an einen Militärhistoriker. Clausewitz war ein blutiger Laie im Vergleich zu Stalin, dessen Größe in der schöpferischen Weiterentwicklung der Gegenoffensive liege: habe er doch die Deutschen tief ins eigene Land gelockt, um ihnen dann vernichtende Schläge zu versetzen![69]

Stalin war Gott. Er konnte alles. Er durfte alles. Die inneren Feinde waren erschossen. Die äußeren Feinde waren besiegt. Er beherrschte ein Sechstel der Erde. Die Welt jubelte ihm zu. War er nun endlich zufrieden?

Anscheinend nicht. Nach dem Kriege breitete er erneut ein lähmendes Netz der Angst über das ganze Land. Warum? Weil er selbst Angst hatte. Angst vor neuen, noch verborgenen Feinden. Angst auch, denn er ging auf die Siebzig zu, vor seinem eigenen Tod.

Einen Blick in die Seele des alternden Stalin tat Solschenizyn mit dichterischer Phantasie, aber aufgrund bekanntgewordener Tatsachen.[70] Sein Bild stimmt überein mit dem Bericht der Stalin-Tochter: "Offenbar begann Vater mit zunehmendem Alter unter seiner Einsamkeit zu leiden. Er war bereits so isoliert, war so hoch über alle erhaben, daß sich um ihn ein Vakuum gebildet hatte und niemand mehr mit ihm wirklich sprechen konnte."[71] "Er war grenzenlos erbittert. Überall sah er Feinde. Das war bereits pathologisch, eine Art Verfolgungswahn, entstanden aus seiner Vereinsamung und inneren Leere."[72]

1946 begann Stalin wieder mit verbrecherischen Aktionen. Zuerst ging er gegen Abweichler in Leningrad vor. Später rollte über das ganze Land wieder, wie 1937, eine Verfolgungswelle mit Verhaftungen, Verhören, Foltern und Erschießungen.

Im Januar 1953 wurden neun Medizinprofessoren, alle als Hausärzte im Kreml tätig, darunter der Arzt, dem Stalin sich seit dreißig Jahren anvertraut hatte, beschuldigt, Agenten des amerikanischen und britischen Geheimdienstes zu sein. Da sieben dieser Mediziner jüdischer Herkunft waren, bot sich Stalin eine erwünschte Gelegenheit, seinem Judenhaß freien Lauf zu lassen. So wurde behauptet, sie hätten ihre Kranken - Minister und Generäle - hinterhältig umgebracht, und zwar im Dienste einer internationalen jüdischen Einrichtung, die philanthropische Ziele hatte und nun als kriminell verleumdet wurde.

Der bereits krank liegende Stalin überwachte die Verhöre selbst und gab den Befehl, die Häftlinge in Ketten zu legen und so lange zu schlagen, bis sie alles zugegeben hätten. "Wenn Sie kein Geständnis von den Ärzten beibringen können", sagte er zu dem Minister für Staatssicherheit, "dann werden wir Sie um einen Kopf kürzer machen."

Zum Glück für die Gemarterten trat, ehe ihre Exekution stattfand, Stalins Tod ein. Sofort wurden alle neun angeklagten Ärzte vollkommen rehabilitiert, und sieben wurden in die Freiheit entlassen; zwei waren bei den Folterungen gestorben.

Stalin wurde in seiner Datscha Blischnjaja auf dem Boden liegend gefunden, rechtsseitig gelähmt. Man hob ihn auf sein Sofa, und dort starb er nach einigen schrecklichen Stunden. Seine Tochter Swetlana, die im Sterbezimmer anwesend war, berichtete: "Die Agonie war entsetzlich, sie erwürgte ihn vor aller Augen... In der letzten Minute öffnete er plötzlich die Augen und ließ seinen Blick über alle Umstehenden schweifen. Es war ein furchtbarer Blick, halb wahnsinnig, halb zornig, voll Entsetzen vor dem Tode... Da hob er plötzlich die linke Hand und wies mit ihr nach oben, drohte uns allen. Die Geste war unverständlich, aber drohend."[73] Dann hatte Stalin ausgehaßt.

"Ich erkannte", schreibt Swetlana, "daß dies für alle und auch für mich die Befreiung von einem Druck bedeutete, der mit dem Gewicht eines einzigen riesigen Klumpens auf allen Seelen, Herzen und Gemütern gelastet hatte."[74]

Charakter, Gesinnung, Akklamation

Wer die Taten Stalins an seinem Geist vorüberziehen läßt, wird sich entsetzt fragen, wie sie nur möglich werden konnten. Natürlich wurzelt das, was Stalin tat, in seinem Charakter und in seiner Gesinnung; davon haben wir bis jetzt einiges zu Gesicht bekommen, aber noch nicht alles. Was für ein Mensch war Stalin? Und natürlich hätte Stalin seine Verbrechen nicht begehen können ohne Tausende Helfer und Millionen Helfershelfer. Warum haben sie sich nicht gegen den Despoten erhoben und ihn hinweggefegt? Diese beide Fragen sind zu beantworten, wenn man untersuchen will, "wie es dazu kommen konnte, daß ein so düsterer Mensch die Geschichte eines der größten und mächtigsten Staaten lenkte, ... dreißig Jahre hindurch!"[75]

Fassen wir zuerst den Menschen Stalin ins Auge. Äußerlich wirkte er alles andere als imposant. Er maß nur 1,62 Meter. Die Statur war plump, der Oberkörper kurz und schmal, der Bauch dick, die Beine und Arme zu lang, die Füße zu groß. Der linke Arm war sieben Zentimeter kürzer als der rechte und ließ sich schlecht beugen. Das Gesicht entstellten Pockennarben, die auf allen Fotos wegretuschiert wurden; es war, da Stalin kaum an die frische Luft kam, käsig weiß. Unter dem Schnurrbart sah man unregelmäßige Zähne, die vom vielen Pfeifenrauchen schwarz geworden waren. Die braungelben Augen blickten einen unverwandt und prüfend an. "Dennoch wirkte der Kopf nicht unangenehm; er hatte etwas Volkstümlich-Unverbildetes, Bäuerliches, Familienväterliches, mit ... einer Mischung von Strenge und Schalkhaftigkeit."[76]

Gern watschelte er in seinem Arbeitszimmer breitbeinig auf und ab. Wenn er bei Verhandlungen saß, "verhielt er sich keinen Augenblick lang still. Er spielte mit seiner Pfeife ... oder zeichnete Kreise mit einem blauen Stift um Worte herum, die die Hauptthemen der Besprechung angaben und die er mit schrägen Strichen durchkreuzte, wenn ein Punkt erledigt war, und er wandte den Kopf hin und her, während er auf seinem Sitz herumrutschte".[77]

Er sprach wenig, das Wenige äußerte er bedächtig und langsam und mit schlichten Worten. "Er verfügte über einen reichen russischen Wortschatz und würzte seine lebendige und plastische Ausdrucksweise mit russischen Sprichwörtern und Redensarten."[78] Er besaß Mutterwitz, reagierte schnell und scharfsinnig und konnte sich Besuchern gegenüber jovial geben. "Er witzelte auch mit seinen Höflingen ..., aber auf seine eigenen Kosten gingen die Witze nicht."[79]

An Sprachen kannte er, außer Georgisch und Russisch, vom Seminar her etwas Latein, Griechisch und Kirchenslawisch, ferner ein paar Brocken Deutsch. In der russischen Literatur kannte er sich aus. Sitten, Gebräuche und Denkart anderer Länder waren ihm nicht vertraut. Die Aufenthalte des jungen Revolutionärs in London, Prag, Wien, Leipzig und Berlin waren zu kurz und zu sehr auf Versammlungssäle und Bibliotheken beschränkt, als daß sie seinen Horizont hätten erweitern können.

Als Theoretiker hat Stalin nichts Eigenständiges geleistet; er hat lediglich Gedanken Lenins und anderer popularisiert, und das nicht einmal gut. Seine 1913 verfaßte Schrift *Marxismus und nationale Frage* ist eine Kompilation. Einige seiner Schriften sind Plagiat.[80] Manches von dem, was als seine Werke ausgegeben wird, stammt von Ghostwritern, oder es handelt sich um "Referate, aus deren Stenogrammen dann die Sekretäre etwas Literarisches machten. Stalin kümmerte sich nicht einmal um die Resultate dieser Bearbeitungen".[81]

Als er älter wurde, wollte er zu den Lorbeeren eines Staatsmanns und Kriegsführers auch noch den Ruhm eines Philosophen gewinnen, teilte der Welt seine Gedanken zur Wirtschaft, Geschichte und Linguistik mit und autorisierte die Veröffentlichung seiner *Gesammelten Werke*. Die sachlichen Unterlagen für seine gelehrten Schriften ließ er von Mitarbeiterstäben beschaffen und zusammenstellen, auch eignete er sich fremdes Gedankengut an.

Aber bei weitem nicht alles in Stalins *Gesammelten Werken* wurde von Ghostwritern hergestellt. Es gibt einen unverkennbaren Stalin-Stil, dessen Hauptmerkmal die ständige Anhäufung und Wiederholung ist; so etwa in der triumphierenden Rede vom Januar 1933: "Wir hatten nicht ..., aber jetzt haben wir es. Wir hatten nicht ..., aber jetzt haben wir es..." Oder die Litanei: "Wir schwören dir, Lenin, ... Wir schwören dir, Lenin, ... Wir schwören usw."

Daß zur Feier seines siebzigsten Geburtstags die Akademie der Wissenschaften der Sowjetunion dem "Großen Stalin" eine Festschrift widmete mit dem Titel *Stalin - Koryphäe der Wissenschaft*, gehört zu den Lächerlichkeiten des byzantinistischen Stalin-Kults. Kein Buch wurde in der Sowjetunion veröffentlicht, kein chemisches, astronomisches, philologisches, botanisches oder zoologisches Werk, das nicht Zitate aus Stalins *Gesammelten Werken* brachte - das wurde erwartet; wer es unterlassen hätte, der hätte sich verdächtig gemacht.

Stalin, "der Koryphäe der Wissenschaft", fiel auf den Scharlatan Lyssenko herein, der betrügerisch behauptete, die Mendelschen Gesetze widerlegt und eine "materialistische, proletarische" Agrobiologie begründet zu haben. Seriöse Forscher, die über diesen Unsinn die Köpfe schüttelten, wurden aus der Akademie verjagt und den Folterknechten des NKWD ausgeliefert.

Maximilien Rubel spricht von Stalins "Aversion gegen wahre menschliche Kontakte", seiner "Veranlagung zur Introvertiertheit", seinem "krankhaften Hang zum Alleinsein", seinem "unkameradschaftlichen Verhalten"; "Achtung und Beliebtheit hat er weder als freier Parteikämpfer noch als politischer Häftling in den Kreisen der russischen Sozialdemokratie zu gewinnen vermocht."[82] Im Umgang mit Menschen ließ er sich seine Verachtung anderer oft genug anmerken. Ihn erfüllte ein abgrundtiefer Pessimismus in bezug auf Menschen. Nicht einmal seinen nächsten Helfern, den Politbüromitgliedern und seinen Verwandten traute er. Der krankhafte Argwohn steigerte sich in den letzten Lebensjahren.

"Fünf von seinen acht Enkeln hatte er nicht ein einziges Mal gesehen."[83] Um seinen ersten Sohn Jakob hat er sich

272

kaum gekümmert; als dieser in deutsche Kriegsgefangenschaft geraten war, weigerte er sich, ihn auszutauschen. Die Familien seiner beiden Frauen hat Stalin beseitigt. Er ließ zwei Schwäger erschießen, vier Schwägerinnen ins Gefängnis werfen.

An Stalins Person fällt vor allem die außerordentliche Zielstrebigkeit und Härte seines Willens auf. Seine stählerne Entschlossenheit richtete sich ausschließlich auf seine Macht. Sie zu gewinnen, sie zu behalten und alle möglichen Widersacher und Nebenbuhler zu beseitigen, war ihm jedes Mittel recht. Machtgenuß war für ihn identisch mit der Wonne, ohne Wimpernzucken über Leichen hinwegzugehen.

Er konnte sich dabei Zeit lassen. So ließ er die Ausschaltung Trotzkis langsam über die Etappen Parteiausschluß, Verbannung und Ausweisung ablaufen, um dann sorgfältig den Meuchelmord an dem gehaßten Rivalen vorzubereiten. Den gedungenen Attentäter, der Trotzki in Mexiko mit einem Eispickel erschlug, belohnte Stalin großzügig. Er sagte einmal: "Das Opfer zu wählen, den Schlag umsichtig vorzubereiten, seine unversöhnliche Rache zu stillen ... es gibt nichts Süßeres auf der Welt."[84]

Angesichts dieses Sadismus haben die Stalin-Biographen von der völligen Gefühllosigkeit und Herzenskälte dieses zynischen Mannes gesprochen. Wer Millionen Menschen umgebracht hat, kann ja nur absolut gefühllos sein, nicht wahr? Wenn es so einfach wäre! Es gibt zu viele Fakten und Zeugnisse, die dieser simplen Erklärung widersprechen.

Der sechzehnjährige Stalin schrieb etwa drei Dutzend naiver Gedichte. Einige preisen georgische Helden, andere sind voll romantischer Sehnsucht. Eins, das in der führenden georgischen Zeitung *Iberija* veröffentlicht wurde, endet mit den Worten: "In die Höhe strebt die Seele des Poeten, und das Herz schlägt nicht vergebens. Ich weiß, daß diese Hoffnung gesegnet ist und rein!"[85] Zweimal hat eine Frau ihn geliebt, ihm ihr Jawort zur Ehe gegeben und ihm Kinder geboren. Als seine erste von ihm innig geliebte Frau Jekaterina an Typhus starb, war Stalin ein gebrochener Mann; ein Foto zeigt den 28jährigen trauernden Jossif am Grab.

Daß Stalin ein Freund der Natur war und einen Blick für die Schönheit von Landschaften hatte, bezeugen nicht nur seine Jugendgedichte, sondern auch die Briefe seiner späteren Jahre. Er liebte Wald und Garten. Von den Briefen, die er an seine Tochter Swetlana schrieb, sind noch etliche erhalten. Sie bekunden, daß Stalin ein zärtlicher Vater war, was Swetlanas Erinnerungen bestätigen.

Gegen Ende seines Lebens erinnerte er sich an einige alte Schulfreunde und schickte ihnen größere Summen. Eigenhändig schrieb er die Zahlungsanweisungen: "Meinem Freund Petja 40.000 Rubel."[86] Seine Dienstboten, von denen manche viele Jahre in seinen Datschas um ihn waren, liebten ihn sehr. Sie wußten aus Erfahrung, wie recht Trotzki hatte, als er feststellte: "Stalin fühlt sich unter einfachen Menschen am wohlsten." Ein Biograph schrieb: "Niemand konnte von ihm sagen, er sei 'eine Seele', 'ein guter Mensch'."[87] Gegen diese Behauptung hätte Stalins Haushälterin, die ihn jahrzehntelang umsorgt hatte, wäre sie ihr zu Ohren gekommen, entschieden protestiert.

*

In seinem Privatleben war Stalin schlicht und anspruchslos. Seine asketische Lebensweise entsprang der frührevolutionären Abneigung gegen Luxus. Seine Garderobe war sehr bescheiden, seine Wohnungseinrichtung höchst einfach. Er besaß keine Wertsachen, keine Kunstgegenstände. An seinen Wänden hingen Reproduktionen. In den letzten Jahren liebte er es, Fotos aus Zeitungen zu schneiden und mit Heftzwecken an die Wand zu pinnen. Er aß ungeheure Mengen, vor allem Fleisch, trank mäßig, rauchte viel und ging wenig spazieren. Seine einzige Erholung waren Kino und Theater.

274

Bücher las er sehr viele, auch belletristische, aber diese Lektüre betrachtete er gewiß nicht als Entspannung, sondern als Arbeit.

Stalin war ein Nachtmensch. Er pflegte bis gegen Mittag zu schlafen, frühstückte um drei Uhr nachmittags und begann dann seine Arbeit im Büro. Er war ein guter Organisator, aber vom Schreibtisch aus. Sein Gedächtnis, vor allem im Hinblick auf Personen, war phänomenal. Er vergaß nichts, verzieh nichts und ließ seine Rache oft erst nach Jahren folgen. Zum Abendessen im Kreml, das um zehn Uhr nachts begann und selten vor vier Uhr aufhörte, lud er gewöhnlich Führungskräfte, mit denen er sich beraten wollte, und Diplomaten, mit denen er zu verhandeln hatte. Eine Vielfalt von Speisen und Getränken wurde angeboten, vor allem scharfe Wodkas, und bei diesen Genüssen wurde in zwangloser Atmosphäre verhandelt und entschieden.

"Er verstand es, seine Verhandlungspartner durch eine natürlich wirkende Jovialität zu gewinnen und ihre Wachsamkeit durch ein geschickt zur Schau getragenes Wohlwollen einzuschläfern."[88] Selbst Trotzki gab in seiner Stalin-Biographie zu, daß Stalin, gerissen wie er war, sich bei Verhandlungen mit einem Gegner nie übers Ohr hauen ließ. "Er war eigensinnig, heftig und argwöhnisch, wenn jemand eine andere Meinung vertrat als er... Alle machten ihm den Hof, warteten, bis er zu einer Sache Stellung genommen hatte, und beeilten sich dann, ihm beizupflichten."[89] Auf Sitzungen konnte er manchmal auch vorsichtig, unentschlossen sein, wußte dann nicht, wie er sich verhalten sollte, verriet aber diese Unsicherheit mit keiner Miene. Dann hörte er schweigend und Machorka rauchend zu, um am Schluß das vorzuschlagen, was die Mehrheit wollte. So erlangte er den Nimbus der Weisheit.

Auf Besucher machte er den Eindruck eines Mannes mit gesundem Menschenverstand und vernünftigen Ansichten, weil er allen sagte, was sie hören wollten, wohl wissend, daß sie ihn nicht daran hindern konnten, das zu tun, was er wollte.

Weder Teufel noch Unmensch war Stalin, sondern im Guten wie im Bösen ein Mensch. Freilich ein amoralischer Mensch mit verbrecherischen Neigungen. Wie konnte er Jahrzehnte lang Millionen Menschen vernichten? War er geisteskrank? Wahnsinnig? Sähe man nur auf seine Innenpolitik, so könnte man geneigt sein, diese Frage zu bejahen. Aber in der Außenpolitik, vor allem von 1942 bis 1946, verhielt er sich ganz und gar nicht verrückt, sondern listig, raffiniert, methodisch. Für Paranoiker ist es allerdings typisch, daß die Persönlichkeit in einen Teil mit klarem Verstand und einen Teil mit Wahn gespalten ist.[90]

Ich glaube, man benötigt nicht die Paranoia-Hypothese, um das Phänomen Stalin zu verstehen. Die lange Liste der fürchterlichen Verbrechen, die Stalin beging, beweist, wessen der Mensch fähig ist, wenn keine Schranken ihn hemmen. Stalin war es gelungen, alle Personen und alle Institutionen, die seinem Wüten hätten Einhalt gebieten können, zu beseitigen, und er duldete nur noch solche Leute um sich, die seinem Willen unbedingt gefügig waren. Darüber hinaus hatte er es verstanden, die Akklamation der Massen und der Eliten zu gewinnen.

*

Wie gelang es diesem Despoten, der moralisch abstoßend und physisch nicht anziehend war, ein großes Volk zu zwingen, ihn zu lieben? Warum haben Millionen, auch in anderen Ländern, ihm geglaubt?

Ich sehe vor allem zwei Gründe. Erstens: "Stalin war ein großer Schauspieler. Geschickt spielte er unzählige Rollen: zunächst die des bescheidenen Führers und des Kämpfers für die Reinheit der Parteiideale, später die des "Führers", des

"Vaters des Volkes", des Feldherrn, des Theoretikers, des Kunstexperten und des Propheten. Besonders gewissenhaft versuchte er die Rolle des treuen Schülers und Mitarbeiters des großen Lenin zu spielen. So gelang es Stalin, in der Partei und im Volk Schritt für Schritt an Popularität zu gewinnen."[91]

Der zweite Grund: Stalin manipulierte das Bewußtsein des Menschen mit Hilfe seines Apparats. In den ersten Jahren nach der Oktober-Revolution waren die meisten Russen noch keine Bolschewisten. Was machte Stalin mit denen, deren Widerstand nicht durch die Rote Armee und die TSCHEKA gebrochen werden konnte? "Ein Großteil der Intelligenz nahm die sozialistische Revolution nicht an."[92] Scharen von Schriftstellern, Künstlern und Gelehrten gingen freiwillig in die Emigration. Stalin beobachtete aufmerksam die politische Haltung der bekannteren Literaten. Um deren Linientreue zu gewährleisten, bediente er sich administrativer Mittel wie Verordnungen und Zensur. Was nicht in den Kram paßte, wurde einfach verboten. Unerwünschte Bücher wurden entfernt, mißliebige Autoren schikaniert, ins Gefängnis oder ins Lager geworfen oder in den Selbstmord getrieben. Mit Stalins Unterstützung führte die Geheimpolizei 1922 eine ungewöhnliche Aktion durch: 160 Schriftsteller, Wissenschaftler, Philosophen und Historiker, die den Kern der russischen Kultur darstellten, wurden ins Ausland abgeschoben.[93]

Stalin hatte bereits 1927 das absolute Monopol über das Nachrichtenwesen, die Kommentare, die Rednertribüne und die Presse. Er säuberte die Bibliotheken von allen Büchern und Dokumenten, die seinen Ansichten widersprachen.[94]

Außer diesen negativen Maßnahmen wandte Stalin positive Mittel an. Durch persönliche Kontakte beeinflußte er die geistige Entwicklung der Gesellschaft. Oft lud er einen bedeutenden Schriftsteller, Journalisten oder Regisseur zu sich ein und machte eine "ideologische Bestellung": ein Theaterstück, einen Film, einen Roman, ein Lehrbuch mit bestimmter Tendenz. Für den betroffenen "Multiplikator" war eine solche Einladung natürlich ein großes Ereignis. Daß der großmächtige Führer ihm seine gnädige Aufmerksamkeit widmete, war eine Ehre, für die er nur mit äußerster Dienstbeflissenheit danken konnte.[95]

So hielt Stalin alle Instrumente der Propaganda in seiner Hand. Er hatte nicht vergeblich Gustave Le Bons *Psychologie der Massen* gelesen. Zynisch handelte er nach der Parole: "Je größer die Lüge ist, um so größere Chancen hat sie, geglaubt zu werden."

Der Personenkult, die Vergottung des weisen Führers und Lehrers, ist weithin Stalins eigenes Werk. Er unterstützte die endlosen Rituale der Rühmung. Die wichtigsten Zeitungsartikel über ihn wurden vor dem Druck ihm vorgelegt. "Nicht selten fügte er mit Bleistift ein bis zwei Worte hinzu, welche das 'Außergewöhnliche', die 'Scharfsinnigkeit', 'Entschlußkraft', den 'Mut' und die 'Weisheit' des Genossen Stalin hervorhoben."[96] Ebenso bearbeitete er seine *Kurze Biographie*, die 1948 erschien. Sie strotzt nur so von Selbstverherrlichung und Eigenlob. Kaum einer wußte, daß die kräftigsten Stellen von Stalin selbst verfaßt worden waren.[97]

Das alles trug erheblich dazu bei, daß die Menschen jedes seiner Worte glaubten, mochte es noch so verlogen sein, und jede seiner Maßnahmen billigten, mochte sie noch so verbrecherisch sein. Es kam noch ein weiterer Umstand hinzu, und das war die neue Elite, die Stalin selbst geschaffen hatte. Von der klassenlosen Gesellschaft, welche die Oktober-Revolution verwirklichen wollte, war zwanzig Jahre später in Rußland nichts zu sehen. In der Sowjetunion waren die Klassenunterschiede größer als in den kapitalistischen Ländern. Über einer breiten Arbeiterschicht, die weit schlimmer ausgebeutet wurde als in kapitalistischen Staaten und deren Lebensstandard äußerst niedrig war, erhob sich eine Schicht gutbezahlter Bürokraten, Funktionäre und Privilegierten, deren Leistung oft nur darin bestand, nach oben zu buckeln und nach unten zu treten. Diese Parasiten waren natürlich nicht gesonnen, ihre lukrativen Posten zu verlieren, und taten alles, was ihnen von oben abverlangt wurde. Vor allem verbreiteten sie eifrig das ganze Lügengespinst über den genialen, weisen Führer Stalin und seine allein richtige leninistische Lehre.

Die Ideologie, wenn man nur unentwegt fest mit zugekniffenen Augen an sie glaubt (oder wenigstens so tut, als glaube man), rechtfertigt alles, selbst die größte Schurkerei. Sie gibt ein reines Gewissen sogar bei planmäßig ausgeführtem Massenmord.

Das ganze sowjetische Terrorsystem mit Foltern und Exekutionen, Gefängnissen und Straflagern ist nicht Stalin allein anzulasten, sondern geht auf Lenin zurück. Es war schon vor der Stalin-Herrschaft im Schwange und dauerte nach ihrem Ende noch einige Jahrzehnte fort. Nicht Stalin hat das kommunistische System geschaffen, sondern umgekehrt: "Das kommunistische System hat Stalin geschaffen und emporgehoben. Das kommunistische System, das eine alles umfassende und pausenlose Anfachung des Hasses ermöglicht und zur Vernichtung ganzer Bevölkerungsgruppen und Gesellschaftsklassen auffordert, schafft ein Klima, in dem die Machthaber ihre ganze Tätigkeit als einen Kampf mit irgendwelchen erfundenen Klassenfeinden, Konterrevolutionären und Saboteuren darstellen und alle Mißerfolge ihres unsinnigen und unmenschlichen Systems als Ränke und Widerstand vermeintlicher Feinde erklären und unnachgiebig zu Repressalien, zur Vernichtung und Unterdrückung aller Gedanken, Freiheiten, Wahrheiten und menschlichen Gefühle auffordern. Auf einem solchen Boden können sich Stalins zu üppiger Blüte entfalten."[98]

Daß die marxistische Theorie falsch war und daß die Prognosen von Karl Marx durch den tatsächlichen Gang der Ereignisse schlagend widerlegt wurden, hatte schon Lenin erkennen müssen. Nach vier Jahren kommunistischer Herrschaft war der Kommunismus gescheitert. Die Wirtschaft war völlig zusammengebrochen, das Land ein einziges Chaos. Die Bevölkerung hungerte und wurde obendrein von der TSCHEKA terrorisiert. Zwar hatte die Revolution den Reichen die Reichtümer genommen, aber den Armen ging es keineswegs besser, sie waren nur noch ärmer geworden.

Die militärische Niederwerfung des Aufstands, den die Matrosen in der Festung Kronstadt gegen das bolschewistische Regime begannen, konnte die Lage nicht bessern. So zog Lenin aus dem Fiasko der kommunistischen Doktrin praktische Konsequenzen, führte die Neue Ökonomische Politik ein und ließ wieder privatwirtschaftliche Strukturen zu.

Schon damals glaubte in Rußland keiner, der etwas von Wirtschaft und Finanzen verstand, an den Marxismus. Selbst die Führer der Partei nahmen, von wenigen fanatischen Doktrinären abgesehen, die Lehren des Marxismus nicht ernst. Für das Verständnis des Wirtschaftslebens ist die marxistische Theorie wertlos; trotzdem erwies sie sich als Dynamit. Wer allen Armen und Unterdrückten sagt: Ihr seid unglücklich, weil euch der Reiche bestohlen hat und weiter bestiehlt, der mobilisiert Neid und Haß und entfacht einen Brand. Den pragmatisch denkenden Praktikern der Kommunistischen Partei war klar: Als "Wissenschaft" ist der Marxismus Unsinn, als Mittel revolutionärer Massenführung eine unersetzliche Waffe. Rache an den alten Unterdrückern zu üben, war süß; die Enttäuschung darüber, daß die versprochenen ökonomischen Wunder ausblieben, konnte nur durch den Aufbau immer neuer Feindbilder aufgefangen werden. Wenigstens für ein oder zwei Menschenalter.

Stalin hatte wie Lenin einen maniakalischen Machthunger. Beider Arbeit war völlig bestimmt von dem Willen, an die Macht zu kommen und die Macht zu behalten, koste es was es wolle. Manche haben freilich einen Unterschied zwischen beiden zu erkennen gemeint: Bei Lenin sei die Macht zielorientiert gewesen, bei Stalin aber nicht. Stalin habe die Macht einzig deshalb gewollt, um sie wie ein Dschingis Khan zu genießen. Ich bestreite das und finde, diese These macht sich die Aufgabe zu leicht, das Phänomen Stalin zu begreifen.

Dieser Despot hatte ein ideologisches Programm, zu dessen Verwirklichung er die Macht brauchte. Ein unselbständiger Kopf, holte er seine ideologischen Rezepte aus der Küche von Marx und Lenin. Gewiß hat er einiges von Lenins Gedanken unterschlagen, und das wurde dann auch in den russischen Lehrbüchern unterschlagen.[99] Der Neuen Ökonomischen Politik Lenins machte er ein Ende und kehrte - sturer Doktrinär, der er war - zu älteren kommunistischen Maximen zurück.

Es stimmt, "daß Stalin ganz und gar nicht immer das glaubte, was er proklamierte".[100] Oft genug tat er das Gegenteil von dem, was er sagte. Nachdem er Abweichler hatte liquidieren lassen, verwirklichte er just dieselben Ideen, deretwegen sie erschossen wurden.

Im April 1926 sagte er in einer Rede in Leningrad: "Ich möchte, daß Sie ... ehrlich und entschieden die innerparteiliche Demokratie verwirklichen." Das vor Leuten, von denen nicht einer von der Basis gewählt und von der Basis kontrolliert war und die den Auftrag hatten, jedes freie Wort zu verhindern. Stalin nannte "die Methode der Überzeugung die Hauptmethode unserer Arbeit", obwohl er wußte, daß man seinem Willen entsprechend sich angewöhnt hatte, den geringsten Einwand des Gewissens als Attentat auf die sozialistischen Sitten, die geringste selbständige Geistesregung als Verbrechen gegen die Revolution unter Strafe zu stellen.[101] Er war, trotz aller Lügen, ein ideologischer Dogmatist.

Die Verbreitung stalinscher Phrasen durch willfährige Schriftsteller ist ein traurig stimmendes Kapitel in der Geschichte des 20. Jahrhunderts. Diese den Geist verratende Anpassung geschah ja nicht nur in den von Stalin unterjochten Ländern.[102] Auch in den westlichen Demokratien beteiligten sich viele linksintellektuelle Sympathisanten eifrig an der Propagierung der kommunistischen Lügen und an der

Verherrlichung Stalins. Diese Akklamation trug wesentlich dazu bei, Stalins Macht zu stützen.

Stalins "Erfolg" gründete nicht nur in seiner Person, sondern auch in seiner ideologischen Herkunft und in der Zustimmung derer, die vor den Realitäten fest die Augen schlossen.

Nicolae Ceauşescu

(1918 - 1989)

Ein Parteibonze steigt auf

Eigentlich reizt es kaum, sich mit einer so belanglosen, unbedarften, ja, nichtigen Person wie Ceauşescu zu befassen. Aber daß zwei Jahrzehnte nach dem Ende von Stalins Schreckensherrschaft, über die das Urteil der ganzen Welt schon gesprochen war, der Herrscher eines kleinen Landes die Verbrechen Stalins wiederholte, ist ein so erstaunlicher Vorgang, daß es sich lohnt, darüber nachzudenken, wie das hat geschehen können.

Nicolae Ceauşescu wurde am 26. Januar 1918 in dem oltenischen Dorf Scorniceşti als drittes Kind von neun Geschwistern geboren. Der Vater Andruta, ein kleiner Bauer, war fromm und arm; sein Sohn Nicolae aber wurde Atheist und steinreich. Als Andruta 1972 achtzigjährig verstarb und von einem Bischof und zwölf Popen beerdigt wurde, dürfte es das einzige Mal gewesen sein, daß Nicolae Ceauşescu nach seiner Kindheit bei einer Zeremonie der rumänisch-orthodoxen Kirche anwesend war.

Die Hauptnahrung der Familie bestand aus Maisbrei; Brot gab es nur sonntags. Nicolae Ceauşescu konnte nur die Unterstufe der Volksschule besuchen. Mit elf Jahren ging er nach Bukarest zu einem Schuster in die Lehre. Er wohnte bei seiner älteren Schwester Nicolina, die in einer Schuhfabrik arbeitete und für ihn sorgte. 1933 trat er in den Kommunistischen Jugendverband ein. In diesem Jahre gab es in Bukarest eine Arbeiterrevolte mit Barrikaden und Feuergefechten. Am 23. November 1933 wurde der noch nicht sechzehnjährige Ceauşescu wegen Streikhetze verhaftet, nach ein paar Tagen aber entlassen. Wegen illegaler Parteiarbeit mußte der junge Funktionär von 1936 bis 1938 zwei Jahre Haft verbüßen, und zwar in dem gefürchteten Gefängnis Doftana, wo auch Gheorgiu-Dej und andere kommunistische Führer saßen. Unter den Genossen im Knast wurde eine strenge Schulungsarbeit organisiert. Hier lernte Ceauşescu die reine Lehre des Leninismus-Stalinismus, von der er sein Leben lang kein Jota mehr preisgeben wollte. Bald gehörte er dem inneren Kreise der Kommunistischen Partei Rumäniens an. Nie fiel er dort wegen origineller Gedanken auf, aber er empfahl sich als ein linientreues, zuverlässiges, discipliniertes Arbeitspferd. 1940 bis 1944 saß er abermals in Gefängnissen und im Konzentrationslager.

Im Rückblick mochte Ceauşescu diese Jahre bis 1944 als seine "heroische Zeit" ansehen. Die Kommunistische Partei Rumäniens, der er verschworen war, zählte damals weniger als tausend Mitglieder. In den dreißiger Jahren konnte sie gegen die beiden Parteien, die der Bauern und die der Liberalen, nichts ausrichten; später, unter dem faschistischen Regime, war sie verboten.

Das änderte sich im August 1944, als die sowjetischen Truppen in Rumänien einrollten. Unter der Duldung seitens der russischen Besatzung bemächtigten sich die Kommunisten ab November 1944 mit Gewalt illegal der politischen und wirtschaftlichen Schlüsselstellungen in Bukarest und den anderen Städten. Ämter wurden gestürmt und kommunistische Bürgermeister und Präfekten eingesetzt. Auch die Bodenreform wurde in "Selbsthilfe" durch bewaffnete Kommunisten begonnen.

In dieser Lage machte Ceauşescu, zu brutalem Zugreifen entschlossen, schnell Karriere. 1944 wurde er Generalsekretär des Kommunistischen Jugendverbands und bemühte sich, diesem die sozialdemokratische Jugendorganisation einzuverleiben, natürlich mit Erfolg. 1945 wurde er im Rang eines Oberst Leiter des Politischen Direktorats der neuen rumänischen Streitkräfte. Im Wahlkampf bewährte er sich als Organisator und Agitator. 1946 wurde er Abgeordneter der Nationalversammlung und kämpfte gegen die Oppositionsparteien für das, was man ebenso verlogen wie pleonastisch "Volksdemokratie" nannte. Nachdem Ende 1947 die Volksrepublik ausgerufen und Februar 1948 die Sozialdemokratische Partei mit der Kommunistischen Partei zwangsvereinigt worden war, stieg Ceauşescu zum Kandidaten des Zentralkomitees auf. In der neuen, von Kommunisten beherrschten Regierung besetzte er den Posten des stellvertretenden Landwirtschaftsministers und beteiligte sich maßgeblich an der Zwangskollektivierung. 1950 wurde er stellvertretender Verteidigungsminister und Generalleutnant.

*

Bis Mitte der fünfziger Jahre war Rumänien wirtschaftlich und politisch völlig von der Sowjetunion abhängig. Die enge Verbindung des Landes mit der UdSSR war sogar in der 1947 verabschiedeten rumänischen Verfassung verankert. Die Kommunistische Partei Rumäniens wurde der Erfüllungsgehilfe der Russen, die das Land erbarmungslos ausbeuteten.

Innerhalb der Partei gab es Machtkämpfe auf Leben und Tod. Während dieser Fehden hielt sich Ceauşescu wohlweislich zurück. Er wurde protegiert von Gheorgiu-Dej, dem starken Mann in der Partei. Diesem gelang es nach und nach, alle ihm nicht genehmen Gruppen auszuschalten. In dieser kritischen Zeit besuchte Ceauşescu die Parteihochschule, wo er "Politökonomie", was immer das auch heißen mag, studiert haben soll.

Als 1952 Ana Pauker gestürzt war, wurde Gheorgiu-Dej Chef der Partei und der Regierung. Ein treuer Vasall Moskaus, handelte er nach der Losung: Der Zweck heiligt die Mittel. Sein Schützling Ceauşescu stieg nun unaufhaltsam nach oben, wurde Vollmitglied des Zentralkomitees, 1954 Mitglied des Zentralkomitee-Sekretariats, 1955 Mitglied des Politbüros und Leiter der Personalpolitik, 1965, zwei Tage nach dem Tode von Gheorgiu-Dej, Generalsekretär der Kommunistischen Partei Rumäniens.[1]

Ein Herrscher macht sich beliebt

Durch eine Reihe geschickter Maßnahmen gelang es dem neuen Parteichef, sich in Rumänien zunächst beliebt zu machen. Das soziale und kulturelle Tauwetter, das Gheorgiu-Dej 1964 eingeleitet hatte, wurde von ihm fortgesetzt. 1965 verkündete Ceauşescu die "Versöhnung mit den Intellektuellen", entließ viele Schriftsteller und Künstler aus den Gefängnissen und gab sich relativ liberal und menschenfreundlich.

Sodann stärkte er das Nationalbewußtsein. Der IX. Kongreß der Kommunistischen Partei Rumäniens beschloß einstimmig ein neues Statut, das die Unabhängigkeit der Partei und die Souveränität des Staates proklamierte. Was Ceauşescu verkündete, war eine seltsame Mischung von Internationalismus und Nationalismus.[2] Die "großen Männer" der rumänischen Geschichte, die unter sowjetischem Einfluß als "Gestrige" verrufen waren, wurden in einer großangelegten Kampagne rehabilitiert, wobei deren politische Überzeugung oder "Klassenzugehörigkeit" belanglos war. Im Eiltempo wurde die nationale Geschichte umgeschrieben.[3]

Um die alten Funktionäre loszuwerden, die voraussichtlich nicht immer seiner Meinung zustimmen würden, und die jüngeren Funktionäre, die nach oben drängten, auf seine Seite zu ziehen, griff Ceauşescu zu dem Mittel der Ämterteilung: Ein Parteigenosse durfte ab 1965 nur noch eine Leitungsfunktion bekleiden. (Sieben Jahre später wurde diese Einschränkung wieder aufgehoben, und es wurde üblich, Parteiämter und Staatsämter zu kombinieren.)

Auf Wunsch Ceauşescus wurde 1966 eine Kommission gegründet zur Untersuchung der politischen Prozesse, Parteiausschlüsse und Liquidationen während der Jahre 1944 bis 1954, die nun die "Periode des Personenkults" genannt wurden. Die Kommission kam zu dem Ergebnis, daß damals viele Parteigenossen ungerecht verurteilt, einige meuchlings ermordet wurden, und rehabilitierte diese Opfer stalinistischen Terrors. Gheorgiu-Dej wurde mitverantwortlich gemacht, ebenso der frühere Innenminister Draghici, der nun entmachtet und auf einen untergeordneten Posten in der Provinz abgeschoben wurde.

So distanzierte sich Ceauşescu von den Übeln der Vergangenheit, gewann bei der Mehrheit der Bevölkerung Zustimmung und erweckte große Hoffnungen für die Zukunft. Er wurde 1967 Staatsratsvorsitzender, das heißt Staatsoberhaupt Rumäniens, 1969 Vorsitzender des Verteidigungsrats und 1973 Vorsitzender des Obersten Rats für die wirtschaftlich und soziale Entwicklung Rumäniens. Nach 1974 trug der Alleinherrscher die Titel "Präsident der Sozialistischen Republik Rumänien" und "Conducator" und zeigte sich mit Schärpe und silbernem Zepter.

Den Höhepunkt seiner Popularität erreichte Ceauşescu 1968. Während des "Prager Frühlings" ermutigte er wiederholt die Reformisten und Dubček. "Gegen den Plan einer bewaffneten Intervention in der Tschechoslowakei protestierte er so vehement, daß Rumänien von den Beratungen des Warschauer Paktes vorübergehend ausgeschlossen und zur Teilnahme an der Invasion gar nicht erst aufgefordert wurde."[4]

Am 21. August 1968 rückten die Truppen aller Mächte des Warschauer Pakts in die Tschechoslowakei ein - mit Ausnahme Rumäniens. In der Nacht hielt Ceauşescu vor hunderttausend Bukarestern eine Rede, in der er es scharf verurteilte, "daß sozialistische Staaten die Freiheit und Unabhängigkeit eines anderen Staates mit Füßen treten". Von tosendem Beifall immer wieder unterbrochen, erklärte er: "Der Gedanke einer militärischen Intervention in die Angelegenheiten eines sozialistischen Bruderstaates kann durch nichts gerechtfertigt werden... Es wurde gesagt, daß in der Tschechoslowakei die Gefahr einer Konterrevolution bestünde; es werden sich morgen vielleicht einige finden, die sagen, daß sich auch hier auf dieser Versammlung konterrevolutionäre Tendenzen kundgetan haben. Wir antworten allen: Das ganze rumänische Volk wird es niemandem gestatten, das Territorium unseres Vaterlandes zu verletzen."

Auch im Ausland gewann diese unabhängige Haltung Beifall. Bis weit in die siebziger Jahre genoß Ceauşescu in der Welt ein hohes Ansehen und wurde mit Ehrungen und Orden überhäuft. Die Königin von Großbritannien erhob ihn sogar in den Adelsstand.

Daß er 1967, gegen den heftigen Widerstand der DDR, diplomatische Beziehungen mit der Bundesrepublik Deutschland aufnahm, wurde im Westen ebenso aufmerksam gewürdigt wie seine Weigerung im Juni 1967, die diplomatischen Beziehungen zu Israel abzubrechen. Nur dank der Rückendeckung blockfreier Länder wie China und Jugoslawien und der Kommunistischen Parteien Italiens und Spaniens konnte Ceauşescu sich 1968 leisten, die Sowjetunion frontal zu attackieren. Auch in den folgenden Jahren trotzte er immer wieder dem Hegemonieanspruch Moskaus. Auf der Weltkonferenz der Kommunistischen Parteien 1969 in Moskau äußerte er sich gegen die von der Sowjetregierung gewünschte Verdammung Pekings. Er verstärkte die Beziehungen zu Jugoslawien, weihte 1972 mit Tito das von Rumänien und Jugoslawien gemeinsam erbaute gigantische Kraftwerk am Eisernen Tor ein und empfing 1979 den Besuch Titos in Bukarest. Auch nach Breschnews Tod blieb Ceauşescu widerspenstig.[5] Diese verhältnismäßig unabhängige Haltung ließ ihn als einen eigenwilligen und unorthodoxen Geist erscheinen und sicherte seinem Regime viele Jahre lang die Unterstützung westlicher Länder.

Außenpolitik wurde seine Lieblingsbeschäftigung. Er reiste viel in allen Erdteilen umher und genoß es, alle paar Wochen irgendwo in der Welt als Staatsoberhaupt mit allen Ehren empfangen und angehört zu werden. Das Bedürfnis des ehemaligen Schusterjungen nach Repräsentation spielte bei diesen Reisen ebenso eine Rolle wie die Einbildung, ohne seine Ratschläge kämen die anderen Staaten nicht mehr voran. Er suchte zwischen Israel und Ägypten, zwischen den USA und China, zwischen China und Jugoslawien, zwischen China und Iran zu vermitteln - lauter potentiellen Gegnern der Sowjetunion. Er schaute in Lateinamerika und in Afrika nach dem Rechten. Hier und da mochte er einen kleinen Erfolg buchen, einen höflichen Dank entgegennehmen. In der rumänischen Presse wurde das alles maßlos aufgebauscht und der Eindruck erweckt, Ceaușescu sei der wichtigste und einflußreichste Staatsmann der Welt - was er selbst glaubte.

Ein Gernegroß fällt in Größenwahn

Über den wahren Charakter von Ceaușescus Person und Machtausübung ließen sich viele in den ersten Jahren seiner Herrschaft täuschen. Im In- und Ausland fielen manche auf die potemkinschen Dörfer der rumänischen Propaganda herein. Weithin unkritisch, fast devot, berichtete zum Beispiel ein deutscher Journalist über seine Audienz bei Ceaușescu. Immerhin machte er einige wertvolle Beobachtungen. Ceaușescu "wirkt verhalten, scheu, sogar ein wenig unbeholfen. Die dunklen, sehr beweglichen Augen ... bestimmen seine Physiognomie".[6]

Selbst diesem wohlwollenden Berichterstatter kam manches sonderbar vor, besonders Ceaușescus Reisen durch Rumänien, auf denen er ihn begleitete. Wenn der Staats- und

Parteichef Industrieanlagen besichtigte, so stellte die rumänische Presse das dar, als informiere er sich an Ort und Stelle im Gespräch mit den Arbeitern, Angestellten, Beamten und Funktionären. In Wirklichkeit war es Ceauşescu selbst, der lange Reden hielt und Weisungen erteilte. Was er hörte, waren Ovationen, Hochrufe, Treueversprechungen und geschönte Berichte. Diese "Meetings", wie sie genannt wurden, waren Großkundgebungen mit Abschreiten von Ehrengarden unter dem Geschmetter von Musikkapellen.

"Für den westlichen Beobachter hinterlassen solche Arbeitsbesuche einen zwiespältigen Eindruck. Diese Form der Kommunikation zwischen der Staats- und Parteiführung und der Bevölkerung ist so fremd, daß es schwerfällt, die Nützlichkeit solcher Treffen einzusehen. Das äußere Bild gleicht eher einer Huldigung, wie man sie früher einem fürstlichen Landesvater entgegengebracht hat."[7]

"Die Macht im Staate liegt einzig und allein bei der Rumänischen Kommunistischen Partei, und diese wiederum hat die Entscheidungsbefugnis an den Generalsekretär der Partei, an Nicolae Ceauşescu, delegiert. Nur so ist es zu verstehen, daß Ceauşescu anläßlich eines Fabrikbesuches sozusagen aus dem Stegreif heraus eine Weisung erteilen kann, die immerhin den Neubau eines chemischen Kombinats betrifft. Natürlich haben nun die Fachleute noch ein gewichtiges Wort mitzureden. Doch in der Regel wird schon mit der ersten Anweisung des Generalsekretärs das letzte Wort gesprochen."[8]

Solange Ceauşescu an der Macht war, stellte jede Buchhandlung Rumäniens in die Mitte ihres Schaufensters eine armlange Reihe roteingebundener Bände: die gesammelten Werke des Genossen Nicolae Ceauşescu. Sie bestanden vor allem aus den endlosen Reden, die der Conducator bei jeder Gelegenheit hielt. Er war offensichtlich der Meinung, je länger eine Rede sei, um so besser sei sie. Wenn der Marathonredner nach fünf Stunden fertig war, mischte sich in den tosenden Beifall der Zuhörer gewiß auch die Freude darüber, daß sie gleich endlich auf die Toilette gehen durften.

Ceauşescus Reden waren physische, keine intellektuellen Leistungen. Nicht, als habe er andere Federn geborgt; er beschäftigte keine professionellen Ghostwriter, sondern entwarf und diktierte seine Reden selbst.[9] Sie sind wirklich Ausdruck seines Geistes - eines kümmerlichen Geistes, der weder über Gedankenklarheit noch über Sprachkraft verfügte. Was er mit verquollenem Wortbrei und schwerfälligem Satzbau langatmig vortrug, hätte sich statt in fünf Stunden besser in einer Stunde sagen lassen. Er liebte ständige Wiederholungen, als fürchte er, seine Behauptungen drängen sonst nicht in die Schädel der Zuhörer sein. Längst bekannte Dinge trat er in jeder neuen Rede abermals breit. Daß er sich in seinen Ansprachen auf einer sehr niedrigen Ebene bewegte, ist nicht, wie seine Lobhudler behaupteten, auf die Absicht zurückzuführen, von dem einfachen Volk verstanden zu werden; denn ebenso primitiv waren sein Stil und seine Gedanken, wenn er sich an einen Schriftstellerkongreß oder an ein Gelehrten-Symposion wandte.

Inhaltlich waren die Reden triumphalistisch. In ständig gleichen Phrasen wurden "großartige Erfolge" der Partei und der Regierung gepriesen. Immer wieder bescheinigte Ceauşescu sich selbst die Richtigkeit seiner Politik. Dabei klafften Rhetorik und Realität von Jahr zu Jahr immer weiter auseinander. Dieser groteske Verlust von Wirklichkeitsbezug ist in der modernen Politik beispiellos. Als Rumänien in immer größeres Elend hinabglitt, redete Ceauşescu unentwegt in bombastischen Tiraden von "wunderbaren Perspektiven für Rumäniens unerschütterliches Vorwärtsschreiten zu neuen Gipfeln des Fortschritts und der Zivilisation und für die konstante Anhebung des materiellen und geistigen Wohlstands der ganzen Nation".[10]

Wie den Reden Ceauşescus Geschmack und Geist fehlten, so auch den Palästen und Wohnungen, die der Conducator für sich bauen und einrichten ließ. Er bildete sich ein, nur dann sei eine Rede gut, wenn sie reich an "edlen" Wörtern und enorm lang sei; nur dann sei ein Bauwerk großartig, wenn die Materialien kostbar und die Dimensionen gigantisch seien; kurz: schiere Quantität angehäuften Materials bewirke Qualität.

Danach sehen die Residenzen, die Ceauşescu sich an verschiedenen Orten des Landes bauen ließ, auch aus: Ob Sommerpalast am Snagow-See oder Villa am "Boulevard des Frühlings", alles prunkt in Marmor, Gold und Silber. Der Parvenu wollte zeigen, daß er es zu etwas gebracht hatte und es sich leisten konnte, nicht nur Stilmöbel und Stuckarbeiten, sondern selbst die Armaturen in den Badezimmern vergolden zu lassen. Aber die ganze Einrichtung von den Tapeten bis zu den Türen ist scheußlich.

Das Non-plus-ultra von Ceauşescus Prunksucht, Größenwahn und Geschmacklosigkeit ist die Casa Poporului, das "Haus des Volkes", das in Wirklichkeit der Palast des Führers ist. Dieser Protzbau sollte das Schloß von Versailles und den Escorial übertrumpfen. Um Platz für ihn zu schaffen, mußte ein ganzes Viertel der Innenstadt von Bukarest weichen. Was das Erdbeben von 1977 nicht fertiggebracht hatte, das schafften Ceauşescus Bulldozer: Sie zerstörten ein riesiges Areal voll architektonischer Juwelen, damit ein Koloß von Kitsch sich spreizen konnte. Der 3,6 Kilometer lange "Boulevard des Sieges des Sozialismus" führt auf den Palast zu, von dessen fußballplatzgroßen Sälen nicht einmal die Chefarchitektin Anca Petrescu zu sagen vermag, welchem Zweck sie dienen sollen. Für manche ist dieses Monument schlechthinniger Sinnlosigkeit eine Monstrosität: "Mag sein - wenn man einem Monstrum auch eine Prise Naivität zubilligt; denn dieser kolossale Betonklotz, der das Stadtzentrum von Bukarest beherrscht, ist auch, von seinen Maßen abgesehen, so kolossal naiv, er ist - bei aller Aggressivität - auf eine so lächerliche Weise imposant, daß er fast schon harmlos wirkt."[11] Vierhundert Architekten bemühten sich, die Wünsche des Diktators und seiner Ehefrau zu verwirklichen,

292

was nicht leicht war. "Denn Nicolae und Elena Ceauşescu kamen zuweilen mehrere Male täglich auf die Baustelle, um die Ausführung etwa einer Innentreppe zu begutachten; wenn sie fertig war und ein paar Tonnen Marmor verarbeitet waren, hieß es oft: 'Abreißen und anderswo aufbauen.'"[12]

*

Eine ebenso groteske Verbindung von Getöse und Nichtigkeit war der "quasireligiöse Kult", mit dem Ceauşescu sich umgab.[13] Im April 1956 noch hatte er selbst auf einer Sitzung des Politbüros dem mächtigen Chef des Innenministeriums und des Staatssicherheitsdienstes Draghici vorgeworfen: "Es gefällt ihm, sich mit Speichelleckern zu umgeben."[14] Bald aber erwartete Ceauşescu, daß ihm selbst bei jeder Gelegenheit die Stiefel geküßt wurden: in sämtlichen Druckerzeugnissen, im Rundfunk, in der Kunst und bei jeder Versammlung. Es gab eine Vorschrift, nach der das erste Bild einer jeden Veröffentlichung das Porträt des genialen Conducators sein mußte.[15] Seinen Geburtstag ließ Ceauşescu 1973 erstmals öffentlich feiern. Fortan wurde er gepriesen als "der größte Sohn des Volkes", als "großer und kluger Revolutionär", "gelehrter humanistischer Denker" und "lodernde Flamme des rumänischen Nationalbewußtseins". Das steigerte sich zu Superlativen und bis zum Absurden: "Titan der Titanen".

Es sah so aus, als bestünde das rumänische Volk nur noch aus kriecherischen Hofschranzen. Hier einige Kostproben dieser byzantinistischen Verrenkungen. Der "Rat des Schriftstellerverbandes der Sozialistischen Republik Rumänien" veröffentlichte zum Geburtstag Ceauşescus einen Huldigungsbrief, in dem es heißt: "Das gesamte Volk, die gesamte Partei erleben mit großem patriotischem und revolutionärem Stolz diese Momente unserer zeitgenössischen Geschichte, die wir unter Ihrer weisen, kühnen und klarblickenden Führung in mutigem Bestreben schaffen. Ihr Denken und Fühlen hat sich immer mit dem Herzen und dem Verstand des rumänischen Volkes, der schwungvollsten Erbauer des Sozialismus verbunden und bereitet so das Voranschreiten zum Kommunismus unter Aufbietung aller Kräfte vor... Deshalb fügt die Wiederkehr Ihres Geburtstags neuen Lorbeer auf die hehre Stirn, die das rumänische Volk ... zum Ruhm führt. Zutiefst von Hochachtung durchdrungen, von Liebe und Ergebenheit erfüllt, erbringen wir Ihnen mit grenzenlosem Patriotismus den althergebrachten Wunsch" usw. usw.[16] Ceauşescu nahm dergleichen tierisch ernst entgegen.

Auf den Parteikongressen war es üblich, daß die Delegierten ihrem Vorsitzenden serienweise stehend minutenlange Ovationen darbrachten. Typisch waren auch die Wortmeldungen von Delegierten. So begann einer seine Rede mit folgender Einleitung: "Bitte gestatten Sie mir, den erlesenen Gefühlen des Dankes und der Hochachtung Ausdruck zu verleihen, die alle Söhne des Vaterlandes Ihnen, sehr geehrter Genosse Nicolae Ceauşescu, entgegenbringen. Sie sind ein bewährter revolutionärer Kämpfer und heißgeliebter Sohn der Nation, ein Held unter Helden unseres Volkes."[17]

Noch wenige Wochen vor dem Sturz des Despoten erlebte man dieses Schauspiel: "'Hurra, hurra, hurra', 'Ceauşescu und das Volk', 'Ceauşescu - Held', 'Ceauşescu - Romania'. Mit diesen und ähnlichen Parolen feierte das 'hohe demokratische Forum' des 14. rumänischen Parteitages am Montag in Bukarest seinen Staats- und Parteichef... Genau 125 Mal unterbrachen die 3.308 Delegierten den 71jährigen Präsidenten während seiner fünfeinhalbstündigen Rede mit frenetischem Applaus, sprangen dabei auf und klatschten rhythmisch."[18]

Wenn man bedenkt, was vier Wochen später in Bukarest geschah, fragt man sich verblüfft: Wie war diese Jubelorgie möglich? Man glaubt zu träumen und weiß nicht, ob man lachen oder schreien soll. Das Rätsel ist gelöst, wenn man sich der Methoden erinnert, mit denen Kaiser Nero den stürmischen Beifall erzwang. Was im ersten Jahrhundert klappte, das klappte auch im 20. Jahrhundert. Vielleicht war jeder vierte Delegierte ein Spitzel der Securitate. Von dieser Armee des Entsetzens wird noch zu berichten sein.

Zunächst muß die Frage beantwortet werden, was der Größenwahnsinnige denn tatsächlich geleistet hat. Die Verherrlichung des Conducators, die jedem Rumänen Tag für Tag und Jahr für Jahr in die Ohren und Augen drang, wirkte ja gerade deshalb so gespenstisch, weil die Wirklichkeit sie ständig Lügen strafte.

Ein Tyrann ruiniert sein Land

Wer am Anfang von Ceauşescus Herrschaft das Gefühl hatte, ein Tauwetter zu erleben, sah sich bald enttäuscht. Die stalinistische Eiseskälte war wieder oder immer noch da. Von Liberalisierung konnte keine Rede sein. Mit Härte schaltete Ceauşescu zuerst alle potentiellen Rivalen aus, dann sämtliche Anhänger Gheorgiu-Dejs. Seine Regierung bestand aus einer ununterbrochenen Kette repressiver Maßnahmen.

Als Ceauşescu im Sommer 1971 von seiner China-Reise zurückkehrte, bereitete er dem letzten Rest von Freiheit ein jähes Ende und begann die sogenannte "Kleine Kulturrevolution". Anscheinend hatte Mao ihm den Rat gegeben, die Zügel zu straffen.

An der nationalistischen Ausrichtung von Geschichtsschreibung, Literatur und Kunst hielt Ceauşescu weiter fest. Hinzu kam freilich eine wachsende Intoleranz gegen alles, was nicht rumänisch war. Die Redensart von den "mitlebenden Nationalitäten" verlor den Klang duldsamer Großzügigkeit. Die ethnischen Minderheiten, von denen Ceauşescu befürchtete, sie ließen sich nicht ohne weiteres in die nationalistische und sozialistische Einheitsfront einreihen, wurden unterdrückt. Die These, alle Rumänen stammten von Dako-Römern ab, war eine wissenschaftlich nicht haltbare Zwecklüge, die dem Neid auf die überlegene Kultur der deutschen und der ungarischen Minderheiten entsprang: der Siebenbürger Sachsen, der Banater Schwaben, der Magyaren im Grenzgebiet am Rand der Tiefebene und der Szekler im östlichen Karpatenbogen. 1972 verkündete Ceauşescu als Endziel seiner Nationalitätenpolitik eine gesellschaftliche und nationale "Homogenisierung" der Minderheiten.[19] Ihre Einschmelzung in das "rumänische Volk" wurde seitdem systematisch betrieben. Ungarische Schulen wurden rumänisiert, der Gebrauch der ungarischen Muttersprache in der Öffentlichkeit und die Pflege ungarischen Brauchtums verboten, historische Dokumente zur Geschichte der ungarischen Minderheit vernichtet, ungarische Intellektuelle, die für Minderheitenrechte eintraten, diskriminiert, gefoltert, sogar ermordet. Auch die Deutschen in Rumänien hatten bald nichts mehr zu lachen.

*

Kunst und Literatur besaßen für Ceauşescu nur Wert als Werkzeug zur ideologischen Erziehung der Massen: "Die Führung und Anleitung der Kunst durch die Partei ist eine unumstößliche Notwendigkeit; sie garantiert, daß in unserem Lande Kunst und Literatur der Sache des Sozialismus und des Fortschritts dienen."[20] Diese stalinistische Doktrin vertrat Ceauşescu gewiß aus innerer Überzeugung, denn er verstand nichts von musischen Dingen.

Gebieterisch postulierte er: "Das Vaterland mit seiner ruhmreichen Vergangenheit, mit seiner sozialistischen Gegenwart und seiner goldenen Zukunft ... ist und bleibt für alle Zeiten den Schriftstellern eine großzügige Inspirationsquelle."[21] Wer Ceauşescus Forderung nach einer patriotischen, nationalistischen und kommunistischen Literatur nicht folgte, wurde des "Kosmopolitismus" beschuldigt. Viele

Poeten wurden, um nicht in Acht und Bann zu geraten, zu beflissenen Panegyrikern und fabrizierten Hymnen auf den Conducator - "literarische Produktionen von einer absurden politischen Unappetitlichkeit".[22]

1969 erklärte Ceauşescu, "daß in unserer Gesellschaft die gesamte Presse - Tageszeitungen oder Zeitschriften sozialpolitischen oder kulturellen Inhalts - konsequent und entschlossen die politische Linie der Partei und nur die Linie unserer kommunistischen Partei fördern muß... Unter keinerlei Begründung ist die Veröffentlichung von Arbeiten oder Meinungen zulässig, ganz gleich, von welcher Seite sie kommen mögen, die der Ideologie unserer Partei, den Anschauungen unserer Gesellschaft, ... zuwiderlaufen."[23]

Die Gleichschaltung und Nivellierung wurde durch eine rigorose Zensur überwacht. Vorgeschrieben war der Sozialistische Realismus, von Ceauşescu "sozialistischer Humanismus" genannt. Widerstrebende Künstler und Schriftsteller wurden verhaftet und zu Zuchthaus, Zwangsarbeit oder Hausarrest verurteilt. Jeder Gebildete stand als solcher schon in Verdacht, konspirativ tätig zu sein. Der Besitz eines Fotokopiergeräts war unmöglich, der Besitz einer Schreibmaschine verdächtig. Am 13. April 1983 unterzeichnete Ceauşescu ein Dekret, das bestimmte: Wer eine Schreibmaschine hat, muß sie mit Typenabdruck bei der Polizei registrieren lassen.[24]

*

Wie alle kommunistischen Staaten war auch Rumänien offiziell atheistisch. Religion war, mit erheblichen Einschränkungen, nur geduldet. Den Kirchen wurde untersagt, mehr als eine begrenzte Zahl von künftigen Geistlichen zuzulassen; außerdem waren Theologiestudenten dadurch diskriminiert, daß sie nicht Mitglieder des allgemeinen Studentenbundes sein durften. Auf diese Weise, dachten Ceauşescu und seine Anhänger, werde das Aussterben der Kirchen nur eine Frage der Zeit sein.

Beunruhigt war der Conducator, als Anfang der achtziger Jahre die rumänische Jugend von einer Welle der Religiosität erfaßt wurde. Die Securitate mußte dagegen zu Felde ziehen. "Eine Polizeiaktion nie dagewesenen Umfangs wurde organisiert, in deren Verlauf mehrere Tausend Intellektuelle verhört wurden und rund 250 von ihnen ihren Posten verloren haben."[25]

Vor dem erweiterten Plenum des Zentralkomitees der Kommunistischen Partei Rumäniens hielt Ceauşescu am 1. Juni 1982 eine Rede, in der er zum Kampf gegen die Religion und die Mystik aufrief, die, wie er behauptete, "als Instrument in der Hand der reaktionären, imperialistischen Kreise, einiger faschistischer Kreise, einiger Gauner benutzt werden, die die Menschheit von den Hauptfragen der heutigen Welt abbringen wollen und diesen Weg zur Diversion, zur Spionage gegen andere Staaten verwenden wollen."[26] Vielleicht hat Ceauşescu, der die Religion nur im Zerrspiel marxistischer Ideologie sah, diese abstruse Verschwörungstheorie selbst geglaubt.

*

Katastrophal war Ceauşescus Wirtschaftspolitik. 1972 schrieb ein deutscher Journalist: "Die Inlandsversorgung mit Konsumgütern und Lebensmitteln krankt auch in Rumänien - wie in den meisten kommunistischen Staaten - an einem kaum überbietbaren Bürokratismus und einer nahezu klassischen Desorganisation. Die rumänischen Zeitungen berichten fast täglich von Versorgungsschwierigkeiten, die jedoch nur zum geringen Teil auf eine unzureichende Produktion zurückzuführen sind, sondern auf Schlamperei, Indolenz und auf Vettern- und Bakschischwirtschaft."[27]

Diese Analyse der Ursachen ist sehr unvollständig. Die Hauptursache lag in Ceauşescus realitätsblindem Größenwahn. Ohne Rücksicht auf Voraussetzungen und Folgen wollte der Conducator das Agrarland Rumänien rasch in einen Industriestaat verwandeln. Die Landwirtschaft wurde rigoros kollektiviert, der Schwerindustrie absolute Priorität eingeräumt. So machte Ceauşescu die einstige Kornkammer Südosteuropas zum Armenhaus des Kontinents. Um die überdimensionierten Prestige-Projekte, die er dem Land aufbürdete, durchpauken zu können, sog er aus Volk und Wirtschaft alle verfügbaren Reserven.

Zuerst stampfte er gewaltige Werke für Petrochemie und für Stahlproduktion aus dem Boden. Aber schon bald stand die Hälfte der Kapazitäten ungenutzt still, da es an Rohstoff und Energie mangelte. Dann ließ er als "Jahrhundertbauwerk" den Donau-Schwarzmeer-Kanal errichten, der ökonomisch sinnlos war, das Naturparadies des Donaudeltas zerstörte und seit seiner Fertigstellung im Jahre 1983 kaum von einem Schiff befahren wird.

Anleihen aus dem Ausland in Höhe von -zig Milliarden Dollar konnten, da sozialistisch verplant, der Wirtschaft Rumäniens nicht helfen. Rumänische Industrieprodukte hielten auf dem Weltmarkt keinen Wettbewerb aus. Fachleute urteilten 1985, "Nicolae Ceauşescu, der seit fast zwanzig Jahren nach orientalisch-despotischer Weise über das Land herrsche, habe Rumänien inzwischen zum rückständigsten Gebiet Europas heruntergewirtschaftet... Insgesamt komme die Entwicklung einer Katastrophe gleich."[28]

Seine Jahr für Jahr wiederholten Versprechungen hielt Ceauşescu nicht; die Lage wurde immer schlimmer, aber nach seinen Behauptungen wurde sie immer besser. Während der geniale Führer beteuerte, die Ernährung des Landes sei gesichert, standen hungernde Menschen vor den Läden Schlange. Schon seit 1981 waren Fleisch, Brot, Zucker und

Speiseöl rationiert. Später waren Fisch, Fleisch, Kartoffeln, Reis und Milch kaum zu bekommen. 1988 wurden in Rumänien sämtliche Grundnahrungsmittel in knappsten Mengen nur noch auf Karten verkauft. Obwohl es für Säuglinge weder Milchpulver noch Frischmilch gab, waren die Frauen verpflichtet, fünf Kinder zu gebären. Neugeborene wurden, da viele ohnehin bald nach der Geburt starben, erst nach vier Wochen amtlich registriert.

Nicht nur hungern mußten die Rumänen, sondern auch frieren. Am 18. Oktober 1985 wurde der Elektrizitäts-Notstand ausgerufen. Kraftwerke wurden unter militärische Kontrolle gestellt. Je Wohnung war nur eine Birne von 25 Watt erlaubt. Das Fernsehen sendete nur zwei Stunden täglich. Die Straßenbeleuchtung war in Bukarest zum großen Teil, in der Provinz fast ganz abgeschaltet. Im Winter 1986 - 87 durfte die Temperatur in Wohnungen zwölf Grad nicht überschreiten. Der Bus- und Straßenverkehr war eingeschränkt, der private Autoverkehr völlig verboten. Viele Betriebe schlossen tageweise wegen Material- und Energiemangels, bei vollem Lohnausfall. Nun wirkte sich einer der Hauptfehler Ceauşescus, der Aufbau der Petrochemie, verhängnisvoll aus; denn die rumänischen Ölfelder erschöpften sich, und zum Ankauf von Rohöl aus dem Ausland fehlten die Devisen.

In der durch seine verrückten Entschlüsse verursachten Not faßte "der weise Führer" 1982 einen noch verrückteren Entschluß: Rumäniens Auslandsschulden, die zu jenem Zeitpunkt fast elf Milliarden Dollar betrugen, sollten beschleunigt beglichen werden. So schnell wie möglich wollte Ceauşescu von diesem "Tribut", wie er die Rückzahlungsverpflichtungen nannte, befreit sein. Er gab sich der Vorstellung hin, nur völlige Schuldenfreiheit gewährleiste eine unabhängige Außenpolitik. Niemand vor ihm hatte sich das einfallen lassen, er war der erste, und er kam sich wieder einmal als origineller Denker vor. Unbekümmert exportierte er ganze Ernten und ließ sein Volk noch grimmiger hungern und

300

frieren. Der Internationale Währungsfonds riet ihm, das Tempo der Rückzahlung zu bremsen und die Devisen für die Sanierung der eigenen Wirtschaft zu verwenden. Unbelehrbar wie immer, wies Ceauşescu den Vorschlag zurück: Das sei ein "Eingriff in die rumänische Souveränität".

Als seien der irrwitzigen Befehle noch nicht genug, fügte Ceauşescu seiner despotischen Machtausübung ab 1985 noch einige äußerste Kraftakte hinzu, Kraftakte von alptraumhafter Entsetzlichkeit. Er ließ das alte historische Stadtzentrum von Bukarest abreißen und plattwalzen: Kunstgeschichtlich bedeutende Bauten aus der Zeit vom 15. bis zum 19. Jahrhundert, darunter vierzig Kirchen, wurden dem Erdboden gleichgemacht. Ähnliches sollte in 39 weiteren Städten Rumäniens geschehen. In 36 Städten hatten 1989 die Kolonnen der Bagger ihr Zerstörungswerk bereits begonnen. 1986 dachte der kulturlose Technokrat öffentlich darüber nach, ob man nicht die rumänische Hauptstadt nach Tirgoviste verlagern solle.

Dieses unerhörte Zertrümmern, Durcheinanderschmeißen und Verplanen gipfelte in dem sogenannten "Systematisierungsgesetz", das die Vernichtung von siebentausend Dörfern und die Zwangsumsiedlung ihrer Einwohner gebot. Ein "Systematisierungsprogramm" war schon im Juli 1972 auf der Nationalkonferenz der Kommunistischen Partei angenommen und 1974 von der Großen Nationalversammlung als Gesetz verkündet worden. Aber erst am 29. April 1988 wurde es damit ernst, als Ceauşescu auf der Sitzung des Politischen Exekutivkomitees ausführte, es sei "notwendig, die Zahl der Dörfer ungefähr um die Hälfte zu verringern, wobei die Größe derer festzulegen ist, die zum Verbleib bestimmt sind".[29] Das oberste Parteigremium billigte, wie nicht anders zu erwarten, diese Tabula-rasa-Politik "einmütig".

"Das Leben auf dem Dorf wird sich von Grund auf ändern", erklärte Ceauşescu vor dem Politbüro. Was damit gemeint war, zeigte das erste praktische Beispiel: Vier schöne Dörfer bei Bukarest mußten dem häßlichen Ilfov-Komplex weichen, der aus einem Parteigebäude, einem "Kultur-haus" und etlichen darum gruppierten mehrstöckigen Wohn-blocks besteht, alle in öder Fertigbauweise errichtet. So sollten also die geplanten "Agrozentren" aussehen.[30]

Wären sie im ganzen Land vollendet worden, so hätte Ceauşescu mit der Durchführung dieses Plans vier politische Ziele zugleich erreicht: Der Religion wäre der Todesstoß versetzt worden; denn Kirchen und Friedhöfe verschwanden. Den nationalen Minderheiten wäre es fortan unmöglich ge-wesen, sich ethnisch zu behaupten; denn Ungarn und Deut-sche wären aus ihren dörflichen Traditionen herausgerissen und mit Rumänen in den Agrozentren zusammengepfercht worden. Den gleichgeschalteten sozialistischen Einheitsmen-schen wäre jede konspirative Untergrundtätigkeit unmöglich gewesen, denn die Überwachung der übersichtlichen Agro-zentren war perfekt. Der Unterschied zwischen Stadt und Land wäre beträchtlich verringert worden, was die Verein-heitlichung der Menschen zu einer anonymen, sozialistisch manipulierbaren Masse gefördert hätte.

Wo diese Bulldozer-Politik verwirklicht wurde, zeigten sich zunächst einmal ganz andere Folgen: Die betroffenen Menschen gerieten in Verzweiflung, viele begingen Selbst-mord. Die ohnehin schlechte Versorgung Rumäniens wurde vollends ruiniert.

Man wundert sich, daß es 25 Jahre gedauert hat, bis das gepeinigte Volk seine Geduld verlor und den Diktator hin-wegfegte. Um das zu verstehen, muß man den Unterdrük-kungsapparat Ceauşescus ins Auge fassen.

Ein Despot hat Angst

Daß Ceauşescu hier in extremer Rationalisierung gesichts-lose, billige, kontrollierbare Betonkäfige, dort in extremem Irrationalismus den Kulissen-Kitsch seiner Operetten-Renaissance-Paläste erbauen ließ, ist nur scheinbar ein Gegensatz. In beidem verrät sich derselbe Ungeist.

Die Kahlschlag-Moderne der Agrozentren hat auch einen pathologischen Hintergrund, auf den Hans Bergel aufmerksam machte: "Ceauşescu, selbst aus dörflichen Verhältnissen stammend, habe eine panische Angst vor Mordanschlägen gehabt und deshalb die alten, malerischen, unübersichtlichen Dörfer gehaßt, wo Heckenschützen leicht untertauchen und aus dem Hinterhalt schießen können."[31]

Angst ist eins der Hauptmerkmale von Ceauşescus Psyche. Sie zeigte sich selbst im privatesten Bereich: Der Diktator hatte eine übertriebene Furcht vor Ansteckung; deshalb trug er täglich einen neuen Anzug; deshalb hatte er in seinem Schlafzimmer ein Handbuch über Infektionskrankheiten stets griffbereit. Die Angst verriet sich auch in den unruhig hin- und herflitzenden Augen: Potentielle Attentäter sollten früh genug wahrgenommen werden.

Angst bestimmte ihn dazu, die Ämter in Staat und Partei ständig umzubesetzen. Diese Revirements sollten verhindern, daß Kollegen allzu vertraut miteinander wurden und sich zu einer Verschwörung zusammentaten. Angst vor einer Palastrevolution trieb ihn dazu, letztlich nur seinen Verwandten und den Verwandten seiner Frau zu trauen. Elena Ceauşescu, geborene Petrescu, war seine erste Stellvertreterin in Staat und Partei; seine Kinder, seine fünf Brüder und rund fünfzig weitere Mitglieder des Familienclans betraute er mit Schlüsselpositionen in Verwaltung, Armee, Partei und Diplomatie. Damit hat er den Nepotismus der Renaissancefürsten bei weitem übertroffen.

Die Angst des Despoten übertrug sich auf sein Volk. "Die allgegenwärtige Kriecherei und Speichelleckerei vor Ceauşescu, die dem öffentlichen Leben in Rumänien etwas Groteskes und Abstoßendes zugleich gibt, beruht nicht auf Respekt vor einem genialen, wenn auch gestrengen Herrscher, sondern aus Angst vor einem heimtückischen kleinen Mann."[32] Jeder wußte, daß überall Spitzel lauerten. Die Securitate erfuhr sehr rasch, wer verbotenerweise mit einem Ausländer gesprochen und wer die Heizung höher als zwölf Grad gedreht hatte. Die genaue Zahl derer, die als Totschläger, Folterknechte, Büttel oder Spitzel für den Sicherheitsdienst tätig waren, wird sich wohl nie feststellen lassen. Schätzungen bewegen sich zwischen zwanzig- und siebzigtausend.[33] Oft wurden die Opfer durch Erpressung zu Tätern.

Die Schergen der Securitate waren Ceauşescu hörig. Sie rekrutierten sich aus Waisenhäusern. Viele waren als Kinder in weitabgelegenen, versteckten Lagern zu diesem Dienst herangezüchtet worden, abgeschnitten von normalen Bindungen an Familie und Gesellschaft, dressiert, auf alles zu schießen, wovor der Despot sich fürchtete. Sie hausten unter der Erde in Bunkern, die streng geheim gehalten wurden. Nach Ceauşescus Sturz entdeckte man unter dem Regierungspalast ein ganzes unterirdisches Tunnelsystem. Diese subterrane Stadt war bestens ausgerüstet mit Beleuchtung, Heizung, Klimaanlagen, Telefonen, Monitoren, Arsenalen voll modernster Waffen, Munitionsdepots und Lebensmittellagern.[34] Auf diese gefürchtete Organisation, die vor nichts zurückschreckte, stützte sich Ceauşescus Macht.

Ein Stalinist stürzt

Als Ceauşescus Entscheidungen immer bizarrer, hektischer, schwerer verständlich und auch immer unmenschlicher wurden, machte das Gerücht die Runde, der Despot sei ernsthaft erkrankt, vielleicht geistesgestört.[35] Diese Vermutung hat man auch bei Nero, Iwan dem Schrecklichen, Stalin und Hitler geäußert. Anhänger eines gewissen Menschenbilds fällt es schwer, angesichts des Wahnwitzes eines Tyrannen an etwas anderes zu denken als an Krankheit. Solange der Fall nicht anhand von Archivdokumenten geklärt ist, neige ich dazu, freiwillige Perversion des Geistes anzunehmen. Ceauşescu war ein gläubiger Anhänger stalinscher Doktrinen

304

und Praktiken, und er blieb dem Stalinismus eisern treu, als selbst die kommunistischen Länder sich von dieser Ideologie abwandten.

Als in den Ostblockstaaten sich allmählich die Einsicht durchsetzte, daß der Sozialismus impraktikabel ist, machte dieser Wandel Ceauşescu offensichtlich nervös. Überall, wo sich Freiheit regte, so als Wałesa in Polen eine unabhängige Gewerkschaft gründete, übte Ceauşescu heftige Kritik an den Abtrünnigen, die so etwas zuließen. Und überall, wo die Freiheit unterdrückt wurde, so als Jaruzelski 1981 über Polen das Kriegsrecht verhängte, stimmte Ceauşescu dem völlig zu. Er verurteilte Gorbatschows Reformprogramm: Es verstoße gegen "objektive Gesetze" des Aufbaus einer kommunistischen Gesellschaft und gegen die "siegreichen Prinzipien des wissenschaftlichen Sozialismus".[36] Die Rehabilitierung von Imre Nagy in Budapest wurde von Ceauşescu ebenso scharf kritisiert[37] wie die Politik anderer Staaten des Warschauer Paktes, die den Kommunismus abzuschütteln begannen.[38]

*

Was Ceauşescu seinen Untertanen an Leiden zumutete, war ungeheuerlich. Sämtliche arbeitsfähigen Menschen ab sechzehn mußten sechs Tage im Jahr in unentgeltlichem Frondienst schuften. Personen über sechzig erhielten keine Arznei mehr und wurden nicht mehr in Krankenhäusern aufgenommen oder medizinisch versorgt, da Ärzte und Medikamente nicht einmal für die Jüngeren ausreichten. Zahnärzte arbeiteten notgedrungen ohne Betäubungsmittel. Auslandsreisen, auch in sozialistische Nachbarländer, waren unmöglich.

Eine Folge der von Größenwahn und Menschenverachtung bestimmten und mit Terror durchgesetzten Politik des unbelehrbaren Stalinisten war die Apathie, die sich mehr und mehr im Volk Rumäniens ausbreitete. Unlust, sinkende Arbeitsmoral, illegale Tauschgeschäfte, Schwarzmarkt und Schwarzarbeit charakterisierten das Leben.

Dann und wann machte sich aber doch der angestaute Zorn Luft. 1977 streikten die Bergarbeiter im Schiltal; 1979 wurden 33.000 Grubenarbeiter im Jiutal aufmüpfig; 1985 versuchten die Banater Bauern, die Getreidespeicher zu stürmen; 1987 gab es einen Aufruhr der Arbeiter in Kronstadt, Craiova und Temeschwar, die "Nieder mit Ceauşescu!" riefen. Polizei, Miliz und Armee stellten "Ruhe und Ordnung" wieder her.

Der Aufruhr in Kronstadt am 15. November 1987 begann, als die Arbeiter in drei großen Werken von der Nachtschicht nicht nach Hause gelassen, sondern geschlossen zu Wahllokalen gefahren wurden, wo sie die Abgeordneten für die Kreisräte "wählen" sollten. Wenige Tage vorher, am 8. November, war ihnen nur 55 % ihres Lohns ausbezahlt worden, weil sie ihr Plansoll nicht erfüllt hatten; das aber konnten sie nicht erfüllen, weil sie wochenlang als Erntearbeiter zwangsverpflichtet waren. Obendrein erschien am 11. November ein Dekret des Staatsrates, das den Verbrauch von Strom und Erdgas weiter einschränkte. Jetzt war es den Arbeitern gleich, ob sie verhungerten, erfrören oder erschossen würden. Sie verlangten, die örtlichen Funktionäre zu sprechen. Als das nicht gewährt wurde, besetzten sie Rathaus und Parteizentrale. Dabei fanden sie große Lebensmittelvorräte für die privilegierten Bonzen, unter anderem Apfelsinen, welche die rumänische Bevölkerung seit Jahren kaum noch zu Gesicht bekam.

Ceauşescu, gerade von einem Staatsbesuch in Jugoslawien zurück, war von dem Kronstädter Aufstand völlig überrascht. Ehe er zum nächsten Staatsbesuch nach Ägypten aufbrach, mußte er noch schnell den Staats- und Parteichef von Äthiopien empfangen, hatte also keine Zeit, lang nach den Gründen für die Revolte zu forschen. Er feuerte einen Werkdirektor und den Polizeichef von Kronstadt, verteilte nach allen Seiten Rügen und Drohungen, forderte Erfüllung der vorgeschriebenen Pläne und flog mit Elena an den Nil, um den Frieden im Nahen Osten zu fördern.[39]

An Warnungen, Mahnungen und Protesten fehlte es nicht, aber Ceauşescu schlug sie alle in den Wind. Gorbatschow übte bei seinem Besuch in Bukarest Mai 1987 Kritik an Ceauşescus Politik; unter anderem beanstandete er die schlechte Qualität der rumänischen Industrieprodukte, mit denen Rumänien die sowjetischen Rohstoffe bezahlte. Im Dezember 1987 bot Außenminister Genscher im Namen der Bundesregierung und aller Parteien der Bundesrepublik Deutschland dem Conducator angesichts der katastrophalen Lage Rumäniens humanitäre Hilfe für die Bevölkerung an. Ceauşescu lehnte ab, sein Land brauche keine Hilfe.[40] Am 5. Februar 1988 sprach der amerikanische Vizeaußenminister Whitehead drei Stunden mit Ceauşescu darüber, daß in Rumänien die Freiheit der Religion, der Rede und der Presse fehle - ergebnislos.[41]

Am 27. Juni 1988 demonstrierten in Budapest 50.000 Ungarn gegen die Vernichtung der Dörfer in Rumänien, die ein Angriff auf die ungarische und deutsche Minderheit sei, ein kultureller Völkermord. Dieser Protest erregte in der ganzen Welt Aufsehen. Ihm folgten Demonstrationen und Appelle in vielen Ländern. Ceauşescu entgegnete stur, es handele sich nicht um Zerstörung, sondern um Aufbau und Verbesserung.

Internationale Institutionen wie die UNO, das KSZE-Treffen, der Weltkirchenrat und amnesty international erhoben Vorwürfe wegen massiver Verletzung von Menschenrechten in Rumänien. Sie fruchteten ebensowenig wie die diplomatischen Schritte verschiedener Mächte.[42]

Der ehemalige rumänische Außenminister Manescu veröffentlichte im März 1989, mit fünf anderen prominenten Bürgerrechtlern, im Westen einen offenen Brief an Ceauşescu, in dem er die Mißachtung der Menschenrechte in Rumänien beklagte und forderte, sofort die Lebensmittelexporte einzustellen, mit denen Rumänien seine Auslandsschulden bezahlte und die das Land in eine tiefe Versorgungskrise stürzten. Manescu wurde daraufhin in einem agro-industriellen Kombinat bei Bukarest unter Hausarrest gestellt. Bundesaußenminister Genscher versuchte, Manescu freizubekommen. Er ließ ihm eine schriftliche Einladung zu einem Vortrag in der Bundesrepublik zustellen. Bei dem Versuch, diesen Brief zu überreichen, wurde der Bonner Botschafter Klaus Terfloth von Geheimdienst-Bewachern des Hauses tätlich angegriffen und zurückgedrängt.[43]

Am 4. April 1989 richtete Coina Cornea, die in Klausenburg unter Hausarrest lebte, einen offenen Brief an Ceauşescu, den die *Süddeutsche Zeitung* druckte. Darin heißt es unter anderem: "Die Herrschaft, die Sie uns gegen unser eigentliches Wesen, gegen unsere moralische und auch biologische Existenz aufzwingen, ist ermüdend und immer schwerer zu ertragen. Unsere liebsten und ältesten Kirchen haben Sie zerstört. Die Grabstätten unserer Fürsten haben Sie geschändet. Jahrhundertealte Dörfer unseres Landes haben Sie niederzureißen, ihre natürliche Ordnung zu zerstören begonnen. Das innerste Wesen der Menschen haben Sie zermalmt, ihre Hoffnungen und berechtigten Wünsche entwürdigt, ihr Gewissen erniedrigt, indem Sie sie unter Druck und Terror zwangen, die Lüge für Wahrheit und die Wahrheit für Lüge zu nehmen - daß sie also ihrer eigenen moralischen Verstümmelung zustimmten. Und nun sind die Dichter an der Reihe... Machen Sie Schluß mit dieser repressiven Politik, die weit zerstörerischer ist als das wirtschaftliche Desaster, in das Sie uns geführt haben! Ana Blandiana, Dan Desliu, Mircea Dinescu gehören unserem ganzen Volk, sie sind nicht Ihr Privateigentum. Es sind Dichter der Wahrheit, sie verkörpern und beschützen unser Wesen. Sie zum Schweigen zu bringen ist ein Verbrechen wider den Geist. Sie können sie nicht bestrafen, erniedrigen, mit Schreibverbot belegen, es sei denn, Sie begingen Verrat an dem, was den tiefsten Sinn unserer Existenz ausmacht... Machen Sie Schluß mit den infamen Scheinprozessen! Es glaubt ohnehin niemand, daß diese Dichter in schmutzige Geschäfte verwickelt wären. Aber vielleicht macht der schmutzige Geschäfte, der unsre Kinder in die Fremde verkauft, oder der, der unseren Kindern Brot, Milch und Fleisch vom Munde wegnimmt und exportiert! Geben Sie jenen Journalisten und Druckern die Freiheit wieder, die keine andere Schuld auf sich geladen haben als die, nicht weiter mit der Lüge leben zu können."[44]

Am 23. August 1989 lag der Bericht vor, den der rumänische Professor Dimitru Mazilu im Auftrag der UNO geschrieben hatte. Er schildert drastisch die Lage in Rumänien. Millionen Rumänen suchten verzweifelt nach Brot zum Überleben, während die Führung im Luxus schwelge. Das rumänische Volk sei auf die grausamste Armut zurückgestuft worden, von Führern, die lügen und foltern. Die rumänische Botschaft wies den Bericht als "Verleumdung" zurück. Eine Woche vorher brachte die amerikanische Wochenzeitschrift *Newsweek* ein Interview mit Ceauşescu, in dem dieser alles, was ihm vorgeworfen wurde, leugnete: "Wir haben keine leeren Regale. Im Gegenteil, wir haben riesige Vorräte in unseren Läden, und Sie können alles kaufen." Menschenrechtsverletzungen und Dorfzerstörung gibt es nicht.[45]

Im September 1989 rief die rumänische Oppositionsgruppe "Front zur Rettung der Nation" auf zum Sturz Ceauşescus. Rumänien stehe am Rand des Abgrunds, weil "das gesamte Wirtschaftsleben von Opportunismus und Inkompetenz gelähmt ist, die sich in der Wirtschaftspolitik Ceauşescus und seiner Familie ausdrücken". Kritisiert wurde ferner der "abscheuliche und schändliche Personenkult" um den Präsidenten, der schlimmer als unter Stalin sei.[46]

Von Januar bis Ende November 1989 flüchteten 976 Rumänen durch die eiskalte Donau schwimmend nach Jugoslawien.[47] Ebenso riskierten Tausende rumänischer Bürger ihr Leben, um über die grüne Grenze nach Ungarn zu entkommen, bis im Juni 1989 Rumänien entlang der 440 Kilometer langen ungarischen Grenze einen 2,5 Meter hohen

Stacheldrahtzaun errichtete mit Gräben davor und dahinter, um die Flucht weiterer Menschen zu verhindern.

Unterdessen schwafelte der Conducator vor dem Zentralkomitee-Plenum in Bukarest, der Sozialismus habe "vollauf seine Kraft und seine Unbesiegbarkeit bewiesen" und sich "als die gerechteste und humanste Gesellschaftsordnung erwiesen, die die Menschheit bisher gekannt hat". Von den "grandiosen Leistungen", die in jüngster Zeit im sozialistischen Rumänien erzielt worden seien, wolle man nicht lassen, im Gegensatz zu anderen kommunistischen Ländern, die von "Umgestaltung" reden und sich dem Todfeind Kapitalismus zuwenden - Abtrünnige von der Heilslehre des Sozialismus.[48]

*

Das Faß zum Überlaufen brachten die Ereignisse in Temeschwar. Der reformierte Pfarrer Lázló Tökés, der sich seit langem für die Rechte der ungarischen Minderheit und der Kirche eingesetzt hatte, wurde erbarmungslos von den Behörden verfolgt. Schon als Student in Klausenburg kam er, weil er als Senior der Studentenschaft demokratische Verfahrensweisen einzuführen versuchte, mehrmals in Konflikt mit der Securitate, die seitdem jeden seiner Schritte observierte. Als Pfarrer machte er sich durch immer neue Petitionen bei der Regierung in Bukarest äußerst unbeliebt und wurde mehrmals versetzt, zuletzt nach Temeschwar. Da sein Bischof, ein Mitläufer des Regimes, sich nicht vor ihn stellte, organisierten die Presbyter der Gemeinde den Schutz ihres Pfarrers. Die Folge war, daß der Pfarrgemeinderatsvorsitzende Ujvárossy ermordet und Tökés selbst Anfang November von fünf maskierten Männern, die unschwer als Geheimpolizisten zu identifizieren waren, in seiner Kirche zusammengeschlagen wurde. Weil alle Eingaben, die Tökés an die rumänischen Behörden gestellt hatte, erfolglos blieben, obwohl er sich auf Reden Ceauşescus und auf Artikel der Verfassung berief, sah der Pfarrer die Zwecklosigkeit weiterer Petitionen ein. Er wandte sich jetzt mit seinen Beschwerden über die Kirchenpolitik des Ceauşescu-Regimes an die westliche Welt. Daraufhin mußte er das Pfarrhaus verlassen. Er richtete sich in der Sakristei seiner Kirche ein. Als die Sicherheitspolizei ihn mit Gewalt deportieren wollte, wurde das von einigen Hundert mutigen Menschen verhindert.

Aus diesen Hunderten wurden am 16. Dezember 1989 Tausende, vorwiegend Studenten, Jugendliche und Arbeiter. Sie zogen in die Stadtmitte und riefen: "Weg mit Ceauşescu!", "Nieder mit der Diktatur!", "Wir wollen Freiheit!". Sie sangen: "Wache auf, Rumäne, aus dem Todesschlaf", ein Revolutionslied aus dem Jahre 1848. Sie drangen in das Rathaus und in das Parteigebäude ein und verbrannten Bilder des Despoten.

Nach dem Protokoll einer Auseinandersetzung zwischen dem Ehepaar Ceauşescu einerseits und dem Verteidigungsminister, dem Innenminister und dem Geheimdienstchef anderseits in der Nacht vom 16. auf den 17. Dezember 1989 haben Armee, Miliz und Securitate im Temeschwar zunächst nichts Einschneidendes gegen die Demonstranten unternommen. Ceauşescu tobte deshalb und gab den Befehl, die "Randalierer niederzuschießen". Schlagstöcke und Tränengas genügen nicht; keiner der Demonstranten solle lebend davonkommen.[49]

Am 18. Dezember kam es in Temeschwar und Arad zu blutigen Greueln. Sicherheitskräfte gingen mit Schnellfeuergewehren, Bajonetten, Panzern und Hubschraubern gegen die Demonstranten vor. Beide Städte wurden von Soldaten umstellt und vollständig abgeriegelt. Die Armee wurde in erhöhte Alarmbereitschaft versetzt. Die Regierung schloß die Grenzen des Landes zu Ungarn, Jugoslawien, Bulgarien und zur Sowjetunion. Ceauşescu aber flog zu seinem geplanten Besuch nach Teheran.[50]

Als er am 20. Dezember aus dem Iran zurückkam, hatte es inzwischen in fast allen Städten Rumäniens Demonstrationen gegen ihn gegeben, weshalb er es für nötig fand, um 19 Uhr im Rundfunk und Fernsehen eine Rede an die Nation zu halten. Seine Phrasen konnten die Lage ebensowenig ändern wie die verzweifelte Schießerei der Securitate in verschiedenen Städten.

*

Am 21. Dezember forderte Ceauşescu in einer Ansprache vor 100.000 Menschen in Bukarest das rumänische Volk erneut auf, die Errungenschaften des Sozialismus zu verteidigen. Als er statt des gewohnten Beifalls Sprechchöre hörte, die "Nieder mit Ceauşescu!" und "Freiheit!" riefen, war er sichtlich verstört. Stotternd versuchte er, die aufgebrachte Menge mit dem Versprechen sofortiger Lohnerhöhungen zu beruhigen. Die Demonstranten wurden von Miliz umzingelt, die das Feuer auf sie eröffnete.

Nun wurde es in der Hauptstadt und im ganzen Lande chaotisch. Überall erhoben sich die Massen gegen den Despoten, mancherorts vereint mit Armee-Einheiten, während die Securitate in einem Schieß-Inferno Blutbäder anrichtete und aus öffentlichen Gebäuden Flammen loderten.

Am Vormittag des 22. Dezember versuchte Ceauşescu vom Balkon des Präsidentenpalastes noch einmal zu der unübersehbaren Menge, die den Bau belagerte, ein paar Worte zu sprechen. Die Menschen pfiffen ihn aus und riefen: "Tod! Tod!" Die Soldaten, die mit ihren Panzern auf den Platz befohlen worden waren, um die Demonstranten zu bekämpfen, solidarisierten sich mit ihnen. Da flog Ceauşescu mit einem Hubschrauber davon, während die Menge ihm nachrief: "Ratte! Ratte!"

Das geflüchtete Präsidentenehepaar wurde gefaßt und nach kurzem Prozeß, in dem Ceauşescu alle Punkte der Anklage bestritt, erschossen.[51] Es geschah am Weihnachtstag 1989, der zum ersten Mal nach 42 Jahren in Rumänien wieder als "Fest der Geburt Christi" begangen werden durfte.

Adolf Hitler

(1889 - 1945)

Charmant und verrucht

"Haben Sie einmal Adolf Hitler gesehen?" So fragte mich, unverhofft und zu meiner größten Verblüffung, 1975 in einem Ferienort eine Dame. Seit mehreren Wochen hatte ich sie täglich bei Tisch getroffen, eine normale, vernünftige Frau meiner Generation, glücklich verheiratet und Mutter dreier inzwischen erwachsener Kinder. Und nun vernahm ich, daß ihr der Führer einmal die Hand gedrückt hat, als sie mit dem Bund Deutscher Mädel irgendwo Spalier stehen mußte. Noch dreißig Jahre nach dem Selbstmord dieses Massenmörders empfand sie das Erlebnis als eine Auszeichnung.

Frau Winifred Wagner, eine gebürtige Engländerin, Schwiegertochter Richard Wagners und Leiterin der Bayreuther Festspiele, wurde nach der katastrophalen Niederlage 1945 von einem britischen Journalisten gefragt, was sie von Hitler hielt, der doch oft als Gast in ihrem Hause geweilt hatte. Ihre entwaffnende Antwort lautete: "Ich fand ihn charmant."

Auf Frauen wirkte Hitler, dessen blaue Augen beim Lächeln faszinierten, mit seinem Wiener Charme und seiner männlichen Ausstrahlung ungemein anziehend. In Gesellschaft von Damen pflegte er zuvorkommend, höflich und ritterlich zu sein. Schon in seinen jungen Jahren legte er

Wert auf gutes Benehmen, korrekte Kleidung, peinlichste Körperhygiene, sicheres Auftreten und gewandte Konversation. Er hatte viele weibliche Bewunderer, wie er seinerseits für Schönheit und Anmut der Frauen empfänglich war. Er perfektionierte sich in der Kunst des "Anbandelns" und hatte seine Liebesabenteuer.[1]

Auch die Männer bezauberte Hitler, und zwar nicht nur seine ergebenen Anhänger. Der britische Lordsiegelbewahrer Anthony Eden staunte über Hitlers "smarte, beinahe elegante Erscheinung" und sein staatsmännisches Verhalten. Auch auf andere Diplomaten machte Hitler Eindruck, indem er sich "geistesgegenwärtig, präpariert, nicht selten liebenswürdig" zeigte.[2]

Im persönlichen Umgang hatte Hitler keineswegs das Gehabe eines Räuberhauptmanns. Er gab sich verbindlich und gewinnend. Seine Lebensführung war spartanisch, sein Benehmen meist selbstbeherrscht. Auch in Krisen konnte er diszipliniert sein. Seine berüchtigten Wutanfälle waren gespielt, gewollt inszeniert. "Tobsucht" verwandte er als Druckmittel. Sein Umgang mit Menschen war virtuos.

Man kann verstehen, daß manche Beurteiler an Hitler absolut nichts Gutes erkennen, sondern in ihm nur Böses, Schlechtes und Minderwertiges sehen. "Wie schien mir's schwarz, und schwärzt's noch gar, / Mir's immer noch nicht schwarz gnug war." Der angemessenen Erkenntnis des Phänomens Hitler ist damit nicht gedient. Einige Eigenschaften und Fähigkeiten, die man ihm immer wieder absprach, hatte Hitler doch: Er hatte Witz und Humor und konnte gelegentlich im vertrauten Kreise auch über sich selbst lachen.[3] Er konnte Skilaufen und Autofahren.[4] Er las englische und französische Zeitungen und Bücher in der Originalsprache. Vor allem besaß er hohe intellektuelle Fähigkeiten, ein außerordentliches Gedächtnis und die Gabe, den Kern eines Problems sofort zu erfassen.

Und doch war dieser Mann, um ihn in seinem eigenen superlativischen Stil zu charakterisieren, der größte Verbrecher aller Zeiten. Noch bevor er den Zweiten Weltkrieg vom Zaune brach, hatte er in sechs Jahren schon 200.000 politische Gegner in Konzentrationslagern quälen und foltern lassen, hatte viele - selbst frühere Anhänger - ermorden lassen, hatte die Juden drangsaliert und andere Völker vergewaltigt. Bis zum Ende seines Krieges waren sechs Millionen Deutsche als Soldaten gefallen oder als Zivilisten bei Luftangriffen umgekommen. Mindestens fünf Millionen Juden, mehr als zwei Millionen polnischer Zivilisten, anderthalb Millionen russischer Kriegsgefangener und achtzigtausend Geisteskranke wurden auf seinen Befehl[5] und konsequent nach seinen weltanschaulichen Prinzipien getötet.

Noch heute fällt es schwer, für diese Verbindung von äußerster Verruchtheit und Faszinationskraft zugleich eine plausible Erklärung zu finden.[6] War Hitler ein Irrer, ein Verrückter, ein Wahnsinniger? Dagegen spricht seine überragende Intelligenz, sein zielstrebiges Handeln und seine geistige Klarheit bis zum letzten Tag. War er ein Psychopath, ein nicht zurechnungsfähiger Kranker, womöglich erblich belastet? Nicht in dem Maße, daß er nicht wußte, was er tat; nicht so sehr, daß er nur unter neurotischem Zwang handelte. War er eine Bestie? Wilde Tiere tun nicht, was er tat. Ein Barbar? Die Barbaren verhielten sich noch human im Vergleich mit ihm. War er ein Teufel? Nur im metaphorischen Sinn, gewiß nicht im theologischen Sinn. Er war ein *homo malus*.

Der Dominikaner Franziskus Stratmann, als führender Kopf der katholischen Friedensbewegung ein entschiedener Gegner Hitlers, erzählt folgendes Erlebnis: "Ich sah Hitler zum ersten und einzigen Male in Rom, als er dort 1938 einen Staatsbesuch bei Mussolini machte. Vom Beginn der nationalsozialistischen Bewegung an hatte ich nicht eine Minute lang an ihn und seine Sache geglaubt, befand mich vielmehr in einer uneingeschränkten Opposition gegen ihn. Bei seiner Anwesenheit in Rom hatte ich nicht die Absicht, auch nur einen Schritt zu machen, um den hohen Gast zu

sehen. Aber bei einem Gang in die Stadt fuhr plötzlich Hitlers Wagen mit Gefolge an mir vorbei. Ich sah sein Gesicht nur zwei bis drei Sekunden lang von der Seite. Es war jungfräulich zart gerötet, in starkem Kontrast zu den herausfordernden SS-Gesichtern, zwischen denen er in bescheidener Haltung saß. Ein Fluidum ging von ihm aus, auf mich zu und in mich hinein, und - ich war völlig entspannt und innerlich wie verändert. Gehaßt hatte ich den Mann nie, nur ganz und gar abgelehnt, in meiner Weise auch bekämpft, aber nun stieg auf einmal ein warmes, gutes Gefühl in mir auf. Ich ging in eine Kirche und betete in einer seltsamen Veränderung. Auf den Vorgang zurückblickend, weiß ich nicht, was mir - auch mir - passiert wäre, wenn ich mich einmal oder des öfteren den Augen dieses Zauberers ausgesetzt hätte. Aber der Spuk verflog noch in derselben Stunde. Es war ein dämonischer Spuk, wie ihn Millionen erlebt haben und länger als ich. Ist es nicht wirklich eine Erklärung des sonst Unerklärlichen, daß ein von Hitler ausgehendes dämonisches Fluidum bei ungezählten Männern und Frauen eine geistige Blindheit und Knochenerweichung hervorrief, ein Fluidum, das die Persönlichkeit, die sie vorher gewesen waren, zum Schmelzen brachte? Dämonie, Besessenheit vom Fürsten dieser Welt, der sich diesen Mann als Werkzeug erkoren hatte, um durch ihn die Welt mit allen Reizen und Schrecken der Unterwelt zu beherrschen - das war das Geheimnis seiner Macht." Für Stratmann steht fest: "Er war eine völlig hemmungslose Verbrechernatur mit den tollkühnen Einfällen eines Gangsters... getrieben vom Satan... Sein Aufstieg ..., die unerhörten Erfolge, der ebenso unerhörte Absturz in die persönliche und nationale totale Katastrophe - dies alles konnte nur von einer dämonischen, auch das Volk, ja im Anfang auch große Teile des Auslandes und deren Staatsmänner behexenden Kraft ausgehen."[7]
Selbst die meisten heutigen Theologen würden der Hypothese Stratmanns nicht zustimmen, da sie prinzipiell die Existenz Satans und damit auch die Möglichkeit dämoni-

scher Besessenheit leugnen. Dämonisiert wurde Hitler gleichwohl von vielen Beobachtern. Auch Bewunderer und Vasallen glaubten Satanisches in ihm zu wittern. So sprach Generaloberst Alfred Jodl, der Chef des Wehrmachtführungsstabs, von Hitlers "infernalischer Größe", Reichswirtschaftsminister Hjalmar Schacht von "diabolischer Genialität".[8] Schriftsteller schrieben von der "teuflisch und vulgär erscheinenden Visage Adolf Hitlers",[9] sahen "das Dämonische seiner Erscheinung".[10] "Was er mit den Massen trieb, war ja eine Art sehr dunkler Magie."[11] Ein Autor meinte, "jeden Rechtsbegriff abzustumpfen", sei "Hitlers diabolischster Triumph" gewesen.[12] Ein Philosoph behauptete: "Hitler war das Exkrement einer Dämonenwelt";[13] seine Verbrechen "sind so ungeheuerlich, daß man sie überhaupt aus keiner menschlichen Ursache erklären kann".[14] Ein Politiker bezeichnete Hitlers Staat als ein "Reich der niederen Dämonen".[15] Auch Historiker nannten ihn einen "Herrscher von luziferischer Grausamkeit",[16] eine Personifizierung der "Dämonie des dritten Grades" oder ein "satanisches Genie",[17] sprachen vom "dämonischen Ich Hitlers",[18] vom "Dämon Hitlers",[19] von seiner "dämonischen Persönlichkeit".[20] Hitler sei "ein wahrer Dämon an Machtbesessenheit",[21] ja "vom Teufel besessen".[22]

Mir scheint es ratsam zu sein, alle diese Versuche, Hitler zu verteufeln - seien sie theologisch oder nur metaphorisch gemeint -, auf sich beruhen zu lassen. Sie verstellen nämlich den Blick auf die schlichte Tatsache, daß Hitler ein Mensch war. Die Hypothese, Hitler sei besessen gewesen, ist nicht zu beweisen; um das Rätsel Hitler zu lösen, will ich versuchen, ohne sie auszukommen. Es gilt, zwei Fragen einleuchtend zu beantworten: Wie konnte aus dem sympathischen Kinde Adolf Hitler ein Despot werden, der "eiskalt" (eins seiner Lieblingswörter) über Millionen Leichen schritt? Wie war es möglich, daß er seinen Weg ging unter so viel Akklamation?

Der amerikanische Historiker Bradley F. Smith, der am gründlichsten die Kindheit und Jugend Hitlers erforscht hat, kam zu dem Ergebnis, daß dem Ungeheuer, das Hitler als Mann war, ganz und gar nicht ein bösartiges Kind entspricht. "Der junge Hitler erweckt unsere Sympathie. Er ist ein sehr menschlicher Knabe und Jüngling, dessen Hauptfehler seine Trägheit und seine Leidenschaft für romantische Spiele sind. Er ist jemand, den wir alle kennen, weil wir ähnlichen Drang verspürten... Selbst in seinen frühen zwanziger Jahren ist er immer noch eine im wesentlichen sympathische Gestalt..."[23] "Er hat Freundschaften, die einige Angehörige von Nationalitäten und Religionen einschließen, die er später als 'verseucht' erklärte und zur Massenvernichtung bestimmte. Es gibt keinen Bericht über eine gewollt grausame Tat."[24] Bradley hat das Problem klar formuliert, aber keineswegs gelöst. Er konnte es nicht lösen, weil er - wie auch andere Forscher - einige Fakten ignorierte, die jenseits seines Verständnishorizonts liegen.

Niemand bestreitet, daß Hitler die ersten elf Jahre seines Lebens ein normaler, gesunder Junge war, allgemein beliebt. Lassen wir alle Legenden, die Hitler selbst und andere von seiner Kindheit erzählt haben, beiseite und beschränken wir uns auf die gesicherten Fakten, so ergibt sich folgendes Bild:

Die Zeit, die für die Entwicklung eines Menschen am wichtigsten ist, nämlich die vom dritten bis zum sechsten Lebensjahre, verbrachte Adolf Hitler in der Innstadt von Passau, wo sein Vater als österreichischer Zollamtsoberoffizial Dienst tat (das österreichische Zollamt befindet sich noch heute auf deutschem Boden). Alois Hitler war als Beamter in leitender Stellung gut situiert, saß abends mit dem Pfarrer, dem Bürgermeister und anderen Honoratioren am Bürgertisch, trank nie mehr als er vertrug und war als ein robuster, geselliger und sangesfreudiger Mann von allen geachtet. Um seine Familie kümmerte er sich wenig. Sein

Freizeit-Steckenpferd war die Bienenzucht, über die er auch einige Aufsätze veröffentlichte.

Die Mutter Klara hatte, als sie Adolf zur Welt brachte, bereits drei Kinder geboren und wieder verloren; um so sorgsamer kümmerte sie sich um ihren kleinen Sohn. Als eine fromme, der Kirche treu ergebene Frau wird sie ihn beten gelehrt und dem aufgeweckten Knaben auf Gängen durch die herrliche Bischofsstadt so manches religiöse Bild erklärt haben. Sie hat ihn wohl in die Kirche mitgenommen, ihn die Fronleichnamsprozession erleben lassen und ihn die Stiegen zur Mariahilf-Wallfahrtskirche oberhalb der Innstadt hinaufgeführt.

Nach fast drei Jahren in dieser Stadt des niederbayerischen Katholizismus zog die Familie nach Oberösterreich aufs Land. Der Vater hatte sich nach vierzig Dienstjahren pensionieren lassen und 1895 in Hafeld bei Lambach ein Gut mit rund vier Hektar Grund gekauft. Das Haus lag auf einem Höhenrücken, zwischen Obstbäumen, mit schönem Ausblick auf die Berge des Salzkammerguts. Dort war der siebenjährige Adolf Hitler von sechs Familienangehörigen umgeben: dem 58jährigen Vater, der 36jährigen Mutter, der dreizehnjährigen Halbschwester Angela, dem einjährigen Bruder Edmund, der Schwester Paula, die noch in der Wiege lag, und der buckligen Tante Johanna, die als 65jährige ihrer Schwester Klara im Haushalt zur Hand ging.

Adolf besuchte die einklassige Volksschule in Fischlham bei Lambach, fühlte sich dort wohl und erhielt in allen Fächern die Note "sehr gut". Da die Familie 1897 nach Markt Lambach umzog, ging Adolf das zweite und dritte Schuljahr in die dortige besser organisierte Volksschule. Wieder erhielt er in allen Fächern "sehr gut". Ganz und gar kein Stubenhocker, tummelte er sich mit anderen Buben im Freien und wurde dank seiner Redegewandtheit und seiner turnerischen Gelenkigkeit der "Rädelsführer" der Gleichaltrigen. Ein Raufer war er nicht.

Mit einer sicheren, hellen Singstimme begabt, wurde Adolf in die Sängerknabenschule des Stiftes Lambach aufgenommen. Pater Bernhard Grüner gab ihm Gesangsunterricht. Als Ministrant in der alten barockisierten Klosterkirche hatte Hitler zwei Jahre hindurch, wie er in *Mein Kampf* schreibt, Gelegenheit, sich "oft und oft am feierlichen Prunke der äußerst glanzvollen kirchlichen Feste zu berauschen". Er bewunderte die Benediktinermönche und nahm sich vor, Abt zu werden. Einige von Hitlers Lambacher Mitschülern sind tatsächlich Priester oder Mönch geworden, und möglicherweise hätte Hitler ebenfalls diesen Weg eingeschlagen, wenn der Vater mit seiner Familie nicht von Lambach fortgezogen wäre.

Am 18. November 1898 kaufte Alois Hitler das sogenannte "Gartenhaus" im Dorfe Leonding bei Linz. So wechselte Adolf abermals die Schule und besuchte ab 1899 die Volksschule in Leonding. Auch hier erhielt er ein Zeugnis mit lauter Einsern. Begeistert sang er im Kirchenchor. Wieder war er der Anführer einer Schar von Buben. Und immer noch umhegte ihn die Liebe seiner Mutter.

Im Dorf war Klara Hitler beliebt als "eine sehr saubere, nette Frau, recht flink, nicht kränklich, recht lieb und freundlich",[25] "sehr still, sehr bescheiden".[26] "Im Haushalt aufgehend und vor allem uns Kindern in ewig gleicher, liebevoller Sorge zugetan", so charakterisiert Hitler seine Mutter in *Mein Kampf*. Alle, die Frau Klara Hitler kannten, bezeugen dies. Eine Mitschülerin in Leonding erzählt: "Wenn ich beim Hitler-Haus vorbeiging, kam öfter auch gerade die Paula heraus, ebenfalls zur Schule; jedesmal hat die Mutter sie bis zum Zauntürl begleitet und ihr einen Kuß gegeben; mir ist das deshalb aufgefallen, weil das bei uns Bauernmädchen nicht üblich war, es hat mir aber gut gefallen, ich habe die Paula fast etwas beneidet."[27]

Die ersten elfeinhalb Jahre im Leben Hitlers, das erste Fünftel seines Lebens, enthalten nur Erfreuliches; "die Spur eines schlechten Charakters wird man während seiner Knabenzeit kaum entdecken können".[28] Abt Balduin von Wilhering, einem Kloster, das unter dem Führer Schwerstes zu leiden hatte, erinnerte sich noch nach 1945 sehr gut an den jungen Adolf, mit dem er in Leonding zur Schule gegangen war und mit dem er oft gespielt hatte; wiederholt sagte der Abt, daß Adolf ihm damals "in keiner Weise unsympathisch war".[29] Einer seiner Volksschullehrer schildert Adolf "als recht aufgeweckten, folgsamen, aber auch recht lebhaften Jungen; die Schulsachen ... seien stets in musterhafter Ordnung gewesen".[30]

Von dieser hellen Zeit der Kindheit heben sich die nächsten fünfzehn Jahre von Hitlers Leben als eine düstere Periode ab. Aus dieser Düsternis kam Hitler auch in seinem weiteren Erdenlauf nie mehr heraus.

Schulversagen und Glaubensabfall

Ab September 1900 besucht Hitler die Realschule in Linz. Schon nach kurzer Zeit ist der nette Junge, der er in Fischlham, Lambach und Leonding war, nicht mehr wiederzuerkennen. Seine Schulleistungen sinken, und er muß die erste Klasse wiederholen. Im September 1904 wird er nur unter der Bedingung versetzt, daß er auf eine andere Schule wechselt. Aber die staatliche Oberrealschule in Steyr wertet seine Leistungen ebenfalls als mangelhaft. Das Zeugnis, das er dort September 1905 erhält, hat in Deutsch, Mathematik und Stenographie die Note "nicht genügend".

Warum versagte der zweifellos intelligente Junge? Professor Dr. Huemer, der drei Jahre lang Klassenlehrer Hitlers war, sagte: "Er war ... nicht fleißig."[31] Hitler selbst bestätigt das: Er sei lieber spielen gegangen als Hausaufgaben zu machen. Solange er in der Volksschule war, machte das nichts; der Sohn aus einem bürgerlichen Hause, in dem es

Bücher gab, war den Bauernjungen überlegen und heimste spielend seine Einser ein. Sobald er aber in der Realschulklasse mit lauter städtischen Bürgersöhnen wetteifern mußte, ging es mit dem *dolce far niente* nicht mehr gut.

Vielleicht nahm der junge Hitler sich seinen Vater zum Vorbild: Dieser hatte weder Gymnasium noch Mittelschule besucht und es doch zu einer angesehenen Position gebracht; wenn der Vater an Kaisers Geburtstag Uniform und Orden anlegte, war Adolf gewiß stolz auf ihn. Warum sollte er, Adolf, die noch vagen, aber hochgespannten Ziele seiner Wunschträume nicht ebenfalls ohne Schulplackerei erreichen? Adolf vergaß dabei nur einen kleinen Unterschied: Sein Vater hatte sich mit zähem Fleiß hochgearbeitet und allein durch seine Tüchtigkeit erstaunlich rasch Karriere gemacht. Adolf aber war faul und träge.

Es gibt zu denken, daß Hitler noch vierzig Jahre später es für richtig hielt, daß er in seiner Klasse nur "zehn Prozent von dem gelernt, das die anderen gelernt haben", und daß er auf seine Hausaufgaben wenig Zeit verwandt hatte. Noch der 53jährige Hitler hält Zeugnisse, Prüfungen und Schulabschlüsse für überflüssige Behinderung des Genialen: "Ja mein Gott, einer hat es halt in sich, der andere nicht."[32] Die Trauben sind sauer, sagte der Fuchs in der Fabel.

In *Mein Kampf* erklärt Hitler seine schlechten Schulleistungen als absichtlichen Protest gegen den Wunsch des Vaters, er solle Beamter werden. Dem autoritären Vater habe er getrotzt: Er wolle Künstler werden. Der spießigbornierte Vater habe dafür kein Verständnis gehabt. Es ist fraglich, ob diese Deutung zutrifft. Kubizek, der unkritische Jugendfreund Hitlers, hat sie geglaubt und weiter ausgeschmückt; er schreibt: Mit seiner "Weigerung, Beamter zu werden, zweigt das Leben Adolf Hitlers scharf aus der Bahn seines Vaters ab. Hier an dieser Stelle liegt die große Entscheidung seines Lebens."[33] Daran ist nur richtig, daß während seiner Realschulzeit Hitlers große Kehre erfolgt. Aber ihre Gründe liegen tiefer.

324

Dr. Huemer, der Hitler drei Jahre lang beobachtete, gab 1924 über seinen Schüler diese Beurteilung ab: "Hitler war entschieden begabt, wenn auch einseitig, hatte sich aber wenig in der Gewalt, zum mindesten galt er auch für widerborstig, eigenmächtig, rechthaberisch und jähzornig, und es fiel ihm sichtlich schwer, sich in den Rahmen einer Schule zu fügen."[34] Das ist das Gegenteil des Charakterbildes, das Hitler bis zu seinem zwölften Lebensjahre bot. Diese Züge sind neu. Man kann sie nicht mit den Veränderungen erklären, die für die Pubertät bezeichnend sind, denn sie blieben für Hitler über die Pubertät hinaus charakteristisch; er behielt sie sein Leben lang.

Ein weiterer Bruch mit dem Früheren war Hitlers Abkehr von der Kirche und ihren Lehren, sein Abfall vom Glauben. Spätestens 1904 hört Hitler auf zu beten. Auf die Frage seines Religionslehrers, ob er morgens, mittags und abends bete, antwortete Hitler: "Nein, Herr Professor, ich bete nicht."[35]

Wir können ziemlich genau erkennen, welche Dinge Hitler dazu bewogen, sich vom Christentum allmählich abzuwenden. Dem Realschüler wird bewußt geworden sein, daß sein Vater ein "Freisinniger" war, der nur einmal im Jahr, an Kaisers Geburtstag, zur Kirche ging. Seit Alois Hitler keinen Dienst mehr tat, konnte Adolf ihn häufiger zu Hause sehen und hören. Je mehr er sich in den Auffassungen dem Vater anschloß, um so mehr entglitt er dem religiösen Einfluß seiner Mutter. Und die Vorstellung, "daß diese ganzen Kirchenlehren ein einziger großer Blödsinn seien",[36] die ein aufgeklärter Mensch unmöglich glauben könne, nistete sich nach und nach in seinem Kopf ein.

Zu dieser Entwicklung trugen ausgerechnet die Religionslehrer der Linzer Realschule bei, die von den Schülern in Hitlers Klasse nicht ernst genommen wurden. Im ersten Jahr hatte Hitler als Religionsprofessor den Priester Silizko, von dem er später sagte: "ein ganz großer Feind von uns".[37] Die nächsten drei Jahre war es der Priester Franz Sales Schwarz, ein gutmütiger, aber einfältiger Mann, mit dem die zu 90 % ungläubigen Schüler ihren Spott trieben. Was lag näher, als daß Hitler, der bei seinen Klassenkameraden durch nichts sonst Eindruck machen konnte, ihren Beifall durch freche Bemerkungen im Religionsunterricht zu gewinnen suchte. Er provozierte den armen Religionsprofessor mit ständigen Fragen über heikle Themen, zum Gaudi der Mitschüler. Als Hitler sich eines Tages über die Beichte lustig machte, johlte die ganze Klasse.[38]

Bezeichnend, daß Hitler sich noch als alter Mann im Zusammenhang mit seinem Unglauben auf seine Klassenkameraden beruft: "Mit 13, 14, 15 Jahren habe ich nichts mehr geglaubt, auch von meinen Kameraden hat doch keiner mehr an die sogenannte Kommunion geglaubt, das waren nur ein paar ganz blöde Vorzugsschüler!" Damals war Hitler der Meinung, es müsse die Kirche mit allen ihren Einrichtungen "in die Luft gesprengt werden".[39]

Hitlers endgültiger Bruch mit dem christlichen Glauben ist offensichtlich 1904 erfolgt. Pfingsten 1904 wurde er im Linzer Dom gefirmt. Seinem Firmpaten Emanuel Lugert fiel auf, daß der Fünfzehnjährige, der ihm vorher "keinen ungünstigen Eindruck" gemacht hatte, am Tag der Firmung außerordentlich mürrisch und verstockt war: "Ich hatte den Eindruck, daß ihm die ganze Firmung zuwider war, daß er sie nur mit größtem Widerwillen über sich ergehen ließ."[40]

Der Vater war 1903 gestorben. September 1904, nach dem endgültigen Scheitern auf der Realschule in Linz, schickte die Mutter Adolf auf die Oberrealschule in Steyr, wo er als Untermieter ein Jahr wohnte, fern von ihrem Einfluß. Ende Juni 1905 abermals gescheitert, verließ Adolf Steyr, um fortan bei der Mutter zu wohnen, die nach Linz umgezogen war. November 1905 lernte Adolf den Gustl Kubizek kennen, mit dem er die nächsten Jahre viel zusammen war. Dieser bezeugt: "Solange ich Adolf Hitler kannte, erinnere ich mich nicht, daß er einen Gottesdienst besucht hätte. Er wußte, daß ich jeden Sonntag mit meinen Eltern in die Kirche ging... Seine Mutter ging am Sonntag immer mit der kleinen Paula zur Messe. Ich kann mich nicht entsinnen, daß Adolf einmal seine Mutter in die Kirche begleitet hätte." Hitler sagte zu Kubizek, er lasse sich von ihr nicht zur Kirche nötigen.[41]

Daß Hitler während des Weltkriegs 1914 - 1918 als Gefreiter mit den anderen Katholiken seiner Truppe gelegentlich zum Militärgottesdienst marschierte, besagt nicht viel; dagegen ist es bezeichnend, daß Hitler 1933, als soeben ernannter Reichskanzler im Mittelpunkt der Aufmerksamkeit der ganzen Welt, am Tag von Potsdam ostentativ dem für die katholischen Abgeordneten angesetzten Gottesdienst fernblieb.

Max Domarus meint, Hitler habe erst "im Jahre 1937 die letzten religiösen Bindungen über Bord geworfen", weil er damals in einer Geheimrede erklärte, "er habe sich nach schweren inneren Kämpfen von noch vorhandenen religiösen Kindheitsvorstellungen freigemacht.[42] In dieser Rede sagt Hitler aber nicht, daß er sich erst 1937 von religiösen Kindheitsvorstellungen freigemacht habe; er kann durchaus auf das Jahr 1904 anspielen, in dem sein endgültiger Bruch mit dem Christentum erfolgte.

Zweifellos hat Domarus recht in der Einschätzung der Folgen dieses Bruchs. Mit dem Wegwerfen des Glaubens hatte Hitler alle moralischen und psychischen Hemmungen beseitigt. "Er hat systematisch in sich selbst alle Schranken niedergelegt, die von normalen Mitgliedern der menschlichen Gesellschaft anerkannt und respektiert werden. Er brachte die Stimme des Gewissens zum Schweigen, allerdings nur schrittweise und anfangs mit spürbarem Zaudern." Aber es ist "der erste Schritt, der die stärkste Überwindung erfordert, die späteren Stufen auf dem verbrecherischen Weg werden immer leichter genommen."[43]

Daß Hitler gerade die Beichte zur Zielscheibe seines Hohns machte, schon 1903 und noch 1942,[44] muß auch dem als folgenreich erscheinen, der nicht an eine sakramentale

327

Sündenvergebung glaubt. Auch ein Atheist vermag einzusehen, daß die Praxis der Beichte, mit ihrer Gewissenserforschung nach einer objektiven ethischen Norm wie den Zehn Geboten, eine wesentliche Hilfe zur sittlichen Lebensführung ist und ein Mittel zur Verhinderung der schwersten Sünde überhaupt: Hybris, Superbia, Stolz. Von dem Augenblick an, als Hitler sich entschloß, nie mehr zur Beichte zu gehen, fehlte ihm ein wichtiges Korrektiv. Und da Hitler, wie wir sehen werden, auch anderen Korrektiven auswich, können wir uns nicht wundern, daß er von 1907 bis 1914 eine Serie von nachgewiesenen Unredlichkeiten, Lügen und Betrügereien beging - Vorübungen zu dem, was er sich von 1919 bis 1945 in größtem Stil und Umfang geleistet hat. Und ebensowenig erstaunlich ist es, daß er fortan die christlichen Tugenden verspottet: Sie stellten einen Versuch der Schlechtweggekommenen dar, den Starken Fesseln anzulegen. Statt des Gebots der Nächstenliebe gelten für Hitler jetzt Parolen sozialdarwinistischer Tendenz wie "Kampf ums Dasein" und "Recht des Stärkeren": Die Vernichtung lebensunwerten Lebens und minderwertiger Rassen ist eine gebotene, ja gute Tat. Und Hitler denkt das nicht nur; er wird es auch praktizieren.

Dilettant und Phantast

Kubizek bezeugt, daß Hitler die Realschule "mit einem elementaren Haß verließ... Er wich den Professoren aus und kannte sie nicht mehr, wenn sie ihm auf der Straße begegneten".[45] Dieses Verhalten beweist, daß Hitler nicht, wie er behauptete und wie Kubizek es ihm glaubte, *mit Absicht* ungenügende Klassenarbeiten schrieb, um seinen Vater zu nötigen, ihn von der Schule abzunehmen. Er hätte ja sonst seinen Lehrern für die schlechten Noten dankbar sein müssen; denn nach dem letzten katastrophalen Zeugnis erlaubte

328

ihm seine nachgiebige, verwitwete Mutter, die lästige Realschule abzubrechen und Künstler zu werden.

In Wirklichkeit hatte Hitler von seinen Lehrern Anerkennung und Bestätigung ersehnt, und es wurmte ihn, daß sie
ausblieb. Jetzt haßte er sie, weil sie ihm zugemutet hatten,
sich mit lächerlichen Kleinigkeiten wie Grammatik und
unregelmäßigen Verben abzuplagen. Daß sie sich weigerten,
sein Genie zu würdigen, bewies ja ihre Kleinkariertheit.
Stand er nicht turmhoch über ihnen und über seinen Mitschülern? Jetzt wollte er es ihnen zeigen, was in ihm steckte.
Er war zu Höherem berufen, und das würde er bald beweisen.

Ging Hitler nun, endlich von den verhaßten Anforderungen
der Schule befreit, auf die Kunstakademie nach Wien, um
sich auf seinen Traumberuf vorzubereiten? Keineswegs.
Zuerst einmal legte er sich ins Bett und gab an, er sei krank.
Worin die angebliche Krankheit bestand, konnte nie festgestellt werden.

Seine Mutter verwöhnte ihn, den einzigen Sohn jetzt, der
ihr geblieben, nachdem auch ihr Edmund früh gestorben war.
Aber, daß Adolf sich die nächsten drei Jahre um keine Be-
rufsausbildung kümmerte, untätig bei ihr lebte und sich von
ihr ernähren ließ, das machte ihr Sorge.

Adolf bestritt, daß er untätig sei. "Lernen kann man viel
besser allein", erklärte er seiner Mutter.[46] Um Künstler zu
werden, brauche man weder Schule noch Akademie. Arbeitete er nicht unaufhörlich? Las er nicht Bücher aus Leihbüche-
reien? Ging er nicht regelmäßig in die Oper? Übte er sich
nicht im Zeichnen, Malen und Dichten? Die Mutter wußte
dem nichts entgegenzusetzen. Hitlers Schwager Raubal dagegen erklärte ihm unumwunden, er sei ein Faulpelz.

Klar, daß Adolf diesen borniertem Kleinbürger fortan haßte
und nicht mehr mit ihm verkehrte. In diesen Jahren, in denen
niemand etwas von ihm forderte, war Gustl Kubizek, der nur
die Volksschule besucht hatte und als Tapezierlehrling arbeite-
tete, Hitlers einziger Umgang; denn Gustl hörte bewundernd

zu, wenn Adolf ihn schwärmerisch einweihte in seine bizarre Traumwelt.

Einstweilen blieben Adolfs Künstlerträume reichlich diffus. Wollte er Maler, Dichter, Architekt, Musiker oder Komponist werden? Eins war sicher: Sein Genie werde einmal die Welt staunen machen.

Bei Gängen durch Linz kritisierte Adolf alles, was er sah. Dieses Gebäude, so erklärte er dem Gustl, sei häßlich und sollte eigentlich umgebaut werden; jenes müsse verschwinden und einem neuen weichen. Plätze und Straßen seien neu zu gestalten, ganz Linz städtebaulich umzukrempeln. Genialisch ungenau warf Hitler Entwürfe aufs Papier: Theater, Museen, Schlösser, Ausstellungshallen, Denkmäler und Brücken.

Nur schade, daß Hitler in Mathematik bei verschiedenen Lehrern stets die Note "nicht genügend" bekommen hatte und auch im geometrischen Zeichnen schwach war. "Mathematik haßte Hitler, weil sie ihm zu trocken war und eine strenge, systematische Arbeit erforderte."[47] Aber ein Genie darf auf Mathematik und Matura pfeifen, nicht wahr? Erst ein paar Jahre später, in Wien, in einem lichten Augenblick, bedauerte Hitler, daß ihm die Matura fehlte, eine unerläßliche Voraussetzung für das Studium der Architektur.

Mit den Gedichten, die der sechzehnjährige Hitler in Linz schrieb, setzte er Gustl in Erstaunen. Er versuchte sich sogar an Dramen. Dabei waren seine Orthographie und seine Grammatik fehlerhaft, sein Stil miserabel. Daß die Note "nicht genügend" in Deutsch auf seinem letzten Zeugnis berechtigt war, beweisen die, auch inhaltlich dürftigen, Briefe Hitlers aus den Wiener Jahren. Aus den veröffentlichten Schriften und Reden Hitlers ließe sich eine umfangreiche Sammlung von Stilblüten zusammenstellen.

Einige seiner lyrischen Ergüsse sind noch erhalten, zum Beispiel dieser:

Mittag

Wenn die Sonne im Mittag steht,
sollt man nicht träumen.
Der Mittag ist im einen Kraft wie Werk -
Ist Aufschau und Atemholen.
Der Tag geht weiter
Adolf Hitler[48]

Kitsch und Krampf! Was Hitler viele Jahre später reimte, ist nicht besser:

Kameraden!
Aufruf!

Ihr habt dem Kaiser des Reiche's geschworen
Einen heiligen Eid.
Der Kaiser des Reiches hat Euch erkoren
Zum Helfer im Streit.

Wer will nun Deutschland schaden,
Den will ich vor meine Waffe laden,
Vor Tau und Tag, bei Nacht und Tag.

Die Hand führt guten gerechten Schlag,
Die zum Schwur auf des Reiche's Fahne lag.

4/Februar 1919
Adolf Hitler[49]

Was an Zeichnungen und Aquarellen des jungen Hitler erhalten blieb, läßt das Urteil der Wiener Kunstprofessoren als gerechtfertigt erscheinen. Als Hitler mit hochgespannten Erwartungen sich endlich 1907 zur Aufnahmeprüfung für die Allgemeine Malerschule der Akademie der Bildenden Künste meldete, fiel er durch mit der Note "ungenügend". Bei einem zweiten Versuch 1908 scheiterte er abermals. Wieder einmal, so meinte er, waren es schierer Unverstand und abgefeimte Bosheit, die das Genie nicht hochkommen ließen.

In Linz und Wien besuchte Hitler viele Opernaufführungen und schwärmte dem Gustl von seinen rauschartigen Erlebnissen allerlei vor. Kubizek, der auf dem Gebiet der Musik ein wirklicher Kenner war, fand in seinen Erinnerungen, daß Hitler sich gut in die Werke Richard Wagners einfühlen konnte. Aber "sobald es sich um die Beherrschung eines Instrumentes handelte, war die schönste Intuition umsonst. Hier half nur systematisches Lernen, ständiges Üben, Ausdauer und Fleiß - durchwegs Eigenschaften, für die mein Freund wenig. Verständnis besaß. Aber er wollte nicht glauben, daß es so wäre. Sein größeres Einfühlungsvermögen, seine fruchtbare Phantasie, vor allem aber sein unbegrenztes Selbstvertrauen müßten doch, so meinte er, jene belanglosen Eigenschaften ... wettmachen können. Freilich, sobald er meine Viola unter das Kinn setzte und den Bogen nahm, war es mit seiner Siegesgewißheit aus. Ich erinnere mich gut, wie erstaunt er selbst darüber war... Es ärgerte ihn, daß es Dinge gab, die sich seinem Willen widersetzten."[50]

Auf Hitlers Drängen kaufte seine Mutter ihm ein Klavier, und tatsächlich nahm Adolf Unterricht; aber nach vier Monaten gab er es auf. Doch mit ungebrochenem Selbstbewußtsein begann er in Wien, ohne die geringste Ahnung des Kompositionshandwerks, der Musiktheorie und der Instrumente, mit neunzehn Jahren eine Oper zu schreiben: "Wieland der Schmied". Er wollte dem Gustl, der das Konservatorium in Wien besuchte, beweisen, daß er ohne Ausbildung musikalisch mehr zu schaffen vermochte als sein Freund; "denn nicht auf die Weisheit des Professors käme es an, sondern auf den genialen Einfall".[51] Als Gustl ihn fragte, wie er sich das denn vorstelle, antwortete Hitler entwaffnend: "Ganz einfach: Ich komponiere, und du schreibst es auf." Die "Zusammenarbeit" war grotesk. Natürlich blieb die Oper ein Fragment.

Kubizek, der für ein Jahr mit Hitler ein Hinterhauszimmer im 6. Bezirk von Wien teilte, schildert die Stimmung seines Freundes als einen Wechsel zwischen Depressionen und Hochgefühlen. Es ging Hitler die Zeit in Wien und in München bis 1914 (abgesehen von den paar Wochen, die er bei "Mutter Grün", und den paar Wochen, die er im Obdachlosenheim verbrachte) keineswegs schlecht, auch nicht, nachdem er mit dem Tod seiner Mutter als fast Neunzehnjähriger Vollwaise geworden war; denn er konnte von seinem elterlichen Erbteil und der Waisenrente auskömmlich leben, ohne arbeiten zu müssen. Zusätzlich verdiente er etwas Geld mit dem Verkauf von Aquarellen, Postkarten und Reklameplakaten. Er war stets sorgfältig gekleidet, leistete sich oft Besuche in Cafés, Oper, Theater, Konzerten und Museen. Daß er hungern mußte und als Bauarbeiter schuftete, sind Legenden, die Hitler selbst aus Propagandagründen in *Mein Kampf* in die Welt setzte. In Wirklichkeit führte er das bequeme Linzer Leben in Wien weiter, pflegte erst gegen Mittag aufzustehen und verbummelte den Tag. Ziellos dahintreibend, gab er sich hochstaplerisch mal als Student, mal als akademischer Kunstmaler, mal als Schriftsteller aus. Er träumte von einer Laufbahn als genialer Baumeister, ohne etwas zur Verwirklichung dieser Hoffnung zu tun; er scheute die notwendige Kleinarbeit und zog es vor, in Träumen von zukünftigem Ruhm zu schwelgen.

Dann wieder packte den Ehrgeizigen, der sich und der Welt seine Größe beweisen wollte, entsetzliche Angst vor dem sozialen Abstieg, lodernde Empörung über die Kunstakademie, die ihn zweimal zurückgewiesen hatte, und wilde Auflehnung gegen dieses "Hundeleben". "Gewiß war er selbst an manchem schuld, daß bei ihm alles so gekommen war. Aber das sah er niemals ein."[52] "In sich überstürzenden Haßtiraden schleuderte er der Gegenwart seinen Zorn entgegen," wütete "gegen die gesamte Menschheit, die ihn nicht verstand, die ihn nicht gelten ließ, von der er sich verfolgt und betrogen fühlte".[53] "Mit aller Welt war er überworfen.

Wohin er blickte, sah er nur Ungerechtigkeit, Haß, Feindschaft. Nichts hatte vor seinem kritischen Urteil Bestand,
nichts ließ er gelten."[54]

Er las viel mit autodidaktischer Willkür, vermied aber jede
Auseinandersetzung mit seinem Freund über das Gelesene.
"Es ging ihm nicht um 'die andere Meinung', nicht um eine
Diskussion über den Inhalt."[55] In den Büchern suchte er nur
Selbstbestätigung. "Er war ein altkluger Allesbesserwisser,
ein sich unfehlbar dünkender Kritikaster und ein arbeits-
scheuer Phantast."[56]

Dieser Sonderling und Einzelgänger, der in den sechs
Wiener Jahren keinen einzigen Freund gefunden hatte, war
in außergewöhnlichem Maße egozentrisch. Sein Leben lang
hielt er seine Mitmenschen auf Distanz. Auch Kubizek
machte diese Erfahrung: "Adolf war im Grunde genommen
eine verschlossene Natur. Er hatte immer einen bestimmten
Bezirk seines Wesens, in den er niemanden eindringen ließ...
In vielem blieb mir mein Freund für immer ein Rätsel."[57]
Seine Mutter traf das Wesen ihres Sohnes genau, als sie
einmal bemerkte: Der Adolf tut so, "als wäre er allein auf
der Welt".[58]

Andere Menschen ertrug Hitler nur als Zuhörer oder Ap-
plaudierende. In theatralischer Ich-Bezogenheit spielte er die
Rolle des genialen Künstlers, dem keiner das Wasser reichen
konnte. Bis an sein Lebensende hielt er Monologe. Schon
Kubizek fand: "Er brauchte jemand, der ihm zuhörte." Seine
langen Reden "wirkten oft wie vulkanische Entladungen. Es
brach aus ihm, als dränge etwas Fremdes, ganz anderes in
ihm empor. Ich hatte solche Ekstasen bisher nur im Theater
bei Schauspielern erlebt... Von mir erwartete er dabei nur
eines: Zustimmung."[59]

"Harmlose Dinge, ein paar unbedachte Worte etwa, konnten Zornesausbrüche bei ihm hervorrufen."[60] Er war ein
"Mensch, der unerbittlich an seinem Standpunkt festhielt".[61]
"Etwas Festes, Starres, Unbewegliches, hartnäckig Fixiertes,
das sich nach außenhin in unheimlichem Ernst offenbarte,

334

lag in seinem Wesen... Adolf konnte einfach nicht 'aus seiner Haut heraus'... Was in diesen fixierten Bereichen seines Wesens lag, blieb unverändert für immer."[62]

Jedem Lehrer, der Jahrzehnte an einer höheren Schule unterrichtet hat, ist der Typ des begabten, genialisch sich gebarenden, aber arbeitsscheuen und schließlich scheiternden Schülers begegnet. Vielleicht erkennt der eine oder der andere Leser angesichts des Psychogramms des jungen Hitler in rückblickender Innenschau, daß seiner eigenen Jugend die Neigung zu Ähnlichem nicht fremd war. Ein exilierter deutscher Schriftsteller äußerte schon 1938 diese Einsicht. Thomas Mann schrieb über Hitler:

"Muß man nicht ... in dem Phänomen eine Erscheinungsform des Künstlertums wiedererkennen? Es ist, auf eine gewisse beschämende Weise, alles da: die 'Schwierigkeit', Faulheit und klägliche Undefinierbarkeit der Frühe, das Nichtunterzubringensein, das Was-willst-du-nun-eigentlich?, das halb blöde Hinvegetieren in tiefster sozialer und seelischer Bohème, das im Grunde hochmütige, im Grunde sich für zu gut haltende Abweisen jeder vernünftigen und ehrenwerten Tätigkeit - auf Grund wovon? Auf Grund einer dumpfen Ahnung, vorbehalten zu sein für etwas ganz Unbestimmbares, bei dessen Nennung ... die Menschen in Gelächter ausbrechen würden. Dazu das schlechte Gewissen, das Schuldgefühl, die Wut auf die Welt, ... die unterbewußte Ansammlung explosiver Kompensationswünsche, das zäh arbeitende Bewußtsein, sich zu rechtfertigen, zu beweisen... Es ist eine reichlich peinliche Verwandtschaft."[63]

Wie realitätsblind der geltungssüchtige Projektemacher und Phantast war, zeigen zwei Begebenheiten aus seinen Linzer Bummeljahren. Der siebzehnjährige Hitler schwärmte für ein bildhübsches Mädchen aus gutem Hause, das er gelegentlich auf der Straße sah; sie bewegte seine Phantasie, er malte sich ein künftiges Leben mit ihr aus. Aber nie wagte er, sie anzusprechen; nie schickte er ihr seine auf sie verfaßten Gedichte; nie erfuhr sie von seiner Schwärmerei. Aber Hitler hielt es für selbstverständlich, daß sie auch so von ihm wisse und auf ihn warten werde, bis er sie heirate.[64]

Als Kubizek ihn einmal nüchtern fragte, wie er denn seine geplanten Großbauten zu finanzieren gedenke, antwortete er schroff: "Ach was, Geld!" Aber eines Tages tat Hitler, "was auch andere Leute, die schnell zu Geld kommen wollen, tun: Er kaufte (für zehn Kronen) ein Los. Und doch lag ein Unterschied darin, wie Adolf sich das Los kaufte und wie andere Leute es tun; denn andere Leute wünschen sich den Haupttreffer nur oder träumen davon, er aber hatte ihn sich bereits im Augenblick des Loskaufes gesichert und nur vergessen, die Summe gleich einzukassieren. Die einzige Mühe, die es dabei für ihn gab, war, diese ... stattliche Summe sinnvoll und vernünftig zu verwenden."[65] Eine weitläufige Wohnung wurde eingerichtet, erlesene Möbel, Vorhänge und Draperien entworfen, Personal eingestellt, ein Kreis von Kunstbegeisterten empfangen, die Adolfs Dichterlesungen applaudierten, große Reisen wurden unternommen usw. Nicht nur über das viele Geld, sondern auch über seinen Freund Gustl verfügte er, als ob er ihm gehöre, und wies ihm seinen Platz in der Wohnung und seine Aufgaben zu. Aber als der Tag der Ziehung kam, ging Hitler leer aus. "Selten habe ich ihn so toben gehört wie damals. Erst brach sein Zorn auf die Staatslotterie herein, dieser staatlich organisierten Spekulation auf die Leichtgläubigkeit der Menschen, dieser offene Betrug auf Kosten gutwilliger Staatsbürger! Dann griff seine Wut auf den Staat selbst über, dieses aus zehn ... Nationen zusammengeflickte Gebilde, dieses von den Habsburgern zusammengeheiratete Monstrum! Konnte man davon etwas anderes erwarten, als daß ... arme Teufel um ihre letzten paar Kronen betrogen wurden? Nicht ein einziges Mal kam Adolf auf den Gedanken, sich selbst Vorwürfe zu machen."[66]

Bei anderen bemerkte Hitler sehr wohl, daß Stolz blind macht.[67] Er ahnte nicht, daß er selbst das auffälligste Beispiel für verblendete Hybris war. In seiner Rede vom 30. Januar

336

1940 sagte er: "Heute ist Deutschland die größte Weltmacht."[68] Daß es das britische Empire, die Vereinigten Staaten von Amerika und die Sowjetunion gab, hatte er im Moment vergessen. Drei Sätze weiter sagte er: "Wer aber mit Blindheit geschlagen ist, den wollen die Götter verderben."[69]

Finder einer Weltanschauung

Warum Hitler ein Judenhasser wurde, ist ein Rätsel. Weder in Linz noch in Wien hat ihm jemals ein Jude etwas zuleide getan. Im Gegenteil: Dem jüdischen Hausarzt Dr. Eduard Bloch, der seine Mutter und ihn selbst behandelt hatte, fühlte er sich zu Dank verpflichtet. Außer Dr. Bloch ermutigten andere Juden Hitlers künstlerische Ambitionen, indem sie seine Bilder kauften, unter anderen Oberingenieur Retschay, Rechtsanwalt Dr. Josef Feingold und der Rahmentischler Morgenstern. Der jüdische Händler Neumann in Wien vertrieb Hitlers Aquarelle zu dessen Zufriedenheit.[70]

Die Ostjuden im Kaftan, die Hitler auf den Straßen Wiens beobachtete, mögen ihn wegen ihrer auffälligen Fremdartigkeit unangenehm berührt haben; aber nicht einmal in einem so überspannten Gehirn wie dem Hitlers konnten diese harmlosen Gestalten einen so unbändig hassenden Vernichtungswillen hervorgerufen haben.

Ich vermute, die Ursache für Hitlers manisch bis zum äußersten Exzeß getriebenen Judenhaß liegt nicht, wie er in *Mein Kampf* glauben machen will, in eigenen Erfahrungen. Sie liegt in seinem Abfall vom christlichen Glauben. Weder seine Mutter noch sein Freund Kubizek - die einzigen Menschen, die ihm nahestanden - vermochten diesen Abfall zu billigen. Bestätigung seiner Feindseligkeit gegen Kirche und katholische Lehre fand er dagegen in der antiklerikalen Schönerer-Bewegung. Sie proklamierte die Parole "Los von Rom!" Und sie bot gleichzeitig einen Ersatz für das, was Hitler preisgegeben hatte. Fühlte er sich früher im Schoße der Kirche geborgen, so bot sie dem Vereinsamten und "Verkannten" nun eine neue Geborgenheit im Kreise Gleichgesinnter.

Wer einen Glauben aufgibt, empfindet ein Vakuum, das er bald mit einem anderen Glauben füllen muß, und wenn es ein Aberglaube oder ein Götzendienst ist. Ein Apostat benötigt eine Ersatzreligion, zumindest einen Religionsersatz. Diesen Ersatz fand Hitler in der Ideologie der Alldeutschen und der "Los-von-Rom"-Bewegung Schönerers, die, verquickt mit dem Antikatholizismus, zwei Doktrinen enthielt. Die eine Doktrin war der völkische Nationalismus, der den Vielvölkerstaat der österreichisch-ungarischen Donaumonarchie verabscheute und ein rein germanisches Großdeutsches Reich anstrebte. Die andere Doktrin war der rassistische Antisemitismus, der mit pseudowissenschaftlichen Argumenten und absurden Vorstellungen agitierte.

Ohne Juda, ohne Rom
Bauen wir Germaniens Dom.

Beide Doktrinen fanden ihre Zuspitzung durch den Sozialdarwinismus, der um 1900 bei Gebildeten und Halbgebildeten weit verbreitet war. Das Leben sei ein Kampf aller gegen alle; nur die Stärksten überlebten auf Kosten der Schwachen. Der Krieg sei ein Naturgesetz und bewirke die notwendige Auslese der Stärkeren. Mitleid mit Schwachen, Behinderten, Kranken, Alten oder mit besiegten Feinden sei unangebracht.

Hitler war sich im klaren, daß diese sozialdarwinistischen Doktrinen der christlichen Ethik diametral entgegengesetzt waren. Genau das brauchte der Apostat. Diese Doktrinen kanalisierten ein irrationales Gemisch dumpfer Gefühle und Abneigungen. Nun hatte er einen Feind, die Juden, und ein Ziel, das germanische Reich.

Seine abstruse Ideologie hat Hitler keineswegs, wie er in *Mein Kampf* behauptete, nach langem geistigen Ringen selbst erdacht, sondern fix und fertig vorgefunden. Sie begegnete ihm sporadisch schon in Linz, später gehäuft in Wien, zunächst in Groschenheften, trivialen Broschüren und primitiven Blättchen.

Ein hochstaplerischer Spinner, der sich Jörg Lanz von Liebenfels nannte, ein ehemaliger Mönch, verkündete in seinem Magazin *Ostara* und in Büchern den Kampf der Heldlinge gegen die Schrättlinge. Er gründete einen "arioheroischen" Männerorden als den Vortrupp der blonden und blauäugigen Herrenrasse in dem blutigen Kampf gegen die minderwertigen Rassen. "Ausrottung des Tiermenschen", Zuchtwahl, Rassenhygiene, Sterilisierungsmaßnahmen, Deportationen, Liquidationen - solche Vorschläge fand der blasse, hagere Hitler hier vor. Die Wiener Subkultur wimmelte von solchen Vorstellungen.

Auf höherem Niveau konnte Hitler sie bestätigt finden durch die politischen Schriften Richard Wagners, auch durch dessen Musikdramen, die er in der Hofoper häufig hörte; durch das Werk Houston Steward Chamberlains, den er später in Bayreuth traf; schließlich durch Gobineau und Nietzsche, deren Werke Hitler wahrscheinlich nicht gelesen hat, von denen er aber einige Ideen, wohl aus Presseartikeln und Auszügen, aufgeschnappt und in vulgärer Entstellung in seinen eigenen Schriften verwendet hat.[71]

Mit Sicherheit las Hitler Karl May und Gustave Le Bon. Was er sonst noch in seinen Schriften und Reden mit oder ohne Namensnennenung zitiert, dürfte er in vielen Fällen aus zweiter und dritter Hand aufgeschnappt haben. Seine Privatbibliothek auf dem Obersalzberg war erstaunlich klein und dürftig. Zweifellos hat Hitler bis an sein Ende viel gelesen, aber immer selektiv. Aus historischen und kunstgeschichtlichen Werken pickte er das heraus, was seine Vorurteile bestätigte; seine Geschichtskenntnisse blieben, nach Ausweis seiner Reden und Schriften, lückenhaft, oberflächlich und schief. Am gründlichsten las er, vor allem während des Krieges im Führerhauptquartier, technische und militärische Fachliteratur. In seinem erstaunlichen Gedächtnis haftete eine

Fülle von Detailkenntnissen und Zahlen, mit denen er Fachleute immer wieder in Erstaunen setzte. Manchmal war das Bluff, denn Hitler kümmerte sich wenig darum, ob seine Informationen stimmten; Hauptsache, sie paßten zu seinen Absichten.[72]

In seinen Tischgesprächen pflegte Hitler über alle möglichen Dinge ebenso ignorant wie unverfroren apodiktische Urteile zu fällen. Nicht im entferntesten kam er auf den Gedanken, daß er über dies und jenes weniger gut informiert sein könnte als andere Leute. Diese Blindheit (aber, wie wir noch sehen werden, nicht sie allein) machte es möglich, daß Hitler von seiner in Wien aufgesogenen Vorstellung einer jüdischen Weltverschwörung gegen Deutschland sein Leben lang nicht mehr abzubringen war.

*

In Wien trat Hitler keiner Partei oder politischen Gruppe, wohl dem Antisemitenbund bei. Seinen Freund Kubizek meldete er, ohne ihn vorher zu fragen, gleich mit an. "Das war", schreibt Kubizek, "der Höhepunkt jener politischen Vergewaltigung, an die ich mich allmählich bei ihm gewöhnt hatte."[73] 1908 waren die Freunde auseinander und verloren sich aus den Augen.

Im Mai 1913 siedelte Hitler nach München über und setzte sein Bohèmeleben fort, seine Einkünfte auch hier als Postkartenkopist verbessernd. Bei Kriegsausbruch 1914 meldete er sich freiwillig bei einem bayerischen Infanterie-Regiment und wurde schon nach wenigen Tagen Fronteinsatz zum Gefreiten befördert, vier Wochen später mit dem Eisernen Kreuz II. Klasse ausgezeichnet. Weitere Auszeichnungen folgten, zuletzt das Eiserne Kreuz I. Klasse. Die Anerkennung von seiten seiner Vorgesetzten und Kameraden stärkte sein Selbstbewußtsein, aber noch immer war ihm unklar, was er nach dem Kriege beruflich werden sollte. 1917 schwankte er zwischen einer Karriere als Künstler und einer Laufbahn als Politiker.

Die politischen Vorstellungen, die er in dieser Zeit hegte, brachte er 1915 in einem langen Brief von der Westfront auf diese Formel: Er möchte die Heimat "von der Fremdländerei gereinigter finden" und wünscht, daß in diesem Krieg "gegen eine internationale Welt von Feinden, nicht nur Deutschlands Feinde im Äußeren zerschmettert werden, sondern daß auch unser innerer Internationalismuß zerbricht".[74]

Deutschland fühlte sich im Sommer 1918 nach dem Ende des Krieges im Osten und während der großen Offensiven im Westen dem Siege nahe. Um so größer war der Schock über die Niederlage und über die revolutionäre Ablösung der Monarchie durch die Republik. Dem folgte 1919 die Empörung über den "Schandfrieden" von Versailles, der Deutschland demütigte und diskriminierte und ihm mit den Reparationsforderungen schwerste Lasten aufbürdete.

Jetzt verschärfte sich Hitlers Nationalismus zum äußersten. Wie viele Deutsche damals verkannte er völlig die Situation und behauptete, Deutschland sei im Ersten Weltkrieg "im Felde unbesiegt" geblieben, nur der "Dolchstoß im Rücken des deutschen Heeres", den die verräterischen "Novemberverbrecher" geführt hätten, habe den "Zusammenbruch" herbeigeführt.

In Wirklichkeit war Deutschland 1918, nach der gescheiterten Offensive an der Marne, militärisch und wirtschaftlich am Ende. Die Revolution war nicht die Ursache der militärischen Niederlage, sondern umgekehrt: Die Niederlage war Ursache der Revolution. Aber das wollten viele einfach nicht wahrhaben. Die meisten Deutschen waren keineswegs gewillt, die Niederlage hinzunehmen, glaubten die Dolchstoßlegende und haßten die junge Republik.

Hitler bildete sich ein, wie kein anderer die geheimen Gesetze der Menschheitsgeschichte zu verstehen; aber er kannte nicht die kriegshistorische Grundwahrheit: "Weder

Verrat noch neue Waffen haben einen entscheidenden Einfluß auf den Ausgang eines Krieges, sondern allein das Kriegspotential, das abhängig ist von Zahl und Qualität der zur Verfügung stehenden Soldaten, von Rüstungskapazität und Ernährungsbasis."[75] Da Hitler in ideologischer Verbohrtheit diese Tatsache nicht sah, verfolgte er ein außenpolitisches Ziel, das von vornherein zum Scheitern verurteilt war: ein germanisches Weltreich. Da er aus dem Ersten Weltkrieg eine falsche Lehre zog, mußte er den Zweiten Weltkrieg verlieren.

*

In *Mein Kampf* behauptete Hitler, er habe sich bis 1919 "ein granitenes Weltbild-Fundament" geschaffen: "Ich habe zu dem, was ich mir so einst schuf, nur weniges hinzulernen müssen, zu ändern brauchte ich nichts."[76]

An dieser Behauptung ist zweierlei falsch: Hitlers Weltanschauung war nicht originell; nicht selbstgeschneidert, sondern ihm von der Stange geliefert. Zu ändern hatte er daran keineswegs nichts, sondern alles; denn diese Weltanschauung ignorierte die Realität; sie schaute keine Welt.

Was an Hitler Behauptung stimmt, ist dies: Hitler hat tatsächlich nichts an seiner Weltanschauung geändert. So wie er sie 1919 fixiert hatte, so behielt er sie bis zum Schluß: Die Juden sind Deutschlands Unglück. Sie haben es rassisch verdorben, sie stecken hinter dem Marxismus, sie stecken als internationale Verschwörergruppe hinter den "Novemberverbrechern". Minderwertig wie sie sind, müssen sie vernichtet werden nach dem Gesetz des Stärkeren. Dann kann Lebensraum im Osten gewonnen, kann das germanische Weltreich errichtet werden. Das geht nur durch Krieg.

In dem ersten politischen Schriftstück seines Lebens, einem Brief vom 16. September 1919, entwarf Hitler eine ganze Abhandlung zur Judenfrage. Der rein gefühlsmäßige Antisemitismus führe letztlich zu Progromen; er löse die Judenfrage nicht. Notwendig sei "der Antisemitismus der Vernunft", denn dieser führe letztlich zur "Entfernung der Juden überhaupt".[77] Die fremdartigen, widerlichen, materialistischen Juden seien die "Rassentuberkulose der Völker". In einer Rede vom 6. April 1920 beschwor Hitler "die unerbittliche Entschlossenheit", die Juden "mit Stumpf und Stiel auszurotten": "Um unser Ziel zu erreichen, muß uns jedes Mittel recht sein, selbst wenn wir uns mit dem Teufel verbinden müßten."[78]

Unbeirrt wiederholt er noch 1942 in einer Rede vor 10.000 Leutnants seine rassistisch-sozialdarwinistischen Vorstellungen: Der Krieg sei Vater aller Dinge. Es sei ein Naturgesetz, "daß eine ewige Auslese stattfindet, bei der der Stärkere am Ende das Leben und das Recht zu leben behält und der Schwächere fällt". Schwach gewordene Völker seien spurlos vergangen. Notwendig sei ein harter Kampf, um Lebensraum für das deutsche Volk zu gewinnen.[79]

Der Schlußsatz der letzten Verlautbarung Hitlers, die für die Öffentlichkeit bestimmt war, seines politischen Testaments vom 29. April 1945, lautet: "Vor allem verpflichte ich die Führung der Nation und die Gefolgschaft zur peinlichen Einhaltung der Rassegesetze und zum unbarmherzigen Widerstand gegen den Weltvergifter aller Völker, das internationale Judentum."[80]

"Hitler hatte nur zwei wirkliche Ziele, ein außenpolitisches und ein rassepolitisches. Deutschland mußte unter seiner Führung neuen Lebensraum im Osten erobern, und es mußte die Juden entfernen. Der Staat und seine Verfassung, die Innen-, Wirtschafts- und Sozialpolitik, die Partei, ihr Programm und ihre Ideologie - alles war nur Mittel zu diesem Zweck."[81]

Bis zu seinem Tode weigerte sich Hitler, von seinen aberwitzigen Ideen abzulassen oder sie auch nur zu korrigieren. Erfahrungen, die ihnen widersprachen, unerwünschte Informationen oder abweichende Ansichten nahm er nicht zur Kenntnis. Er war, um sein eigenes mineralogisches Bild zu gebrauchen, ein Granitblock an Unbelehrbarkeit. Die Hirngespinste vom Judentum, vom Germanentum und vom Kampf zwischen beiden hat er niemals fahrenlassen, sondern mythisch überhöht.

Er war nicht nur unbesiegbar, er war auch unfehlbar. "Der Führer hat immer recht", hieß eine von ihm selbst ausgegebene Parole. Der Mittelpunkt seiner Ideologie war sein eigenes Ich. Glorreiche Siege über alle Feinde, Vernichtung der Juden, Herrschaft über Europa - das alles waren nur Blätter für den Lorbeerkranz, der ihn unsterblich machte. Er verglich sich mit Cäsar und Napoleon und glaubte, dereinst als einer der Größten der Menschheit in die Geschichte einzugehen, ja als "der größte aller Deutschen". Sein Sendungsbewußtsein blieb auch nach militärischen Niederlagen ungebrochen. In einer Rede 1942 beteuert er: "Man darf eine schwere Aufgabe, in die das Schicksal einen ersichtlich stellt, nicht seinen Nachkommen überlassen... Ich habe mir vorgenommen, alles, was es zu tun gibt, solange ich lebe, auf mich zu nehmen und es auch durchzuführen."[82]

Im Führerhauptquartier, Oktober 1941, erklärte Hitler: "Nur deshalb überhaupt befasse ich mich mit militärischen Dingen, weil es im Augenblick einen, der es besser könnte, nicht gibt."[83] Er bildete sich ein, kein anderer sei fähig, das zu leisten, was die Vorsehung ihm aufgetragen. Oft genug erklärte er vor 1939, er müsse den notwendigen Krieg bald beginnen, da er nicht lange leben werde. Nach ihm sei keiner mehr da, der die gigantische Sendung erfüllen könne. In Einklang mit diesem egozentrischen Welt- und Geschichtsbild ließ Hitler die Soldaten ihren Treueschwur nicht auf das Reich ablegen, sondern auf seine Person.

1914 wurde Hitler Gefreiter. 1919 war er, bei der Reichswehr in München, immer noch Gefreiter. Als seine ihm
wohlgesinnten Vorgesetzten gefragt wurden, warum er all
die fünf Jahre nie befördert worden war, etwa zum Unter-
offizier, antworteten sie: "Wir konnten keine Führerqualitä-
ten bei ihm entdecken."

Der dreißigjährige Hitler ist nichts, hat nichts, kann nichts.
Er hat keine Freunde und keinen Beruf. Hochstaplerisch gibt
er in einem Schriftstück vom 19. Oktober 1919 an: "Mein
Beruf ist Kaufmann, möchte aber Werberedner werden, man
spricht mir diese Begabung zu."[84] Seine Träume, Maler oder
Architekt zu werden, sind ausgeträumt. In der Politik wittert
er jetzt unvergleichlich günstigere Möglichkeiten, Ruhm zu
erlangen. Im Augenblick ist er als Spitzel für die Reichswehr
tätig. In dieser Eigenschaft lernt er 1919 im Leiber-Zimmer
des Sternecker-Bräus das eben gegründete Grüpplein kennen,
das sich "Deutsche Arbeiter-Partei" nennt. In der Diskussion
greift er so leidenschaftlich seinen Vorredner an, daß der
vierschrötige Gründer des Vereins seinem Nebenmann zuflü-
stert: "Mensch, der hot a Gosch'n! Den kunnt ma braucha."
Hitler wird das 55. Mitglied der DAP, die man nach drei
Monaten in NSDAP umbenennt. Er wird ihr Propaganda-
obmann und bald ihr Erster Vorsitzender.

Vierzehn Jahre später ist Hitler deutscher Reichskanzler
mit diktatorischer Sondervollmacht, die ihm fast alles erlaubt.

Wie konnte dieser überspannte Phantast zu solcher Macht
kommen? Und wie konnte er, einmal an die Macht gelangt,
die ersten sieben Jahre seiner Herrschaft, von Beifall um-
rauscht, so sagenhaft erfolgreich sein?

Seine Ideologie war die von Hirnverbrannten, seine unrea-
listischen politischen Fernziele waren die eines Größenwahn-
sinnigen; aber seine Taktik, seine Methoden waren psychologisch und technisch nahezu perfekt. So verrückt und vage

die Weltanschauung, so raffiniert war die Propaganda. So verstiegen die Absichten, so skrupellos waren die Mittel, sie zu verwirklichen. Die Antriebskraft seines amoralischen Handelns war sein entschlossener Wille, sich einen Namen zu machen.

*

In einem seiner Tischgespräche bemerkte Hitler 1942: "Mein ganzes Leben war nichts als ein ständiges Überreden."[85] Politik empfand er vor allem als rhetorische Überwältigung der Massen. Tatsächlich war es in erster Linie seine Redekunst, der er seine Erfolge verdankte.

Sein natürliches Redetalent, das mit medialen Fähigkeiten verbunden war, entdeckte er 1919 auf einer Versammlung in München. Ein Beobachter berichtet von einer Gruppe, "festgebannt um einen Mann in ihrer Mitte, der mit einer seltsam gutturalen Stimme unaufhaltsam und mit wachsender Leidenschaft auf sie einsprach. Ich hatte das sonderbare Gefühl, als ob ihre Erregung sein Werk wäre und zugleich wieder ihm selbst die Stimme gäbe. Ich sah ein bleiches, mageres Gesicht unter einer unsoldatisch hereinhängenden Haarsträhne, mit kurzgeschnittenem Schnurrbart und auffällig großen, hellblauen, fanatisch kalt aufglänzenden Augen."[86]

Auf keinem anderen Gebiet hat sich Hitler dermaßen sachkundig gemacht wie auf dem Gebiet der Massenpsychologie und der Propaganda. Die theoretischen Einsichten[87] wußte er als Demagoge in geschickter Berechnung aller Kniffe anzuwenden. Ob eine Idee, die er vorträgt, wahr ist, kümmert ihn nicht; einzig, ob sie sich als Waffe eignet, ist ihm wichtig. Die Verbindung des Nationalismus mit dem Sozialismus fand er im Programm der DAP bereits vor; im Grunde sind ihm die sozialistischen Bestrebungen völlig wurst; er macht ja auch aus der ursprünglichen Arbeiterpartei eine Mittel-

346

standspartei; aber trotzdem bringt er es gelegentlich fertig, im Brustton der Überzeugung die Sache des Proletariats zu vertreten. Das zog, und bis zuletzt gab ihm bei Wahlen ein großer Teil der Arbeiterschaft die Stimme.

Dem Redner Hitler standen alle Register zur Verfügung. Bald schmeichelte er, bald drohte er. Er konnte sich aggressiv, aber auch sanft und friedlich oder melodramatisch geben. Gewöhnlich begann er beherrscht, ruhig und konzentriert, in tiefer Tonlage, steigerte sich allmählich, gestikulierend, in Leidenschaft hinein, bis seine brüllende Stimme sich überschlug und er in Ekstase geriet. Seine orgiastische Selbstbestätigung riß die Zuhörermassen hin zu ähnlichem Rausch, der sich immer wieder äußerte in frenetischem Beifall. "Wie er der Katalysator der Massen war, der, ohne Neues beizusteuern, gewaltige Beschleunigungen und Krisenprozesse in Gang setzte, so katalysierten die Massen ihn; sie waren seine Schöpfung und er, gleichzeitig, ihr Geschöpf."[88] Auf Fakten und Argumente kam es da nicht an, entscheidend aber auf die Stimmung, die den suggestiven Redner mit seinen Zuhörern vereinte.

Diesen intensiven psychischen Kontakt mit den Zuhörern hätte Hitler kaum herstellen können, wenn er ihnen nicht aus dem Herzen gesprochen hätte. Die meisten waren geschlagen und gedemütigt aus dem Kriege heimgekehrt und fragten sich verbittert, wofür sie eigentlich Jahre lang an der Front Unsägliches erduldet hatten. Viele sahen sich ihrer Existenz beraubt und hungerten. Alle waren empört über den Schandfrieden von Versailles. Und 1922 raubte die Inflation ihnen die Ersparnisse. Hitler wußte ihren Gefühlen Ausdruck zu geben und versprach Rettung aus der Not.

Schon 1932 schrieb der Demokrat Theodor Heuß, der später der erste Bundespräsident nach dem Untergang der Hitlerherrschaft werden sollte: "Die Geburtsstätte der nationalsozialistischen Bewegung ist ... Versailles."[89] Das erklärt zu einem guten Teil den ungeheuren Zulauf, den die Hitler-Partei fand.

Nicht zu unterschätzen ist Hitlers histrionisches Talent. Die Fähigkeit, als großer Schauspieler die verschiedensten Rollen darzustellen, trug erheblich dazu bei, ihn auf dem Weg zur Macht zu unterstützen. Man sah ihn vor allem in zwei Rollen, die er je nach Bedarf abwandeln konnte: Gangsterboß in Velourshut und Trenchcoat mit Revolver oder Nilpferdpeitsche, oder Staatsmann in Frack und Zylinder.

Der ersten Rolle entsprachen die tollen Piratenstücke, die er sich dann und wann leistete, und die Kumpane, die er in München um sich scharte: entlassene Soldaten und Freikorpskämpfer, Schläger aus dem Untergrund, Rausschmeißer. Aus diesen Beschäftigung suchenden Rabauken rekrutierte er die ersten Sturm-Abteilungen (SA), die anfangs nur die Aufgabe hatten, in Hitlers Versammlungen jeden unerwünschten Zwischenrufer zusammenzuschlagen oder vor die Tür zu setzen; später wurden sie eine Privatarmee, uniformiert und bewaffnet, bestens trainiert für Propagandafahrten in LKWs über Land, für Saalschlachten und Straßenterror. Die Truppen dieser rücksichtslosen Draufgänger, die Hitler als OSAF (Oberster SA-Führer) befehligte, waren Ende der zwanziger Jahre doppelt so stark wie die Reichswehr.

Die Karikaturisten und Satiriker machten sich über diesen vulgären Kraftmeier Hitler weidlich lustig. Um so überraschender wirkte Hitler in der vornehmen Rolle, wenn er durch das Wohlwollen vermögender Gönner Zugang zur feinen Münchner Gesellschaft fand und im Salon der Frau Hanfstaengl, Frau Bruckmann oder Frau Bechstein auftrat. Man fand ihn, der bald auf das "Rätegesindel" schimpfte, bald für Richard Wagner schwärmte, ungemein interessant und machte ihn mit Industriellen bekannt, die ihm als Geldgeber nützlich sein konnten. In diesen Kreisen fehlte es nicht an aristokratischen oder großbürgerlichen Damen, die sich gern des jungen Politikers annahmen, um ihm das, was ihm an Schliff mangelte, mütterlich beizubringen.

Daß Hitler auch unter den Gebildeten, unter Literaten, Universitätsprofessoren, Künstlern und Studenten viele Anhänger fand, hängt nicht zuletzt damit zusammen, daß sie wie Hitler das Christentum längst abgetan hatten und sozialdarwinistischen, antisemitischen und völkischen Ideologien anhingen, in Richard Wagners Blutmythos und Pseudomystik schwelgten oder Nietzsches Übermenschen und Stefan Georges Reich ersehnten.[90]

Am 8. November 1923 fühlte sich Hitler mit seiner Anhängerschaft so stark, daß er einen Putschversuch unternahm. In München erklärte er die Reichsregierung der "Novemberverbrecher" für abgesetzt. Er wollte nach Berlin marschieren, um sich dort an die Spitze einer neuen Reichsregierung zu setzen. Seine Einschätzung der Lage war völlig falsch. Am andern Tag scheiterte das Unternehmen im Feuer der Polizei. Sechzehn Putschisten lagen tot auf dem Pflaster. Hitler floh nach Uffing und wurde dort verhaftet.[91]

Für jeden anderen Politiker hätte der klägliche Ausgang des grotesken Umsturzversuchs das Ende seiner Laufbahn bedeutet. Auch Hitler spielte mit Selbstmordgedanken. Sein Nimbus des unfehlbaren Führers, der seit 1922 von der Partei kultisch gepflegt wurde, lag, so schien es, im Eimer.

Der Hochverratsprozeß jedoch gab ihm die Möglichkeit, wieder als Demagoge aufzutreten, die Rolle des Angeklagten mit der des Anklägers zu vertauschen und stürmische Beifallskundgebungen des Publikums zu ernten. Er gewann Aufmerksamkeit weit über Bayern und Deutschland hinaus.

Die Festungshaft in Landsberg verbrachte er zusammen mit vierzig Anhängern. Wie ein Potentat hielt er Hof, empfing prominente Besucher und Berge Post. Um seinen Führungsanspruch zu untermauern, diktierte er *Mein Kampf*. Im autobiographischen Teil des Buches stilisierte er sich als den von der Vorsehung berufenen Heilbringer, als einen Staatsmann, wie ihn die Geschichte nur einmal nach Jahrhunderten hervorbringe. Im theoretischen Teil legt er seine Weltanschauung, seine politischen Ziele und sein Aktionsprogramm dar. Das stilistisch schlechte Elaborat wurde als "Mein Krampf" verspottet, kaum gelesen, nicht ernstgenommen.

Das ist sehr zu bedauern, denn es hätte vielen die Augen über Hitler öffnen können, die, als es zu spät war, ihn aufzuhalten, über seine Verbrechen entsetzt waren. "Selten oder vielleicht tatsächlich nie in der Geschichte hat ein Herrscher, ehe er an die Macht kam, so genau wie Adolf Hitler schriftlich entworfen, was er danach tat."[92] Alles, was er wollte und schließlich durchführte, ist in *Mein Kampf* enthalten:[93] Sein Haß gegen "Juda die Weltpest", sein Wille, alle Gegner zu vernichten, seine Entschlossenheit, mit Gewalt Lebensraum im Osten zu erobern und ein deutsches Imperium als Basis für die Weltherrschaft zu errichten, auch seine amoralische Gesinnung, die sich hemmungslos über alle Schranken hinwegsetzt. Selbst seine Bereitschaft zur Lüge verheimlicht er nicht, und mit verblüffender Offenheit enthüllt er Strategie und Taktik seiner Propaganda.

Die Ideologie, die Hitler 1924 darlegte, ist im wesentlichen unverändert dieselbe, die er sich schon ein Dutzend Jahre vorher in Wien angeeignet hatte. Nur im Hinblick auf die Methode hat er umgelernt: Was er bislang im Sturm mit Gewalt an sich reißen wollte, die Macht über ganz Deutschland, erstrebte er von jetzt an im Rahmen der Legalität. Wenn er erst einmal an der Macht sei, dann werde er aufräumen und Rache nehmen.

Fortan trieb er ein listiges Doppelspiel: In öffentlichen Reden beruhigte er die Regierungsparteien, die zu stürzen er entschlossen war, immer wieder mit der feierlichen Versicherung, daß er nur legal an die Macht kommen wolle und daß er die Weimarer Verfassung nur mit jenen Mitteln verbessern werde, die in der Verfassung selber vorgesehen sind. Wandte sich Hitler aber an die ungeduldig werdenden SA-Revoluzzer, die bald losschlagen wollten, so stellte er in Aussicht, daß "Köpfe rollen" werden, und beteuerte zynisch, er werde die Legalität nur benutzen, um alle Legalität revolutionär zu beseitigen.

*

Nur wenn es den Deutschen miserabel ging, hatte Hitler eine Chance, emporzukommen. Ohne Deutschlands Not wäre die NSDAP nie gediehen. In den Jahren 1923 bis 1928, in denen Deutschland sich stabilisierte, Prosperität und internationale Entspannung aufatmen ließen, blieben Hitler und seine Partei ohne großen Anklang. Bei der Reichstagswahl vom 20. Mai 1928 fielen auf die NSDAP nur 2,6 % der Stimmen, die Partei stand an neunter Stelle, als eine kleine Splittergruppe.

Erst der Streit um den Young-Plan, die Reparationen und die Weltwirtschaftskrise verhalfen Hitler zum Durchbruch und zum Eintritt in die große Politik. Deutschland hatte 1929 drei Millionen Arbeitslose; 1932 waren es über acht Millionen. Zwanzig Millionen Menschen lagen im Elend. Mit dem Chaos und der Hoffnungslosigkeit wuchs Hitlers Partei: Die Wahlen vom 14. September 1930 brachten ihr 18 % der Stimmen und 107 Mandate; die NSDAP war nach der SPD die zweitstärkste Partei. Nach den Wahlen vom 31. Juli 1932 bildeten die Nazis mit 230 von 608 Abgeordneten im Reichstag die stärkste Fraktion. Die SA hatte Ende 1932 eine halbe Million Mann, die Partei 1.400.000 Mitglieder.

Diese Erfolge erzielte Hitler durch eine beispiellose Steigerung seiner Redetätigkeit. Als erster deutscher Politiker benutzte er für Wahlkampfreisen Flugzeuge, so daß er innerhalb eines Tages in mehreren Städten auftreten konnte. Außerdem wurden schnelle Autos, Funk, Film ("Hitler über Deutschland"), Presse und eine Schallplattenfirma eingesetzt. Als bei Hitler infolge fehlerhafter Atem- und Stimmtechnik organische Schäden und bedrohliche Erschöpfungszustände auftraten, willigte er 1932 widerstrebend ein, bei dem Operntenor Paul Devrient Schauspiel- und Sprechunterricht zu nehmen; dieser verbesserte seine oratorische Leistung erheblich.[94] Die sorgfältig kalkulierte Inszenierung seiner Auftritte auf grandiosen Massenveranstaltungen und Feiern betäubte die Menge; sein Agitationsstil behexte sie.

In der kollektiven Wärme dieser Kundgebungen geschahen Erweckungserlebnisse und Bekehrungen. Der Rahmen, in dem Hitler auftrat, kombinierte die Erregungen von Zirkus, großer Oper und Liturgie. Allmählich entwickelten sich für die Ersatzreligion des neuen Heilbringers Rituale, die mit immer größerem Pomp abliefen und während des Dritten Reiches ihre letzte Steigerung fanden. Unbedenklich machte Hitler Anleihen bei der katholischen Kirche. So nannte er das von seinen Mitkämpfern vergossene Blut "Taufwasser für das Dritte Reich."[95] Die Partei hatte ihre Blutzeugen und ihren Märtyrerkult, ihren Festkalender und ihr Martyrologium, ihre Prozessionen mit Musik und Fahnen und ihre Altäre. "Uns ist Altar die Feldherrnhalle", dichtete Baldur von Schirach. Die SS baute "Ordensburgen" und zelebrierte "Eheweihen".

Zu Aufmärschen und Paraden gesellte sich die Weihe neuer SA-Standarten; dabei berührte der Führer mit einem Zipfel der "Blutfahne", einer Reliquie des Münchner Putsches, die neuen Feldzeichen, als übertrage er mystische Kräfte. So nutzte er, ohne selbst dergleichen zu glauben, für die Bezauberung der Massen den Volksaberglauben an magische Wirkungen, wie er sich an katholische Berührungsreliquien zu heften pflegt.

Hitlers Reden waren "die Predigt eines politischen Glaubens", "die Predigt einer Pseudoreligion".[96] Sie legten es auf Enthusiasmus an statt auf kritische Distanz. Wie ein Apostel verkündete Hitler einen Glauben, der Berge versetzt: "Wenn es unmöglich ist, dann versuchen wir es und gehen unter; wenn es notwendig und wahr ist, dann müssen wir glauben, daß es möglich ist, und diesen Glauben haben wir."[97]

"Auch bei uns ist in erster Linie das Glauben wichtig und nicht das Erkennen! Man muß an eine Sache glauben können. Der Glaube allein schafft den Staat. Was läßt den Menschen für religiöse Ideale in den Kampf gehen und sterben?

Nicht das Erkennen, sondern der blinde Glaube."[98] Der Kampf forderte Opfer. Wie so oft, parodierte Hitler ein Wort Jesu: "Opfert ihr vieles, so wird euch vieles verbleiben. Opfert ihr nichts, so wird euch nichts gelassen werden."[99]

Die Machtergreifung des Nationalsozialismus wurde auf dem "Parteitag des Glaubens" 1933 als "Sieg des Glaubens" gefeiert. Bei dieser Gelegenheit verkündete Hitler seine Gedanken vom nationalsozialistischen Volk: "Eine Gemeinschaft, ... vereint in einem großen Glauben".[100] Den Begriff "Drittes Reich", der im eschatologischen Chiliasmus des Mittelalters entstand und den Arthur Moeller van den Bruck säkularisierte, hat Hitler bewußt übernommen.[101]

Den religiösen Bedürfnissen der entchristlichten Massen kam Hitler weit entgegen: "Das ist das Gewaltigste, das unsere Bewegung schaffen soll: für diese breiten, suchenden und irrenden Menschen einen neuen Glauben, der sie in dieser Zeit der Wirrnisse nicht verläßt, auf den sie schwören und bauen, auf daß sie wenigstens irgendwo wieder eine Stelle finden, die ihrem Herzen Ruhe gibt."[102]

Hitler schloß kaum eine Rede, ohne mit dem Tremolo der Ergriffenheit (man meinte fast, ferne Glocken und Orgelklänge zu vernehmen) den "Herrgott", den "Allmächtigen" oder die "Vorsehung" zu erwähnen. Damit war nicht der lebendige Gott gemeint, der als höchstes Gebot Gottes- und Nächstenliebe fordert, sondern eine nebulose überirdische Instanz, die er auch "Schicksal" nannte, und deren einzige Aufgabe darin bestand, daß sie ihn, Adolf Hitler, aus Millionen deutscher Frontkämpfer als den besten, härtesten und tapfersten Mann auserwählte, damit er Deutschland aus seiner Erniedrigung emporführe und die ganze Welt erlöse.[103]

In seiner Rede im soeben annektierten Wien sagt Hitler: "Ich glaube, daß es auch Gottes Wille war, von hier einen Knaben in das Reich zu schicken, ihn groß werden zu lassen, ihn zum Führer der Nation zu erheben."[104]

Selbst Hitlers Bewunderer und Anhänger Dietrich Eckart sagte schon vor dem Novemberputsch von 1923 zu Hitlers

Freund Hanfstaengl: "Mit Adolf geht irgend etwas total schief. Der Mann entwickelt ja einen hoffnungslosen Fall von Größenwahn. Letzte Woche trabte er hier im Hof auf und ab mit seiner verdammten Peitsche und brüllte: 'Ich muß nach Berlin wie Jesus in den Tempel von Jerusalem und die Wucherer hinauspeitschen' und derlei Unsinn mehr. Ich sage dir, wenn er diesem Messiaskomplex freien Lauf läßt, wird er uns noch alle zugrunderichten."[105]

Auch in seinen öffentlichen antisemitischen Haßausbrüchen berief Hitler sich auf Jesus, der "zur Peitsche griff, um die Wucherer, das Nattern- und Otterngezücht hinauszutreiben aus dem Tempel", und der einen "ungeheuren Kampf ... gegen das jüdische Gift" geführt habe.[106]

Daß Hitlers Weltanschauung eine Ersatzreligion war, deren Kult sich um ihn selbst drehte, belegt seine Rede in Königsberg vom 25. März 1938: "Was sich in diesen letzten Wochen abspielte, ... ist das Ergebnis des Wunders des Glaubens: Denn nur der Glaube hat diese Berge versetzen können. Ich bin einst im Glauben an das deutsche Volk ausgezogen und habe diesen unermeßlichen Kampf begonnen. Im Glauben an mich sind ... Millionen mir nachgefolgt."[107] Der nationalsozialistische Eher-Verlag pries dementsprechend Hitlers *Mein Kampf* in seinen Prospekten als die "Bibel des deutschen Volkes" an.

Albert Speer fand, Hitler habe im Sinn gehabt, den "Anspruch ... des Religionsgründers zu erringen".[108] In dieser Religion wollte Hitler nicht nur der Prophet, sondern auch der Messias sein.

Natürlich paßte zu diesem Anspruch auf übermenschlichen Rang die Wirklichkeit keineswegs. Oft genug befielen Hitler Zweifel, oft genug schwankte, zögerte und zauderte er.[109] Aber das alles überspielte er durch die Behauptung, absolut unfehlbar zu sein. Jeder seiner Entschlüsse war göttlich. Jede überwundene Gefahr, jedes gescheiterte Attentat auf ihn bestätigte ihm und seinen Anhängern seine Auserwähltheit.

Der englische Schriftsteller C. S. Lewis schrieb in einem Brief am 5. November 1933, nachdem viele Juden aus Deutschland geflüchtet waren, seine Meinung über Hitlers rassistischen Antisemitismus (wohlgemerkt lange bevor dessen schlimmste Auswirkungen geschahen: die Nürnberger Gesetze, welche die Juden entrechteten und demütigten, die Synagogenbrände und Auschwitz): "Nichts kann die Verruchtheit von Hitlers Judenverfolgung oder die Absurdität seiner theoretischen Einstellung entschuldigen. Hast Du gelesen, daß er sagte: 'Die Juden haben keinen Beitrag zur menschlichen Kultur geleistet, und indem ich sie zermalme, erfülle ich den Willen des Herrn.' Da der ganze Gedanke vom 'Willen des Herrn' genau das ist, was die Welt den Juden verdankt, hat der gotteslästerliche Tyrann seine Absurdität in einem einzigen Satz festgehalten, so daß alle sie sehen können, und gezeigt, daß er ebenso verächtlich ist wegen seiner Dummheit wie er verabscheuenswert ist wegen seiner Grausamkeit."[110]

Den Willen Gottes kündeten und befolgten die alttestamentlichen Propheten und der Messias. Die Bilder des Propheten und des Messias sind jüdischen Ursprungs. Auch Hitler wollte Prophet und Messias sein, aber nicht des Willens Gottes, sondern seines eigenen Willens. Er übernahm jüdisches Geisteserbe, um es in luziferischer Weise zu pervertieren.

Als wäre er Gott gleich, nahm Hitler das Recht in Anspruch, über Leben und Tod jedes Deutschen und ganzer Völker zu entscheiden. Nach seinem Willen müssen zum Heile Deutschlands und der Welt Juden, Zigeuner, Bolschewisten und alle seine Gegner "mit Stumpf und Stiel ausgerottet werden". Wer für diesen Glauben nicht "fanatisch" kämpft, muß "beseitigt", "ausgemerzt" werden. Das sind die Lieblingswörter in Hitlers öffentlichen Reden: "fanatisch", "beseitigen", "ausmerzen", "ausrotten".

Diesem Anspruch, das ist das Fürchterlichste, wurde die Akklamation des Volkes zuteil. "Die deutsche Katastrophe wurde nicht allein durch das bewirkt, was Hitler aus uns gemacht hat, sondern durch das, was wir aus ihm gemacht haben... Er war der Mann, den das deutsche Volk wollte und den wir selbst durch maßlose Verherrlichung zum Herrn unseres Schicksals gemacht haben."[111]

Der Reichsorganisationsleiter der NSDAP, Robert Ley, sagte in einer Rede: "In zwanzig Jahren redet kein Mensch mehr von eurem Christus. Da gibt es nur noch Adolf Hitler." Die Erziehung des ganzen Volkes sollte es dahin bringen, daß Christus aus dem Geist und dem Herzen aller ausgetrieben ist und an seine Stelle der Führer als innerweltlicher Heilbringer tritt. Schon in nationalsozialistischen Kindergärten wurde als Gebetsersatz praktiziert:

> Händchen falten, Köpfchen senken,
> innig an den Führer denken,
> der uns Arbeit gibt und Brot
> und uns hilft aus aller Not.[112]

Die drei göttlichen Tugenden bezog Gauleiter Bürkel, als er 1935 bei einer Massenveranstaltung die Heimkehr der Saarbevölkerung meldete, nicht auf Christus, sondern auf Hitler: "Mein Führer! Das sind die von der Saar. Ihr Glaube ist Deutschland, ihre Hoffnung ist Deutschland, ihre Liebe ist Deutschland. Adolf Hitler, sei du ihr Führer, denn du bist ja Deutschland."

Diese Beispiele stehen für viele. Der Nationalsozialismus trat emotional und geistig an die Stelle, die durch den Verlust des christlichen Glaubens leergeblieben war. Schon im 19. Jahrhundert war das Volk weithin entchristlicht, von den Arbeitern bis zu den Gebildeten. Die geistige Elite der zwanziger und dreißiger Jahre des 20. Jahrhunderts war in einem Zustand, in dem sie den Lehren und Maßnahmen Hitlers, die jeder menschlichen Gesittung ins Gesicht schlugen, nichts Triftiges entgegenzusetzen hatte. Philosophen wie Heidegger, Dichter wie Benn - lauter Apostaten - jubelten Hitler ebenso zu wie die breiten Massen, deren geistige Nahrung aus vulgarisierter Naturwissenschaft und popularisierter Aufklärungsphilosophie bestand. Das gebildete Bürgertum, das in Gedanken weithin Nietzsches Losungen "Gott ist tot" und "Umsturz der Werte" gefolgt war und diese nun in primitiver Form bei Hitler wiederfand, ahnte freilich nicht die Radikalität, mit der dieser Tyrann praktische Konsequenzen aus Nietzsches Philosophie ziehen würde.

*

Auf den von Hitler angebotenen Heilsglauben nicht angewiesen war einzig die Minderheit gläubiger Christen. Deshalb waren sie am wenigsten zu Kompromissen mit Hitlers Ersatzreligion bereit. Der Glaube an die Heilsmacht des nordischen Blutes konnte mit dem Glauben an Christus nicht in Einklang gebracht werden. Die entschiedensten Gegner der nationalsozialistischen Ideologie waren die katholischen Priester; Tausende von ihnen saßen in den Konzentrationslagern.

Mochte Hitler noch so oft öffentlich erklären, er schütze die Kirche, sofern sie den Bereich der Seelsorge nicht überschreite; mochte er oft, wie ein Chamäleon die Tarnfarbe wechselnd, über seine Absichten im Hinblick auf Christentum und Kirche täuschen - er war entschlossen, zuletzt Christentum und Kirche völlig zu "beseitigen". Sie standen dem Absolutheitsanspruch seiner Ersatzreligion im Wege.

Immer wieder äußert sich Hitler in seinen Gesprächen voll Haß gegen den christlichen Glauben, den katholischen Klerus und die bekenntnistreuen evangelischen Pfarrer. Hier einige seiner Tiraden aus dem Jahre 1941:

"Auf die Dauer vermögen Nationalsozialismus und Kirche nicht miteinander zu bestehen... Der schwerste Schlag, der die Menschheit getroffen hat, ist das Christentum; der Bolschewismus ist der uneheliche Sohn des Christentums; beide sind eine Ausgeburt des Juden."[113]

"Das Gesetz des Daseins fordert ununterbrochenes Töten, damit das Bessere lebt. Das Christentum ist Auflehnen gegen dieses Grundgesetz... Konsequent durchgeführt, würde es zur Züchtung des Minderwertigen führen."[114]

"Wir werden dafür sorgen, daß die Kirchen keine Lehren mehr verkünden, die mit unseren Lehren in Widerspruch stehen."[115]

"Der Krieg wird ein Ende nehmen, und ich werde meine letzte Lebensaufgabe darin sehen, das Kirchenproblem noch zu klären... Das Christentum ist das Tollste, das je ein Menschengehirn in seinem Wahn hervorgebracht hat."[116]

Im Jahre 1942 erklärte Hitler, das Christentum sei eine "Kulturschande", die "beseitigt werden" müsse. Er wolle "die Herrschaft der Lüge" brechen, den Kampf gegen die "Pfaffen" ausfechten. Er "werde sofort handeln, falls die Prüfung ergibt, daß es geschehen kann".[117]

"Der größte Krebsschaden sind unsere Pfarrer beider Konfessionen! Ich kann ihnen jetzt die Antwort nicht geben, aber ... es wird der Moment kommen, wo ich mit ihnen abrechne ohne langes Federlesen... Um die grundsätzliche Lösung kommen wir nicht herum..."[118]

Offensichtlich schwebte Hitler im Hinblick auf die Christen eine "Endlösung" vor, wie er sie für die Juden in Gang setzte: "Diesen Kampf ... werde ich endgültig einmal für immer zum Austrag bringen. Das mag manchen schmerzen, aber ich werde die Pfaffen die Staatsgewalt spüren lassen, daß sie nur so staunen. Ich schaue ihnen jetzt nur zu. Würde ich glauben, daß sie gefährlich werden, würde ich sie zusammenschießen. Dieses Reptil erhebt sich immer wieder, wenn die Staatsgewalt schwach wird. Deshalb muß man es zertreten."[119]

*

Natürlich kann man den Erfolg von Hitlers Machtstreben nicht aus einer einzigen Ursache erklären. Hitlers Ersatzreligion mit ihrem pseudo-sakralen Brimborium war für die *psychische* Eroberung des notleidenden und glaubenslosen Volkes geeignet; um *politisch* Macht zu gewinnen und auszubauen, bediente sich Hitler eiskalt handfesterer Mittel. Er war ein virtuoser Techniker der Macht. Mit List und Tücke, mit Zuckerbrot und Peitsche disziplinierte er seine Anhänger und baute eine straffe Parteiorganisation auf. Mit absolutem Führungsanspruch ließ er sich diktatorische Vollmachten innerhalb der Partei geben. Rabiat schaltete er Fronden aus. Die Kommandostruktur der Partei kannte nur Befehl und Gehorsam. Diskussionen kamen nicht in Frage; Abstimmungen wurden untersagt. Der ideale Nazi war einer, der blind glaubte, fanatisch kämpfte und sich für seinen Führer totschlagen ließ. Das Programm der Partei waren nur formal die 25 Punkte; in Wirklichkeit bestand das Programm aus einem Namen: Adolf Hitler. Der Wille des einen Führers galt ausschließlich, in allem und für alle. Es war gefährlich, ihm zu widersprechen. Man folgte seinem Befehl, ohne Skrupel, in sturer Treue. "Nur um seinetwillen machten seine Anhänger vor nichts halt, nur im Blick auf ihn waren sie bereit, Opfer, Ehrwidrigkeiten und von Anfang an auch Verbrechen zu begehen."[120]

Mit derselben Hemmungslosigkeit, mit der Hitler seine innerparteilichen Gegner und Kritiker beseitigte oder austrickste, sprang er mit den innenpolitischen Gegnern um, mit Kommunisten, Sozialdemokraten und Zentrumsleuten, oder mit den Deutschnationalen, die der NSDAP nahestanden. Den groben Terror, mit politischen Morden, überließ er der SA. Er selbst begnügte sich, wenn er mit Politikern anderer Parteien verhandelte, mit Drohen, Erpressen, Versprechungen und Wortbrüchen. Im Dickicht der Intrigen glaubten die anderen, ihn zu überlisten und zu zähmen. In Wirklichkeit steckte er sie schließlich allesamt in die Tasche. Ohne die

Dummheit und Schwäche seiner innenpolitischen Gegner wäre Hitler nie zur Macht gelangt.

Triumphe und Schandtaten

Nach Hintertreppenintrigen der Kamarilla um Hindenburg, bei denen Franz von Papen eine üble Rolle spielte, wurde Hitler am 30. Januar 1933 vom Reichspräsidenten zum Reichskanzler ernannt. Er war nun Chef eines Präsidialkabinetts, in dem nur drei nationalsozialistische Minister neben acht konservativen saßen. Vizekanzler war Papen, der sich einbildete, Hitler vor seinen eigenen Wagen spannen zu können.

Wenige Monate später gab es nur noch eine einzige Partei in Deutschland, und Hitler war unumschränkter, durch nichts kontrollierter Herr des Reiches. Seine Anhängerschaft war nach der Machtübernahme gewaltig gewachsen. Zu den vielen, die sich jetzt aus Überzeugung mehr oder weniger mit seinen Bestrebungen einverstanden erklärten, gesellten sich die Scharen der Anpasser, Mitläufer, Opportunisten und Wendehälse.

Sein märchenhafter Aufstieg erschien Hitler selbst so wunderbar, daß er ihn als eine Bestätigung seines übermenschlichen Ranges empfand. In fast jeder Rede schilderte er diesen Aufstieg als einen Beweis dafür, daß "die Vorsehung", die sein Wollen mit Erfolgen krönte, auch weiterhin ihm Siege schenken werde.

Diese Selbsteinschätzung traf insofern zu, als das Wachsen der NSDAP und das Erringen der Macht zweifellos Hitlers ureigenstes Verdienst war. Kein deutscher Politiker, Diplomat, General oder Fachmann hat ihn beeinflußt; er beeinflußte die anderen. Seine Paladine waren seine Kreaturen, Werkzeuge in seiner Hand, eine verschworene Bande, ihm ergeben.

"Hitler hatte weder bei seinen Reden noch bei seinen Proklamationen und Briefen fremde Hilfen notwendig. Er lehnte
sogar normale Referentenentwürfe für seine Regierungserklä-
rungen ab und verwendete grundsätzlich nur eigene Formulierungen. Hitler ließ sich seit 1919 in seinen vorgefaßten
Anschauungen von niemand korrigieren."[121]

Zwölf Jahre lang war er der unangefochtene Herrscher.
Kein Mensch in der Geschichte hat jemals eine solche Macht
in seiner Person vereinigt: Hitler war Führer der NSDAP,
Reichskanzler mit durch Ermächtigungsgesetz außerordentlich erweiterten Befugnissen, von keinem Parlament kontrolliert, seit 1934 zugleich Reichspräsident, Staatsoberhaupt
und Oberster Befehlshaber der Wehrmacht, schließlich dazu
Oberbefehlshaber des Heeres und Oberster Gerichtsherr.
"Alle waren auf Hitler als Person und nicht etwa auf den
Staat vereidigt", da "der Herrscher nun nicht mehr Diener
des Staates, sondern umgekehrt der Staat Mittel des Herrschers war".[122] Und das Volk des Staates war "Menschen-
material", das ihm grenzenlos zur Verfügung stand. Was im
folgenden berichtet wird, geht also auf Hitlers Konto.

Die spektakulären Erfolge Hitlers nach seiner Machtübernahme brachten ihm Zustimmung selbst von solchen Deutschen, die bisher bei Wahlen nicht für seine Partei gestimmt
hatten. Er überwand die Massenarbeitslosigkeit, erreichte
1936 die Vollbeschäftigung und stellte die soziale Sicherheit
wieder her. Dazu kam eine Serie diplomatischer Erfolge und
außenpolitischer Überraschungen: Im Sommer 1933 wurde
der Viermächtepakt zwischen England, Deutschland, Frankreich und Italien unterzeichnet; die Sowjetunion fand sich
bereit, den Berliner Vertrag zu verlängern, und der Vatikan
schloß mit Hitler ein Konkordat. Es folgten im Oktober 1933
Deutschlands Austritt aus dem Völkerbund und der Genfer
Abrüstungskonferenz, 1934 der Nichtangriffspakt mit Polen,
1935 die Rückkehr des Saargebiets, die Wiedereinführung
der allgemeinen Wehrpflicht und das deutsch-englische Flottenabkommen, 1936 die Besetzung der entmilitarisierten

Zone des Rheinlands, die Wiederherstellung der vollen Souveränität, die Achse Berlin-Rom, der Antikominternpakt mit Japan und die Olympiade in Berlin, schließlich im März 1938 mit dem Anschluß Österreichs die Gründung Großdeutschlands. Immer wieder war es Hitler gelungen, durch dreistes Vorgehen, günstige Situationen wahrnehmend und Schwächen seiner Gegenspieler ausnutzend, blitzartig zupackend vollendete Tatsachen zu schaffen.

In diesen fünf Jahren gerieten die Deutschen in ihrer überwältigenden Mehrheit von einer Euphorie in die andere. Nur wenige wußten, "daß, als Hitler an die Macht kam, alle entscheidenden politischen Fragen auf friedlichem Wege bis zu einem Grade gelöst waren, den die Führer der NSDAP für unerreichbar gehalten hatten".[123] Hitler erntete außenpolitische Früchte, die seine Vorgänger gesät hatten; das Volk buchte das als Verdienst des Führers. Auch die wirtschaftliche Besserung hatte sich bereits vor Hitlers Amtsantritt durch das Abflauen der Weltwirtschaftskrise angebahnt.

Daß die Beseitigung der Arbeitslosigkeit durch großzügige Vergabe von Aufträgen, zum Beispiel Bau von Reichsautobahnen, mit einer enormen Verschuldung erkauft wurde,[124] störte kaum einen. Und wenige erkannten, wie verhängnisvoll es war, daß Hitler 1933 Völkerbund und Abrüstungskonferenz verließ. Damit wich er von der Politik Stresemanns ab und machte den erst wenige Monate zuvor geschlossenen Viererpakt zunichte.

So erweisen sich einige der damals bejubelten Ereignisse, bei Licht betrachtet, entweder als gar keine Fortschritte oder als Fortschritte, die nicht Hitler zu verdanken waren. Was es an wirklichen Errungenschaften Hitlers gab, war begleitet von kriminellen Handlungen.

*

Mit dem ungeniert verkündeten Grundsatz "Recht ist, was dem deutschen Volke nützt" wurden verbrecherische Instinkte freigelassen. Der Beginn des totalitären Führerregimes war das Ende des Rechtsstaates und der parlamentarischen Demokratie. Schon am 1. April 1933 wurden in ganz Deutschland jüdische Geschäfte, Ärzte und Anwälte durch Braunhemden schikaniert. Nach wenigen Monaten hatten die Nazis 600 Menschen ermordet und 50.000 Menschen in Konzentrationslagern eingesperrt. Viele Tausend waren ins Ausland geflüchtet, darunter bedeutende Wissenschaftler, Schriftsteller und Künstler. Alle Parteien und Gewerkschaften waren zerschlagen, die Verbände aufgelöst oder gleichgeschaltet, die Pressefreiheit aufgehoben, die Unabhängigkeit der Länder beendet.

Am 9. Juli 1933 konnte Hitler vor der SA erklären: "Die Macht haben *wir*. Niemand kann uns heute Widerstand entgegensetzen. Nun aber müssen wir den deutschen Menschen für diesen Staat erziehen."[125]

Zu dieser Erziehung wurden alle - Kinder, Jungen, Mädchen, Männer, Frauen, Arbeiter, Beamte, Lehrer, Bauern, Studenten und was es sonst noch an gesellschaftlichen Gruppierungen gab von den Kriegsopfern bis zu den Kraftfahrern - in entsprechenden nationalsozialistischen Organisationen "erfaßt", uniformiert und weltanschaulich-politisch "geschult". Die Amtswalter und "Politischen Leiter" der Partei bis hinunter zum Blockwart, aber auch die Geheime Staatspolizei und der Sicherheitsdienst kontrollierten die Gesinnung und spürten subversive "Elemente" auf. Die Folterkeller dieser Organisationen wurden natürlich in keiner Zeitung erwähnt.

Es passierten Dinge, da sahen viele weg. Hörte man gerüchteweise von Greueln und Schandtaten, dann wollte man es nicht glauben, oder man seufzte: "Wenn das der Führer wüßte ..." Daß der Wille Adolf Hitlers der Ursprung aller Verbrechen der SA und der SS war, schien undenkbar. Das Idol des Führers war sakrosankt; man glaubte ihm die Rolle des Heilbringers. Hitler schien in übermenschliche Regionen entrückt, und die Tatsache, daß er nicht rauchte, nicht trank, kein Fleisch aß, unverheiratet war und bedürfnislos lebte, dünkte die Kleinbürger schon als ein Zeichen von Heiligkeit. Bis im Sommer 1934 die Radio-Nachrichten von der handstreichartigen Niedermetzelung angeblicher Putschisten um Röhm dann doch einiges Erschrecken auslöste. In Wirklichkeit handelte es sich um den Mord an 85 mißliebigen Personen, der durch Gesetz nachträglich für rechtens erklärt wurde. Für einen Augenblick sah man Hitler als bluttriefenden Gangster.

*

Lange, nachdem der ganze Spuk des Dritten Reiches verweht war und die pompösen Paläste der Hitler-Herrschaft in Schutt lagen, sagten manche Deutsche, vor allem jene, die sich dankbar dessen erinnerten, daß sie nach 1933 beträchtlich höhere Löhne und mehr Urlaub bekamen, als das vorher oder in anderen Ländern üblich war: "Hätte Hitler nur die Juden in Ruh gelassen und keinen Krieg angefangen, dann wäre ja alles gut gewesen."

Nein, gar nicht. Selbst ohne Krieg und Judenvernichtung hat Hitler so viele Verbrechen verschuldet, daß seine Tyrannei, trotz einiger begrüßenswerter Leistungen, als unmenschlich und böse erscheint. Und was Krieg und Judenvernichtung betrifft, so hat Hitler vom Beginn seines öffentlichen Auftretens an oft genug deutlich gemacht, daß sie zwei zentrale Punkte seiner Weltanschauung und seiner Politik waren. Und er meinte, was er sagte.

Schon 1919 hat Hitler im Nationalen Klub ausgeführt, was er im Falle einer Machtübernahme tun wolle, einschließlich der Einrichtung von Konzentrationslagern.[126] Im *Völkischen Beobachter* vom 13. März 1921 schrieb Hitler in einem

Aufsatz in typischer Bildmischung: "Man verhindere die jüdische Unterhöhlung unseres Volkes, wenn notwendig durch die Sicherung ihrer Erreger in Konzentrationslagern."[127]

Selbst die massenhafte Vergasung von Juden faßte Hitler schon 1924 ins Auge: "Hätte man zu Kriegsbeginn (August 1914) und während des Krieges einmal zwölf- oder fünfzehntausend dieser hebräischen Volksverderber so unter Giftgas gehalten, wie Hunderttausende unserer allerbesten deutschen Arbeiter aus allen Schichten und Berufen es im Felde erdulden mußten, dann wäre das Millionenopfer der Front nicht vergeblich gewesen. Im Gegenteil. Zwölftausend Schurken zur rechten Zeit beseitigt, hätte vielleicht einer Million ordentlicher, für die Zukunft wertvoller Deutschen das Leben gerettet."[128]

Was die Glocke geschlagen hatte, merkte die ganze Welt am 9. November 1938. In dieser Nacht wurden in Deutschland die Synagogen in Brand gesteckt, viele Häuser der Juden zertrümmert und viele jüdische Bürger ermordet.

In seiner Rede vom 30. Januar 1939 erklärt Hitler drohend: "Wenn es dem internationalen Finanzjudentum in und außerhalb Europas gelingen sollte, die Völker noch einmal in einen Weltkrieg zu stürzen, dann wird das Ereignis nicht die Bolschewisierung der Erde und damit der Sieg des Judentums sein, sondern die Vernichtung der jüdischen Rasse in Europa."[129] Drei Jahre später wiederholt er es in seiner Rede vom 30. Januar 1942 und schreit, "daß dieser Krieg nicht so ausgehen wird, wie es sich die Juden vorstellen, nämlich daß die europäisch-arischen Völker ausgerottet werden, sondern daß das Ergebnis dieses Krieges die Vernichtung des Judentums sein wird."[130] Und noch einmal versichert er in seiner Rede vom 30. September 1942 im Berliner Sportpalast, "daß, wenn das Judentum einen internationalen Weltkrieg zur Ausrottung etwa der arischen Völker anzettelt, dann nicht die arischen Völker ausgerottet werden, sondern das Judentum."[131] Als er das sagte, lief seine Vernichtungsmaschinerie bereits auf Hochtouren.

Hitler wußte selbst, daß sein rassischer Antisemitismus bei der breiten Masse des deutschen Volkes nie rechte Zustimmung fand.[132] Deshalb waren seine Befehle zur "Endlösung der Judenfrage" und ihrer technisch-organisatorischen Durchführung streng geheim.

Schon am 31. Juli 1941 erhielt Heydrich den Auftrag, ein Konzept zur Entfernung der Juden aus dem gesamten deutschen Machtbereich zu entwickeln. Heydrich traf die technischen und organisatorischen Maßnahmen. Am 15. Oktober 1941 begann die systematische Deportation der Juden aus Deutschland und dem Protektorat Böhmen und Mähren. Später wurden auch in Frankreich, Holland, Belgien, Norwegen, den Balkanstaaten, Polen und Rußland die Juden zusammengetrieben, in Güterzüge verladen, nach Auschwitz, Treblinka, Maidanek oder in andere Vernichtungslager transportiert und dort - Männer, Frauen, Kinder, Greise - massakriert. Die ersten Massenmorde in Vergasungsräumen geschahen im Dezember 1941 in Chelmno. Die Staatssekretäre aller beteiligten Ministerien waren von Heydrich für den 9. Dezember 1941 zur Wannseekonferenz eingeladen worden; diese Konferenz wurde auf den 20. Januar 1942 verschoben.

Am 25. Oktober 1941 sagte Hitler in Gegenwart von Himmler und Heydrich: "Es ist gut, wenn uns der Schrecken vorangeht, daß wir das Judentum ausrotten."[133] Am 25. Januar 1942 bemerkte Hitler in der Wolfsschanze, in Gegenwart Himmlers: "Ich bin kolossal human... Ich sehe nur eines: die absolute Ausrottung."

Noch kurz vor seinem Tod, am 3. Februar 1945, sagte Hitler: "Ich habe sie (die Juden) nicht im ungewissen darüber gelassen, daß sie, sollten sie die Welt von neuem in den Krieg stürzen, diesmal nicht verschont würden - daß das Ungeziefer in Europa endgültig ausgerottet wird."[134]

*

Jahrelang hielt Hitler verlogene Friedens-Reden. Aber mochte er noch so oft seine Friedensliebe beteuern - auch ohne Lügen-Detektor war sein Kriegswille erkennbar. Schon an der Sprache war er zu erkennen. Am 27. Januar 1932 redete er in demselben Absatz, in dem er "Freundschaft und Frieden" anbot, von der Wiederherstellung eines "schlagkräftigen deutschen Volkskörpers".[135] Hitlers erste Proklamation als Regierungschef am 1. Februar 1933 bejahte die Pflicht, "für die Erhaltung und Festigung des Friedens einzutreten", verwendete aber militantes Vokabular wie "unbarmherzigen Krieg" und "kämpfen".[136] Der *Völkische Beobachter* brachte am 14. Februar 1933 ein Interview, in dem Hitler erklärte, daß "eine Abrüstung mit allen Kräften anzustreben sei"; aber Ausdrücke in diesem Interview wie "kämpfen" und "ausrotten" verraten, was von Hitlers Beteuerung seiner Friedensliebe zu halten war.[137]

Einige Beobachter ließen sich keinen Sand in die Augen streuen. Kaum war Hitler an die Macht gekommen, als der englische Schriftsteller G. K. Chesterton, Antiimperialist und Antitotalitarist seit je, öffentlich warnte: "Wir treiben bereits schrecklich schnell auf einen neuen Krieg zu, der wahrscheinlich an der polnischen Grenze beginnen wird... Wie viele haben Hitler etwas zu sagen, das ihn abhalten könnte, die ganze Christenheit in Flammen zu setzen durch einen Angriff auf Polen?"[138]

Daß Hitler mehr wollte als nur die Rückkehr der Gebiete, die der Versailler Vertrag vom Reich abgetrennt hatte, daß er entschlossen war, Lebensraum im Osten zu erobern und Deutschland zur Weltmacht zu vergrößern, das hatte er schon in *Mein Kampf* kundgetan und seit 1920 immer wieder ausgesprochen. Auch war er sich klar darüber, daß er diese Ziele nur durch Krieg erreichen konnte. Sein Fernziel war die Eroberung der Welt, die ein "Wanderpokal" sei, der endgültig ein und für allemal in die Hand der arischen Rasse unter Führung Deutschlands kommen sollte.

Diese expansionistische Außenpolitik fand einen vorwegnehmenden Ausdruck in Bauvorhaben von riesigen Ausmaßen. An langfristigen Planungen arbeiteten seit 1939 Hunderte bis zum Ende des Dritten Reiches. Alle Staatsbauten sollten in Granit ausgeführt werden, damit sie noch nach Jahrtausenden von Deutschlands und Hitlers Glorie kündeten. Hitler sagte, vor seinen gigantischen Bauten müßten "selbst die Pyramiden zurücktreten". Für Berlin, das "einmal die Hauptstadt der Welt" sein sollte,[139] war ein Triumphbogen entworfen, der sein Pariser Vorbild in der Höhe um mehr als das Doppelte überragen sollte. Hinter der Öffnung sollte fünf Kilometer entfernt die größte Versammlungshalle der Welt für 180.000 Menschen sichtbar sein, mit einer Kuppel 220 Meter hoch und einem Innenraum siebzehnmal so groß wie die Peterskirche in Rom. Zu Speer sagte Hitler im Frühsommer 1939: "Die Bekrönung dieses größten Gebäudes der Welt muß der Adler über der Weltkugel sein."[140]

Wie wollte Hitler die Ausführung seiner gigantomanischen Architekturpläne finanzieren? Ganz einfach: Aus den Ressourcen der eroberten Ostgebiete und mit Hilfe slawischer Sklavenheere. Ein weiterer Grund, die deutsche Wehrmacht in östliche Länder einmarschieren zu lassen. Aber auch ohne diese kostspieligen Baupläne brauchte Hitler den Krieg. Denn seit 1933 hatte seine Politik zu einer hohen Verschuldung des Reiches geführt. Die Art seiner Staatsfinanzierung ließ ihm nur die Wahl zwischen Krieg und Bankrott.[141]

Tatsächlich trieb Hitler zum Krieg. Ab Ende 1934 forcierte er die Aufrüstung. Am 9. Juni 1936 hatte er eine Unterredung mit Ribbentrop, Papen und Goebbels darüber, wie sein Lebensraum-Programm zu verwirklichen sei. Goebbels notierte: "Führer sieht Konflikt im Fernen Osten kommen. Und Japan wird Rußland verdreschen. Und dieser Koloß wird ins Wanken kommen. Und dann ist unsere große Stunde da. Dann müssen wir uns für 100 Jahre an Land eindecken."[142]

Zwei Monate später forderte Hitlers Denkschrift zum Vier-
jahresplan: "1. Die deutsche Armee muß in vier Jahren
einsatzfähig sein. 2. Die deutsche Wirtschaft muß in vier
Jahren kriegsfähig sein." - "Gegen wen sich diese Kriegsvor-
bereitungen richteten, hatte Hitler schon zu Beginn der
Denkschrift verdeutlicht: gegen das bolschewistische Rußland."[143]

In einer vierstündigen Geheimrede vor den Spitzen der
deutschen Wehrmacht, Blomberg, Fritsch, Göring und Rae-
der, und dem Außenminister von Neurath am 5. November
1937 in der Reichskanzlei erklärte Hitler, Deutschland könne
Lebensraum im Osten nur mit Gewalt erwerben. Das müsse
bald geschehen, und zwar 1938 mit einem "blitzartig schnel-
len" Überfall auf die Tschechei. Ein Eingreifen Englands
und Frankreichs sei nicht zu erwarten. Blomberg, Fritsch und
von Neurath äußerten Zweifel an der außenpolitischen Konzeption und an den militärischen Prognosen ihres Obersten
Befehlshabers und Bedenken gegen seine Kriegspolitik.
Hitler hörte das äußerst ungern und entfernte die drei Oppo-
nenten bald aus ihren Ämtern.

Vier Monate später holte Hitler Österreich "heim ins
Reich". Wien erlebte in jenen Märztagen des Jahres 1938
dasselbe, was fünf Jahre vorher Berlin während der "Machtergreifung" erlebte: Jubel schier ohne Ende, gleichzeitig,
vielleicht einen Häuserblock weiter, Terror des braununifor-
mierten Mobs.

Kaum war Hitler dieser Coup gelungen, als er schon ziel-
strebig die nächste Eroberung vorbereitete: die Zerschlagung
der Tschechoslowakei und die Annektion Böhmens und
Mährens. Er hatte es eilig, glaubte nicht mehr lange zu leben
und wollte das noch zu Ende führen, wozu nach ihm kein
Mensch mehr fähig sei. Die Lage spitzte sich zu. Trotz weit-
gehender Appeasement-Versuche seitens der Westmächte
schien Krieg unvermeidlich.

Jetzt versuchte in Deutschland eine Gruppe von Verschwörern aus allen politischen Lagern, Diplomaten und Generäle,

den Krieg zu verhindern und Hitler zu stürzen. Vom Frühjahr 1938 an waren viele Vertreter des deutschen Widerstands nach Paris und London gegangen, um den dortigen Politikern klar zu machen, daß Hitler nicht nur die Annektion der Tschechoslowakei, sondern die Weltherrschaft wolle und sofort aufgehalten werden müsse. Sie fanden taube Ohren. Selbst ein Generalstreik der Generäle war geplant, denn Deutschland war militärisch nicht stark genug. Dem sorgfältig vorbereiteten Staatsstreich wurde in letzter Minute durch das Münchner Abkommen zwischen England, Frankreich, Italien und Deutschland die Grundlage entzogen.

Nun hatte Hitler auch das Sudetenland mit 3.500.000 Deutschen für das Reich gewonnen - eine bedeutende Expansion. Trotzdem war er unzufrieden: Er hatte die kriegerische Eroberung Prags gewollt, und nun hatten ihm die drei Mächte einen Strich durch die Rechnung gemacht und ihn genötigt, seine Unterschrift unter einen Vertrag zu setzen. Er war entschlossen, trotz allem das ihm vorenthaltene Prag an sich zu reißen. Schon am 21. Oktober 1938 gab er Weisung, die militärische Eroberung der Rest-Tschechei vorzubereiten.

Im März 1939 sah Hitler aus einem Fenster des Hradschin auf das eroberte Prag. Die tschechische Armee hatte den einrückenden deutschen Truppen keinen Widerstand geleistet. Böhmen-Mähren wurde als Protektorat dem Reich eingegliedert. Ein Triumph?

Wenn man an Hitlers Geheimrede vom 5. November 1937 denkt, dann kann man diesen Raub einen Triumph nennen, denn genau das hatte Hitler ja gewollt. Wenn man aber an Dutzende seiner öffentlichen Reden denkt, dann muß man nüchtern feststellen, daß Hitler nun genau das Gegenteil getan hatte von dem, was er in nachdrücklichster Form seinem Volk und dem Ausland immer wieder beteuert hatte. Er war am 15. März 1939 dreifach wortbrüchig geworden.

Der erste Wortbruch: am 27. Mai 1933 erklärte Hitler: "Wir werden niemals fremde Menschen zu unterwerfen versuchen."[144] Am 26. August 1938 versicherte Hitler: "Wir wollen gar keine Tschechen!" Nun hatte er ein fremdes Volk vergewaltigt.

Der zweite Wortbruch: Am 18. Oktober 1933 sagte Hitler: "Ich werde niemals meine Unterschrift als Staatsmann unter einen Vertrag setzen, den ich als Ehrenmann auch im privaten Leben niemals unterschreiben würde, und wenn ich darüber zugrunde ginge! Denn ich möchte auch nicht meine Unterschrift unter ein Dokument setzen mit dem stillen Hintergedanken, es doch nicht zu halten! Was ich unterschreibe, halte ich. Was ich nicht halten kann, werde ich niemals unterschreiben."

Am 24. Oktober 1933 proklamierte Hitler: "Ich für meine Person erkläre, daß ich jederzeit lieber sterben würde, als daß ich etwas unterschriebe, was für das deutsche Volk meiner heiligsten Überzeugung nach nicht erträglich ist."

Am 2. November 1933 erklärt Hitler: "Niemals würde ich etwas unterzeichnen, von dem ich weiß, daß es niemals gehalten werden kann, weil ich entschlossen bin, das, was ich unterschreibe, auch zu halten."

Am 24. Februar 1935 wiederholt Hitler: "Was wir glauben, aus Prinzipien der Ehre oder des Vermögens nicht halten zu können, werden wir nie unterzeichnen. Was wir einmal unterzeichnet haben, werden wir blind und treu erfüllen."

Am 21. Mai 1935 beteuert Hitler: "Die deutsche Reichsregierung hat die Absicht, keinen Vertrag zu unterzeichnen, der ihr unerfüllbar erscheint. Sie wird aber jeden freiwillig unterzeichneten Vertrag, auch wenn seine Abfassung vor ihrem Regierungs- und Machtantritt stattfand, peinlich einhalten."

Am 28. März 1936 verbürgt sich Hitler abermals: "Mehr Garantie für die Sicherheit eines solchen Vertrages, der von dieser (Hitlers) Hand unterzeichnet wird, gibt es zur Zeit auf der Welt nirgends!"

Schon die wortreiche, redundante und übertreibende Sprache ist verdächtig. Selbst als Lügner erweist sich Hitler nicht als ein Teufel, sondern nur als ein kümmerlicher Mensch;

der Teufel, "der Erzvater der Lüge", hätte wohlweislich verzichtet auf so großmäulige, Argwohn weckende Wendungen wie "und wenn ich darüber zugrunde ginge", "ich jederzeit lieber sterben würde" und "auf der Welt nirgends". Daß Hitlers Unterschrift unter das Münchner Abkommen vom 30. September 1938 nichts wert war, sah fünfeinhalb Monate später die ganze Welt.

Der dritte Wortbruch: "Wir haben in Europa keine territorialen Forderungen zu stellen", sagte Hitler in seiner Rede vom 7. März 1936, zwei Jahre vor dem Anschluß Österreichs. In seiner Rede vom 26. September 1938 beteuerte er im Hinblick auf das Sudetenland: "Es ist die letzte territoriale Forderung, die ich in Europa zu stellen habe." Dieser Forderung gaben die Westmächte nach. Aber dann fiel Hitler in die Rest-Tschechei ein, und am 22. März 1939 annektierte er noch das Memelland.

Der Diktator war überzeugt, er könne seine Überfälle beliebig fortsetzen. Bisher hatte ihn keine Macht an seinen Eroberungen gehindert. Die Engländer, so meinte er, seien verkalkt und kraftlos; er nahm ihre am 31. März 1939 gegebene Garantie für Polen ebensowenig ernst wie ihre Erklärungen, eine weitere Aggression Hitlers bedeute den sofortigen Kriegseintritt Großbritanniens und Frankreichs im Abwehrkampf gegen das imperialistisch-expansive Deutsche Reich. Hitlers Einschätzung Englands war völlig illusionär, von englischer Geschichte und englischer Mentalität hatte er keine Ahnung, und nicht einmal aus der Kriegserklärung Großbritanniens im Jahre 1914, die er doch miterlebt hatte, vermochte er eine Lehre zu ziehen. Er bereitete alles vor, um als nächstes Land Polen zu überfallen.

Am 11. April 1939 gab er Weisung an die Wehrmacht, militärische Vorbereitungen für den Krieg gegen Polen zu treffen. Er wollte aber den Krieg auf Polen beschränken. Zwei Wochen später kündigte Hitler den deutsch-polnischen Nichtangriffspakt und das deutsch-britische Flottenabkommen. Als die Westmächte in der Absicht, Deutschland einzukreisen, mit der Sowjetunion verhandelten, kam Hitler ihnen zuvor, indem er am 23. August 1939 mit Stalin den deutsch-sowjetischen Nichtangriffspakt schloß. In einem geheimen Zusatzprotokoll wurde zwischen Berlin und Moskau die Teilung Polens beschlossen.

Entsetzt reagierte der Chefideologe der Nazis, Alfred Rosenberg, auf diese Wendung. Zwanzig Jahre hatte die nationalsozialistische Propaganda gegen den Bolschewismus gekämpft - und nun das! Seinem Tagebuch vertraute er an: "Das war nicht ein Schritt aus freiem Entschluß, sondern die Handlung einer Zwangslage... Wie können wir noch von der Rettung und Gestaltung Europas sprechen, wenn wir den Zerstörer Europas um Hilfe bitten müssen?"

Die Sowjetunion auf seiner Seite, glaubte Hitler nun Oberwasser zu haben. Er wandte die schon vor den Einmärschen in Österreich und in Böhmen geübte Methode an und erklärte, er könne die Leiden der Deutschen in Polen und in der Freien Stadt Danzig nicht mehr mitansehen; er müsse eingreifen. Deutsche Zuchthäusler wurden in polnische Uniformen gesteckt und "eroberten" den deutschen Sender Gleiwitz. Im Morgengrauen des 1. September 1939 wurde, wie Hitler sich in seiner Reichstagsrede ausdrückte, "zurückgeschossen". Und die deutschen Truppen überrollten Polen in einem Blitzkrieg.

Als aber Hitler zwei Tage später die Nachricht empfing, England habe den Krieg erklärt, erlitt er einen Schock. Minutenlang starrte er schweigend vor sich hin. Dann wandte er sein wütendes Gesicht Ribbentrop, seinem lakaienhaften Außenminister, zu und fragte: "Was nun?"

Einen Krieg mit England hatte er nicht gewollt. Bis zu dieser Stunde hatte er gedacht, England hätte im Ernst nichts dagegen einzuwenden, daß er Polen erobere und später die Ukraine. Bis jetzt hatte er von sich auf andere geschlossen und gewähnt, die amtlichen Verlautbarungen des britischen Regierungschefs seien ebenso Lüge und Bluff wie seine eigenen. Jetzt war seine ganze außenpolitische Konzeption zusammengebrochen. "Den Krieg in dieser Konstellation hatte Hitler nicht gewollt. Die Fronten waren gleichsam 'verkehrt' gesteckt, denn mit der Sowjetunion, die zu erobern sein erklärtes Ziel war, hatte er ein Bündnis abschließen müssen, und mit England, seinem Wunsch-Bündnispartner, befand er sich im Krieg."[145] Er, der sich einbildete, der genialste Staatsmann aller Zeiten zu sein, hatte die Lage in verhängnisvoller Weise völlig verkannt. Er hätte jetzt schon, was er erst fast sechs Jahre später tat, sich erschießen können.

Pyrrhussiege und Katastrophen

Am 1. September 1939, als er den Zweiten Weltkrieg begann, erwies sich die Amoralität Hitlers in einer bemerkenswerten Verlautbarung: Die Rede, in der Hitler vor dem Reichstag den Kriegsbeginn bekanntgab, enthielt den merkwürdigen Satz: Ich werde den feldgrauen Rock "nur ausziehen nach dem Sieg - oder ich werde dieses Ende nicht mehr erleben!"[146]

Ein schöner Führer, der gleich am ersten Kriegstag kundgibt, daß die Sache schiefgehen könnte und er für diesen Fall entschlossen sei, sich durch Selbstmord der Verantwortung zu entziehen. Dieser Vabanquespieler kalkulierte den Untergang ein: Das sollte dann ein theatralischer Abgang werden in loderndem Brand, im Stil einer Wagner-Oper: "Götterdämmerung".

Bald danach erließ Hitler zwei Geheimbefehle. Der erste konnte die aufmerksamen Leser von *Mein Kampf* nicht überraschen, denn dort hatte Hitler geschrieben, man werde "zur unbarmherzigen Absonderung einmal unheilbar Erkrankter schreiten müssen".[147] Nun gab er in einem geheimen Führererlaß den Auftrag, unheilbar Kranken den "Gnadentod" zu geben. Dieselben Spezialisten, die später in Auschwitz den Genozid betrieben, brachten 80.000 Geistesschwache und dergleichen "lebensunwertes Leben" als unnütze Esser in "Tötungsanstalten" um.[148] Erst die öffentlichen Proteste des Bischofs von Münster, Clemens August Graf von Galen, bewirkten, daß diese Massenmorde August 1941 eingestellt wurden.

Der zweite Führerbefehl verlangte, daß im eroberten Polen "Einsatzgruppen" die Juden und die polnische Intelligenz ausrotteten. Rund 7.000 SS-Männer führten die Massenerschießungen durch. Eine Million Polen wurden von Haus und Hof vertrieben, um deutschen Siedlern Platz zu machen.

Hitler begann den Krieg mit dem Ziel, nicht nur Polen zu unterwerfen, sondern später auch die Ukraine und einen großen Teil Rußlands als "Lebensraum" für deutsche Siedler und schließlich den europäischen Kontinent als Territorium des "Großgermanischen Reiches". Er begann den Krieg, das stimmt, mit der modernsten Wehrmacht der Welt; aber sie war zu klein, um seine Pläne zu realisieren. Hätten gleich nach Beginn des polnischen Feldzugs Frankreich und Großbritannien im Westen angegriffen, so wäre der Krieg nach ein paar Tagen für Hitler verloren gewesen.

Zunächst sah es freilich so aus, als eile Hitler von Sieg zu Sieg. Ein Blitzkrieg folgte dem andern. Innerhalb von neun Monaten erzielte er beispiellose Erfolge. In drei Wochen war Polen überrannt, in zwei Monaten waren Norwegen, Dänemark, die Niederlande, Belgien, Luxemburg und Frankreich überwältigt, die Engländer auf ihre Insel zurückgetrieben. Keitel feierte Hitler als "den größten Feldherrn aller Zeiten". Hitlers ohnehin zügelloses Selbstbewußtsein steigerte sich noch mehr. Sogar die Deutschen, die ziemlich lustlos in den Krieg gegangen waren, wurden begeistert. Sicherheitsdienst-Berichte meldeten Ende Juni 1940 noch nie erreichte Geschlossenheit des deutschen Volkes; nur kirchliche Kreise äußerten sich noch "defätistisch".[149]

Es schien während der ersten beiden Kriegsjahre, als sei Hitler unbesiegbar. Daß er in Wirklichkeit schon in diesem Zeitraum eine Serie von diplomatischen und militärischen

Niederlagen erlitten hatte,[150] wurde durch die Propaganda unterdrückt. Und der Rußlandkrieg, den Hitler unter Vertragsbruch im Sommer 1941 begann, verlief anders, als er sich das vorgestellt hatte. Es sollte ein Blitzkrieg werden, aber ehe Moskau erobert war, brachte der Einbruch des Winters den deutschen Vormarsch zum Stehen. Am 27. November 1941 erklärte Generalstabschef Halder dem Führer: "Wir sind am Ende unserer personellen und materiellen Kraft."[151]

Im Dezember 1941 hatte Hitler mit der Sowjetunion, den Vereinigten Staaten von Amerika und dem britischen Empire die drei Großmächte geschlossen als Kriegsgegner gegen sich gebracht - praktisch hatte er den Krieg schon verloren. Denn die Rüstungskapazität seiner Gegner war fünfzehnmal so groß wie die Deutschlands. Vor allem an Treibstoff und an Rohstoffen waren die drei Großmächte Deutschland und seinen Verbündeten haushoch überlegen. Dieser Unterschied ließ sich, wie Generalfeldmarschall Rommel Hitler 1944 voll Bitterkeit sagte, weder durch deutsches Heldentum noch durch deutschen Erfindergeist ausgleichen. Am 1. Dezember 1942 drängte auch Hitlers Bundesgenosse Mussolini den Führer vergeblich, Rußland aufzugeben, weil er dort auf die Dauer nicht siegen könne.

Hitler aber glaubte immer noch an den Endsieg. Im Sommer 1942 schien er der mächtigste Mann der Welt zu sein. Er herrschte vom Atlantik bis zum Kaukasus, vom Nordkap bis zur Sahara. Nur war es völlig ausgeschlossen, daß er dieses Gebiet militärisch und politisch halten konnte.

Verhängnisvoll wirkte sich aus, daß Hitler, vor allem in der zweiten Kriegshälfte, wichtige militärische Entscheidungen im Hinblick auf ihre propagandistische Wirkung traf.[152] Typisch dafür ist sein Durchhaltebefehl an die bei Stalingrad eingeschlossene 6. Armee, die dann völlig verlorenging. Begreiflich, daß die Zerwürfnisse zwischen Hitler und seinen Generälen sich häuften.

Als im März 1943 Stalin ihm einen Separatfrieden anbot, auf der Basis der deutschen Grenzen vom 21. Juni 1941, lehnte Hitler ab.[153] Ein halbes Jahr später fand er, "daß er im Frühjahr 1943 seine einzige Chance verpaßt hatte, unter Einbußen, aber mit einem immer noch mächtigen 'Großdeutschen Reich' aus dem Zweiten Weltkrieg herauszukommen".[154]

Aber auch das war eine Illusion. Nach wie vor verkannte Hitler den Willen und die Macht Großbritanniens, der Vereinigten Staaten von Amerika und der anderen Alliierten, den Krieg nicht eher zu beenden, als bis seine Herrschaft zerschlagen war.

Seit dem Sommer 1944 rückten die Alliierten unaufhaltsam von Westen, Süden und Osten gegen Deutschland vor. Daß Hitler das Attentat vom 20. Juli 1944 überlebte, wie ja auch die neun früheren Attentatsversuche fehlschlugen, mochte er zwar als ein günstiges Zeichen der "Vorsehung" deuten; aber er konnte sich nicht verhehlen, daß sein Volk ihm keineswegs geschlossen folgte.[155]

Mit dieser Möglichkeit rechnete er schon seit 1941, und seine Äußerungen darüber sind von einem ungeheuren Zynismus. Am 27. November 1941 bemerkte Hitler ausländischen Besuchern gegenüber: "Wenn das deutsche Volk einmal nicht mehr stark und opferbereit genug ist, sein eigenes Blut für seine Existenz einzusetzen, so soll es vergehen und von einer anderen, stärkeren Macht vernichtet werden... Ich werde dann dem deutschen Volke keine Träne nachweinen."[156] Am 27. Januar 1942 sagte Hitler bei Tisch: "Wenn das deutsche Volk nicht bereit ist, für seine Selbsterhaltung sich einzusetzen, gut: dann soll es verschwinden!"[157] 1945, als alles verspielt war, sagte Hitler zu Albert Speer, "es sei nicht notwendig, auf die Grundlagen, die das deutsche Volk zu seinem primitivsten Weiterleben braucht, Rücksicht zu nehmen"; es habe "sich als das schwächere erwiesen, und dem stärkeren Ostvolk gehöre ausschließlich die Zukunft"![158]

Am 19. März 1945, als die Alliierten von Ost und West bereits tief in Deutschland eingedrungen waren, erteilte Hitler den "Nero-Befehl": Die zurückweichenden deutschen Truppen sollten alle Industrieanlagen und lebenswichtigen Einrichtungen zerstören. Der Feind solle nur noch verbrannte Erde vorfinden.

Generaloberst Halder urteilte über Hitler: "Für ihn gab es, als er an der Spitze der Macht stand, kein Deutschland, und wenn er es auch noch so oft im Munde führte; für ihn gab es keine deutsche Truppe, für deren Wohl und Wehe er sich verantwortlich fühlte; für ihn gab es - zu Beginn unbewußt, in den letzten Jahren auch völlig bewußt - nur eine Größe, die sein Leben beherrschte und der seine dämonische Kraft alles geopfert hat: sein eigenes Ich."[159]

*

In den letzten zwei Jahren seines Lebens verfiel Hitler körperlich schnell. Er hatte mit seiner Gesundheit Raubbau getrieben; außerdem ruinierte er sich durch die unwahrscheinliche Menge an Medikamenten, die sein Leibarzt ihm verschrieb. Trotzdem "blieb er geistig so beweglich wie zuvor".[160]

Auch den Zauber, mit dem er Menschen in seinen Bann zog, behielt er bis zuletzt. Im März 1945 erschien der Danziger Gauleiter Forster im Führerhauptquartier, entschlossen, Hitler aus seiner irrealen Welt zu reißen und ihn darauf hinzuweisen, daß in Danzig tausend russischen Panzern nur vier deutsche Tigerpanzer mit unzureichenden Benzinvorräten gegenüberstanden. Als er nach der Unterredung mit Hitler wieder ins Vorzimmer kam, war er völlig umgewandelt und glaubte, daß Hitler Danzig retten werde, "und da gibt's nichts mehr zu zweifeln".[161]

378

Auch die Feldmarschälle, die bei Hitler energisch protestieren wollten, kamen breitgeschlagen von ihren Besprechungen zurück. Die suggestive Überredungskunst und die hellen Augen ihres Obersten Befehlshabers täuschten sie über die Realitäten hinweg.

Diese letzten Tage im Führerbunker der Reichskanzlei wirkten seltsam gespenstisch. Immer noch hoffte Hitler auf die Wunderwaffe, auf die rettende Wende, auf das Eingreifen seiner "Vorsehung". Als die Nachricht vom Tode des amerikanischen Präsidenten Roosevelt eintraf, bildete er sich für ein paar Stunden wirklich ein, nun sei der Krieg doch noch gewonnen.

Die Einkesselung Berlins konnte er nicht leugnen, die Granateinschläge in seiner nächsten Nähe nicht überhören, die Bombenschäden in der Reichskanzlei nicht übersehen. Am 29. April 1945, als die Rote Armee schon am Potsdamer Platz stand, diktierte er sein persönliches und politisches Testament. Seine Hybris war ungebrochen: Er habe "schwerste Entschlüsse" fassen müssen, "wie sie bisher noch keinem Sterblichen" abverlangt worden seien.[162] "Von der ersten bis zur letzten Zeile ist kein Wort des Bedauerns oder einer Andeutung von Reue zu finden. Schuld haben die anderen, vor allem die Juden, denn auch jetzt noch ist der alte Haß nicht gestillt."[163]

Ebenso tönt seine letzte Botschaft vom 29. April 1945 an Keitel: "Treulosigkeit und Verrat haben während des ganzen Krieges den Widerstandswillen unterhöhlt. Deshalb war es mir nicht vergönnt, mein Volk zum Siege zu führen." Die Juden hätten den Krieg angezettelt, die Generäle hätten ihn verloren. Hitler sei nicht verantwortlich dafür.[164]

Kaum hatte Hitler sich mit seiner ihm soeben angetrauten Frau zurückgezogen, um Hand an sich zu legen, als die ungeheure Spannung, die alle Insassen des Führerbunkers bedrückte, sich löste. Ehe Hitler die Pistole gegen seine Schläfe hob, hörte er noch den Lärm des Trinkgelages und des Tanzens draußen.

Nachwort

Kriminalromane erzielen höhere Auflagen als Heiligenleben. In dem Zustand, in dem wir Menschen uns befinden, ist das Laster für uns attraktiver als die Tugend. Lieber als Bücher über Menschenfreunde lesen wir Biographien von blutrünstigen Tyrannen. Nur wenige von denen, die Dantes *Inferno* genossen, vertiefen sich auch in sein *Paradiso*.

Warum ist das so? Liegt es am Reiz des Verbotenen, der ungeheuren Ruchlosigkeiten? Ist es die Neugier, die uns zu einem Blick in Abgründe der Verworfenheit drängt? Oder ist es das Vergnügen, sich solchen Bösewichtern überlegen zu fühlen? Je niederträchtiger der Schurke, für um so besser hält man sich selbst, nicht wahr?

Vorsicht! Genau diese Einstellung, die andere als Schurken sieht, ließ Menschen wie Robespierre und Hitler selbst zu Schurken werden. Und von der Hybris eines Tyrannen ist nicht sehr unterschieden die Hybris eines Schriftstellers oder eines Historikers, der die Rolle Gottes in einem Jüngsten Gericht zu übernehmen sich unterfängt.

Unser moralisches Urteil, angewandt auf historische Personen, ist nicht unfehlbar. Selbst wenn wir über einen bestimmten Menschen *alles* wüßten, auch seine geheimsten Gedanken, müßten wir unser Urteil über ihn unter eschatologischen Vorbehalt stellen.

Eine weitere vorsichtige Zurückhaltung im Urteilen gebietet uns die Solidarität, die wir allen Menschen schulden. Sagen wir nie von den Taten eines Tyrannen: "Wie bestialisch!" Denn Bestien tun so etwas nicht. Sagen wir nie: "Wie teuflisch!" Denn nie ist ein Verbrecher ein Teufel; er ist und bleibt ein Mensch wie wir. Sagen wir also stattdessen: "Wie menschlich!" Denn menschliche Möglichkeiten sind es, die wir - zu unserem Entsetzen - in den Tyrannen von Herodes bis Hitler verwirklicht sehen. Und auch in denen, die in mehreren Ländern als "Befreier vom Faschismus" kamen, um dann ebenfalls ein totalitäres Unterdrückungssystem zu praktizieren, einschließlich der Konzentrationslager, die sie gleich von Hitler übernahmen.

Unsere Solidarität gehört gewiß in erster Linie den Opfern der Despoten. Und die Solidarität mit jenen Opfern, die selbst Despoten wurden, schließt nicht aus, daß wir ihre Taten verabscheuen und alles tun, um zu verhindern, daß in Zukunft weitere Despoten auftreten.

Eine Voraussetzung dazu wäre die Katharsis, welche die Betrachtung von Menschen, die schwerste Schuld auf sich geladen haben, in uns auslöst.

"Ich möchte keinem Menschen im strengsten Sinne raten, sich die Stärke zuzutrauen, kein Nero zu werden", schreibt der Assessor Wilhelm in Kierkegaards *Entweder - Oder*.[1] Auch Seneca meinte, nur die Umstände hinderten viele Leute daran, es an Grausamkeit, Ehrgeiz und Wohlleben den Verworfensten gleichzutun.[2] Solschenizyn bekannte: "Das hat sich doch, ehrlich, bloß so ergeben, daß nicht wir die Henker waren, sondern sie."[3] Was Tugend zu sein scheint, ist oft nur Mangel an Gelegenheit.

Goethe war so redlich, zu gestehen, er hätte alle Bosheiten und Verbrechen, die er in seinen Dichtungen schildert, selbst begehen können. Was der Autor zugibt, müßte der Leser, für seine Person, ebenfalls zugeben.

Hitler in uns selbst war der Titel eines Buches, das nach dem Zweiten Weltkrieg weit verbreitet war. Der Titel dieses Buches ist das Beste an ihm. Er regte in mir Gedanken an, die ich, als ich nach vielen Jahren das Buch selbst las, in ihm nicht fand.

Das Gute in sich zu verwirklichen, das Böse in sich zu vermeiden oder zu überwinden, kostet Anstrengung des Denkens und des Willens. Zu dieser Anstrengung sich aufzuraffen, sind die meisten Menschen zu bequem oder zu schwach. Die acht Großverbrecher dieses Buches haben sich, das muß man ihnen lassen, ungeheuer angestrengt; aber ihre Anstrengung war gelenkt von falschen Doktrinen; von Vorstellungen wie: ein König sei Jahwes Stellvertreter, der Cäsar sei ein Gott, der Zar vertrete den Allmächtigen Richter, der Herrscher unterstehe nicht den für andere Menschen geltenden sittlichen Normen; oder von falschen Lehren wie denen von Rousseau, Marx oder Nietzsche. Mit diesen Lehren begründeten sie ihre Massenmorde.

Kein Tyrann ist grausam aus purer Grausamkeit. Er verübt seine Verbrechen stets mit dem besten Gewissen. Denn er handelt aus Staatsräson, und diese gründet auf einer Ideologie; einer Ideologie des Königtums, des Kaisertums, des Imperiums, der Nation, der idealen Republik der Zukunft, der klassenlosen Gesellschaft oder des Vorrangs der arischen Rasse.

Kein Mensch will das Böse, weil es böse ist. Er will das Böse, weil er es für etwas Gutes hält und sich etwas von ihm verspricht. Deshalb zeigt die Bibel den Verführer als Lügner, der das Böse als etwas Gutes, Erstrebenswertes erscheinen läßt.

Dieser Vorgang wiederholt sich im großen wie im kleinen, auf den höchsten Entscheidungsebenen in Technik, Industrie, Wirtschaft und Politik ebenso wie im Leben des kleinen Mannes oder der einfachen Frau. Er wiederholt sich jedesmal dann, wenn wir Menschen an einem Scheideweg stehen und einen Entschluß fassen müssen.

Wir bilden uns immer ein, das Richtige und Rechte zu tun; und wenn sich eine leise Stimme tief in unserem Innern mit Einwänden meldet, kommen wir uns noch heroisch vor, wenn wir sie unbeachtet lassen.

"Hypocrite lecteur, - mon semblable, - mon frère."[4]

Einleitung

(1) Tacitus, Annalen, I, 1. "Ohne Haß und (parteilich motivierten) Eifer" - (2) Hans-Georg Gadamer, Wahrheit und Methode, Tübingen⁴ 1975; ders., Kleine Schriften, Bd. I, Tübingen ²1976, S. 7 f., 13. - (3) Friedrich Schiller, Die Piccolomini, V, 1. - (4) Zum Beispiel: Aschoka, Mark Aurel, Alfred der Große, Kaiser Heinrich II., Ludwig IX., Thomas More, Karl Freiherr vom Stein, Dag Hammarskjöld, Robert Schuman. Diese werde ich in einem zweiten Band darstellen, der demnächst erscheinen soll. - (5) Nikolai Karamsin, Geschichte des Russischen Reiches, Bd. 9, Leipzig 1827, S. 62.

Herodes

(1) Mt 2, 1-19; Mk 6, 14-29; Lk 23, 6-15; Apg 25, 13-26, 32; Apg 12, 1-24. - (2) Flavius Josephus, Antiqu. XVII, 8, 1, § 191. - (3) Hans Sachs, Der Wüterich König Herodes, 1552; Pedro Calderón de la Barca, El mayor monstruo del mundo, in: Segunda parte de comedias, Madrid 1637. - (4) Flavius Josephus, Bell. jud. II, 6, 2, § 84. - (5) Tristan L'Hermite, La Mariane, Paris 1637; Lodovico Dolce, La Marianna, Venedig 1565. - (6) Stewart Perowne, Herodes der Große, Stuttgart 1957, S. 51. - (7) Abraham Schalit, König Herodes. Der Mann und sein Werk, Berlin 1969, S. 42 f. - (8) Bell. jud. I, 18, 3, §§ 354-356. - (9) Antiqu. XV, 3, 2. - (10) Walter Otto, in: Pauly-Wissowa, Realencyclopädie der classischen Altertumswissenschaft, Suppl. 2, 1913, Sp. 40. - (11) Schalit, S. 112. - (12) Antiqu. XV, 3, 3, §§ 49-56. - (13) Bell.jud. I, 22, 5, § 443; Antiqu. XV, 3, 5-6. - (14) Antiqu. XV, 4, 2. - (15) Antiqu. XV, 6, 5. - (16) Antiqu. XV, 7, 2-5. - (17) Antiqu. XV, 7, 6. - (18) Francis Peck, Herod the Great, A poem, in: New memoirs, London 1740. - (19) Schalit, S. 301 f. - (20) Schalit, S. 298-301. - (21) Schalit, S. 304. - (22) Schalit, S. 304 f. - (23) Antiqu. XV, 10, 4. - (24) Schalit, S. 650. - (25) Schalit, S. 247. - (26) Otto, Sp. 54 ff. - (27) Schalit, S. 146. - (28) Günther Baumbach, in: TRE, Bd. XV, 1986, S. 159 f. - (29) Michael Grant, Herodes der Große, Bergisch-Gladbach 1982, S. 295 f. - (30) Perowne, S. 224 f. - (31) Antiqu. XV, 8, 1-2. - (32) Schalit, S. 476, 482. - (33) Schalit, S. 559. - (34) Schalit, S. 560. - (35) Antiqu. XV, 11, 2. - (36) Perowne, S. 224. - (37) Perowne, S. 143. - (38) Perowne, S. 12 - (39) Schalit, S. 88. - (40) Perowne, S. 191.. - (41) Antiqu. XVI, 8, 2. - (42) Bell. jud. I, 24, 8, §§ 493-494. - (43) Antiqu. XVI, 5, 4. - (44) Bell jud. I, 33, 3-4, §§ 651-655. - (45) Mt 2, 1-18. - (46) Schalit, S. 649. - (47) Samuel Sandmel, Herodes. Bildnis eines Tyrannen, Stuttgart 1968, S. 252 f.

Nero

(1) Alfred Kneppe, Augustus, Nero und das Geschichtsbewußtsein, in: Archiv für Kulturgeschichte, 69 (1987), S. 263-287. - (2) Werner Reinhold, Die Römische Kaisergeschichte, ein von den Geschichtschreibern aufgestelltes Zerrbild, ... Als Probe: Nero, ein Scheusal genannt, dargestellt als guter Mensch und vortrefflicher Regent, unschuldig verlästert und gebrandmarkt, Pasewalk 1839 (Landesbibliothek Oldenburg Ge III 1 by 310). - (3) Jean Racine, Britannicus, Paris 1670, Préface. - (4) Pseudo-Lucian, Nero, 7. - (5) Plinius, Hist. nat., 11, 37. - (6) Jacques Robichon, Nero. Die Komödie der Macht, Gernsbach 1986, S. 267; Plinius, Hist. nat., 7, 8. - (7) Pseudo-Lucian, Nero, 6; Dio Cassius, 61, 20. - (8) Cf. Vergil, Aeneis, V, 545 ff. - (9) Tacitus, Ann., XI, 11. - (10) Tac. Ann., XIII 3. - (11) Bernard W. Henderson, The Life and Principate of the Emperor Nero, London 1905, S. 31. - (12) Sueton, Nero, 1. - (13) Suet. Ner., 2-5. - (14) Flavius Josephus, Antiqu. XX, 8, 1-2. Cf. Dio Cassius, 61, 34. - (15) Tac. Ann., XII 64. - (16) Suet. Ner., 7. - (17) Seneca, De tranquillitate animi, 3, 3. - (18) Mario Attilio Levi, Nerone e i suoi tempi, Mailand ²1973, S. 41-56, 92, 95-96, 100, 110. - (19) L. Annaeus Seneca, De clementia. De beneficiis. Über die Milde. Über die Wohltaten. Übersetzt v. Manfred Rosenbach, Darmstadt 1989, S. 3-11. - (20) Sen. De clem., I, 1, 6; Apocol., IV, 15-35. - (21) Sen. Apocol., IV, 22 f. - (22) Marc Rozelaar, Seneca, Amsterdam 1976, S. 251-266. - (23) Tac. Ann., XIII 2. - (24) Dio, 61, 4-5. Übers. v. Otto Veh, Cassius Dio, Römische Geschichte, Bd. V, Zürich-München 1987, S. 27 f. - (25) E. Hohl, in: Pauly-Wissowa, Realencyclopädie der classischen Altertumswissenschaft, Suppl. III (1918), Sp. 352. -(26) Philipperbrief, 4, 22. -(27) Bo Reicke, Neutestamentliche Zeitgeschichte, Berlin-New York ³1982, S. 241. - (28) Villy Sørensen, Seneca. Ein Humanist an Neros Hof, München 1984, S. 133. - (29) Suet. Ner., 12. - (30) Henderson, S. 127. - (31) Henderson, S. 133. - (32) Sørensen, S. 152. - (33) Suet. Ner., 10, 2. - (34) Henderson, S. 227 f. - (35) Sørensen, S. 165. - (36) E. Hohl, Sp. 366. - (37) Dio, 61, 4, 1. Übers. v. Otto Veh, S. 27. - (38) Dio, 61, 3. - (39) Tac. Ann., XIII 13. - (40) Tac. Ann., XIII 14. - (41) Tac. Ann., XIII 16. - (42) Albert Esser, Cäsar und die julisch-claudischen Kaiser im biologisch-ärztlichen Blickfeld, Leiden 1958, S. 172 f, 200-203. - (43) Georges-Roux, Néron, Paris 1962, II 8. - (44) Fl. Jos. Antiqu. XX, 8, 1-2; Dio, 61, 7, 4; Zonaras, 11, 12, p. 38, 23-32 D; Joann. Antioch, fr. 90 M v. 87-93; Emilio Radius, La vita di Nerone, Mailand 1963, S. 415 f. - (45) Tac. Ann., XIV 11. Dazu: Ludwig Friedländer, Der Philosoph Seneca, in: Seneca als Philosoph, hg. v. G. Maurach, Darmstadt 1975, S. 114. - (46) Tac. Ann., XV 37; Suet. Ner., 28. - (47) Suet. Ner., 29. - (48) Suet. Ner., 22. - (49) Tac. Ann.,

XIV 14. - (50) Suet Ner., 24. - (51) Suet. Ner., 20. - (52) Plinius, Hist. nat., XIX 33. - (53) Tac. Ann., XV 33. - (54) Suet. Ner., 20. - (55) Suet. Ner., 11. - (56) Zit. nach: Michael Grant, Kindlers Kulturgeschichte: Rom, Zürich 1964, S. 137. - (57) Suet. Ner., 21. - (58) Tac. Ann., XVI 4. - (59) Suet. Ner., 21. - (60) Suet. Ner., 21. - (61) Tac. Ann., XVI 4. - (62) Tac. Ann., XVI 5. - (63) Suet. Ner., 23. - (64) Suet. Vesp., 4. - (65) Suet. Ner., 23-24. - (66) Nuet. Ner., 24. - (67) Suet. Ner., 53-54. - (68) Dio, 63, 18, 1. - (69) Tac. Ann., XIV 16. - (70) Suet. Ner., 52. Neros Gedichte sind ediert in: Fragmenta Poetarum Latinorum, hg. v. W. Morel, ²1927, neu 1963; Fragmenta Poetarum Romanorum, hg. E. Baehrens, 1886. - (71) Edward Gibbon, The History of the Decline and Fall of the Roman Empire, I, cap. 4. - (72) Suet. Ner., 25. - (73) Suet. Ner., 40. - (74) Suet. Ner., 22. - (75) E. Hohl, Sp. 349-394. - (76) Suet. Ner., 35. - (77) Eugen Cizek, Néron, Paris 1982; Philipp Vandenberg, Nero, Kaiser und Gott, Künstler und Narr, München 1981, S. 199-220; Michael Grant, Nero. Despot - Tyrann - Künstler, München 1978, S. 128-131; John Bishop, Nero. The Man and the Legend, London 1964, S. 71-89. - (78) H. Leclercq, Incendie de Rome, sous Néron, in: Dictionnaire d'archéologie chrétienne, Bd. VII, Paris 1926, Sp. 481-502. - (79) Tac. Ann., XV 44. - (80) Suet. Ner., 31. - (81) Suet. Ner., 30. - (82) Suet. Ner., 32. - (83) Seneca, De clem., pars III, 6, 7 u. 7, 5. Übers. v. M. Rosenbach, 1989. - (84) Pierre Boyancé, in: Seneca als Philosoph, hg. v. G. Maurach, Darmstadt 1975, S. 41 f. - (85) Tac. Ann., XV 71. - (86) Suet. Ner., 37. - (87) Tac. Ann., XVI 19-20. - (88) Plutarch, Anton., 87 - (89) Brian Herbert Warmington, Nero - Reality and Legend, London 1969, S. 163. - (90) Suet. Ner., 22. - (91) Juvenal, Sat., VIII 223-226, übers. v. Wilh. Plankl. - (92) Suet Ner., 23. - (93) Fl. Jos., Bell. jud. III, 1, 1, §§ 1-2. - (94) Suet. Ner., 19. - (95) Stele Akraiphnion, von Acraephia, Museum von Theben, E. Mary Smallwood, Documents Illustrating the Principates of Gaius, Claudius and Nero, Cambridge 1967, 64; Maurice Holleaux, Bulletin de Correspondance Hellénique, 1888. - (96) Dio, 63, 21, 1. - (97) Suet. Ner., 45. - (98) Dio, 63, 22, 2-6. - (99) Suet. Ner., 41. - (100) Suet. Ner., 42. - (101) Suet. Ner., 43. - (102) Suet. Ner., 44. - (103) Henderson, S. 407. - (104) Ettore Callegari, Nerone nella leggenda e nell'arte, Venedig 1890, S. 12. - (105) Suet. Ner., 47-49.

Richard III.

(1) Andreas Kalckhoff, Richard III., sein Leben und seine Zeit. Shakespeares Schurke, wie er wirklich war, Bergisch-Gladbach 1980, S. 438. -

(2) The Complete Works of St. Thomas More, vol. 2: The History of King Richard III, ed. by Richard S. Sylvester, New Haven and London 1963 (krit. Ausg. der lat. u. der engl. Fassung, mit Einleitung u. Kommentar). Thomas Morus, Die Geschichte König Richards III., übers., eingel. u. kommentiert v. Hans P. Heinrich, München 1984. - (3) Alison Hanham, Richard III and his early historians 1483-1535, Oxford 1975, S. 152-190. - (4) Alfred Günther, William Shakespeare, Bd. II, Velber [3]1972, S. 99. - (5) George Buck, History of the Life and Reign of King Richard III, 1646. - (6) Horace Walpole, Historic Doubts on the Life and Reign of Richard III, 1768. - (7) Sir Clements R. Markham, Richard III: His Life and Character reviewed in the Light of recent research, New York 1906, repr. 1968. - (8) Charles Williams, Henry VII, London 1937, S. 24, 25. - (9) Kalckhoff, S. 71. - (10) Kalckhoff, S. 61 f. - (11) Paul Murray Kendall, Richard III., München 1957, S. 114. - (12) Caroline A. Halsted, Richard III as Duke of Gloucester and King of England, London 1844, Bd. I, S. 202-229. Kalckhoff, S. 154. - (13) Halsted, Bd. I, S. 321-341. - (14) Kendall, S. 141. - (15) Kalckhoff, S. 211. - (16) Kalckhoff, S. 167. - (17) Kendall, S. 156. - (18) Dominic Mancini, The Usurpation of Richard III, ed. by C. A. J. Armstrong, Oxford [2]1969, S. 70. - (19) Kalckhoff, S. 227. - (20) Markham. S. 93. - (21) Mortimer Levine, Richard III - Usurper or Lawful King? In: Speculum, 34 (1959), S. 391-401, gegen Kendall. - (22) Kendall, S. 229 f. - (23) "The *Inquisitio Post Mortem*, the usual official inquiry into the estates of the deceased tenant of the crown, was, of course, made by Richard's own officials; and it stated that Hastings died on June 13th." A. R. Myers, The Character of Richard III, in: History Today, London, IV (1954), S. 511-521, hier S. 519. - (24) Karl Michael Eising, Richard III. Die weiße Rose von York, Gernsbach 1990, S. 184. - (25) Mancini, S. 90. - (26) Kendall, S. 248. - (27) Kendall, S. 429-453. - (28) E. F. Jacob, The Fifteenth century 1399-1485, Oxford 1961, S. 610 ff. - (29) Myers, S. 518. - (30) Hanham, S. 196 f. - (31) Kalckhoff, S. 277. - (32) Kalckhoff, S. 438 f. - (33) Kendall, S. 474. - (34) Kalkhoff, S. 266 f. - (35) James Gairdner, History of the Life and Reign of Richard III, Cambridge 1898, repr. 1972, S. 188. - (36) Eising, S. 228. - (37) Kalckhoff, S. 312. - (38) Kalckhoff, S. 319. - (39) Kendall, S. 308. - (40) Kalckhoff, S. 402. - (41) Kalckhoff, S. 361. - (42) Eising, S. 280. - (43) Kendall, S. 350. - (44) Schreiben vom 10. März 1484: Kalckhoff, S. 370 f. - (45) Dokumente dazu in: Letters & Papers Illustrative of the Reigns of Richard III and Henry VII, ed. by James Gairdner, vol. I, London 1861, S. 55-67. - (46) Brief Richards III. an Mayor & Citizens of York: Halsted, vol. II, S. 558-560. - (47) Hanham, S. 123. - (48) Kendall, S. 339. - (49) Anthony Cheetham, The Life and Time of Richard III, London 1972, S. 211. - (50) Kendall, S. 339. - (51) Hanham, S. 121. - (52) Man-

cini, S. 62-64. - (53) A. J. Pollard, The Tyranny of Richard III, in: Journal of Medieval History, 3 (1977), S. 147-166. - (54) M. Bennett, The Battle of Bosworth, Gloucester 1985; Eising, S. 523. - (55) Zum Beispiel: The Richard III Society. Sie gibt eine eigene Zeitschrift heraus: The Ricardian. Eising, S. 529.

Iwan der Schreckliche

(1) The Correspondence Between Prince A. M. Kurbsky and Tsar Ivan IV of Russia 1564-1579, ed. by J. L. I. Fennell, Cambridge 1963, S. 186-187, 12-13, 48-49. Dt. Übers. von Karl Stählin: Der Briefwechsel Iwans des Schrecklichen mit dem Fürsten Kurbskij, Leipzig 1921. Die Echtheit des Briefwechsels zwischen Kurbski und Iwan wurde bestritten; es handele sich um ein Produkt des 17. Jahrhunderts: Edward L. Keenan, The Kurbskii-Groznyi Apocrypha. The Seventeenth-Century Genesis of the "Correspondence" Attributed of Prince A. M. Kurbskii and Tsar Ivan IV, Cambridge, Mass. 1971. Dagegen aber: Niels Rossing u. Birgit Rønne, Apocryphal - Not Apocryphal? A critical Analysis of the Dicussion concerning the Correspondence Between Tsar Ivan IV Groznyi and Prince Andrej Kurbskij, Kopenhagen 1980. - (2) Francis Carr, Iwan der Schreckliche. Der erste Zar, München 1990, S. 73. - (3) Carr, S. 60. - (4) Carr, S. 89. - (5) Handbuch der Geschichte Rußlands, hg. v. M. Hellmann, Bd. 1, II. Halbband, Stuttgart 1989, S. 853-960: Frank Kämpfer u. Günther Stökl: Rußland an der Schwelle zur Neuzeit. Das Moskauer Zartum unter Ivan IV. Groznyi; hier S. 873. - (6) Correspondence, S. 73-81. - (7) Nicolaus Karamsin, Geschichte des Russischen Reiches, Bd. 7, Riga 1825, S. 251 u. 254 f. - (8) Karamsin, Bd. 7, S. 262. - (9) Manfred Hellmann, Iwan IV. der Schreckliche. Moskau an der Schwelle der Neuzeit, Göttingen 1966, S. 28. - (10) Karamsin, Bd. 7, S. 263. - (11) Prince A. M. Kurbsky's History of Ivan IV, ed. by J. L. I. Fennell, Cambridge 1969, S. 17-23. - (12) Ian Grey, Ivan der Schreckliche. Eine Biographie, Reinbek 1988, S. 89 f. - (13) Henri Troyat, Iwan der Schreckliche, München 1987, S. 47. - (14) Der altrussische Hausvater. Domostroj. Übers. v. G. Birkfellner, Freiburg i. Br. 1989. - (15) Robert Payne u. Nikita Romanow, Iwan der Schreckliche, Bern - München 1980, S. 159. - (16) Carr, S. 171. - (17) Günther Stökl, Russische Geschichte von den Anfängen bis zur Gegenwart, Stuttgart ^{4}1983, S. 229. - (18) G. Stökl, Testament und Siegel Iwans IV., Opladen 1972, S. 68 f. - (19) Erster Brief Iwans IV. an Fürst Andrei Kurbski. The Correspondence, S. 12-15. - (20) Kämpfer-Stökl, S. 883 f. - (21) Kämpfer-Stökl, S. 860. - (22) Carr, S. 124-126. - (23) Grey, S. 96. - (24) Stökl, Russ. Geschichte, S. 240. - (25) Ebd. S. 242. - (26) Karamsin,

Geschichte des Russischen Reiches, Bd. 8, Riga 1826, S. 6. - (27) Troyat, S. 112. - (28) Payne-Romanow, S. 211. - (29) Rude and Barbarous Kingdom, ed. by Lloyd E. Berry, University of Wisconsin Press 1968, S. 278. - (30) Fritz T. Epstein, in: Heinrich von Staden, Aufzeichnungen über den Moskauer Staat, Hamburg ²1964, S. 233. - (31) Correspondence, S. 215; Briefwechsel, S. 114. - (32) Carr, S. 247. - (33) Kämpfer-Stökl, S. 915. - (34) Carr, S. 245. - (35) Karamsin, Bd. 8, S. 68. - (36) Heinrich von Staden, S. 43 u. 179; Payne-Romanow, S. 194 f. - (37) Hans von Eckardt, Iwan der Schreckliche, Frankfurt a.m. ²1947, S. 280. - (38) Payne-Romanow, S. 196. - (39) Troyat, S. 143. - (49) Payne-Romanow, S. 196. - (41) Kämpfer-Stökl, S. 916. - (42) Carr, S. 143. - (43) Carr, S. 191. - (44) Payne-Romanow, S. 201 f. - (45) Ebd. S. 198. - (46) Ebd. S. 199 f.; Karamsin, Bd. 8, S. 78. - (47) Kurbsky's History of Ivan IV, S. 233-253: chapter viii; Karamsin, Bd. 8, S. 83-88, 118-119; Payne-Romanow, S. 212-220. - (48) Grey, S. 218-223. - (49) Heinrich von Staden, Aufzeichnungen über den Moskauer Staat, hg. v. Fritz T. Epstein, Hamburg ²1964, S. 39; Payne-Romanow, S. 244; Die Begebenheit ist auch von Taube, Kruse und Sir Jerome Horsey bezeugt; Karamsin, Bd. 8, S. 124-126. - (50) Payne-Romanow, S. 252. - (51) Ebd. S. 252-254; Karamsin, Bd. 8, S. 127 ff. - (52) Kurbsky's History of Ivan IV, S. 197. - (53) Karamsin, Bd. 8, S. 64 u. 68. - (54) Grey, S. 236-240. - (55) Carr, S. 187. - (56) Karamsin, Bd. 8, S. 169. - (57) Payne-Romanow, S. 329. - (58) Ebd. S. 328 F. - (59) Karamsin, Bd. 8, S. 303. - (60) Text in: Günther Stökl, Testament und Siegel Iwans IV., Opladen 1972, S. 71 ff. - (61) Stökl, Russ. Geschichte, S. 251. - (62) Oskar Halecki, in: Die Anfänge des Moskauer Staates, hg. v. P. Nitsche, Darmstadt 1977, S. 285. - (63) Valerie A. Tumins, Tsar Ivan IV's Reply to Jan Rokyta, Den Haag - Paris 1971, enthält Handschrift-Faksimile und Transkription beider Schriften, dazu engl. Übersetzung S. 295-334 des Briefes Iwans und S. 479-485 des Berichtes Rokytas. - (64) Karamsin, Bd. 8, S. 73. - (65) Payne-Romanow, S. 153-158. - (66) Karl Stählin, der Briefwechsel Iwans des Schrecklichen, Leipzig 1921, S. 11. - (67) Hellmann, S. 71. - (68) Gen 28, 17. - (69) Röm 13, 3 F.; Briefwechsel, hg. Stählin, S. 41. - (70) Hellmann, S. 68. - (71) Ivan the Terrible: A Quarcentenary of his Death, ed. by R. Hellie, Pittsburgh 1987 (= Russian History, 14), S. 69. - (72) Andreas Kappeler, Ivan Groznyi im Spiegel der ausländischen Druckschriften seiner Zeit, Bern - Frankfurt a. M. 1972, S. 154-163. - (73) Ebd. S. 160. - (74) Correspondence, S. 243, 245. - (75) Z. B. Iwan Nagy, Iwan der Schreckliche, Bergisch-Gladbach 1977, S. 411. - (76) Ioannis Basilidis Magni Moscoviae Ducis vita. A Paullo Oderbornio tribus libris conscripta ... Witebergae 1585, V 2 v. - X 5 v. Kappeler, S. 154 f. - (77) Correspondence, S. 189. - (78) Ebd. S. 201. - (79) Grey, S. 84. - (80) Stählin, S. 66. - (81)

Stählin, S. 152. - (82) Correspondence, S. 3; Briefwechsel, S. 22. - (83) Correspondence, S. 25, 45, 65, 105. - (84) Correspondence, S. 191. - (85) Correspondence, S. 193.

Maximilien Robespierre

(1) Abbildung in: David P. Jordan, The Revolutionary Career of Maximilien Robespierre, New York 1985, S. 13; dazu S. 253. - (2) Maximilien Robespierre, Ausgewählte Texte, deutsch v. Manfred Unruh, Hamburg 1971, S. 721-723. - (3) Eine Übersicht gibt Gérard Walter, Robespierre. Édition définitive. Paris 1961, Bd. II, S. 9-33, 141-189, 334-389, 504-524. - (4) William Wordsworth, The Prelude, Book X, 481-603. Verfaßt 1804. - (5) Samuel Taylor Coleridge, The Fall of Robespierre, 1794. "Zu gern hast du Gemetzel, und das Recht / (wenn das noch Recht ist) übst du höchst verrucht. / Selbstherrlicher Diktator über Frankreich,/ Du niederträchtiger Mörder aller Freiheit" - (6) Giovanni Papini, Giudizio Universale, Florenz 1957, X, 3. Deutsch: Weltgericht, Freiburg i. Br. 1959, S. 451-453. - (7) Georg Heym, Das lyrische Werk, München 1977, S. 90: "Robespierre". Sonett, letzte Fassung, verfaßt Juni 1910. - (8) Philippe-Joseph-Benjamin Buchez, Histoire parlementaire de la Révolution française, ou journal des Assemblées nationales, depuis 1789 jusqu'en 1815, Paris 1834-1838, Bd. V, Préface. - (9) Alphonse de Lamartine, Histoire des Girondins, 8 Bde., Paris 1847. "die Seele der Republik", "der Luther der Politik".- (10) Robert Hamerling, Danton und Robespierre, Tragödie in fünf Aufzügen, Hamburg 1871. - (11) A. Z. Manfred, Robespierre dans l'historiographie russe et soviétique, in: Actes du colloque Robespierre, Paris 1967, S. 237, 250. - (12) Maurice Thorez, Robespierre, grande figure de la Révolution française, in: L'Humanité, 1939, auch in: M. Thorez, Œuvres, XVI. - (13) Walter Markov (Hg.), Maximilien Robespierre 1758-1794, Berlin (Ost): Rütten & Loening 1958. - (14) Alexei Tolstoi, Tragedija. Smert' Dantona, 1919; Überarbeitung 1923. - (15) Romain Rolland, Robes-pierre, drame en trois actes et 24 tableaux, Paris 1939. - (16) Gerhard P. Knapp, Robespierre, Prolegomena zu einer Stoffgeschichte der Französischen Revolution. In: Elemente der Literatur, hg. v. A. J. Bisanz u. R. Trousson, Stuttgart 1980, Bd. I, S. 129-154. - (17) Hector Fleischmann, Charlotte Robespierre et ses Memoires, Paris o. J., S. 194. - (18) Charlotte Sempell, Maximilien Robespierre als doktrinärer Revolutionär, Berlin 1935, repr. Vaduz 1965, S. 13. - (19) L. Jacob, Robespierre vu par ses contemporains, Paris 1938, S. 194 f. - (20) Œuvres complètes de Maximilien Robespierre, ed. Victor Barbier et Ch. Vellay, Bd. I: Œuvres judiciaires (1782-1789), Paris 1910, S. 274-352. - (21) Appel à

la nation artésienne, sur la nécessité de réformer les États d'Artois, Arras 1788. - (22) Les ennemis de la patrie démasqués ..., Arras 1789. - (23) W. A. Miles, zit. in: J. M. Thompson, Robespierre, 2 Bde. Oxford 1935, S. 142 f. - (24) Walter, Bd. I, S. 78. - (25) Robespierre, dt. Unruh, S. 37-54: Rede vom 20. April 1791. - (26) Ebd. S. 81: Rede vom 11. August 1791. - (27) Norman Hampson, The Life and Opinions of Maximilien Robespierre, London 1974, S. 65. - (28) Robespierre, dt. Unruh, S. 63: Rede v. 30. Mai 1791. - (29) Ebd., S. 82 u. 88: Rede vom 22. August 1791. - (30) Jordan, S. ii, 250, 252. - (31) Friedrich Sieburg, Robespierre. Eine Biographie, Frankfurt a. M./Berlin 1988, S. 20. - (32) Ernest Hamel, Histoire de Robespierre et du Coup d'état du 9 Thermidor, 3 Bde., Paris 1865-67, repr. 1987, Bd. I, S. 425. - (33) Pierre Bessand-Massenet, Robespierre. L'homme et l'idée, Paris 1961, S. 11-51: "L'église Jacobine". - (34) André Chénier, in: Journal de Paris, 26. Febr. 1792; 2. Apr. 1792; 14. Juli 1792. Œuvres en prose, ed. Fasquelle, S. 122-123. - (35) La Défenseur de la Constitution, 12 Nummern zwischen 19. Mai und 20. August 1792. - (36) Robespierre, dt. Unruh, S. 191: 25. Jan. 1792 vor dem Jakobinerklub. - (37) Ebd. S. 220. Mai 1792. - (38) Robespierre, Œuvres complètes, VIII, S. 408-410. Rede v. 29. Juli 1792. - (39) Robespierre, dt. Unruh, S. 254: Rede v. 29. Juli 1792. - (40) Hampson, S. 116. - (41) Hilaire Belloc, Danton, London 1899, S. 183-184, 340-346. - (42) Condorcet, Chronique de Paris, 9. Nov. 1792. - (43) Robespierre, Œuvres, IX, S. 79-101. -(44) Robespierre, dt. Unruh, S. 265. - (45) Ebd. S. 265. - (46) Ebd. S. 267. - (47) Sempell, S. 31 f. - (48) Robespierre, Œuvres complètes, IX, S. 322. - (49) Hilaire Belloc, Robespierre. A Study, London 1901, S. 320. - (50) Ebd. S. 282, 287, 293. - (51) E. Lockroy, Journal d'une bourgeoise pendant la Révolution, Paris 1881, S. 345 f. - (52) Max Gallo, Robespierre. Die Geschichte einer großen Einsamkeit, Oldenburg 1970, S. 219. - (53) Hamel, Bd. II, S. 474. - (54) Robespierre, Œuvres complètes, 10 Bde., Paris 1903-1968, Bd. IX, S. 215. - (55) Jordan, S. 40. - (56) Robespierre, dt. Unruh, S. 423: Rede v. 10. Mai 1793. - (57) Hamel, Bd. II, S. 437: Rede v. 10. Mai 1793; dt. Unruh, S. 421. - (58) Ebd. S. 420 f. - (59) Hamel, Bd. III, S. 33. - (60) Robespierre, dt. Unruh, S. 411 u. 416: Rede vor dem Konvent v. 10. Mai 1793. - (61) Ebd. S. 408. - (62) Sieburg, S. 73. - (63) Robespierre, dt. Unruh, S. 299: Rede v. 2. Dez. 1792. - (64) Ebd. S. 357 f.: Rede im Jakobinerklub v. 3. April 1793. - (65) Lettres à ses commettans, 23. Apr. 1793. - (66) Robespierre, Œuvres complètes, IX, S. 355. - (67) Jordan, S. 182. - (68) Robespierre, dt. Unruh, S. 253. - (69) Sieburg, S. 116. - (70) Ebd. S. 147. - (71) Ebd. S. 117. - (72) Robespierre, dt. Unruh, S. 555. - (73) Ebd. S. 556. - (74) Ebd. S. 564: Rede v. 25. Dez. 1793. - (75) Ebd. S. 566 f. - (76) Ebd. S. 584-588: Rede v. 5. Febr. 1794. - (77) Ebd. S. 589. - (78) Ebd. S. 593 f. - (79) Ebd. S. 594. - (80)

Ebd. S. 594. - (81) Ebd. S. 595 f. - (82) Ebd. S. 599. - (83) Ebd. S. 610. - (84) Sieburg, S. 31 f. - (85) Hamel, Bd. III, S. 153-161, 166-179. - (86) Robespierre, dt. Unruh, S. 660. - (87) Ebd. S. 674. - (88) Ebd. S. 675. - (89) Ebd. S. 676. - (90) Sieburg, S. 34. - (91) Novalis, Die Christenheit oder Europa, verfaßt 1799, in: Novalis, Schriften, hg. v. P. Kluckhohn u. R. Samuel, Bd. III, Darmstadt ²1968, S. 518. - (92) Carlo Schmid, in: Maximilien Robespierre, Ausgew. Texte, Hamburg 1971, S. 36. - (93) Hamel, Bd. III, S. 386. - (94) Hamel, Bd. III, S. 390 f.; Gallo, S. 277. - (95) Robespierre, Œuvres complètes, Bd. X, S. 492-494: Rede v. 12. Juni 1794. - (96) Arch. Nat. F ⁷ 4436. Zit. von Hampson, S. 264. - (97) Robespierre, dt. Unruh, S. 710. - (98) Ebd. S. 701, 703, 711, 718. - (99) Ebd. S. 720. - (100) Jordan, S. 183. - (101) Hampson, S. 227, 231. - (102) Albert Mathiez, Études sur Robespierre, Paris 1973, S. 63-91: "Robespierre terroriste". - (103) Robespierre, Œuvres complètes, Bd. X, S. 151 f. - (104) Hampson, S. 246; ebenso Jordan, S. 7. - (105) Michelet, zit. in: Jean-Philippe Domecq, Robespierre, derniers temps, Paris 1984, S. 19. - (106) Ralph Korngold, Robespierre, Paris 1981, S. 217 ff. - (107) Jacques Godechot, Les institutions de la France sous la Révolution et l'Empire, Paris ²1968, S. 309. - (108) Robespierre, Œuvres complètes, Bd. X, S. 65. - (109) Korngold, S. 289. - (110) Gallo, S. 171. - (111) Gallo, S. 102. - (112) Jacob, S. 201. - (113) 1 Kor 9; 2 Kor 1-3, 1; 2 Kor 5, 11 - 6, 10; Gal 1-2; Phil 3; vor allem 2 Kor 10-12. - (114) Phil 1, 19-25; Phil 2, 17. - (115) z. B. 1 Tim 1, 12-16.

Jossif Wissarionowitsch Stalin

(1) Dmitri Wolkogonow, Stalin. Triumph und Tragödie. Ein politisches Porträt, Düsseldorf 1989, S. 288. - (2) Zitiert in: Maximilien Rubel, Josef Wissarionowitsch Stalin in Selbstzeugnissen und Bilddokumenten, Reinbek 1975. - (3) Georges Bortoli, Als Stalin starb. Kult und Wirklichkeit, Stuttgart 1974, S. 13. - (4) Bertolt Brecht, Gesammelte Werke, Bd. 10: Gedichte 3, Frankfurt a. M. 1973, S. 984. - (5) Sinn und Form, 5 (1953), 2. Heft, S. 5. - (6) Ebd. S. 9. - (7) Ebd. S. 11. - (8) Ebd. S. 12. - (9) Vollständiger Wortlaut der Rede Chruschtschows in: Entstalinisierung. Der XX. Parteitag der KPdSU und seine Folgen, hg. v. R. Crusius u. M. Wilke, Frankfurt a. M. 1977, S. 487-537. - (10) Siehe: Robert Conquest, Am Anfang starb Genosse Kirow, 1970; Roy A. Medwedew, Die Wahrheit ist unsere Stärke. Geschichte und Folge des Stalinismus, Frankfurt a.

M. 1973, neubearbeitete Auflage 1990; Alexander Solschenizyn, Der Archipel GULAG, Bern und München 1974. - (11) Boris Souvarine, Stalin, München 1980, S. 628. - (12) Siehe N. Chruschtschows Rede vom 25. Febr. 1956, a.a.O., S. 512-519. - (13) Swetlana Allilujewa, Zwanzig Briefe an einen Freund, Wien 1967, S. 222. - (14) Theologische Realenzyklopädie, Bd. VIII, Berlin 1981, S. 51-62. - (15) Isaac Deutscher, Stalin. Eine politische Biographie, Berlin 1979, S. 19. - (16) Emil Ludwig, Stalin, New York 1942, S. 19; J. W. Stalin, Sotchinenija, Moskau 1951, Bd. XIII, S. 113. - (17) Edward Ellis Smith, Der junge Stalin, München-Zürich 1969, S. 35 ff. - (18) S. Allilujewa, S. 222. - (19) Jossif Iremaschwili, Stalin und die Tragödie Georgiens, Berlin 1932, S. 8 ff. - (20) I. Deutscher, S. 29. - (21) Wolkogonow, S. 30. - (22) Iremaschwili, S. 21 ff. - (23) Deutscher, S. 29 f. - (24) Wolkogonow, S. 637. - (25) Ebd. S. 31. - (26) Ebd. S. 277. - (27) Chruschtschow, S. 533. - (28) Ebd. S. 535. - (29) Michael Morozow, Der Georgier. Stalins Weg und Herrschaft, München 1980, S. 20 f. - (30) Edward Ellis Smith, Der junge Stalin, München-Zürich 1969. - (31) Souvarine, S. 123. - (32) E. E. Smith, S. 356 f. - (33) Ebd. S. 341. - (34) Wolkogonow, S. 54. - (35) Boris Baschanow, Ich war Stalins Sekretär, Berlin 1977, S. 125. - (36) Jean Elleinstein, Geschichte des Stalinismus, Berlin 1977, S. 42. - (37) Morozow, S. 74. - (38) Baschanow, S. 37-40. - (39) Ebd. S. 75; siehe auch: Gustav Hilger, Stalin. Aufstieg der UdSSR zur Weltmacht, Göttingen ²1964, S. 53. - (40) Baschanow, S. 90. - (41) Ebd. S. 90. - (42) Ebd. S. 50-51. - (43) Ebd. S. 74. - (44) Ebd. S. 68-70. - (45) Elleinstein, S. 87. - (46) Wolkogonow, S. 323. - (47) Adam Bruno Ulam, Stalin, Koloß der Macht, Esslingen 1977, S. 289. - (48) Baschanow, S. 129 f. - (49) Allilujewa, S. 169. - (50) Ebd. S. 200. - (51) Wolkogonow, S. 298. - (52) Ulam, S. 343. - (53) Wolkogonow, S. 311. - (54) Ebd. S. 396. - (55) Stalin, Werke, Stanford 1967, Bd. I, S. 189-225. - (56) Wolkogonow, S. 236. - (57) Allilujewa, S. 200 f. - (58) Wolkogonow, S. 402. - (59) Ebd. S. 471. - (60) Hilger, S. 74 f. - (61) Wolkogonow, S. 563. - (62) Ebd. S. 565 F. - (63) Wolfgang Leonhard, Die Revolution entläßt ihre Kinder, Köln 1955, S. 123 f. - (64) Morozow, S. 211. - (65) Wolkogonow, S. 568. - (66) Milovan Djilas, Gespräche mit Stalin, Frankfurt a. M. 1962, S. 122 f. - (67) Ebd. S. 141 f. - (68) Ebd. S. 142 f. - (69) Stalin, Werke, Stanford 1967, Bd. III, S. 33. - (70) Alexander Solschenizyn, Der erste Kreis der Hölle, Frankfurt a. M. 1968, Kapitel 18-21. - (71) Allilujewa, S. 272. - (72) Ebd. S. 276. - (73) Ebd. S. 24 f. - (74) Ebd. S. 24. - (75) Djilas, S. 238. - (76) Ebd. S. 82 f. - (77) Ebd. S. 82. - (78) Ebd. S. 83. - (79) Ebd. S. 137 f. - (80) Souvarine, S. 664. - (81) Baschanow, S. 122. - (82) Rubel, S. 35 u. 39. - (83) Allilujewa, S. 23. - (84) Rubel, S. 109. - (85) Wolkogonow, S. 26 f. - (86) Ebd. S. 32. - (87) Wolkogonow, S. 93. - (88) Hilger, S. 73. - (89) Djilas, S.

194. - (90) Souvarine, S. 636. - (91) Wolkogonow, S. 21-22. - (92) Woko-
gonow, S. 190. - (93) Ebd. S. 198. - (94) Souvarine, S. 410 f. - (95)
Wolkogonow, S. 687 f. - (96) Ebd. S. 289. - (97) Entstalinisierung, hg. v.
R. Crusius u. M. Wilke, Frankfurt a. M. 1977, S. 527-529. - (98) Bascha-
now, S. 131. - (99) Wolkogonow, S. 706. - (100) Ebd. S. 13. - (101)
Souvarine, S. 399 f. - (102) Für Polen siehe: Czesław Miłosz, Verführtes
Denken (Paris 1953), Köln 1959. Eine ähnliche ideologiekritische Unter-
suchung über die Literatur der DDR von 1949 bis 1989 steht noch aus.

Nicolae Ceauşescu

(1) Über Aufstieg und Machtvermehrung Ceauşescus: Dionisie Ghermani,
Die RKP, in: K. D. Grothusen (Hg.), Südosteuropa-Handbuch, Bd. II:
Rumänien, Göttingen 1977, S. 19-41. - (2) Dionisie Ghermani, Rumäniens
Sonderentwicklung im Ostblock, in: Aus Politik und Zeitgeschichte, 33
(1983), B 50, S. 29-38. - (3) Dionisie Ghermani, Die kommunistische
Umdeutung der rumänischen Geschichte unter besonderer Berücksichti-
gung des Mittelalters, München 1967. - (4) Roland Schönfeld, in: Europa-
Archiv, 42 (1987), S. 527 f. - (5) Anneli Ute Gabanyi, in: Osteuropa, 33
(1983), S. 214-215. - (6) Heinz Siegert, Ceauşescu - Management für ein
modernes Rumänien, Gütersloh 1973, S. 9. - (7) Ebd. S. 26. - (8) Ebd. S.
28. - (9) Ebd. S. 177. - (10) Rede vor dem Parteitag, Dez. 1987: Archiv
der Gegenwart, 57 (1987), 31731. - (11) Werner Söllner, Zwischen Wahn
und Willkür: Das Haus des Volkes, in: Frankfurter Allgemeine Magazin,
Heft 527, 6. April 1990, S. 44-56. Farbfotos: Jürgen Röhrscheid. - (12)
Ebd. - (13) Roland Schönfeld, Rumäniens eigenwillige Politik, in: Europa-
Archiv, 42 (1987), S. 523-532. - (14) N. Ceauşescu, Rumänien, Bd. 3,
Bukarest 1969, S. 211 ff. - (15) Vladimir Tismaneanu, Byzantinistische
Riten, in: Europäische Rundschau, 15 (1987), 3, S. 101-126. - (16) Neue
Literatur, Zeitschrift des Schriftstellerverbandes der SSR, Bukarest, 30
(1979), H. 2, S. 3. - (17) Aachener Nachrichten, 23. Dez. 1989, nach
dpa/ap. - (18) Arno Mayer, Personenkult um Ceauşescu blüht wie selten
zuvor, in: Aachener Nachrichten, 22. Nov. 1989. - (19) Rede Ceauşescus
auf der Nationalkonferenz der RKP, in: Neuer Weg, 21. Juli 1972; Anneli
Ute Gabanyi, Die Deutschen in Rumänien, in: Aus Politik und Zeitgeschehen, 9. Dez. 1988, B 50, S. 28-39. - (20) Wissenschaftlicher Dienst Süd-
osteuropa, München, 1/2, 1969. - (21) Ceauşescu, Botschaft an die Lan-
deskonferenz der Schriftsteller, 1. Juli 1981; zitiert nach Totok, S. 130. -
(22) William Totok, Parteilichkeit, Wirklichkeitsnähe, Volkstümlichkeit
und Zukunftsperspektive. Das "ästhetische Programm" Ceauşescus, in:
L '80, Zeitschrift für Literatur und Politik, Heft 45, März 1988, S. 124-

131, hier S. 129. - (23) Ceauşescu, Rede anläßlich des 25. Jahrestages der Zeitung Scînteia, Organ des ZK der RKP, 25. Sept. 1969. Zitiert nach Totok, S. 127-128. - (24) Archiv der Gegenwart, 55 (1983), 26549 A. - (25) Anneli Ute Gabanyi, Religiosität und Religionsbekämpfung in Rumänien, in: Osteuropa-Archiv, 33 (1983), S. A 422 - A 430. - (26) Neuer Weg, 3. Juni 1982. - (27) Siegert, S. 235. - (28) Archiv der Gegenwart, 55 (1985), 28490 A. - (29) Ere socialistă, 9 (1988), S. 4. - (30) Wolf Oschlies, Tausenden rumänischer Dörfer droht die Vernichtung, in: Osteuropa, 38 (1988), S. 1002-1007; Dinu C. Giurescu, The Razing of Romania's Past, New York 1989; Cesare de Seta, Für die Erinnerung. Zerstörung gebauter Geschichte in Rumänien, FAZ, 12. März 1990; Arno Mayer, Rumäniens Dörfer zittern noch immer, in: Aachener Volkszeitung, 11. Dez. 1989. - (31) FAZ, 28. Dez. 1989, Nr. 300, S. 25. - (32) Johann Georg Reißmüller, Der grausame Despot, in: FAZ, 22. Dez. 1989. - (33) Georg Paul Hefty, Schuld in einer Despotie. Ceauşescu, die Mittäter, die Helfershelfer und die Opfer, in: FAZ, 6. Jan. 1990. - (34) Herta Müller, Der Preis des Tötens. Rumänien - Massaker und Tribunale, in: FAZ, 29. Dez. 1989, Nr. 301, S. 23. - (35) Archiv der Gegenwart, 55 (1985), 29353 A. - (36) Roland Schönfeld, Rumänien: Hoher Preis der Autonomiepolitik, in: Aus Politik und Zeitgeschehen, 5. Sept. 1987, B 36-37, S. 26 ff. - (37) Archiv der Gegenwart, 59 (1989), 33439 A 2. - (38) Ebd. 33518 A. - (39) Archiv der Gegenwart, 57 (1987), 31618 A; 31728 A 1. - (40) Archiv der Gegenwart, 58 (1988), 31803 A 4. - (41) Ebd. 31946 B 1. - (42) Archiv der Gegenwart, 59 (1989), 33257-33258. - (43) Aachener Nachrichten, 23. Dez. 1989, nach dpa. - (44) Archiv der Gegenwart, 59 (1989), 33258. - (45) Ebd. 33705-33706. - (46) Ebd. 33783 A 2. - (47) FAZ, 4. Dez. 1989, Nr. 281, S. 7; Politika Ekspres, Belgrad, 2. Dez. 1989. - (48) Archiv der Gegenwart, 59 (1989), 25. Okt., 33914-5 B. - (49) Das Protokoll, dessen Echtheit m. E. noch zu prüfen wäre, wurde im Jan. 1990 von der rumänischen Tageszeitung *Romania Libera* abgedruckt. Deutsche Übersetzung: Rheinischer Merkur/Christ und Welt, 19. Jan. 1990. - (50) Archiv der Gegenwart vom 22. Dez. 1989, 34049-34056. Kritisch zu den Presseberichten: Michel Castex, Un mensonge gros comme le siècle. Roumanie, histoire d'une manipulation, Paris 1990. - (51) Wortlaut der Vernehmung Ceauşescus und seiner Frau: FAZ, 28. Dez. 1989, Nr. 300, S. 3. Ferner in: Archiv der Gegenwart.

Adolf Hitler

(1) Adolf Hitler, Monologe im Führerhauptquartier 1941-1944. Die Aufzeichnungen Heinrich Heims, hg. v. Werner Jochmann, Hamburg 1980, S. 230 f. Fortan zitiert als: Heim. Henry Picker, Hitlers Tischgespräche im Führerhauptquartier. Vollständig überarbeitete und erweiterte Neuausgabe, Studienausgabe, Stuttgart 1977, S. 90 ff. Fortan zitiert als: Picker. - (2) J. C. Fest, Hitler. Eine Biographie, Berlin 1973, S. 609. - (3) Picker, Register "Humor". - (4) Heim, S. 189. - (5) Der Mord an den Juden im Zweiten Weltkrieg. Entschlußbildung und Verwirklichung, hg. v. Eberhard Jäckel u. Jürgen Rohwer, Frankfurt a. M. 1987. - (6) Dazu: Gerhard Schreiber, Hitler Interpretationen 1923-1983. Ergebnisse, Methoden und Probleme der Forschung, Darmstadt 1984. - (7) Franziskus Maria Stratmann, Die Heiligen in der Versuchung der Macht, Frankfurt a. M. 1958, S. 17-18. - (8) Werner Maser, Adolf Hitler. Legende, Mythos, Wirklichkeit, München [4]1972, S. 195, 197. - (9) Friedrich Heer, Der Glaube des Adolf Hitler, München 1968, S. 13. - (10) Schalom Ben-Chorin, Jugend an der Isar, Gerlingen 1980, S. 34. - (11) Hans Carossa, Ungleiche Welten, Wiesbaden 1951, S. 35. - (12) Stefan Zweig, Die Welt von gestern, Berlin 1962, S. 368. - (13) Max Picard, Hitler in uns selbst, Erlenbach-Zürich-Stuttgart [4]1946, S. 18. - (14) Ebd. S. 58. - (15) Ernst Niekisch, Das Reich der niederen Dämonen, Hamburg 1953. - (16) John Toland, Adolf Hitler, Bergisch-Gladbach 1977, S. 10. - (17) Ludwig Dehio, Deutschland und die Weltpolitik im 20. Jahrhundert, München 1955, S. 30. - (18) Friedrich Meinecke, Die deutsche Katastrophe, Wiesbaden [5]1955, S. 90. - (19) Max Domarus, Hitler, Reden und Proklamationen 1932-1945. Kommentiert von einem deutschen Zeitgenossen, München 1965, S. 7. - (20) Domarus, S. 50. - (21) Domarus, S. 2255. - (22) Domarus, S. 2260. - (23) Bradley F. Smith, Adolf Hitler. His Family, Childhood and Youth, Stanford CA 1967, S. 8 f. Übersetzung von G. Kranz. - (24) Ebd. S. 8. - (25) Franz Jetzinger, Hitlers Jugend, Wien 1956, S. 71. - (26) Ebd. S. 62. - (27) Ebd. S. 71 f. - (28) Ebd. S. 93. - (29) Ebd. S. 91. - (30) Ebd. S. 89. - (31) August Kubizek, Adolf Hitler mein Jugendfreund, Graz [4]1975, S. 59. - (32) Picker. S. 120. - (33) Kubizek, S. 53. - (34) Ebd. S. 59. - (35) Heim, S. 185. - (36) Picker, S. 210. - 37) Heim, S. 187 f. - (38) Heim, S. 186. - (39) Heim, S. 288. - (40) Jetzinger, S. 115 f. - (41) Kubizek, S. 95. - (42) Domarus, S. 11 u. 745. - (43) Ebd. S. 11. - (44) Maser, Adolf Hitler. Legende, Mythos, Wirklichkeit, S. 271 f.; Picker, S. 107, 114. - (45) Kubizek, S. 61. - (46) Ebd. S. 63. - (47) Ebd. S. 58. - (48) Hitler, Sämtliche Aufzeichnungen 1905-1924, hg. v. E. Jäckel, Stuttgart 1980, S. 70. Weitere Lyrik Hitlers ebd. S. 43, 69, 72, 74, 76, 80, 81, 83, 84, 1257, 1258, 1260, 1261. Briefe aus den Jahren 1906-1915: ebd. S. 44-71. - (49)

Ebd. S. 1261. - (50) Kubizek, S. 76 f. - (51) Ebd. S. 200-208: "Adolf verfaßt eine Oper". - (52) Ebd. S. 170. - (53) Ebd. S. 165. - (54) Ebd. S. 163. - (55) Ebd. S. 191. - (56) Jetzinger, S. 164. - (57) Kubizek, S. 35. - (58) Ebd. S. 132. - (59) Ebd. S. 22. - (60) Ebd. S. 21. - (62) Ebd. S. 44. - (63) Thomas Mann, Gesammelte Werke, Bd. 12, S. 775 f.: "Bruder Hitler". Auch in: "Bruder Hitler". Autoren des Exils und des Widerstands sehen den Führer des Dritten Reiches, hg. v. Thomas Koebner, München 1989, S. 24-31. - (64) Kubizek, S. 64 ff. - (65) Kubizek, S. 106; Jetzinger, S. 166 ff. - (66) Kubizek, S. 109. - (67) Picker, S. 458. - (68) Domarus, S. 1459. - (69) Domarus, S. 1460. - (70) Maser, Adolf Hitler. Legende, Mythos, Wirklichkeit, S. 87 f. - (71) R. M. Lonsbach, Friedrich Nietzsche und die Juden, 2. Aufl., hg. v. H. R. Schlette, Bonn 1985, S. 81-91: "War Nietzsche ein Wegbereiter des Dritten Reiches?", darin besonders die Nachricht S. 83; Ernst Sandvoss, Hitler und Nietzsche, Göttingen 1969; Giorgio Penzo, Zur Frage der 'Entnazifizierung' Friedrich Nietzsches, in: Vjh. f. Zeitgeschichte, 34 (1986), S. 105-116. - (72) Maser, Adolf Hitler. Legende, Mythos, Wirklichkeit, S. 176-293. - (73) Kubizek, S. 251. - (74) Hitler, Sämtl. Aufzeichnungen, hg. Jäckel, S. 69. - (75) Domarus, S. 37. - (76) Mein Kampf, S. 21. - (77) Hitler, Sämtl. Aufzeichnungen, S. 88 ff. - (78) Ebd. S. 119 f. - (79) Picker, S. 491-502. - (80) Domarus, S. 2239. - (81) E. Jaeckel, Hitlers Weltanschauung, Stuttgart ²1981, S. 92. - (82) Picker, S. 502. - (83) Heim, S. 101. - (84) Hitler, Sämtl. Aufzeichnungen, hg. Jäckel, S. 91. - (85) Heim, S. 211. - (86) Karl Alexander v. Müller, Mars und Venus, Stuttgart 1954, S. 338 f. - (87) Mein Kampf, Bd. I, Kap. 6; Bd. II, Kap. 6. - (88) Fest, S. 229. - (89) Theodor Heuß, Hitlers Weg, Stuttgart ⁵1932, S. 152. - (90) Günther Schiwy, Der "schöne Schein" des Dritten Reiches. Warum Hitler gerade die Deutschen faszinierte, in: Stimmen der Zeit, 197 (1979), S. 403-448. - (91) H. Gordon, Hitlerputsch, Frankfurt a. M. 1971. - (92) Eberhard Jäckel, Hitlers Weltanschauung, Stuttgart ²1981, S. 7. - (93) Karl Lange, Hitlers unbeachtete Maximen. "Mein Kampf" und die Öffentlichkeit, Stuttgart 1968. - (94) Mein Schüler Hitler. Das Tagebuch seines Lehrers Paul Devrient, bearbeitet und herausgegeben von W. Maser, Pfaffenhofen 1975. - (95) Domarus, S. 458. - (96) Detlef Grieswelle, Propaganda der Friedlosigkeit. Eine Studie zu Hitlers Rhetorik 1920-1933, Stuttgart 1972, S. 42-63, 183-195. - (97) Völkischer Beobachter, 25. Nov. 1922. - (98) H. Preiß (Hg.), Adolf Hitler in Franken. Reden aus der Kampfzeit, Nürnberg 1939, S. 56. Rede vom 26. März 1927. - (99) Völkischer Beobachter, 27. Juli 1923. - (100) Domarus, S. 298 f. - (101) Karl Löwith, Weltgeschichte und Heilsgeschehen, Stuttgart ⁵1967. - (102) E. Boepple (Hg.), Adolf Hitlers Reden 1922-1924, München 1933, S. 21. Rede vom 12. April 1922. - (103) Domarus, S. 16-19. - (104) Ebd. S. 849. Rede vom 9. April 1938. - (105) E. Hanfstaengl, zit. nach: Fest, S. 1070. - (106) Rede vom 12. April 1922. Hitler, Sämtl. Aufzeichnungen, hg. Jäckel, S. 623. - (107) Domarus, S. 837. - (108) Albert Speer, Spandauer Tagebücher, Berlin 1978, S. 404; 28. Nov. 1954. - (109) W. Maser, Das Ende der Führer-Legende, Düsseldorf-Wien 1980, passim. - (110) C. S. Lewis, They Stand Together, London 1979, S. 468. - (111) Baldur von Schirach, Ich glaubte an Hitler, Hamburg 1967, S. 160. - (112) Romano Guardini, Der Heilbringer in Mythos, Offenbarung und Politik, Bonn 1947, S. 42 f. - (113) Heim, S. 40 f. - (114) Heim, S. 76. - (115) Heim, S. 85. - (116) Heim, S. 150. - (117) Heim, S. 234. - (118) Heim, S. 272, 3. Febr. 1942. - (119) Heim, S. 337. 11. Aug. 1942. - (120) Fest. S. 227. - (121) Domarus, S. 194. - (122) Jaeckel, Hitlers Weltanschauung, Stuttgart [2]1981, S. 94 f. - (123) Heinrich Brüning, Memoiren 1918-1934, Stuttgart 1970, S. 12. - (124) Rainer Zitelmann, Adolf Hitler. Eine politische Biographie, Göttingen-Zürich 1989, S. 114. - (125) Domarus, S. 288. - (126) Hitler, Sämtl. Aufzeichnungen 1905-1924, S. 530. - (127) Ebd. S. 348. - (128) Mein Kampf, S. 772. - (129) Domarus, S. 1058. - (130) Ebd. S. 1829. - (131) Ebd. S. 1920. - (132) Picker, S. 306. - (133) Heim, S. 106. - (134) Hitlers politisches Testament. Die Bormann-Diktate vom Februar und April 1945, Hamburg 1981, S. 69. - (135) Domarus, S. 90. - (136) Ebd. S. 193 f. - (137) Ebd. S. 201 f. - (138) G. K. Chesterton, All I Survey, London 1933, S. 30. - (139) Heim, S. 102. - (140) Albert Speer, Erinnerungen, Frankfurt a. M. [3]1969, S. 175; Jochen Thies, Architekt der Weltherrschaft. Die 'Endziele' Hitlers, Düsseldorf 1976, S. 62-104. - (141) Jäckel, S. 157; William Carr, Adolf Hitler, Persönlichkeit und politisches Handeln, Stuttgart 1980, S. 83-85. - (142) Die Tagebücher von Joseph Goebbels, hg. v. Elke Fröhlich, Bd. 2, München 1987, S. 622. - (143) Zitelmann, S. 100. - (144) Dieses Zitat und die folgenden Zitate nach: Domarus, S. 1011-1012. - (145) Zitelmann, S. 113. - (146) Domarus, S. 1316. - (147) Mein Kampf, S. 280. - (148) Mathias Beer, Die Entwicklung der Gaswagen beim Mord an den Juden, in: Vierteljahreshefte für Zeitgeschichte, 35 (1987), S. 403-417. - (149) Fest, S. 868. - (150) Domarus, S. 2271 ff. - (151) Fest, S. 892. - (152) P. E. Schramm, Hitler als militärischer Führer, Frankfurt a. M. 1962. - (153) Picker. S. 32-34. - (154) Ebd. S. 34. - (155) Hans Mommsen, Der Widerstand gegen Hitler und die deutsche Gesellschaft, in: Historische Zeitschrift, 241 (1985), S. 81-104. - (156) Fest, S. 892. - (157) Picker, S. 98. - (158) Fest, S. 311. - (159) Franz Halder, Hitler als Feldherr, München 1949, S. 62. - (160) Carr, S. 189. - (161) A. Zeller, Hitler privat, Düsseldorf 1949, S. 30. - (162) Domarus, S. 2236. - (163) A. Bullock, Hitler. Eine Studie über Tyrannei, Düsseldorf 1953, S. 792. - (164) Ebd. S. 797.